시계열 예측 및 실습

SAS/ETS 사용

손영숙 지음

자유아카데미

이 책의 저술은 2016년도 전남대학교 학술도서출판 연구비 지원을 받아 수행되었다.
동시에 2016년도 제1학기 전남대학교 연구년 지원 과제이다.

머리말

전남대학교 통계학과에서 매년 〈시계열분석 및 실습〉 교과목을 가르쳐 온 지도 어언 25년이 넘어섰다. 시계열분석의 이론과 실습을 함께 강의하기에는 한 학기의 강의시간이 부족하여 어느 주제에 어느 정도로 수준을 맞추어야 할지가 항상 고민이었다. 또한 전통적으로 학생들에게 시계열분석은 어려운 교과목이라는 인식이 있어 왔다. 학부를 마치면 대부분 대학을 떠나는 우리 학생들에게 제한된 시간 내에 시계열예측의 묘미를 맛보게 할 만한 시계열자료분석 책을 저자는 오랫동안 갈망해 왔다. 그러나 이런 저런 이유로 지금껏 생각뿐이었던 어느 날, 주어진 자유 시간과 동시에 오직 원고 집필에만 몰두할 수 있게 격리된 편리하고 아늑한 공간이 주어졌다. 지난 1년 동안 이 책을 만들기 위해 시계열분석 관련 논문과 책을 읽고, 예제를 만들기에 적절한 시계열자료를 찾고, 프로그래밍하고, 원고를 작성하여 입력하는 작업에만 오롯이 몰두하였다. 뒤늦게 시작한 이러한 작업들이 의외로 즐거웠으며 지금은 좋은 추억으로 남았다.

『시계열예측 및 실습-SAS/ETS 사용』은 SAS/ETS를 사용한 시계열예측에 초점을 맞춘 시계열자료분석 책이다. 시계열예측에 사용된 대부분의 시계열자료는 국가통계포털 등 공공기관에서 수집한 시계열자료를 사용하였으나 어떤 경우에는 이론의 정확한 이해를 돕기 위해서 불가피하게 모의실험 자료를 만들어 사용하였다. 한 학기 동안 학습할 여러 시계열모형에 의한 예측을 다루려다 보니 시계열이론 혹은 수리적 증명은 가능한 배제하고 시계열자료분석에 중점을 두었다. 좀 더 깊이 있는 시계열이론의 이해 및 학습을 위해서는 이 책의 원고 작성에 많은 도움이 된 조신섭, 손영숙, 성병찬 (2016)의 『SAS/ETS를 이용한 시계열분석』을 참고하기 바란다.

이 책에 수록된 모든 SAS program, 데이터파일 및 출간 후 나올 수 있는 수정사항 등은 자유아카데미 홈페이지(www.freeaca.com) 자료실에 제공할 예정이다.

끝으로, 학부 시계열분석 강의에 관해 오랫동안 소통하고 조언해 주신 서울대학교 통계학과 조신섭 교수님께 깊은 감사를 드린다. 또한 이 책을 쓰는 기간 동안 쾌유의 기쁨을 안겨준 둘째 임서진에게 특별히 애틋한 마음을 전한다.

2017년 2월

손영숙

(ysson@jnu.ac.kr)

차 례

1장 시계열예측의 기초 / 1

1.1 시계열자료 ···· 2

1.2 시계열의 상관관계 ···· 5

1.3 정상시계열 ···· 11

1.4 백색잡음검정 ···· 13

1.5 시계열의 구성성분 ···· 16

1.6 시계열의 예측절차 ···· 21

1.7 예측모형의 평가 ···· 29

1.8 SAS 프로그램 ···· 30

연습문제 ···· 48

참고문헌 ···· 49

2장 ARIMA모형에 의한 예측 / 51

2.1 ARMA모형 ···· 52

2.2 비정상시계열의 정상화 ···· 64

2.3 ARIMA모형 ···· 66

2.4 승법계절 ARIMA모형 ···· 81

2.5 랜덤워크 모형 ···· 94

2.6 단위근검정 ···· 97

2.7 SAS 프로그램 ···· 108

연습문제 ···· 113

참고문헌 ···· 115

3장 자기회귀오차모형에 의한 예측 / 117

3.1 자기회귀오차모형 ······ 118
3.2 Durbin-Watson 검정 ······ 120
3.3 자기회귀오차모형의 적합 ······ 121
3.4 예제 ······ 122
3.5 SAS 프로그램 ······ 133
연습문제 ······ 137
참고문헌 ······ 137

4장 전이함수모형에 의한 예측 / 139

4.1 전이함수모형 ······ 140
4.2 교차상관계수 ······ 142
4.3 Granger 인과관계검정 ······ 145
4.4 전이함수모형의 적합 ······ 148
4.5 예제 ······ 151
4.6 SAS 프로그램 ······ 165
연습문제 ······ 168
참고문헌 ······ 168

5장 개입모형에 의한 예측 / 169

5.1 개입모형 ······ 170
5.2 개입모형의 적합 ······ 172
5.3 예제 ······ 174
연습문제 ······ 187
참고문헌 ······ 188

6장 평활법에 의한 예측 / 189

6.1 평활법 ···· 190
6.2 평활모형 ···· 191
6.3 평활모형의 적합 ···· 196
6.4 예제 ···· 197
6.5 SAS 프로그램 ···· 205
연습문제 ···· 209
참고문헌 ···· 210

7장 벡터시계열모형에 의한 예측 / 211

7.1 다변량시계열 ···· 212
7.2 교차상관행렬 ···· 212
7.3 벡터시계열모형 ···· 214
7.4 모형의 식별 ···· 218
7.5 모형의 추정 ···· 219
7.6 모형의 진단 ···· 220
7.7 예제 ···· 222
7.8 SAS 프로그램 ···· 235
연습문제 ···· 241
참고문헌 ···· 241

8장 벡터오차수정모형에 의한 예측 / 243

8.1 허위회귀 ········· 244
8.2 공적분 ········· 247
8.3 벡터오차수정모형 ········· 250
8.4 공적분검정 ········· 251
8.5 벡터오차수정모형의 적합 ········· 257
8.6 예제 ········· 258
8.7 SAS 프로그램 ········· 280
연습문제 ········· 282
참고문헌 ········· 282

9장 이분산모형에 의한 예측 / 283

9.1 변동성 ········· 284
9.2 이분산모형 ········· 286
9.3 이분산검정 ········· 288
9.4 이분산모형의 적합 ········· 289
9.5 예제 ········· 290
9.6 SAS 프로그램 ········· 297
연습문제 ········· 299
참고문헌 ········· 299

• **찾아보기** ········· 301

1 장

시계열예측의 기초

1.1 시계열자료
1.2 시계열의 상관관계
1.3 정상시계열
1.4 백색잡음검정
1.5 시계열의 구성성분
1.6 시계열의 예측절차
1.7 예측모형의 평가
1.8 SAS 프로그램
연습문제
참고문헌

1.1 시계열자료

확률과정. 지수(index) t에서의 확률변수를 Z_t 로 놓으면 확률과정(stochastic process)은 확률변수들의 집합 $\{Z_t \mid t \in T\}$ 으로 나타낼 수 있다. 여기서 집합 T 가 $T=(-\infty,\infty)$ 혹은 $T=(0,\infty)$ 와 같은 연속형 집합인 경우의 확률과정은 연속형 확률과정이며, 집합 T 가 $T=(0, \pm 1, \pm 2, ...)$ 혹은 $T=(0, 1, 2, ...)$ 와 같은 이산형 집합인 경우의 확률과정은 이산형 확률과정이다. 특히 t를 시간을 나타내는 지수, 그리고 T 를 시간집합이라고 할 때 확률과정으로부터 생성되는 무한히 많은 확률변수들의 모임 중에서 특별히 표집된 확률변수들의 모임인 확률표본 $\{Z_1, Z_2, ..., Z_n\}$ 을 시계열 확률변수열 혹은 간단히 시계열이라 한다. 여기서 실제로 관측된 시계열 확률변수값들의 모임인 $\{z_1, z_2, ..., z_n\}$ 를 시계열자료(time series data)라고 한다. 보통 시계열 확률변수 $\{Z_1, Z_2, ..., Z_n\}$를 $\{Z_t\}$, 시계열자료 $\{z_1, z_2, ..., z_n\}$를 $\{z_t\}$와 같이 간략하게 표기한다. 시계열자료분석의 첫 단계는 시계열그림(time series plot)을 그려보는 것이다. 시계열그림은 가로축에 시간 t 를 나타내고 세로축에 시계열자료 z_t 를 나타내는 2차원 좌표상에서 점 (t, z_t)들을 표시한 그림이다.

연속형 시계열자료. 집합 T 가 연속형 시간집합인 경우, 시계열자료 $\{z_t \mid t > 0\}$ 의 예는 [그림 1.1]과 같은 환자의 심전도 시계열자료 혹은 [그림 1.2]와 같은 지진파 시계열자료가 있다. 이들 시계열그림은 연속된 시간구간에서 연속적으로 관측된 연속형 시계열자료로서 표현됨을 알 수 있다.

이산형 시계열자료. 대부분의 시계열자료는 적절한 간격을 둔 이산형의 시간집합 $T=\{t_1, t_2, ..., t_n\}$ 에서 관측된 이산형 시계열자료로서 $\{z_{t_1}, z_{t_2}, ..., z_{t_n}\}$으로 표현할 수 있다. 이 책에서 다루는 모든 시계열자료는 이산형 시계열에 해당한다. 예를 들면 기온은 본질적으로 연속된 시간구간에서 관측될 수 있는 연속형 시계열자료이지만 기상청에서 발표되는 우리나라 각 지역의 기온은 매시간 관측된 기온이므로 이산형 시계열자료이다. 분기별 GDP 시계열자료는 분기마다 작성되며, 일별 한국종합주가지수(Korean Composite Stock Price Index: KOSPI) 시계열자료는 KOSPI의 매일 종가로 작성된다. [그림 1.3]과 같이 분기별 GDP 시계열자료(기간: 1960/Q1 ~ 2015/Q3) $\{GDP_t \mid t \in T\}$의 경우 이산형 시간집합 T 를 $T=\{1960Q1, 1960Q2, ..., 2015Q3\}$ 와 같이 고유의 시간 정보로 나타내거나 혹은 상대적 시간의 위치를 나타내어 $T=\{1,2,3, ..., 223\}$과 같이 표현할 수 있다.

시차. 시계열자료 GDP_{1960Q1}, GDP_{2014Q1}, GDP_{2015Q1} 은 각각 시간 순서대로 표시하자면 $t=1, 217, 221$ 에서의 시계열자료이다. 시계열자료 GDP_{1960Q1} 과 GDP_{2015Q1} 의 시간차(time lag) 혹은 간단히 시차(lag)는 $221-1=220$ 이고 GDP_{2014Q1} 과 GDP_{2015Q1} 의 시차는 $221-217=4$ 이다. 시계열자료가 그 밖의 자료와 구별되는 가장 큰 특징은 시차에 따라 시계열자료들 사이의 상관관계가 다르게 존재한다는 것이다. 시계열자료 GDP_{2015Q1} 은 시차가 220인 GDP_{1960Q1} 자료보다는 훨씬 작은 시차 4를 갖는 GDP_{2014Q1} 과의 상관관계가 더 클 것이라고 예상된다.

시계열분석법. 시차에 따른 상관관계가 존재하는 시계열자료는 통계학의 한 분야인 시계열분석법에 의해 자료분석을 수행해야 한다. 시간 순서대로 측정된 자료일지라도 서로 독립인 자료는 시계열분석법에 의해 다룰 필요가 없다. 예를 들어 타이머를 누른 후 1,000초 동안 10초마다 주사위를 던져 나오는 눈의 수를 관측하여 얻어지는 100개의 시계열자료가 [그림 1.4]에 나타나 있다. 그러나 이 자료는 시간 순서에 따라 관측된 자료이지만 서로 독립이므로 예측을 위해 시계열분석법을 적용할 필요는 없다.

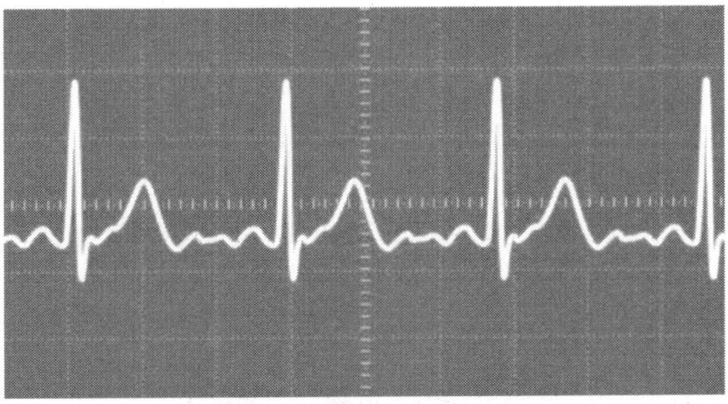

[그림 1.1] 심전도 시계열자료

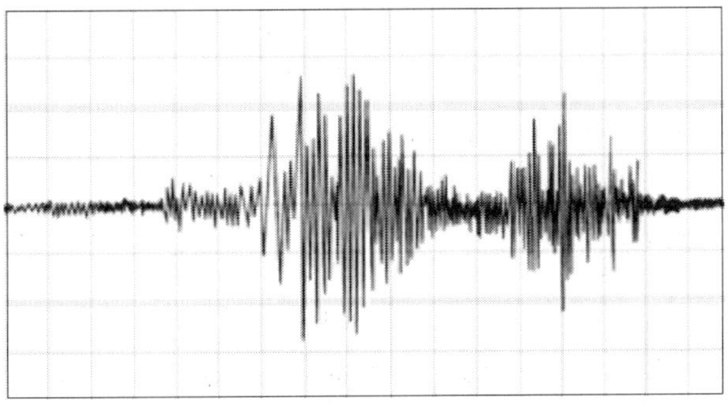

[그림 1.2] 지진파 시계열자료

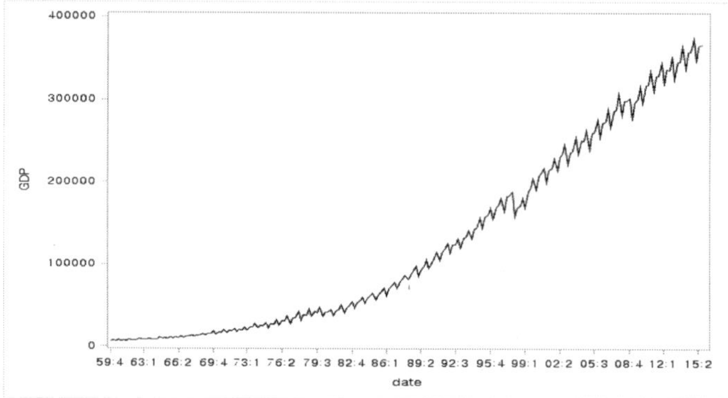

[그림 1.3] GDP 시계열자료

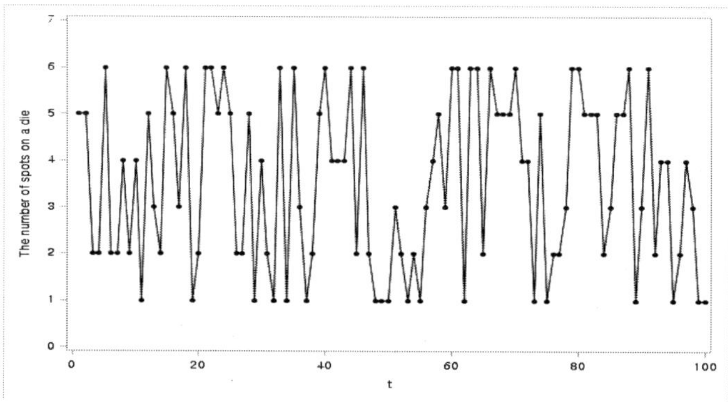

[그림 1.4] 주사위 눈의 수 시계열자료

SAS program 1.1 **[그림 1.3]**

- SAS data set : 국내 GDP 시계열자료(qrealgdp.sas7bdat)
- 시계열 기간: 1960/Q1 ~ 2015/Q3(분기별)
- 시계열 변수: GDP

```
/* (1) Read GDP time series data */
data gdp; set Tsa2016.qrealgdp;
  date=intnx('qtr','1JAN60'd,_n_-1);
  keep date GDP;
  format date yyqc4.; output; run;
proc print data=gdp; run;

/* (2) Figure 1.3 */
proc sgplot data=gdp;
  series x=date y=GDP /LINEATTRS=(PATTERN=1 color=black THICKNESS=1) ;
  xaxis values=(' 1jan60'd  to '31dec15'd by qtr); run;
```

1.2 시계열의 상관관계

상관계수 및 표본상관계수. 두 개의 시계열 $X=\{X_t\}$ 와 $Y=\{Y_t\}$ 간의 선형상관관계는 다음과 같은 피어슨 상관계수에 의해 측정한다.

$$\rho_{xy} = Corr(X,Y) = \frac{Cov(X,Y)}{\sqrt{Var(X)}\sqrt{Var(Y)}} = \frac{E[(X-\mu_x)(Y-\mu_y)]}{\sqrt{E(X-\mu_x)^2 E(Y-\mu_y)^2}},$$

여기서 시계열 $\{X_t\}$ 와 $\{Y_t\}$ 의 각 평균은 μ_x 와 μ_y 이고, 각 분산은 유한하다고 가정한다. 이때 $-1 \le \rho_{xy} \le 1$ 이고 $\rho_{xy}=\rho_{yx}$ 임을 알 수 있다. 시계열 $\{X_t \mid t=1,2,\dots,n\}$ 와 $\{Y_t \mid t=1,2,\dots,n\}$ 가 주어진다면 상관계수 ρ_{xy} 의 추정량으로서 다음과 같은 표본상관계수 $\hat{\rho}_{xy}$ 가 사용된다.

$$\hat{\rho}_{xy} = \frac{\sum_{t=1}^{n}(X_t-\overline{X})(Y_t-\overline{Y})}{\sqrt{\sum_{t=1}^{n}(X_t-\overline{X})^2 \sum_{t=1}^{n}(Y_t-\overline{Y})^2}},$$

여기서 $\overline{X}=\sum_{t=1}^{n} X_t/n$ 와 $\overline{Y}=\sum_{t=1}^{n} Y_t/n$ 는 각각 시계열 $\{X_t\}$와 $\{Y_t\}$의 표본평균이다.

예제 1.1

[그림 1.5]와 [그림 1.6]은 2015년 1년 동안 일별 KOSPI 및 일별 삼성전자 주가 시계열자료(기간: 2015/01/02 ~ 2015/12/30)와 각 시계열의 일별 주가 수익률[1]) 시계열자료를 보여 준다. KOSPI 및 삼성전자의 일별 주가 수익률의 산점도를 보여 주는 [그림 1.7]로부터 KOSPI와 삼성전자의 일별 주가 수익률은 양의 선형상관관계가 있음을 짐작할 수 있다. 이 두 시계열의 표본상관계수는 $\widehat{\rho_{xy}}=0.4512$ 이다. □

1) 재정 관련 시계열자료 $\{z_t \mid t=1,2,\dots,n\}$ 가 주어질 때 수익률은 보통 $r_t = z_t/z_{t-1} - 1$ 로 계산된다.

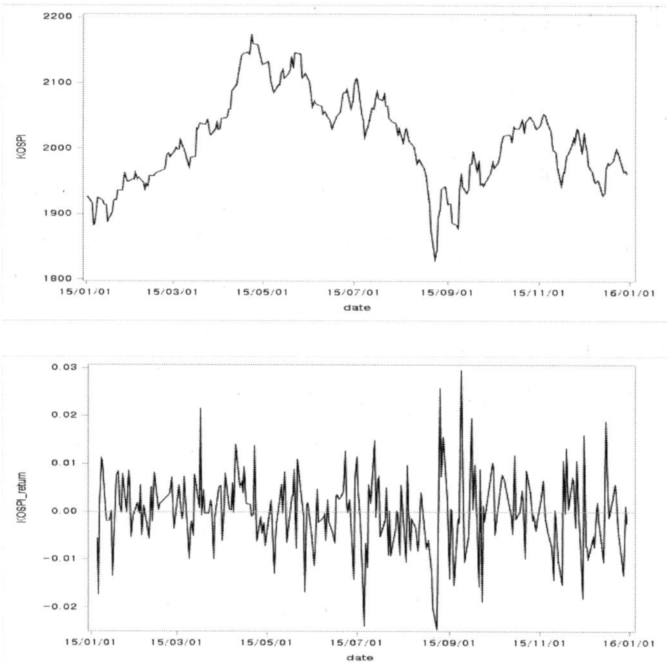

[그림 1.5] KOSPI(위) 및 KOSPI 수익률 시계열자료(아래)

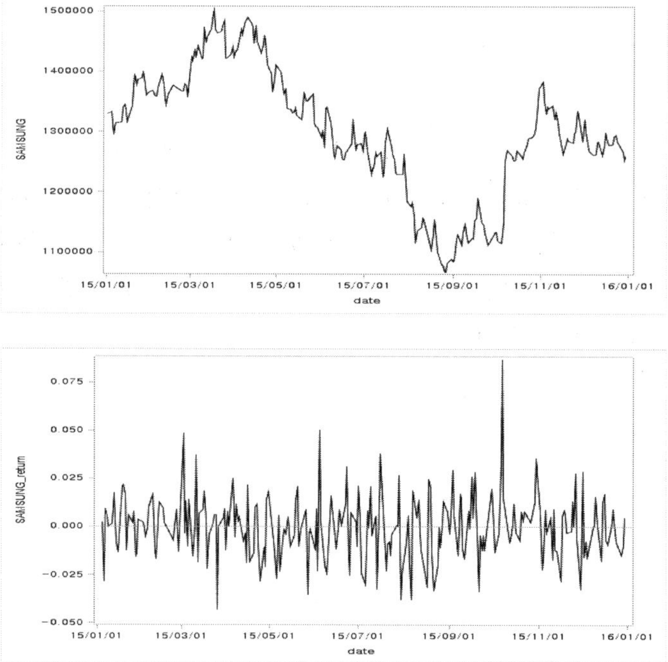

[그림 1.6] 삼성전자 주가(위) 및 삼성전자 주가 수익률 시계열자료(아래)

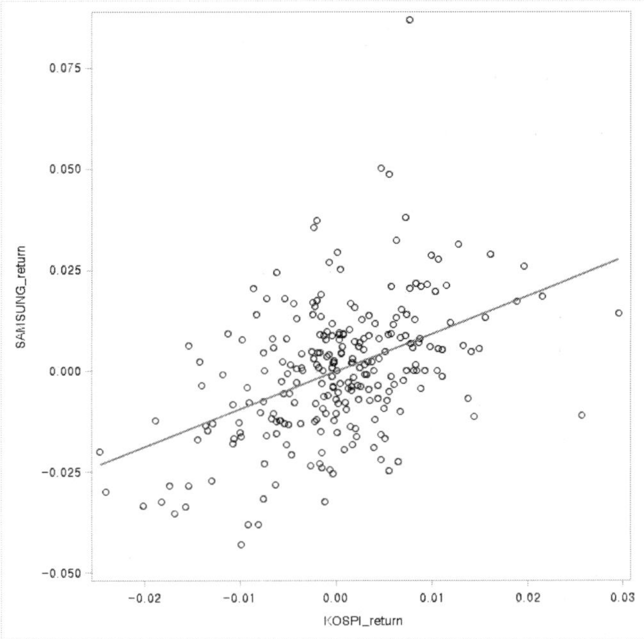

[그림 1.7] KOSPI 수익률 및 삼성전자 주가 수익률 시계열자료의 산점도

SAS program 1.2 **[그림 1.5], [그림 1.6], [그림 1.7]**

- SAS data set: ① KOSPI 주가 시계열자료(dkospi.sas7bdat)
  ② 삼성전자 주가 시계열자료(dsamsung.sas7bdat)
- 시계열 기간: 2015/01/02 ~ 2015/12/30(일별)
- 시계열 변수: ① KOSPI ② SAMSUNG

```
/* (1) Read KOSPI time series data */
data KOSPIdata; set Tsa2016.dKOSPI;
  KOSPI_return=KOSPI/lag(KOSPI)-1;
  format date yymmdds8.;
  output; run;
proc print; var date KOSPI KOSPI_return; run;

/* (2) Figure 1.5 (above) */
proc sgplot data=KOSPIdata;
  series x=date y=KOSPI/
        LINEATTRS=(PATTERN=1 color=black THICKNESS=1);
  xaxis values=('1jan15'd to '1jan16'd by month); run;

/* (3) Figure 1.5 (below) */
proc sgplot data=KOSPIdata;
  series x=date y=KOSPI_return/
```

```
        LINEATTRS=(PATTERN=1 color=black THICKNESS=1);

  xaxis values=('1jan15'd to '1jan16'd by month);
  refline 0/ axis=y; run;

/* (4) Read SAMSUNG time series data */
data SAMSUNGdata; set Tsa2016.dsamsung;
  SAMSUNG_return=SAMSUNG/lag(SAMSUNG)-1;
  format date yymmdds8.;
  output; run;
proc print; var date SAMSUNG SAMSUNG_return; run;

/* (5) Figure 1.6 (above) */
proc sgplot data=SAMSUNGdata;
  series x=date y=SAMSUNG/
        LINEATTRS=(PATTERN=1 color=black THICKNESS=1) ;
  xaxis values=('1jan15'd to '1jan16'd by month); run;

/* (6) Figure 1.6 (below) */
proc sgplot data=SAMSUNGdata;
  series x=date y=SAMSUNG_return/
        LINEATTRS=(PATTERN=1 color=black THICKNESS=1);
  xaxis values=('1jan15'd to '1jan16'd by month);
  refline 0/ axis=y; run;

data returns; merge KOSPIdata SAMSUNGdata; by date;
proc sort data=returns; by date; run;

/* (7) Figure 1.7 */
proc sgscatter data=returns;
compare x=KOSPI_return y=SAMSUNG_return/reg; run;

/* (8) Computation of correlation coefficient */
proc corr data=returns pearson;
  var  KOSPI_return SAMSUNG_return; run;
```

자기상관계수 및 자기상관함수. 시계열 $\{Z_t\}$가 정상시계열[2]이라고 가정할 때 Z_t와 k 시차만큼 떨어져 있는 Z_{t-k} 간의 선형상관관계를 다음과 같이 정의되는 k-시차 자기상관계수(autocorrelation coefficient)에 의해 측정한다.

$$\rho_k = Corr(Z_t, Z_{t-k}) = \frac{Cov(Z_t, Z_{t-k})}{\sqrt{Var(Z_t)}\sqrt{Var(Z_{t-k})}} = \frac{E[(Z_t-\mu)(Z_{t-k}-\mu)]}{E(Z_t-\mu)^2} = \frac{\gamma_k}{\gamma_0}, \tag{1.1}$$

여기서 γ_k 는 k -시차 자기공분산(autocovariance)이고 γ_0 는 시계열의 분산 σ_z^2 이다. 자기상관계수의 집합 $\{\rho_k\}$를 자기상관함수(autocorrelation function: ACF)라고 한다. 자기상관함수는

2) 정상시계열은 시간 t 에 관계없이 평균과 분산이 일정한 시계열을 의미하므로 $E(Z_t)=E(Z_{t-k})=\mu$ 이고 $Var(Z_t)=Var(Z_{t-k})=\sigma_z^2$ 이다. 1.3절에서 정상시계열에 대해서 자세히 소개할 것이다.

다음과 같은 성질을 갖는다.

(i) $\rho_0 = 1$.

(ii) $-1 \le \rho_k \le 1$, $k = 0,1,2,\ldots$

(iii) $\rho_k = \rho_{-k}$, $k = 1,2,\ldots$

표본자기상관계수 및 표본자기상관함수. 시계열 $\{Z_t \mid t = 1,2,\ldots,n\}$ 이 주어진다면 k-시차 자기상관계수 ρ_k 의 추정량으로서 다음과 같은 k-시차 표본자기상관계수 $\hat{\rho}_k$ 을 사용한다.

$$\hat{\rho}_k = \frac{\sum_{t=k+1}^{n} (Z_t - \overline{Z})(Z_{t-k} - \overline{Z})}{\sum_{t=1}^{n} (Z_t - \overline{Z})^2}, \qquad k = 0,1,2,\ldots \tag{1.2}$$

여기서 $\overline{Z} = \sum_{t=1}^{n} Z_t / n$ 는 시계열 $\{Z_t\}$의 평균이다. 표본자기상관계수의 집합 $\{\hat{\rho}_k\}$를 표본자기상관함수(sample autocorrelation function: SACF)라고 한다.

부분자기상관계수 및 부분자기상관함수. 정상시계열 $\{Z_t\}$ 에서 Z_{t-k} 와 k 시차만큼 떨어진 Z_t 사이에 놓여 있는 $Z_{t-k+1}, Z_{t-k+2}, \ldots, Z_{t-1}$의 영향력을 배제한 Z_{t-k}와 Z_t 만의 순수한 상관계수를 k-시차 부분자기상관계수(partial autocorrelation coefficient)라고 한다. k-시차 부분자기상관계수를 ϕ_{kk}로 표기하고 집합 $\{\phi_{kk}\}$를 부분자기상관함수(partial autocorrelation function: PACF)라고 한다. k-시차 부분자기상관계수 ϕ_{kk}를 계산하기 위한 Durbin(1960)의 순환식은 다음과 같다.

$$\begin{cases} \phi_{11} = \rho_1, \\ \phi_{k+1,k+1} = \dfrac{\rho_{k+1} - \sum_{j=1}^{k} \phi_{kj} \rho_{k+1-j}}{1 - \sum_{j=1}^{k} \phi_{kj} \rho_j}, \\ \phi_{k+1,j} = \phi_{kj} - \phi_{k+1,k+1} \phi_{k,k+1-j}, \quad j = 1,2,\ldots,k. \end{cases} \tag{1.3}$$

표본부분자기상관계수 및 표본부분자기상관함수. 시계열 $\{Z_t \mid t = 1,2,\ldots,n\}$이 주어진다면 k-시차 표본부분자기상관계수를 $\hat{\phi}_{kk}$로 표기하고 집합 $\{\hat{\phi}_{kk}\}$를 표본부분자기상관함수(sample partial autocorrelation function: SPACF)라고 한다. $\hat{\phi}_{kk}$의 계산식은 위의 순환식 (1.3)에서 ρ_j 대신 식 (1.2)의 $\hat{\rho}_j$를 대입함으로써 얻어진다.

SACF plot 및 SPACF plot. 가로축에 시차 k를 나타내고 세로축에 SACF $\{\hat{\rho}_k\}$의 수치 값을 나타낸 막대그래프를 SACF plot이라고 한다. 또한 가로축에 시차 k를 나타내고 세로축에 SPACF $\{\hat{\phi}_{kk}\}$의 수치 값을 나타낸 막대그래프를 SPACF plot이라고 한다. 각 시계열은 고유한 ACF 및 PACF를 가지고 있으므로 표본으로부터 얻어지는 SACF plot 및 SPACF plot로부터 시계열을 생성하게 한 확률과정에 관한 중요한 정보를 얻을 수 있다.

예제 1.2

[표 1.1]은 KOSPI와 KOSPI 수익률 시계열자료에 대한 SACF $\{\hat{\rho}_k\}$와 SPACF $\{\hat{\phi}_{kk}\}$를 나타내고, 이를 그림으로 표현한 SACF plot 및 SPACF plot이 [그림 1.8]과 [그림 1.9]에 나타나 있다. [표 1.1]의 KOSPI 시계열자료에서 시차가 $k=3$인 경우 $\hat{\rho}_3$=0.89074이고 $\hat{\phi}_{33}$=−0.08612이다. 이 수치들이 의미하는 바는 다음과 같다.

KOSPI 시계열자료를 $\{z_t\}$로 놓고 $\{z_{t-3} | t=4,5,\ldots,n\}=\{z_1, z_2,\ldots,z_{n-3}\}=x$ 이라고 할 때 시차가 $k=3$인 시계열자료는 $\{z_t | t=4,5,\ldots,n\}=\{z_4, z_5,\ldots,z_n\}=y$ 이다. 즉, $k=3$ 시차만큼 떨어져 있는 두 개의 시계열 x와 y의 피어슨 상관계수가 $\hat{\rho}_{xy}=\hat{\rho}_3$=0.89074이다.

다음으로 $k=3$ 시차만큼 떨어진 z_{t-3}과 z_t 사이에 놓여 있는 z_{t-2}, z_{t-1}의 영향력을 배제한 z_{t-3}과 z_t의 새로운 값을 각각 z^*_{t-3}와 z^*_t로 놓자. 그러면 $z^*_{t-3}=z_{t-3}-(\hat{\alpha}_1 z_{t-2}+\hat{\alpha}_2 z_{t-1})$ 그리고 $z^*_t=z_t-(\hat{\beta}_1 z_{t-1}+\hat{\beta}_2 z_{t-2})$로 쓸 수 있다. 이제 $u=\{z^*_{t-3} | t=4,5,\ldots,n\}=\{z^*_1, z^*_2,\ldots,z^*_{n-3}\}$ 및 $v=\{z^*_t | t=4,5,\ldots,n\}=\{z^*_4, z^*_5,\ldots,z^*_n\}$ 라고 할 때 $k=3$ 만큼 떨어져 있는 두 개의 시계열 u와 v의 피어슨 상관계수가 $\hat{\rho}_{uv}=\hat{\phi}_{33}$=−0.08612이다. □

[표 1.1] SACF($\hat{\rho}_k$), SACF의 표준오차(SE($\hat{\rho}_k$)), SPACF($\hat{\phi}_{kk}$): KOSPI와 KOSPI 수익률 시계열자료

lag	KOSPI			KOSPI 수익률		
(k)	$\hat{\rho}_k$	SE($\hat{\rho}_k$)	$\hat{\phi}_{kk}$	$\hat{\rho}_k$	SE($\hat{\rho}_k$)	$\hat{\phi}_{kk}$
0	1	0	1	1	0	1
1	0.96895	0.0635	0.96895	0.10442	0.063628	0.10442
2	0.93213	0.10772	−0.11014	0.03082	0.064319	0.02013
3	0.89074	0.13642	−0.08612	−0.07671	0.064378	−0.0829
4	0.85419	0.15814	0.07112	−0.03437	0.064747	−0.01896
5	0.82105	0.17576	0.02727	−0.04711	0.064821	−0.03757
6	0.79154	0.1906	0.02054	−0.02487	0.06496	−0.02134
7	0.76231	0.20343	−0.0216	−0.0551	0.064998	−0.05305
8	0.73535	0.21464	0.02191	−0.02359	0.065187	−0.01904
9	0.70982	0.22457	0.01172	−0.02938	0.065222	−0.02823
10	0.68589	0.23344	0.00574	0.01503	0.065275	0.01086

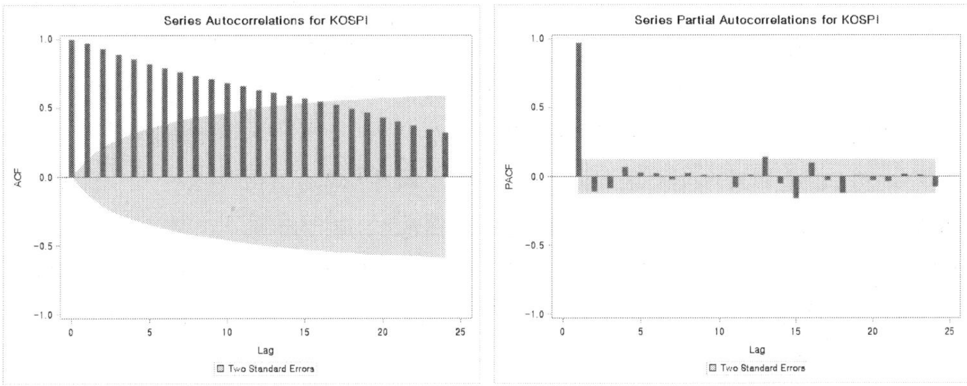

[그림 1.8] SACF plot 및 SPACF plot: KOSPI 시계열자료

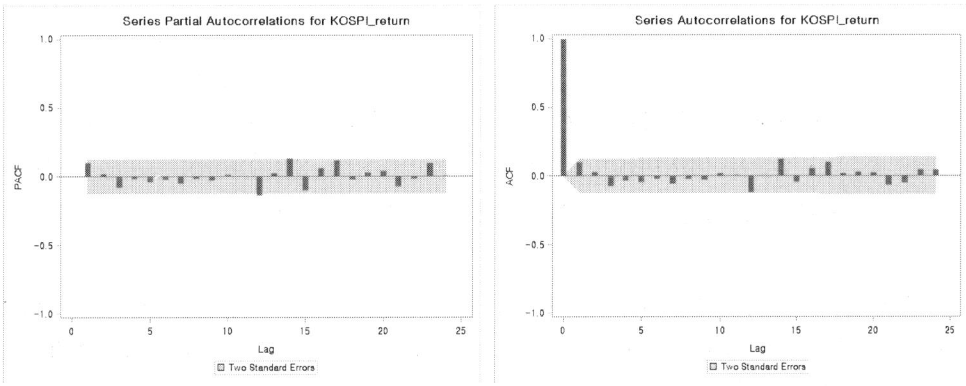

[그림 1.9] SACF plot 및 SPACF plot: KOSPI 수익률 시계열자료

1.3 정상시계열

정상시계열. 시계열자료분석의 가장 큰 목적 중 하나는 미래의 예측에 있다. 미래에 발생할 사건들은 불확실성을 내포하고 있기 때문에 미래 예측에는 필연적으로 예측오차를 수반한다. 예측오차를 줄여서 정확한 예측을 하기 위한 하나의 방법으로 시계열 확률모형을 사용한다. 시계열 확률모형에 의한 예측에서 전제되는 가정은 과거부터 현재까지 주어진 시계열자료를 생성하게 한 확률과정의 시스템이 미래에도 변하지 않고 유지된다는 기본 가정에서 출발한다. 이러한 기본 가정으로 정상성(stationarity)이라는 개념이 있다. 정상성은 시계열분석에서 통계적 추론의 핵심이 되는 기본 개념이다.

[그림 1.5]의 KOSPI 수익률은 0 근처에서 움직인다. 전체 시간구간에서 이 시계열의 평균은 0으로 유추할 수 있다. 부 구간으로 나눈 어느 시간구간에서도 평균은 0으로 짐작할 수 있다. 즉, 시간에 관계없이 시계열의 평균은 변하지 않는 일정한 상수이다. 다음으로 관측할 수 있는 특징은 전체 시간구간 혹은 부 구간으로 나눈 어느 시간구간에서도 시계열은 대략 구간 [−0.03, 0.03]에 퍼져 있다. 즉, 시간에 관계없이 시계열의 분산이 일정한 상수로 판단된다. 이에 반해서 [그림 1.3]의 GDP 시계열자료는 시간대별로 시계열의 평균과 분산이 점점 증가하고 있다. 즉, 시계열의 평균과 분산이 시간에 따라 일정한 상수가 아니라 시간에 종속됨을 보인다.

다음의 세 가지 조건을 만족시키는 확률과정 $\{Z_t\}$ 를 정상확률과정(stationary stochastic process)이라고 한다.

(i) $\mu_t = E(Z_t) = \mu$.

(ii) $\sigma_t^2 = Var(Z_t) = \gamma_0 = \sigma_z^2$.

(iii) $\gamma_k = Cov(Z_t, Z_{t-k})$.

즉, 정상확률과정의 평균 및 분산은 시간 t 에 관계없이 일정하고 k−시차 자기공분산은 시간 t 에는 종속하지 않으나 시차 k에는 종속할 수 있다. 예를 들어 정상확률과정 $\{Z_t\}$ 를 h 시차만큼 수평 이동시킨 확률과정 $\{Z_{t+h}\}$ 의 평균, 분산, 공분산은 $\{Z_t\}$ 의 평균, 분산, 공분산과 각각 같다.

정상확률과정에서 "정상(stationary)"의 또 다른 이름으로는 약 정상(weakly stationary), 공분산 정상(covariance stationary), 혹은 2차 정상(second-order stationary)[3]이라고 불린다. 정상확률과정의 실현치를 정상시계열이라고 한다.

어느 주어진 시계열이 정상시계열인지를 시계열그림으로부터 시각적 판단을 할 때 (i), (ii)에 의한 판단은 비교적 직접적이다. 즉, 정상시계열은 평균으로 회귀하는 성향이 있고 평균 주변에서 퍼져 있는 정도가 일정한 범위 이내에 존재한다. 그러나 (iii)의 판단을 위해서는 SACF로부터 자기상관관계가 시간에 종속되는지를 판단해야 한다. 예를 들면 [그림 1.3]의 GDP 시계열자료는 조건 (i), (ii)를 명백하게 만족시키지 못하므로 정상시계열이 아니다. 반면에 [그림 1.5]의 KOSPI 수익률은 정상성의 조건 (i), (ii)를 만족함을 쉽게 알 수 있다. 이제 조건 (iii)이 만족되는지를 보자. [그림 1.9]에서 KOSPI 수익률의 SACF를 보면 거의 0이다. 따라서 식 (1.1)로부터 $\hat{\rho}_k = \hat{\gamma}_k / \hat{\gamma}_0 \simeq 0$ 이므로 $\hat{\gamma}_k \simeq 0$이다. 즉, k−시차 자기공분산이 시간에 종속되지 않고 상수이므로 KOSPI 수익률은 정상시계열로 판단할 수 있다.

---

3) 처음 두 개의 적률, 즉 평균과 분산뿐만 아니라 모든 차수의 적률이 시간에 종속되지 않는 경우는 강 정상(strictly stationary)시계열이다. 그러나 유한개의 표본 시계열자료로 모든 차수의 적률이 같은지를 보이는 것은 거의 불가능하다.

정상시계열이 아닌 시계열을 비정상시계열(nonstationary time series)이라고 한다. 어느 시계열이 정상인지 비정상인지를 판단하는 방법으로서 시계열그림, SACF plot 및 SPACF plot을 이용하는 그래프방법과 단위근검정방법이 있다. 이에 대해서는 2장에서 소개한다.

1.4 백색잡음검정

백색잡음. 시계열 $\{Z_t\}$가 유한인 상수평균(대개는 평균 0)과 상수분산을 가지며 서로 독립이라면 백색잡음(white noise)이라고 한다. 백색잡음시계열은 대표적인 정상시계열이며 모든 시차에서 ACF가 0이며 또한 PACF도 0이다.

백색잡음검정. 백색잡음검정(white noise test)은 주어진 시계열이 백색잡음인지를 판단하는 검정이다. 시계열자료분석에서 주어진 시계열자료가 백색잡음인지를 검토해야 할 두 가지 주요한 상황이 존재한다. 첫째는 시계열 확률모형에 의해 예측하고자 할 때 가장 처음 해야 할 일은 주어진 시계열자료가 백색잡음인지를 판단해야 한다. 만약 주어진 시계열자료가 백색잡음이라고 판단되면 시계열 확률모형에 의한 예측을 진행하는 것은 무의미하다. 둘째는 시계열모형 적합 후 수행하는 잔차분석에서 잔차들은 독립이어야 한다. 따라서 잔차분석에서 잔차시계열이 백색잡음이 되는지를 검토해야 한다. 만약 잔차시계열이 백색잡음이라면 추정모형이 잘 적합되었다는 증거가 될 수 있다. 주어진 시계열이 백색잡음인지를 판단하는 검정으로서 SACF plot 및 SPACF plot에서 개별 시차의 ACF 및 PACF 검정과 모든 시차에서 ACF를 통합한 포트맨토우 검정 등이 유용한 검정 방법들이다.

SACF plot에서 개별 시차의 ACF 검정. k-시차 자기상관관계의 존재 유무에 관한 가설설정은 다음과 같다.

$$H_0 : \rho_k = 0 \ . \quad \text{vs.} \quad H_1 : \rho_k \neq 0 \ .$$

위의 가설검정을 위한 귀무가설 H_0하에서의 검정통계량은 다음과 같이 정의된다.

$$Z = \frac{\hat{\rho}_k}{SE(\hat{\rho}_k)}, \quad SE(\hat{\rho}_k) = \sqrt{(1+2\sum_{i=1}^{k-1}\hat{\rho}_i^2)/n}, \tag{1.4}$$

여기서 n은 시계열자료의 수이다. 검정규칙은 $|Z| > z_{\alpha/2}$ 이면 H_0는 기각된다. 여기서 $z_{\alpha/2}$ 는 표준정규분포의 $100(1-\alpha/2)$ 백분위수이다. 많은 통계소프트웨어에서는 위와 같은 개별 시차

$k=1,2,\ldots$에서 자기상관관계의 존재유무에 대한 검정을 보다 간편하게 수행하기 위해 SACF plot에서 $\hat{\rho}_k$ 의 표준오차의 2배수 범위인 $\pm 2 \cdot SE(\hat{\rho}_k)$의 영역을 표시하여 이 범위를 벗어나는 $\hat{\rho}_k$에 대해서는 5% 유의수준하에서 $H_1 : \rho_k \neq 0$의 증거로 간주한다.

SPACF plot에서 개별 시차의 PACF 검정. $k-$시차 부분자기상관관계의 존재 유무에 관한 가설설정은 다음과 같다.

$$H_0 : \phi_{kk} = 0 \ . \qquad \text{vs.} \qquad H_1 : \phi_{kk} \neq 0 \ .$$

위의 가설검정을 위한 귀무가설 H_0하에서의 검정통계량은 다음과 같이 정의된다.

$$Z = \frac{\hat{\phi}_{kk}}{SE(\hat{\phi}_{kk})}, \qquad SE(\hat{\phi}_{kk}) \simeq 1/\sqrt{n} \ ,$$

여기서 n은 시계열자료의 수이다. 많은 통계소프트웨어에서는 개별 시차 $k=1,2,\ldots$에서 부분자기상관관계의 존재유무에 대한 검정을 보다 간단하게 수행하기 위해 SPACF plot에서 $\hat{\phi}_{kk}$의 표준오차의 2배수 범위인 $\pm 2 \cdot SE(\hat{\phi}_{kk}) = \pm 2/\sqrt{n}$ 영역을 표시하여 이 범위를 벗어나는 $\hat{\phi}_{kk}$에 대해서는 5% 유의수준하에서 $H_1 : \phi_{kk} \neq 0$의 증거로 간주한다.

포트맨토우 검정. 각 시차에서 개별적인 자기상관관계의 검정을 통합한 검정법으로 포트맨토우 검정(Portmanteau test)이 유용하다. SAS/ETS에서는 포트맨토우 검정을 백색잡음검정으로 표현하기도 한다. 포트맨토우 검정의 가설 설정은 다음과 같다.

$$H_0 : \rho_1 = \rho_2 = \rho_3 = \cdots = \rho_K = 0. \quad \text{vs.} \quad H_1 : H_0 \text{ 가 사실이 아니다.} \tag{1.5}$$

위의 가설검정을 위한 Ljung and Box(1978)의 검정통계량은 다음과 같이 정의된다.

$$Q(K) = n(n+2)\sum_{l=1}^{K} \frac{\hat{\rho}_l^2}{n-l} \ , \tag{1.6}$$

여기서 n은 시계열자료의 수이며 K는 적절한 시차이다. 검정규칙은 $Q(K) > \chi^2_\alpha(K)$이면 H_0는 기각된다. 여기서 $\chi^2_\alpha(K)$는 자유도 K인 χ^2분포의 $100(1-\alpha)$ 백분위수이다.

예제 1.3

[표 1.1]에는 KOSPI 및 KOSPI 수익률 시계열자료에 대해 식 (1.4)에 의해 계산된 SACF의 표준오차인 $SE(\hat{\rho}_k)$가 제시되어 있다. [그림 1.8]과 [그림 1.9]의 SACF plot 및 SPACF plot에서 그림자 표시된 영역의 경계선은 각각 $\pm 2 \cdot SE(\hat{\rho}_k)$ 및 $\pm 2 \cdot SE(\hat{\phi}_{kk})$에 해당한다. [그림 1.8]에서 KOSPI 시계열자료의 경우 SACF는 시차 1 이상에서 $\pm 2 \cdot SE(\hat{\rho}_k)$를 벗어나는 경우가 다수 발생하며 SPACF는 시차 1에서만 $\pm 2 \cdot SE(\hat{\phi}_{kk})$를 벗어난다. [그림 1.9]에서 KOSPI 수익률 시계열자료의 경우 SACF 및 SPACF가 거의 $\pm 2 \cdot SE(\hat{\rho}_k)$ 및 $\pm 2 \cdot SE(\hat{\phi}_{kk})$ 이내에 각각 존재한다. 즉, SACF plot 및 SPACF plot에서 개별 시차의 ACF 및 PACF 검정결과로서 KOSPI 시계열자료는 백색잡음이 아니지만 KOSPI 수익률 시계열자료는 백색잡음이라고 판단된다. □

예제 1.4

[표 1.2]에는 KOSPI 및 KOSPI 수익률 시계열자료가 백색잡음인지를 판단할 수 있는 포트맨토우 검정결과가 주어졌다. KOSPI 시계열자료에 대한 포트맨토우 검정결과인 [표 1.2]의 위쪽 결과를 식 (1.6)의 표기로 나타내면 $Q(6) = 1173.35$이고 $p-value < 0.0001$이다. 이는 가설 (1.5)로부터 다음과 같은 가설에 대한 포트맨토우 검정결과이다.

$$H_0 : \rho_1 = \rho_2 = \rho_3 = \cdots = \rho_6 = 0 \quad . \qquad \text{vs.} \qquad H_1 : H_0 \text{ 가 사실이 아니다.}$$

이때 $p-value < 0.0001 < 0.05 = \alpha$ 이므로 5% 유의수준하에서 귀무가설 H_0는 기각된다. 즉, 시차 $1 \sim 6$까지에서 KOSPI 시계열자료가 백색잡음이라는 증거가 불충분하다. 또한 $Q(12) = 1933.54$, $Q(18) = 2428.37$, $Q(24) = 2680.98$이고 제시된 모든 시차에서 $p-value < 0.0001 < 0.05 = \alpha$이므로 KOSPI 시계열자료는 백색잡음이 아니라고 판단한다. KOSPI 수익률 시계열자료에 대한 포트맨토우 검정결과인 [표 1.2]의 아래쪽 결과의 경우 제시된 시차 K=6, 12, 18, 24에서 $p-value > 0.05 = \alpha$ 이므로 식 (1.5)의 귀무가설을 기각하지 못한다. 즉, KOSPI 수익률 시계열자료는 백색잡음이라고 판단할 수 있다. 이러한 포트맨토우 검정결과는 SACF plot 및 SPACF plot에서 개별 시차의 ACF 및 PACF 검정결과를 보여 주는 예제 1.3과도 일치함을 알 수 있다. □

[표 1.2] 원 시계열에 대한 포트맨토우 검정결과: KOSPI(위), KOSPI 수익률(아래) 시계열자료

Autocorrelation Check for White Noise

To Lag	Chi-Square	DF	Pr > ChiSq	Autocorrelations					
6	1173.35	6	<.0001	0.969	0.932	0.891	0.854	0.821	0.792
12	1933.54	12	<.0001	0.762	0.735	0.710	0.686	0.658	0.631
18	2428.37	18	<.0001	0.612	0.593	0.567	0.545	0.520	0.491
24	2680.98	24	<.0001	0.463	0.432	0.401	0.372	0.348	0.321

Autocorrelation Check for White Noise

To Lag	Chi-Square	DF	Pr > ChiSq	Autocorrelations					
6	5.47	6	0.4852	0.104	0.031	-0.077	-0.034	-0.047	-0.025
12	10.48	12	0.5740	-0.055	-0.024	-0.029	0.015	0.008	-0.120
18	19.43	18	0.3656	0.003	0.128	-0.045	0.060	0.106	0.018
24	22.82	24	0.5303	0.029	0.021	-0.067	-0.049	0.048	0.044

SAS program 1.3 **[표 1.1], [그림 1.8], [그림 1.9], [표 1.2]**

- SAS data set: KOSPI 주가 시계열자료(dkospi.sas7bdat)
- 시계열 기간: 2015/01/02 ~ 2015/12/30(일별)
- 시계열 변수: KOSPI

```
/* (1) Read KOSPI time series data */
data KOSPIdata; set Tsa2016.dkospi;
KOSPI_return=KOSPI/lag(KOSPI)-1;
format date yymmdds8.;
run;

/* (2) Figure 1.8, Figure 1.9, Table 1.2 */
proc arima data=KOSPIdata  plots(only)=(series(ACF PACF));
identify var=KOSPI outcov=out1;
identify var=KOSPI_return outcov=out2; run;

/* (3) Table 1.1 */
proc print data=out1; run;
proc print data=out2; run;
```

1.5 시계열의 구성성분

전통적인 시계열분석법의 하나인 분해법은 시계열이 몇 가지 성분으로 구성되었다고 보고 각 구성성분을 분해하여 추정함으로써 시계열예측을 하는 방법이다. 그러나 분해법의 주된 사용은

예측보다는 계절조정에 있다. 이 책에서는 분해법에 의한 예측 및 계절조정의 주제는 포함시키지 않았다. 그러나 시계열의 구성성분을 파악하는 것은 시계열의 특성을 이해하여 예측모형을 수립하는 데 도움을 준다. 시계열은 체계적 성분과 불규칙성분(irregular component)으로 구성되며 체계적 성분은 다시 추세성분(trend component), 계절성분(seasonal component), 순환성분(cyclical component)으로 구성된다.

추세성분. [그림 1.10]의 왼쪽 그림은 우리나라 연도별 국가 부채(단위: 조원) 시계열자료(기간: 1997 ~ 2014)이고 오른쪽 그림은 연도별 1인당 연간 쌀 소비량(단위: kg) 시계열자료(기간: 1991 ~ 2015)이다. 국가 부채는 해마다 대략 직선 추세로 증가하며 쌀 소비량은 해마다 대략 직선 추세로 감소 중임을 알 수 있다. [그림 1.3]의 GDP 시계열자료는 전체 시간구간에서는 2차 곡선 추세로, 최근 시간구간에서는 직선 추세로 증가함을 볼 수 있다. 즉, 추세성분이란 직선 추세, 곡선 추세, 혹은 S자 추세 등과 같이 고정된 형태를 갖는 시계열성분을 의미한다.

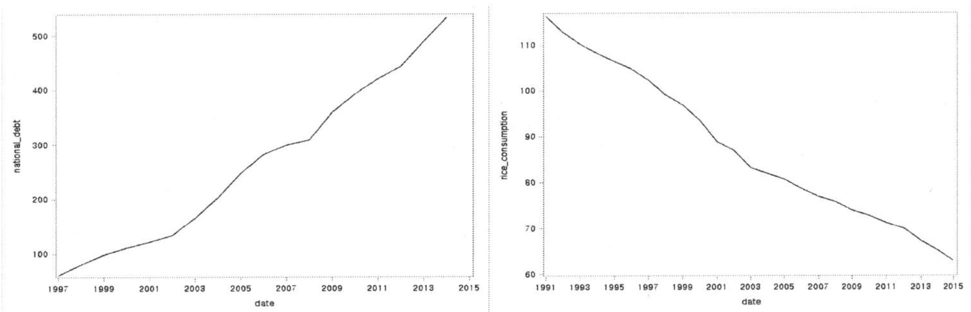

[그림 1.10] 국가 부채(좌) 및 1인당 연간 쌀 소비량 시계열자료(우)

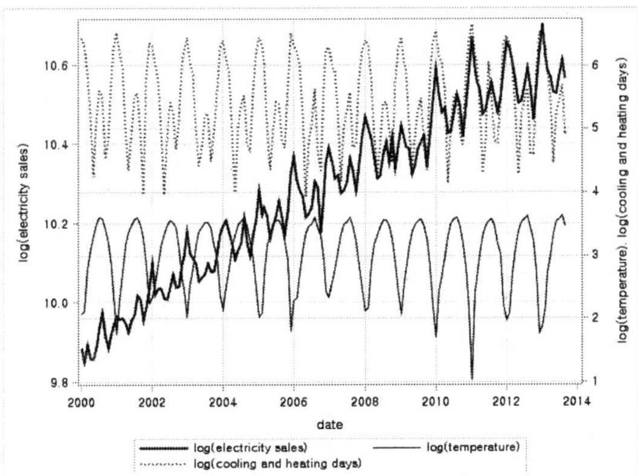

[그림 1.11] 전력판매량, 서울지역 평균 온도, 냉난방도일 시계열자료

계절성분. 계절성분은 알 수 있는 시간 주기인 일(day), 주(week), 달(month), 분기(quarter), 계절(season) 등에 따라 규칙적으로 반복되는 성분이다. [그림 1.3]의 분기별 GDP 시계열자료는 제4분기에 정점을 이루는 모양이 매년 반복되므로 주기 4인 계절성분을 갖는다. [그림 1.11]의 왼편 세로축에 표시된 월별 전력판매량(단위: GWh)의 로그 변환 시계열자료(기간: 2000/01 ~ 2013/09)는 전력을 판매하는 한국전력의 입장에서는 전력판매량이지만 전력을 구매하는 소비자 입장에서는 전력소비량이다. 전력소비량은 난방수요가 많은 1월에 큰 봉우리를 이루고 점점 감소하다가 냉방수요가 많은 8월에 작은 봉우리를 갖는 모양이 매년 반복된다. 전력판매량 시계열자료는 시간의 흐름에 따라 점점 더 증가하는 직선 추세성분과 주기 12를 갖는 계절성분을 갖는 시계열자료이다.

[그림 1.11]의 오른편 세로축에 표시된 서울지역 월 평균온도(단위: ℃)의 로그 변환 시계열자료(기간: 2000/01 ~ 2013/09)는 8월에 봉우리를 갖는 모양이 매년 반복된다. 냉(난)방도일은 매월 우리나라 일 평균기온 18℃를 기준으로 이보다 높으면(낮으면) 18℃와의 기온 차이를 누적시킨 값이다. 냉난방도일(cooling and heating days)은 냉방도일과 난방도일을 합한 시계열이다. [그림 1.11]의 오른편 세로축에 표시된 월별 냉난방도일의 로그 변환 시계열자료(기간: 2000/01 ~ 2013/09)는 전력판매량과 마찬가지로 1월에 큰 봉우리를 이루고 점점 감소하다가 8월에 작은 봉우리를 갖는 모양이 매년 반복된다. 즉, 서울지역 월 평균온도와 월별 냉난방도일 시계열자료는 주기 12를 갖는 계절성분으로 이루어진 시계열자료이다. 교통량이 많은 교차로에서 매일 오전 8시에 CCTV로 자동 집계된 일별교통량 시계열자료가 매주 월요일에 봉우리를 갖고 주말로 갈수록 감소하는 모양을 매주 반복해서 갖는다면 이 일별 시계열자료는 주기 7을 갖는 계절성분을 갖는다.

순환성분. 순환성분은 계절성분과 같이 주기를 갖고 반복되는 것은 같으나 계절성분과 달리 주기가 확실하지 않고 일반적으로 순환성분의 주기는 계절성분의 주기보다 매우 크다. 순환성분으로 이루어진 시계열자료의 대표적인 예로서 태양 흑점 수의 변화, 남극 빙하의 변화, 경기순환 사이클 등이 있다. 이 책에서는 순환성분으로 구성된 시계열자료는 고려하지 않는다. 따라서 이 책에서 다루는 시계열자료는 추세성분, 계절성분, 혹은 불규칙성분으로 구성되었다고 가정한다.

불규칙성분. 불규칙성분은 추세성분이나 계절성분처럼 규칙적인 패턴을 가지고 있지 않다. [그림 1.12]는 어느 소형 마트의 300일 동안의 매출액(단위: 만 원) 시계열자료이다. 매출액은 일평균 100만 원을 중심으로 불규칙적이다. 이 시계열자료는 불규칙성분으로 구성되어 있다.

[그림 1.3]의 분기별 국내 GDP 시계열자료 혹은 [그림 1.11]의 전력판매량 시계열자료와 같이

일반적으로 경제 시계열자료는 추세성분과 계절성분을 동시에 가지고 있으며 시간이 진행됨에 따라 분산이 커지는 특징을 보인다. 그것은 보통 경제 시계열자료가 통화와 관련되어 있어 해가 갈수록 경제 규모가 커짐에 따라 변동량 역시 커지기 때문이다.

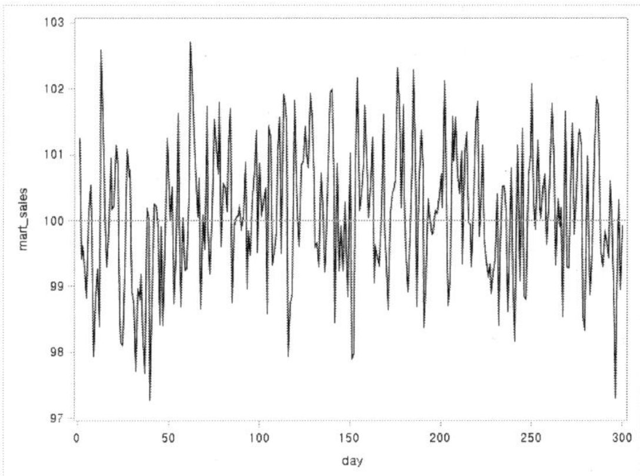

[그림 1.12] 마트 매출액 시계열자료

SAS program 1.4 **[그림 1.10]**

- SAS data set: ① 연간 국가 부채 시계열자료(ynationaldebt.sas7bdat)
  ② 1인당 연간 쌀 소비량 시계열자료(yriceconsumption.sas7bdat)
- 시계열 기간: ① 1997-2014(연도별) ② 1991-2015(연도별)
- 시계열 변수: ① national_debt ② rice_consumption

```
/* (1) Read national debt time series data */
data debtdata; set Tsa2016.ynationaldebt; run;
 proc print data=debtdata; var year national_debt ; run;

/* (2) Figure 1.10(left) */
proc sgplot data=debtdata;
 series x=year y=national_debt/
       LINEATTRS=(PATTERN=1 color=black THICKNESS=1) ;
 xaxis values=(1997 to 2015 by 1); run;

/* (3) Read rice consumption time series data */
data ricedata; set Tsa2016.yriceconsumption; run;
 proc print data=ricedata; run;

/* (4) Figure 1.10(right) */
proc sgplot data=ricedata;
 series x=date y=rice_consumption /
       LINEATTRS=(PATTERN=1 color=black THICKNESS=1);
 xaxis values=(1991  to 2015 by 1); run;
```

SAS program 1.5 **[그림 1.11]**

- SAS data set: ① 전력판매량 시계열자료(melectricitysales.sas7bdat)
  ② 서울지역 평균 온도 시계열자료(melectricitysales.sas7bdat)
  ③ 냉난방도일 시계열자료(melectricitysales.sas7bdat)
- 시계열 기간: 2000/01-2013/09(월별)
- 시계열 변수: ① power ② temp ③ hcdd

```
/* (1) Read electricity sales time series data */
data electricitydata; set Tsa2016.melectricitysales;
  date=intnx('month','1JAN00'd,_n_-1);
/* (2) To be temp+10>0 and hcdd+1>0 */
  log_power=log(power);  log_temp=log(temp+10); log_hcdd=log(hcdd+1);
  format date monyy.;  run;
proc print data=electricitydata; run;

/* (3) Figure 1.11 */
proc sgplot data=electricitydata;
  series x=date y=log_power/
        legendlabel='log(electricity sales)'
        LINEATTRS=(PATTERN=1 color=black THICKNESS=2);
  series x=date y=log_temp/
        legendlabel='log(temperature)'
        LINEATTRS=(PATTERN=1 color=black THICKNESS=1) y2axis;
  series x=date y=log_hcdd/
        legendlabel='log(cooling and heating days)'
        LINEATTRS=(PATTERN=34 color=black THICKNESS=2) y2axis;
  xaxis grid;
  yaxis label='log(electricity sales)' grid;
  y2axis label='log(temperature), log(cooling and heating days)' grid; run;
```

SAS program 1.6 **[그림 1.12]**

- SAS data set: 마트 매출액 시계열자료(martsales.sas7bdat)
- 시계열 기간: 1-300
- 시계열 변수: mart_sales

```
/* (1) Read mart sales time series data */
data martdata; set Tsa2016.martsales;
keep day mart_sales; run;
proc print;  run;

/* (2) Figure 1.12 */
proc sgplot data=martdata;
  series x=day y=mart_sales /
       LINEATTRS=(PATTERN=1 color=black THICKNESS=1);
  refline 100/ axis=y; run;
```

1.6 시계열의 예측절차

시계열분석의 가장 큰 목적 중 하나는 예측이다. 주어진 시계열 $\{Z_t\}$에 대해 다음과 같은 통계적 확률모형을 적합시켜 예측을 수행한다고 하자.

$$Z_t = f(\beta, t, Z_{t-1}, Z_{t-2}, \ldots, \varepsilon_{t-1}, \varepsilon_{t-2}, \ldots) + \varepsilon_t ,$$

여기서 $Z_{t-1}, Z_{t-2}, \ldots$는 시계열 $\{Z_t\}$의 과거값, $\{\varepsilon_t\}$는 평균 0, 분산 σ_ε^2인 백색잡음, $\varepsilon_{t-1}, \varepsilon_{t-2}, \ldots$는 백색잡음의 과거값, t는 시간, β는 $t, Z_{t-1}, Z_{t-2}, \ldots, \varepsilon_{t-1}, \varepsilon_{t-2}, \ldots$ 등과 결합하는 모수벡터이고, f는 $t, Z_{t-1}, Z_{t-2}, \ldots, \varepsilon_{t-1}, \varepsilon_{t-2}, \ldots$ 등으로부터 Z_t 를 가장 잘 설명해 주는 미지의 함수이다.

[그림 1.13]은 위의 확률모형에 의해 예측을 수행하기 위한 예측시스템의 흐름도이다. 예측시스템은 크게 모형적합단계와 예측단계로 나눈다. 모형적합단계는 모형의 식별, 모형의 추정, 모형의 진단으로 구성되며, 예측단계는 예측, 안정성평가, 예측갱신으로 구성된다. 이제 세부적으로 각 단계를 설명해 보기로 한다.

이론 또는 관련연구의 스터디. 주어진 시계열자료의 예측과 관련된 시계열분석 이론 혹은 다양한 시계열분석 결과의 조사 및 스터디를 통하여 주어진 시계열자료에 가장 적합한 시계열예측의 분석 방향을 구상한다.

모형의 식별. 시계열분석의 첫 단계는 시계열그림과 SACF plot 및 SPACF plot를 그려보는 것이다. 만약 시계열자료가 백색잡음이라면 시계열 확률모형에 의한 예측은 무의미하다. 하나의 시계열그림으로부터 많은 정보를 얻을 수 있다. 즉, 추세성분, 계절성분, 혹은 불규칙성분 등

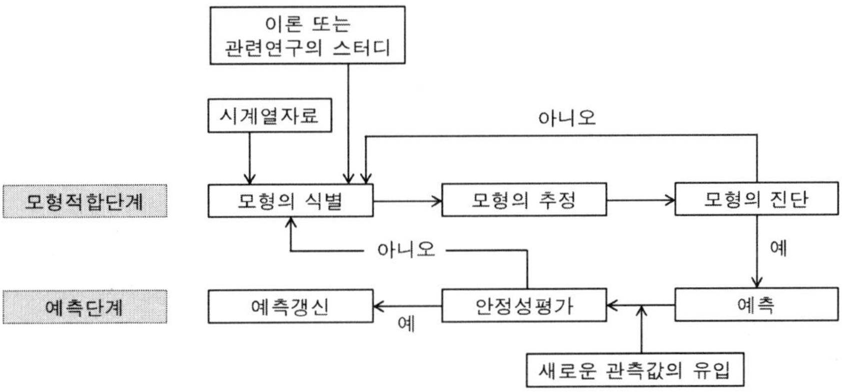

[그림 1.13] 시계열예측시스템

시계열의 구성성분을 알 수 있고, 정상시계열인지 혹은 비정상시계열인지의 여부를 파악할 수 있다. 만약 시계열이 비정상시계열이라면 비정상의 요인이 일정하지 않은 평균 때문인지 혹은 일정하지 않은 분산 때문인지를 파악한다. 이렇게 얻어지는 시계열의 기초정보에 근거하여 사용해야 할 모형이 식별된다.

여러 경쟁 후보 모형 중에서 주어진 시계열자료에 가장 적합한 하나의 모형을 선택하고자 할 때 널리 쓰는 기준으로 Akaike(1974)의 AIC(Akaike information criterion)와 Schwarz (1978)의 SBC(Schwarz Bayesian criterion)가 있다. SBC는 때때로 BIC(Bayesian information criterion)이라고도 한다. 아래에 정의된 기준들의 첫 번째 항은 주어진 모형이 자료에 얼마나 잘 적합되었는지를 반영하고 두 번째 항은 모수 절약의 법칙을 준수하도록 설계되어 있는 벌칙함수(penalty function) 역할을 한다. 모수의 최우추정치에서 계산된 우도함수의 값인 L값이 클수록, 즉 $-2\ln(L)$ 값이 작을수록 모형의 적합도는 높아진다. 따라서 최소 AIC 및 최소 SBC 값을 주는 모형을 선택한다.

$$AIC = -2\ln(L) + 2m \ ,$$

$$SBC = -2\ln(L) + m\ln(n) \ ,$$

여기서 m은 모형에 포함된 모수의 수이고 n은 시계열자료의 수이다.

예제 1.5: 모형의 식별

시계열예측시스템을 설명하기 위해서 [그림 1.11]의 전력판매량 시계열자료를 예로 들어보자. [그림 1.11]은 원 시계열자료인 전력판매량 $\{z_t\}$을 자연로그 변환한 시계열자료 $\{\ln z_t\}$이다. 시계열분석에서 보통 분산이 일정하지 않고 증가 혹은 감소하는 분산을 갖는 경우 로그 변환을 하면 시계열의 분산이 보다 일정하게 된다. 이 시계열은 시간의 흐름에 따라 평균과 분산이 증가하므로 백색잡음이 아님은 명백하다. 또한 이 시계열은 직선 추세와 주기가 12인 계절성분을 가지고 있으므로 2.4절에서 소개할 승법계절 $ARIMA(p,1,q)(P,1,Q)_{12}$ 모형을 적합해 볼 수 있다. 이때 모수 절약의 법칙에 따라 $0 \le p,q,P,Q \le 2$ 인 모형 중에서 최소 AIC를 주는 모형으로 다음의 $ARIMA(1,1,1)(0,1,1)_{12}$ 모형이 식별되었다.

$$(1-\phi B)(1-B)(1-B^{12})\ln Z_t = (1-\theta B)(1-\Theta B^{12})\varepsilon_t, \quad (1.7)$$

여기서 $\{\varepsilon_t\}$는 평균 0, 분산 σ_ε^2인 백색잡음이고 B는 후진작용소(backshift operator)로서 $B^h z_t = z_{t-h}$의 역할을 한다. □

모형의 추정. 식별된 모형에 포함된 모든 모수들을 추정한다.

예제 1.6: 모형의 추정.

식별된 모형식 (1.7)로부터 추정해야 할 모수는 $\phi, \theta, \Theta, \sigma_\varepsilon^2$이다. 추정된 모형식은 다음과 같다.

$$(1-0.37014B)(1-B)(1-B^{12})\ln Z_t = (1-0.83591B)(1-0.63961B^{12})\varepsilon_t, \tag{1.8}$$

여기서 $\hat{\sigma}_\varepsilon^2 = 0.000686$, $AIC = -672.919$, $SBC = -663.848$ 이다. 만약 모수 ϕ, θ, Θ 에 대한 유의성검정

$$H_0 : \ \phi(\theta, \text{혹은 } \Theta) = 0. \ \text{VS.} \ H_1 \ : \ \phi(\theta, \text{혹은 } \Theta) \neq 0$$

에서 $p-value > \alpha = 0.05$ 인 모수가 존재한다면 귀무가설 H_0 를 기각하지 못하여 식별된 모형식 (1.7)에서 해당하는 모수 항을 제거한 후의 축소된 모형을 다시 추정해야 한다. 그러나 이 예제에서는 모수 ϕ, θ, Θ의 유의성검정결과 모두 $p-value < \alpha = 0.05$ 이므로 이들 모수들은 유의하여 추정된 모형식 (1.8)은 다음 단계인 모형의 진단에 사용된다. □

모형의 진단. 모형의 식별 단계에서 시계열 확률모형에 주어졌던 가정이 잘 설정된 것인지를 검토하는 단계가 모형의 진단 단계이다. 일반적으로 시계열 확률모형에서 $\{\varepsilon_t\}$는 평균 0, 분산 σ_ε^2인 백색잡음이라고 가정한다. 따라서 모형의 진단 단계에서는 백색잡음 $\{\varepsilon_t\}$에 대한 추정치인 잔차시계열 $\{e_t\} = \{z_t - \hat{z}_t\}$가 백색잡음처럼 (i) 0 평균, (ii) 상수분산, (iii) 서로 독립인지를 검토하는 잔차분석을 수행해야 한다. [그림 1.14]에는 2차원 좌표상의 점 (t, e_t)를 연결하여 그린 여러 형태의 잔차시계열 $\{e_t\}$의 시계열그림을 보여 준다.

잔차시계열그림 (a), (b)는 $\{\varepsilon_t\}$의 평균이 0이라는 가정에 위반된다. 잔차시계열그림 (a)의 경우 식별된 모형에 시간의 직선 추세항이, 잔차시계열그림 (b)의 경우 식별된 모형에 시간의 2차 추세항이 포함되지 않아 그 정보가 그대로 잔차에 남아 있음을 의미하므로 각 경우에서 식별 모형에 직선 추세항 혹은 2차 추세항을 추가해야 한다. 잔차시계열그림 (c)의 경우, $\{\varepsilon_t\}$의 분산이 상수라는 가정에 위반된다. 만약 시간의 흐름에 따라 원 시계열의 분산이 커진다면 보통 원 시계열에 로그 변환을 하여 분산 폭을 줄여줄 수 있다.

이미 1.4절에서 언급한 백색잡음검정의 중요한 용도 중 하나는 잔차분석에서 잔차들이 독립인지를 검토하는 데 있다고 하였다. 잔차들이 백색잡음인지에 관한 포트맨토우 검정의 가설

설정은 다음과 같다.

$$H_0:\ \rho_1(e)=\rho_2(e)=\cdots=\rho_K(e)=0. \quad \text{vs.} \quad H_1:\ H_0\text{가 사실이 아니다,} \tag{1.9}$$

여기서 $\rho_l(e)$는 잔차시계열 $\{e_t\}$의 l-시차 자기상관계수이다. 잔차시계열그림 (d)와 (e)의 경우는 $\{\varepsilon_t\}$가 독립이라는 가정에 위배된다. 잔차시계열그림 (d)의 경우 잔차들이 평균 0 위/아래에서 한동안 밀집되어 있는 모양을 보이는데 이러한 움직임은 양의 자기상관관계의 징후이다. 실제로 이 잔차들의 1-시차 표본자기상관계수는 $\hat{\rho}_1(e)=0.822$이다. 즉, 시차가 1인 잔차들, 즉 바로 인접한 잔차들은 같은 방향으로 움직이려는 경향이 있다. 따라서 어느 잔차가 0 위에 위치하면 연속적으로 인접한 잔차들은 함께 0 위에 위치한다. 만약 어느 잔차가 우연히 0 아래에 위치하면 연속적으로 인접한 잔차들은 함께 0 아래에 위치하므로 한쪽 방향에 모여 있는 전형적인 양의 자기상관관계의 형태를 보인다.

잔차시계열그림 (e)의 경우 잔차들이 평균 0을 중심으로 연속적으로 교차하며 위치하는 모양을 보이는데 이러한 움직임은 음의 자기상관관계의 징후이다. 실제로 이 잔차들의 1-시차 표본자기상관계수는 $\hat{\rho}_1(e)=-0.653$이다. 즉, 시차가 1인 잔차들인 바로 인접한 잔차들은 서로 반대 방향으로 움직이려는 경향이 있다. 따라서 어느 잔차가 0 위에 위치하면 바로 인접한 잔차는 0 아래에 위치하고 그 다음 인접한 잔차는 0 위에 위치하면서 연속적으로 인접한 항들은 0 위 혹은 아래로 교차해서 위치하게 되는 전형적인 음의 자기상관관계의 모습을 보인다. 잔차 시계열그림 (d) 및 (e)의 경우, K=6, 12, 18, 24일 때의 가설 (1.9)에 대한 포트맨토우 검정결과 모두 $p-value<0.0001<0.05=\alpha$이다. 즉, 잔차들이 백색잡음이 아니라는 명백한 증거를 보여 준다.

한편 잔차시계열그림 (f)는 잔차시계열그림 (e)와 매우 유사해 보인다. 보통 큰 음의 1차 자기상관관계를 갖는 시계열과 백색잡음시계열은 시계열그림으로 구별하기는 어렵다. 잔차시계열그림 (f)에서는 잔차시계열그림 (e)와는 달리 잔차가 평균 0의 위 아래에 위치하는 형태가 규칙적이지 않고 랜덤하다. 잔차시계열그림 (f)의 경우 K=6, 12, 18, 24일 때의 가설 (1.9)에 대해서 포트맨토우 검정결과 $p-value$는 각각 0.4833, 0.8653, 0.9550, 0.9950으로 모두 $\alpha=0.05$보다 크다. 따라서 잔차시계열그림 (f)의 잔차는 백색잡음이므로 [그림 1.14]의 6개 잔차시계열그림 중에서 유일하게 모형의 진단 단계를 통과한 경우에 해당한다. 이때 $\hat{\rho}_1(e)=-0.059$이다.

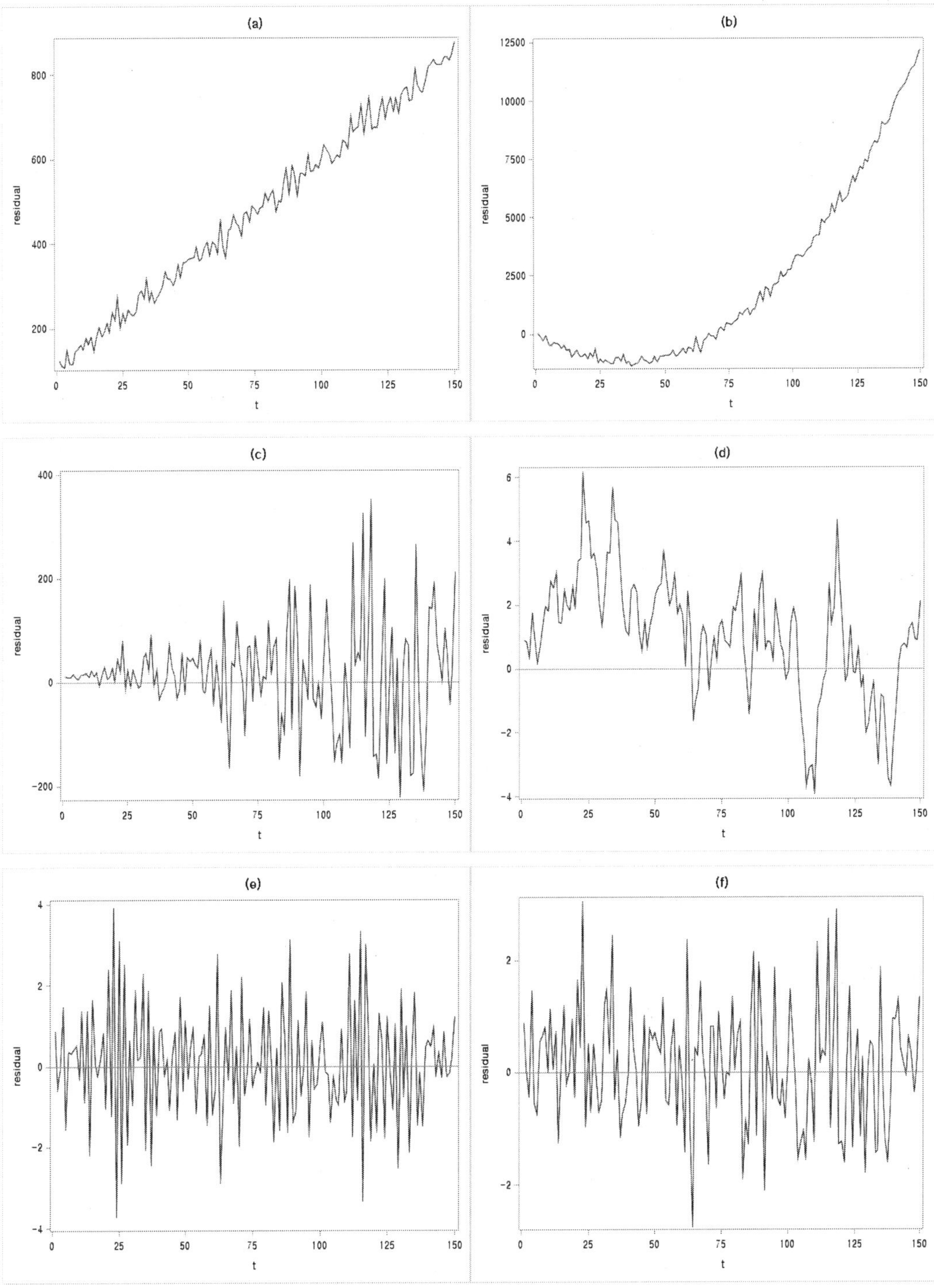

[그림 1.14] 여러 가지 형태의 잔차시계열그림

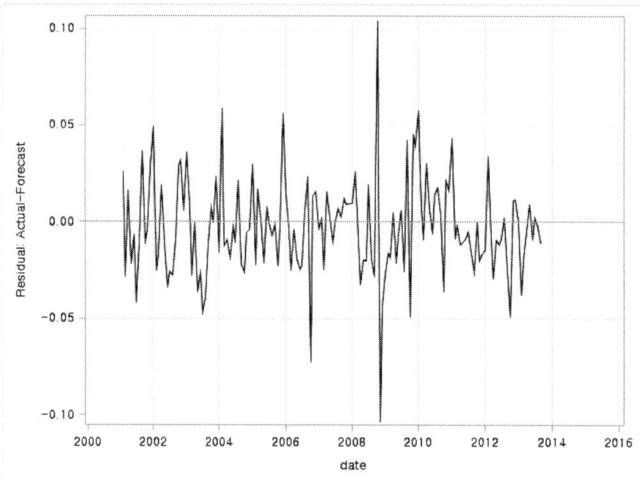

[그림 1.15] 잔차시계열그림

예제 1.7: 모형의 진단.

[그림 1.11]의 전력판매량 시계열자료 $\{\ln z_t\}$에 대해 추정 모형식 (1.8)을 적합한 후 얻어지는 잔차시계열그림인 [그림 1.15]를 보면 외견상 잔차의 평균은 0으로 일정하며, 평균 0에 대한 $T-$검정에서 $p-value=0.13683>0.05=\alpha$이므로 통계적으로 평균은 0으로 판단한다. 또한 세계 금융위기가 있었던 2008년 후반부를 제외하면 잔차들은 구간 [-0.05, 0.05]의 내외에서 분포하여 분산은 일정하다고 판단된다. K=6, 12, 18, 24, 36일 때의 가설 (1.9)에 대한 포트맨토우 검정결과 $p-value$는 각각 0.2901, 0.4157, 0.5519, 0.1654, 0.1251으로 모두 $\alpha=0.05$ 보다 크므로 귀무가설 H_0를 기각하지 않는다. 이때 $\hat{\rho}_1(e)=-0.021$ 이다. 이제 잔차는 백색잡음으로 판단되므로 추정 모형식 (1.8)은 예측에 사용될 수 있다. □

예측. 잔차분석을 통하여 시계열 확률모형에 대해 설정되었던 가정에 위배되지 않았음이 모형의 진단 단계에서 확인되면 추정모형을 예측에 사용한다. 현재 시점 t까지 관측된 시계열자료를 사용하여 미래 시점 $t+l$에서 미래값 Z_{t+l}의 최소평균제곱오차(minimum mean square error: MMSE) 예측치 $\hat{Z}_t(l)$은 다음과 같이 정의된다.

$$\hat{Z}_t(l)=\hat{E}\,(Z_{t+l}\,|\,z_t, z_{t-1}, z_{t-2}, z_{t-3}, \ldots).$$

현재 시점 $t=n$까지 관측된 시계열자료 $\{z_t\,|\,t=1,2,\ldots,n\}$가 주어졌을 때 추정모형에 의해 얻어지는 1-시차 후 예측치(one-step-ahead forecast) $\{\hat{Z}_t(1)\,|\,t=1,2,\ldots,n-1\}$은 실제값

$\{Z_t \mid t=2,3,\ldots,n\}$의 적합치(fitted value)에 해당하므로 기간 $\{t \mid t=1,2,\ldots,n\}$을 적합기간(fitted period)이라고 한다. 추정모형에 의해 추정된 미래값 $\{\hat{Z}_n(l) \mid l=1,2,\ldots,L\}$을 다-시차 후 예측치(multistep-ahead forecast)라고 하고 기간 $\{t \mid t=n+1,n+2,\ldots,n+L\}$을 예측기간(predicted period)이라고 한다.

적합기간에 신뢰수준 $100(1-\alpha)\%$의 1-시차 후 예측구간은

$$\hat{Z}_t(1) \pm z_{\alpha/2} \cdot SE(\hat{Z}_t(1)), \quad t=1,2,\ldots,n-1,$$

으로 정의되며 예측기간에 신뢰수준 $100(1-\alpha)\%$의 l-시차 후 예측구간은

$$\hat{Z}_n(l) \pm z_{\alpha/2} \cdot SE(\hat{Z}_n(l)), \quad l=1,2,\ldots,L,$$

으로 정의된다. 여기서 $z_{\alpha/2}$는 표준정규분포의 $100(1-\alpha/2)$ 백분위수이며 $SE(\cdot)$는 괄호 안 통계량의 표준오차를 의미한다.

예제 1.8: 예측

[그림 1.16]은 모형의 진단 단계에서 통과된 추정 모형식 (1.8)을 사용하여 적합기간(2000년 1월 ~ 2013년 9월) 동안의 1-시차 후 예측치, 그 이후 24개월 예측기간 동안의 예측치, 그리고 95% 신뢰수준하의 예측구간을 보여 주는 시계열그림이다. 이때 원 시계열 분산의 상수화를 위해 로그 변환한 시계열자료는 다시 원 시계열자료로 변환하여 표현하였다. □

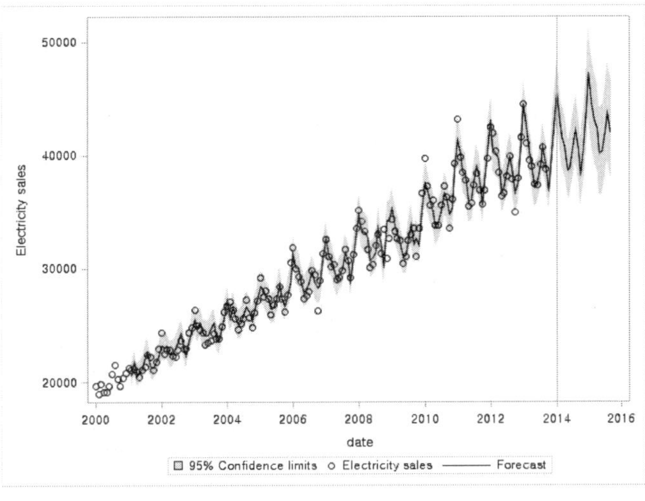

[그림 1.16] 전력판매량 시계열자료의 예측

안정성평가 및 갱신. 현재 시점 $t=n$ 까지 관측된 시계열자료 $\{z_t | t=1,2,...,n\}$ 를 사용하여 미래 시점 $t=n+1$에서의 시계열 Z_{n+1}을 $\hat{Z}_n(1)$으로 예측하였다면 실제 $t=n+1$이 도래했을 때 예측오차는 $\hat{e}_n(1)=Z_{n+1}-\hat{Z}_n(1)$로 얻어진다. 예측오차 $\hat{e}_n(1)$이 허용되는 예측오차보다 더 큰 값이라면 모형의 식별단계로 되돌아가서 새로운 모형을 식별하는 단계부터 다시 시작해야 한다. 예측오차 $\hat{e}_n(1)$이 허용되는 예측오차보다 작다면 기존의 시계열자료에 새롭게 관측된 Z_{n+1} 을 추가한 관측 시계열자료를 사용하여 이미 시점 $t=n$에서 예측한 예측치들을 갱신해야 한다.

SAS program 1.7 **예제 1.6 ~ 예제 1.8**

- SAS data set: 전력판매량 시계열자료(melectricitysales.sas7bdat)
- 시계열 기간: 2000/01-2013/09(월별)
- 시계열 변수: power

```
/* (1) Read electricity sales time series data */
data electricitydata; set tsa2016.melectricitysales;
  date=intnx('month','1JAN00'd,_n_-1);
  keep date power  log_power;
  log_power=log(power);
  format date monyy.; run;
proc print data=electricitydata; run;

/* (2) Time series plot of raw data */
proc sgplot data=electricitydata;
  series x=date y=power/ LINEATTRS=(PATTERN=1 color=black THICKNESS=1);
  xaxis grid; yaxis label='electricity sales' grid; run;

/* (3) Time series plot of log transformed data */
proc sgplot data=electricitydata;
  series x=date y=log_power/LINEATTRS=(PATTERN=1 color=black THICKNESS=1);
  xaxis grid; yaxis label='log(electricity sales)' grid; run;

/* (4) example 1.6, example 1.7, example 1.8 */
proc arima data=electricitydata plots=all;
  identify var=log_power(1,12) nlag=24 ;
  estimate p=(1) q=(1)(12) noint;
  forecast out=out1 id=date interval=month lead=24; run;
proc print data=out1; run;

/* (5) Figure 1.15 */
proc sgplot data=out1;
  series x=date y=residual/ LINEATTRS=(PATTERN=1 color=black THICKNESS=1);
  refline 0/ axis=y; xaxis grid; yaxis grid; run;

/* (6) p-value of T-test for residual mean zero */
proc univariate data=out1 noprint; var residual;
```

```
  output out=mean0_pvalue probt=pvalue_mean0; run;
proc print data=mean0_pvalue; run;

/* (7) Transformation to raw data */
data out1; set out1;
  power=exp(log_power); forecast=exp(FORECAST); residual=power-forecast;
  l95=exp(L95); u95=exp(U95); run;
proc print data=out1; var date  power forecast residual l95 u95; run;

/* (8) Figure 1.16 */
proc sgplot data=out1;
  band Upper=u95 Lower=l95 x=date/ legendlabel="95% Confidence limits";
  scatter x=date y=power/ legendlabel="Electricity sales"
        MARKERATTRS=(SYMBOL=Circle SIZE=8PX );
  series x=date y=forecast / legendlabel="Forecast"
        LINEATTRS=(PATTERN=1 color=black THICKNESS=1);
  refline  '1jan2014'd/ axis=x ;
  yaxis label="Electricity sales"; run;
```

1.7 예측모형의 평가

시계열자료분석에서 예측이 목적인 경우라면 정확한 예측력을 가진 시계열모형이 좋은 모형이 될 것이다. 현재 시점 $t=n$ 까지 관측된 시계열자료 $\{z_t \mid t=1,2,\ldots,n\}$ 를 사용하여 1-시차 후 예측치를 $\hat{Z}_n(1)$ 으로 예측하였다면 1-시차 후 예측오차는 $\hat{e}_n(1)=Z_{n+1}-\hat{Z}_n(1)$ 으로 얻어진다. 이제 시점 n 이후 L개 시점 동안 1-시차 후 예측오차의 함수로서 다음과 같이 정의되는 MSE(mean squared prediction error)와 MAPE(mean absolute percentage prediction error)를 최소로 해주는 시계열모형이 정확한 예측모형이다.

$$MSE=\frac{1}{L}\sum_{l=1}^{L}(\hat{e}_{n-1+l}(1))^2 .$$

$$MAPE=\frac{100}{L}\sum_{l=1}^{L}\left|\frac{\hat{e}_{n-1+l}(1)}{z_{n+l}}\right| .$$

같은 시계열자료에 대하여 2개 이상의 경쟁 시계열모형의 예측력을 MSE 로만 비교한다면 그 중 최소 MSE 를 주는 시계열모형이 경쟁에 참여한 모형들 중에서는 상대적으로 제일 좋은 예측모형이 될 수 있으나 이 모형이 절대적으로 얼마나 예측력이 뛰어난지는 알 수 없다. 시계열자료의 단위가 큰 수라면(예를 들면 백만 단위), 예측력이 좋다고 하더라도 MSE 는 상당히 큰 수치 값을 보이겠지만 시계열자료의 단위가 작은 수라면(예를 들면 소수 이하 자릿수 단위) 예측력이 떨어진다 하더라도

MSE 는 매우 작은 수치 값을 보일 것이다. 이에 반해서 *MAPE* 는 시계열자료의 단위에 상관없이 실제 자료에 대한 평균 예측오차 비율을 의미하므로 각 시계열모형의 예측오류의 정도를 가늠할 수 있다. 예를 들어 *MAPE* 가 2%라면 실제 자료대비 평균 2% 정도의 예측오차를 가진다는 의미이다. 따라서 예측력 평가를 할 때는 *MSE* 와 *MAPE* 를 같이 제시하는 것이 바람직하다.

1.8 SAS 프로그램

1.8.1 시계열분석을 수행할 새로운 라이브러리 생성

SAS 라이브러리. SAS 프로그램에서는 컴퓨터 디렉토리에 있는 특정 폴더의 데이터 파일을 바로 사용할 수 없으며 각 폴더에 라이브러리(library)라는 SAS 내에서만 통용되는 별명을 붙여 사용한다. 즉, "TSA2016"이라는 SAS 라이브러리 이름으로 지정된 폴더 "E:₩MyData₩TSA2016" 내에 있는 SAS data set인 "mrainfallexl"은 확장자가 .sas7bda인 데이터이다. SAS program 내에서 SAS data set인 mrainfallexl.sas7bda을 불러낼 때의 정확한 명칭은 "라이브러리이름.파일이름"이다. 예를 들면 "TSA2016.mrainfallexl"이다. 만약 SAS program 내에서 라이브러리 이름을 생략하고 파일 이름만 쓴다면 WORK 라이브러리를 지정하는 것과 같다. WORK 라이브러리는 SAS 작업 중에 생성되는 임시 라이브러리이다.

SAS 라이브러리의 생성. 시계열분석을 위한 외부데이터를 기존의 SAS 라이브러리에 저장하거나 혹은 새로운 SAS 라이브러리에 저장할 수 있다. 새로운 SAS 라이브러리를 생성하는 절차는 다음과 같다.

① [그림 1.17]: 윈도우의 풀다운 메뉴에서 〈도구〉 → 〈새로운 라이브러리〉를 선택한다.

② [그림 1.18]: 새로운 라이브러리 패널의 〈이름〉 입력 칸에 새로운 라이브러리의 이름을입력한다. 엔진은 "기본"으로 설정하고 "시작할 때 자동 할당"에 체크한다. 만약 이 체크를 하지 않으면 SAS를 구동할 때마다 라이브러리 생성을 다시 수행해야 한다. 라이브러리 정보의 〈찾아보기〉를 클릭하여 새로운 라이브러리를 지정할 폴더를 검색하여 선택한다.

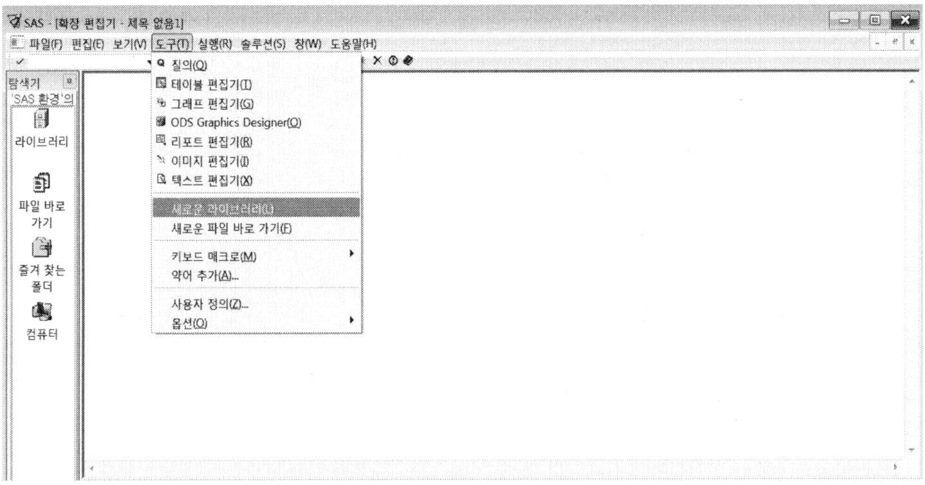

[그림 1.17] 새로운 라이브러리 생성

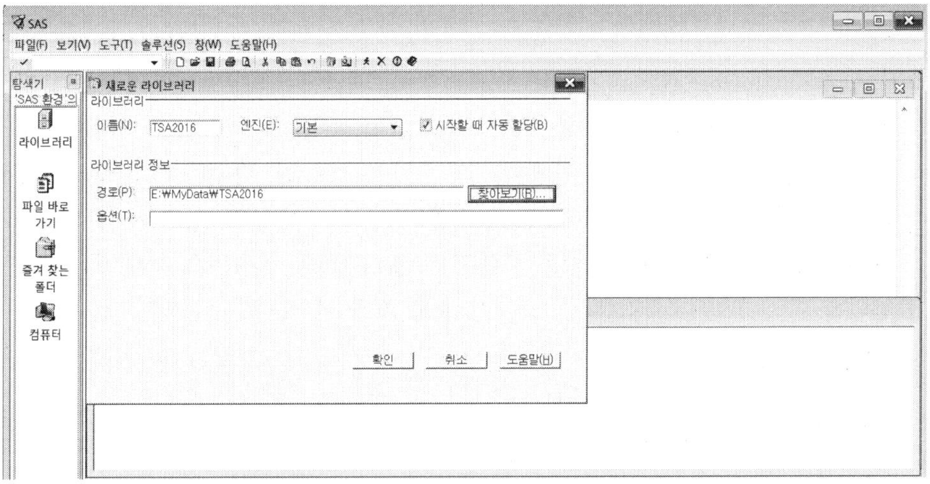

[그림 1.18] 새로운 라이브러리 패널

1.8.2 외부데이터를 SAS로 가져와서 사용하기

확장자가 .xls .csv .txt와 같은 외부데이터인 시계열자료를 SAS에 가져와 사용하는 방법으로 메뉴를 활용하는 방법과 프로그래밍을 사용하는 방법의 두 가지가 있다. 먼저 메뉴를 활용하는 방법을 소개해 보기로 하자.

메뉴 활용 방식. 외부테이터를 확장자가 .sas7bda인 SAS data set으로 만드는 과정을 메뉴를 활용하여 수행한다.

① [그림 1.19]: 윈도우의 풀다운 메뉴에서 〈파일〉 → 〈데이터 가져오기〉를 선택한다.

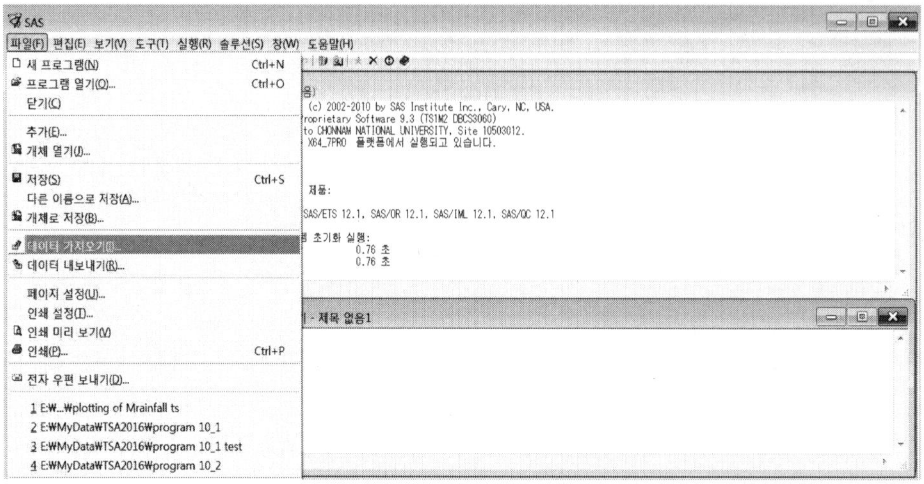

[그림 1.19] 데이터 가져오기

② [그림 1.20]: Import Wizard-Select Import Type 패널에서 외부데이터의 형태를 지정한다. 엑셀파일의 확장자가 .xls .xlsb .xlsm .xlsx인 경우 "Microsoft Excel Workbook(*.xls *.xlsb *.xlsm *.xlsx)"를 선택하고 확장자가 .csv인 경우는 "Comma Seperated Values(*.csv)"를 선택한다. 탭으로 구분되는 .txt 파일의 경우는 "Tab Delimited File(*.txt)"를 선택하고 빈칸으로 구분되는 .txt 파일의 경우는 "Delimited File(*.*)"를 선택한 후 〈Next〉를 클릭한다. [표 1.3]은 탭 혹은 빈칸으로 구분되는 .txt 파일의 예를 보여 준다.

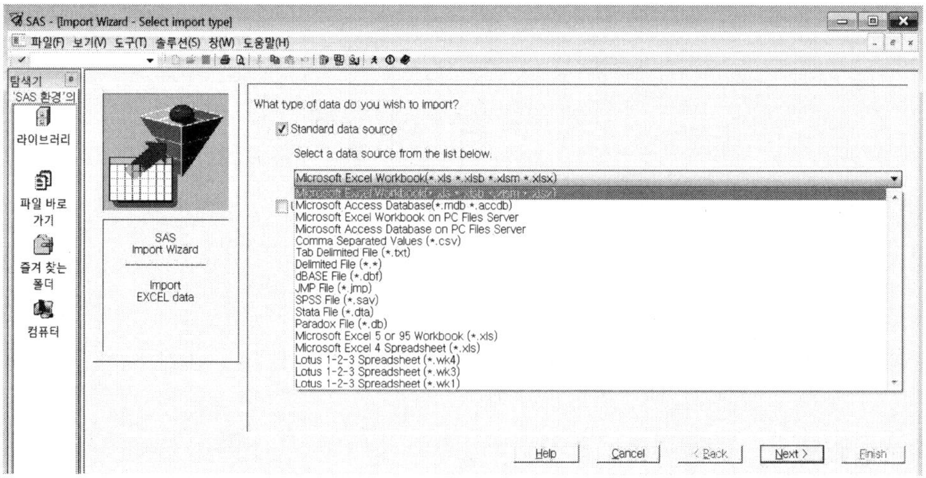

[그림 1.20] Import Wizard-Select Import Type 패널

[표 1.3] .txt 파일의 예

탭으로 구분된 .txt 파일의 예	빈칸으로 구분된 .txt 파일의 예
Seoul Daejeon Daegu 45.3 38.2 56.9 9.1 5 11.1 29.1 23.8 36.7 34.4 54.5 54.2 59.2 82.5 150.6 148.3 187.3 273.2 253.4 77.7 139.2 325.2 235.3 157.5 85.5 21.9 58.9 19.6 12 15.3	day mart_sales 1 101.251 2 99.418 3 99.620 4 99.256 5 98.823 6 100.121 7 100.541 8 99.935 9 97.935 10 98.843

③ [그림 1.21]: 〈Browse〉를 클릭하여 외부데이터가 저장되어 있는 디렉토리의 폴더를 찾아 해당하는 외부데이터를 선택하면 자동적으로 외부데이터의 이름이 입력된다. 이후 〈OK〉를 클릭한다.

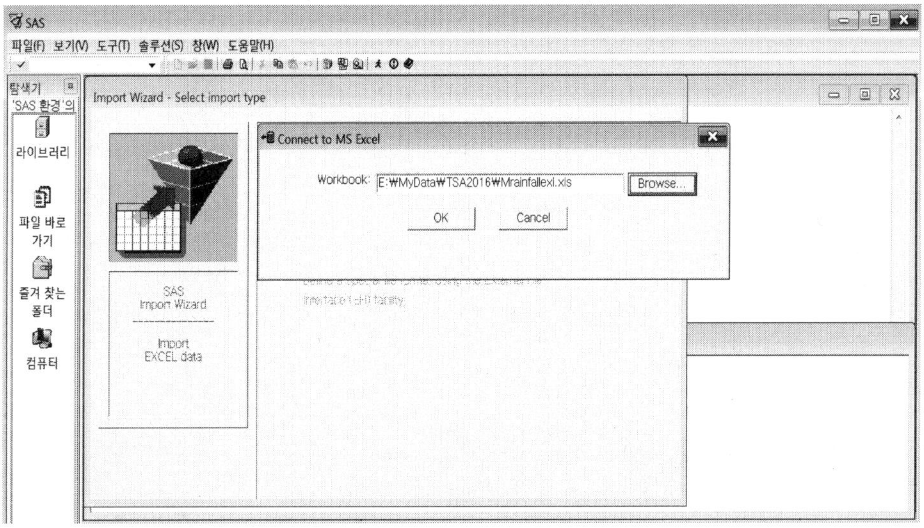

[그림 1.21] 외부데이터의 선택

④ [그림 1.22]: 엑셀파일의 확장자가 .xls .xlsb .xlsm .xlsx인 경우는 파일을 구성하는 Table들 중에서 하나의 Table을 선택해야 한다. 예로 사용한 외부데이터는 확장자가 .xls인 엑셀파일로서 파일명은 "mrainfallexl.xls"으로 [그림 1.23]과 같다. 이 엑셀파일의 아래쪽에 보면 "Mrainfall"이라는 Table명이 보인다. 따라서 Import Wizard-Select Table 패널에서 〈Mrainfall$〉이라는 Table을 선택하였다. 이후 〈Options〉를 클릭한다.

[그림 1.22] Import Wizard–Select Table 패널

	A	B	C	D	E	F	G
1	Kangneun	Seoul	Daejeon	Daegu	Gwangju	Busan	Jeju
2	82.6	17.7	45.3	38.2	56.9	35.7	156.8
3	0	15	9.1	5	11.1	19.1	31
4	117.3	53.9	29.1	23.8	36.7	73.7	77.5
5	34.2	38.5	34.4	54.5	54.2	80.5	85.7
6	69.3	97.7	59.2	82.5	150.6	191.3	135
7	106.7	165	148.3	187.3	273.2	186.5	260.5
8	322.7	530.8	253.4	77.7	139.2	107.1	61.5
9	330.6	251.2	325.2	235.3	157.5	368.5	243.7
10	131.7	99.2	85.5	21.9	58.9	22.2	126.3
11	43.9	41.8	19.6	12	15.3	52.2	29.3
12	191.6	52.4	54.7	32.4	26.7	69	115.3
13	54.6	25.9	16.4	11.5	14.5	9.5	28.2
14	24	5.7	15.4	7.1	36	17	61.7
15	20.6	36.9	27.5	23.5	71.9	79	113.7
16	70.9	63.9	60.3	19.2	42.1	72.7	50.9
17	56	66.5	34.5	21.3	35.7	95.5	94.4

Mrainfall

[그림 1.23] 외부데이터 mrainfallexl.xls

⑤ [그림 1.24]: SAS Import Spreadsheet Options 패널에서 해당하는 항목을 클릭한다. 예를 들면 현재는 파일의 첫 번째 행에 있는 데이터를 변수이름으로 처리할 것임을 의미한다. [그림 1.23]의 엑셀파일에서 첫 번째 행에 있는 데이터는 변수이름임을 기억하자. 이후 〈OK〉, 〈Next〉를 클릭한다.

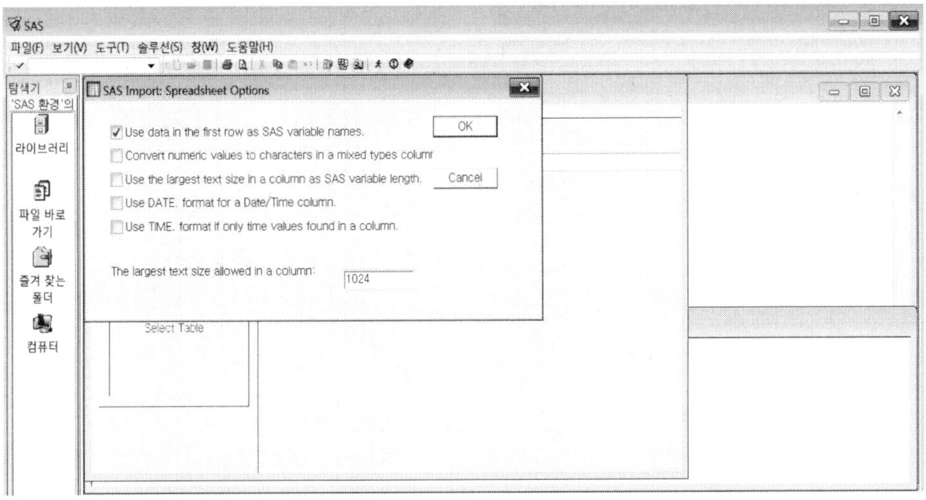

[그림 1.24] SAS Import Spreadsheet Options 패널

⑥ [그림 1.25]: Import Wizard – Select library and member 패널에서 〈Library〉 입력칸의 오른쪽 끝 화살표를 클릭하여 외부데이터를 저장할 SAS library 이름을 선택한다. Member 입력칸에 SAS 라이브러리에 저장할 외부데이터의 이름을 입력한다. 이때 새로운 이름을 지정할 수도 있고 기존의 외부데이터 이름을 그대로 사용할 수도 있다. 단, 이름은 영문알파벳만을 사용하며 대문자와 소문자는 구별하지 않는다. 즉, underbar(_), blank 등 특수 기호를 사용하지 않는다. 이후 〈Next〉를 클릭한다.

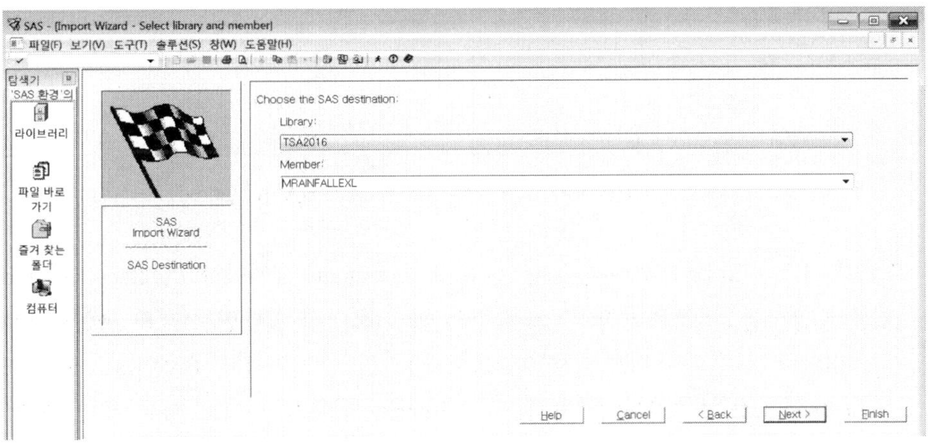

[그림 1.25] Import Wizard–Select library and member 패널

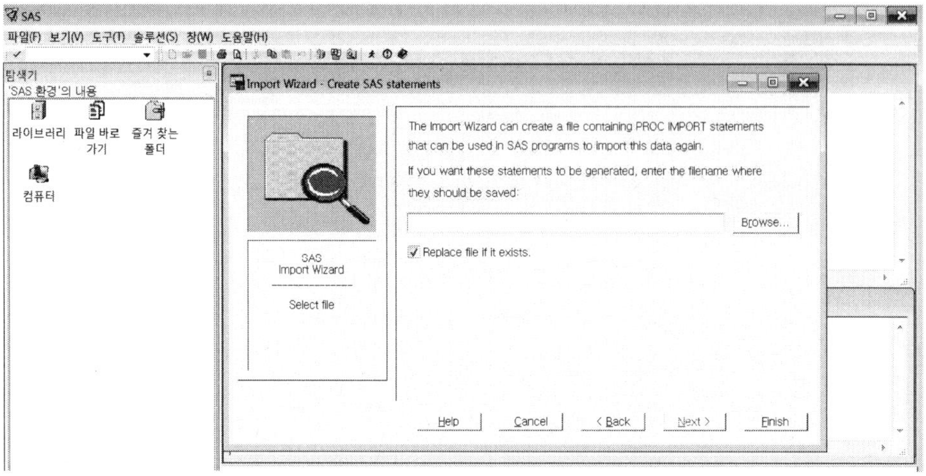

[그림 1.26] Import Wizard - Create SAS statements 패널

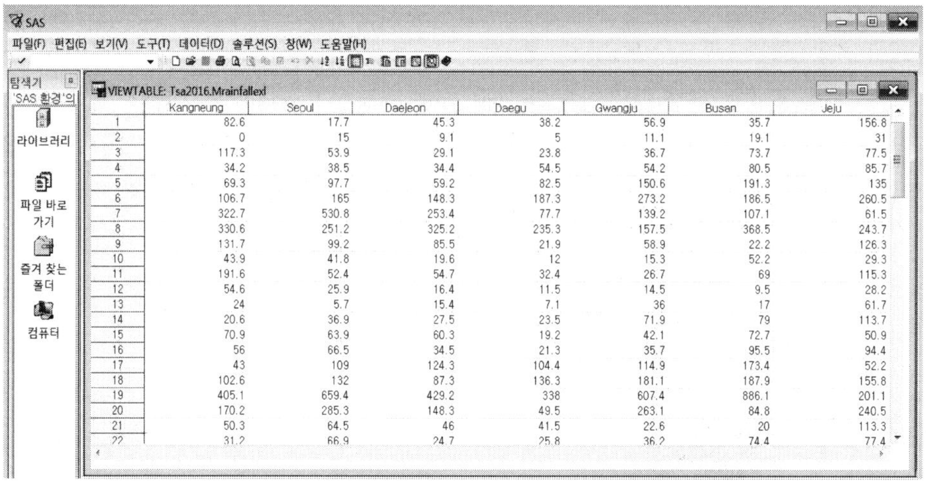

	Kangneung	Seoul	Daejeon	Daegu	Gwangju	Busan	Jeju
1	82.6	17.7	45.3	38.2	56.9	35.7	156.8
2	0	15	9.1	5	11.1	19.1	31
3	117.3	53.9	29.1	23.8	36.7	73.7	77.5
4	34.2	38.5	34.4	54.5	54.2	80.5	85.7
5	69.3	97.7	59.2	82.5	150.6	191.3	135
6	106.7	165	148.3	187.3	273.2	186.5	260.5
7	322.7	530.8	253.4	77.7	139.2	107.1	61.5
8	330.6	251.2	325.2	235.3	157.5	368.5	243.7
9	131.7	99.2	85.5	21.9	58.9	22.2	126.3
10	43.9	41.8	19.6	12	15.3	52.2	29.3
11	191.6	52.4	54.7	32.4	26.7	69	115.3
12	54.6	25.9	16.4	11.5	14.5	9.5	28.2
13	24	5.7	15.4	7.1	36	17	61.7
14	20.6	36.9	27.5	23.5	71.9	79	113.7
15	70.9	63.9	60.3	19.2	42.1	72.7	50.9
16	56	66.5	34.5	21.3	35.7	95.5	94.4
17	43	109	124.3	104.4	114.9	173.4	52.2
18	102.6	132	87.3	136.3	181.1	187.9	155.8
19	405.1	659.4	429.2	338	607.4	886.1	201.1
20	170.2	285.3	148.3	49.5	263.1	84.8	240.5
21	50.3	64.5	46	41.5	22.6	20	113.3
22	31.2	66.9	24.7	25.8	36.2	74.4	77.4

[그림 1.27] VIEWTABLE: Tsa2016.Mrainfallexl

⑦ [그림 1.26]: Import Wizard - Create SAS statements 패널에서 〈Replace file if it exists〉를 체크한다. 이것은 만약 같은 이름의 파일이 이미 있다면 현재의 파일로 대체한다는 의미이다. 이후 〈Finish〉를 클릭함으로써 [그림 1.27]과 같은 SAS Data Set "TSA2016.mrainfallexl"이 "TSA2016"이란 SAS library 이름을 가지고 있는 폴더 "E:₩MyData₩TSA2016"에 파일명 "mrainfallexl..sas7bda"으로 저장된다.

⑧ 만약 확장자가 .csv .txt인 경우는 확장자가 .xls .xlsb .xlsm .xlsx인 경우에 해당하는 ④ 및 ⑤의 과정에서 [그림 1.22] 및 [그림 1.24] 대신에 [그림 1.28]로 대체된다. [그림 1.28]의 SAS Import: Delimited File Options 패널에서는 데이터파일의 첫 번째 행에 있는 자

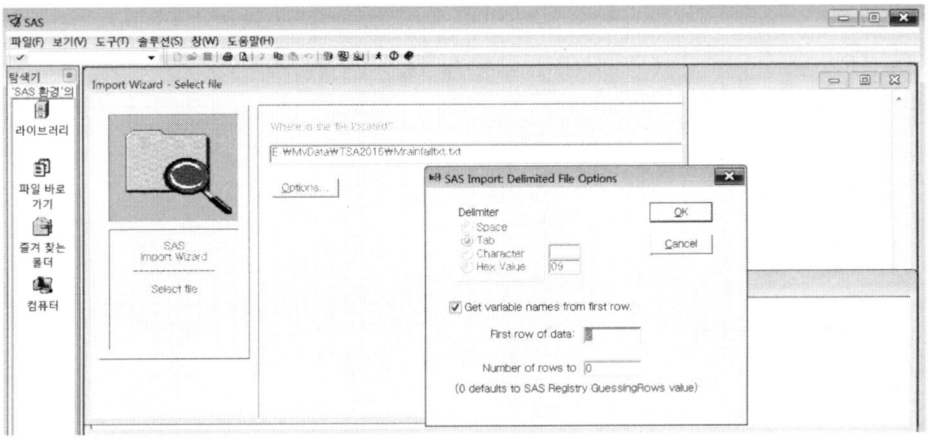

[그림 1.28] SAS Import Delimited File Options 패널

료를 변수명으로 처리할 것을 지정하는 내용이다. 또한 확장자가 .csv 및 탭으로 구분되는 경우는 Delimiter가 Tab으로 고정되어 있으나 빈칸으로 구분되는 .txt 파일의 경우는 Delimiter를 Space로 선택한다.

프로그래밍 활용 방식. 외부데이터를 확장자가 .sas7bda인 SAS data set으로 만드는 과정이 프로그래밍을 통하여 이루어진다. SAS program 1.8을 참조한다.

SAS program 1.8

폴더 "E:₩MyData₩TSA2016"에는 확장자가 .xls인 Mrainfallexl.xls, 확장자가 .csv인 Mrainfallcsv.csv, 확장자가 .txt이면서 탭으로 구분되는 Mrainfalltxt.txt, 그리고 확장자가 .txt이면서 빈칸으로 구분되는 martsales.txt 파일이 저장되어 있다. 이들 외부데이터인 시계열자료를 SAS 라이브러리 "TSA2016"에 각각 mrainfall1.sas7bda, mrainfall2.sas7bda, mrainfall3.sas7bda, martsales1.sas7bda 와 같은 SAS data set으로 저장해 주는 아래의 SAS program에서 외부데이터의 형식에 따라 dbms문과 delimiter문을 구별하여 사용한다. □

```
title .xls file;
proc import out=tsa2016.mrainfall1
  datafile= "E:\MyData\TSA2016\Mrainfallexl.xls"
  dbms=xls replace;
  getnames=YES;
proc print data=tsa2016.mrainfall1; run;

title .csv file;
proc import out=tsa2016.mrainfall2
  datafile= "E:\MyData\TSA2016\Mrainfallcsv.csv"
  dbms=csv replace;
```

```
  getnames=YES;
proc print data=tsa2016.mrainfall2; run;

title tab delimited .txt file;
proc import out=tsa2016.mrainfall3
  datafile= "E:\MyData\TSA2016\Mrainfalltxt.txt"
  dbms=dlm replace;
  delimiter='09'x;
  getnames=YES;
proc print data=tsa2016.mrainfall3; run;

title space delimited .txt file;
proc import out=tsa2016.martsales1
  datafile= "E:\MyData\TSA2016\martsales.txt"
  dbms=dlm replace;
  getnames=YES;
proc print data=tsa2016.martsales1; run;
```

1.8.3 SAS date informat 및 format 사용법

Date informat 및 format 사용법. SAS date informat은 date 변수를 입력할 때 사용하는 형식이고 SAS date format은 date 변수값을 출력할 때 사용하는 형식이다. [표 1.4]는 많이 쓰이는 date 변수의 입출력 형식이고 사용 예는 SAS program 1.9를 참조한다. input 열에 있는 형식의 데이터를 date 변수로 읽을 때는 informat 열에 있는 형식으로 읽어야 한다. 또한 출력할 때 format열에 있는 형식으로 출력하면 output 열에 있는 값으로 출력이 된다.

informat 혹은 format 형식의 마지막에 있는 숫자는 date 변수값이 차지하는 자릿수를 나타낸다. 예를 들면 monyy5.는 date 변수값을 5개 자릿수의 monyy 형식으로 표현하고 weekdate30.는 30개 자릿수의 weekdate 형식으로 표현한다. 이러한 숫자는 각 형식을 표현하기 위하여 필요한 최소 개수의 수 이상을 사용하면 된다.

[표 1.4] SAS date 변수의 입출력 형식(format의 예: 24jun2016)

input	informat	format	output
24jun2016	date9.	date9.	24JUN2016
24jun16	date7.	date7.	24JUN16
24/06/16	ddmmyy8.	ddmmyy8.	24/06/16
		ddmmyy10.	24/06/2016
06/24/16	mmddyy8.	mmddyy8.	06/24/16
16/06/24	yymmdd8.	yymmdd8.	16-06-24
		yymmdds8.	16/06/24
jun16	monyy5.	monyy5./monyy.	JUN16
		mmyys7.	06/2016

input	informat	format	output
		mmyys5.	06/16
		yymms7.	2016/06
16Q2	yyq4.	yyq4.	16Q2
		yyq6.	2016Q2
		yyqs6.	2016/2
		yyqc4.	16:2
		weekdate30.	Thursday, June 24, 2016
		weekdatx30.	Thursday, 24 June 2016
		worddate30.	June 24, 2016
		worddatx30.	24 June 2016
		year4.	2016

SAS program 1.9 **SAS date 변수의 입출력**

SAS program

```
data date_informat;
  birth1=input('24jun2016',date9.);
  birth2=input('24jun16',date7.) ;
  birth3=input('24/06/16',ddmmyy8.) ;
  birth4=input('06/24/16',mmddyy8.) ;
  birth5=input('16/06/24',yymmdd8.) ;
  birth6=input('jun16',monyy5.) ;
  birth7=input('16Q2',yyq4.) ;

  put 'date9.      :  ' birth1 date9.;
  put 'date7.      :  ' birth1 date7.;
  put 'ddmmyy8.    :  ' birth1 ddmmyy8.;
  put 'ddmmyy10.  :   ' birth1 ddmmyy10.;
  put 'mmddyy8.    :  ' birth1 mmddyy8.;
  put 'yymmdd8.    :  ' birth1 yymmdd8.;
  put 'yymmdds8. : ' birth1 yymmdds8.;
  put 'monyy5.   :  ' birth1 monyy5.;
  put 'monyy.      :  ' birth1 monyy.;
  put 'mmyys7.     :  ' birth1 mmyys7.;
  put 'mmyys5.     :  ' birth1 mmyys5.;
  put 'yymms7.     :  ' birth1 yymms7.;
  put 'yyq4.       :  ' birth1 yyq4. ;
  put 'yyq6.       :  ' birth1 yyq6. ;
  put 'yyqs6.      :   ' birth1 yyqs6. ;
  put 'yyqc4.      :   ' birth1 yyqc4. ;
  put 'weekdate30. : ' birth1 weekdate15. ;
  put 'weekdatx30. : ' birth1 weekdatx15. ;
  put 'worddate30. :  ' birth1 worddate15. ;
  put 'worddatx30. :  ' birth1 worddatx15. ;
  put 'year4.         :  ' birth1 year4.; run;
```

SAS log

```
date9.     :  24JUN2016
date7.     :  24JUN16
ddmmyy8.   :  24/06/16
ddmmyy10.  :  24/06/2016
mmddyy8.   :  06/24/16
yymmdd8.   :  16-06-24
yymmdds8. : 16/06/24
monyy5.    :  JUN16
monyy.     :  JUN16
mmyys7.    :  06/2016
mmyys5.    :  06/16
yymms7.    :  2016/06
yyq4.      :  16Q2
yyq6.      :  2016Q2
yyqs6.     :  2016/2
yyqc4.     :  16:2
weekdate30. :  Fri, Jun 24, 16
weekdatx30. :  Fri, 24 Jun 16
worddate30. :  Jun 24, 2016
worddatx30. :  24 Jun 2016
year4.       :  2016
```

1.8.4 SAS date function 사용법

SAS date function 사용법. SAS date function은 day, month, year, qtr, weekday 등이 있으며 사용법은 SAS program 1.10을 참조한다. SAS date 변수에 대해 date format을 사용하지 않으면 SAS date 변수값으로서 JAN/01/1960을 기준값 0으로 하여 떨어져 있는 일 수만큼의 값을 주는데 기준일 이전은 음수값을 주며 기준일 이후에는 양수값을 준다. 예를 들면 SAS date가 "JAN/01/1959"인 경우는 -365, "JAN/01/1961"인 경우는 366, 그리고 "JUN/24/2016"인 경우는 20629이다.

SAS program 1.10 **SAS date function의 입출력**

SAS program

```
data date_function;
  birthday='24jun16'd;  format birthday date9.;
  birthday1='24jun16'd;

  day=day(birthday);
  month=month(birthday);
  year=year(birthday);
  quarter=qtr(birthday);
  weekday=weekday(birthday) ;

proc print; run;
```

SAS output

OBS	birthday	birthday1	day	month	year	quarter	weekday
1	24JUN2016	20629	24	6	2016	2	6

1.8.5 SAS Intnx function 사용법

SAS intnx function 사용법. SAS intnx function의 형식은 [표 1.5]와 같으며 사용법은 SAS program 1.11을 참조한다.

[표 1.5] SAS intnx function 형식

함수 형식	intnx(**interval, start-form, increment**)
필수 인수	*interval* → day, week, month, qtr, year 등과 같은 시간구간 *start-form* → 시작하는 date *increment* → *start-form*으로부터 시작하여 이동하는 interval의 수

SAS program 1.11 **SAS Intnx function의 입출력**

SAS program

```
data intnx_function;
 day=intnx('day','24jun2016'd,9);
   /* after 9 days from 24jun2016 */

 week=intnx('week','24jun2016'd,2);
   /* the 1st day of 2nd week from 24jun2016 */

 month=intnx('month','24jun2016'd,3);
   /* the 1st day of 3rd month from 24jun2016 */

 quarter=intnx('qtr','24jun2016'd,-2);
   /* the 1st day of 2nd quarter before 24jun2016 */

 year=intnx('year','24jun2016'd,4);
   /* the 1st day of  4th year from 24jun2016 */

format day week month quarter year date9.; run;
proc print; run;

data aaa;
 input sales @@;
 date=intnx('month','01jan2001'd, _n_-1);
   /* _n_ is a counter variable as a SAS system variable. */

 format date monyy5.;
 cards;
 2342   2543  3412  2635  2617  2838
 ;
 proc print; var date sales; run;
```

SAS output

OBS	day	week	month	quarter	year
1	03JUL2016	03JUL2016	01SEP2016	01OCT2015	01JAN2020

OBS	date	sales
1	JAN01	2342
2	FEB01	2543
3	MAR01	3412
4	APR01	2635
5	MAY01	2617
6	JUN01	2838

1.8.6 SAS PROC SGPLOT 사용법

PROC SGPLOT 사용법. SAS Institute Inc. (2012)의 SAS/ETS procedure들은 시계열분석에 필수적이며 유용한 그림을 그려주는 옵션들이 있다. 그러나 때때로 각 옵션에 따른 고정된 형태의 그림이 아니라 분석자가 원하는 형태로 자유롭게 그림을 그릴 필요도 발생한다. 이러한 경우 대부분의 시계열그림 그리기는 SAS/GRAPH의 PROC SGPLOT를 사용하면 해결될 수 있다. 예를 들면 SAS program 1.7에서 ARIMA procedure의 옵션 plots=all에 의해 제공하는 잔차 시계열그림은 [그림 1.29]와 같은 산점도(scatter plot)로 제공한다. 하지만 산점도보다는 [그림 1.15]와 같은 시리즈그림(series plot)으로 제공하는 것이 잔차분석에서 잔차들 간에 양 혹은 음의 자기상관관계를 파악하기에 더 좋다. 또한 ARIMA procedure의 옵션에 의해 제공하는 예측시계열의 [그림 1.30]은 로그 변환 시계열에 대한 예측치를 나타낸다. 그러나 원 시계열로 변환한 [그림 1.16]과 같은 시계열그림을 직접 그릴 필요가 발생한다.

시계열예측에서 많이 사용되는 SGPLOT procedure의 기본 형식은 [표 1.6]과 같다. [표 1.7]은 PROC SGPLOT statement의 형식을 소개한다. [표 1.8]의 SERIES statement는 시계열자료를 서로 연결하여 나타내는 시계열그림을 그릴 때 사용되며, [표 1.13]의 SCATTER statement는 시계열자료를 서로 연결하지 않는 산점도를 그릴 때 사용된다. [표 1.14]의 BAND statement는 시계열예측에서 적합값 및 예측값의 신뢰구간을 상한과 하한으로 표현하는 밴드모양의 시계열그림을 그릴 때 유용하다. 그리고 [표 1.15]의 REFLINE statement는 참고선을 그리는 형식, [표 1.16]의 XAXIS statement 및 YAXIS statement는 각각 X축 및 Y축을 나타내는 형식, 그리고 X2AXIS statement 및 Y2AXIS statement는 각각 제 2의 X축 및 제 2의 Y축을 나타내는 형식이다.

SGPLOT procedure에는 실제 사용 가능한 옵션이 많이 있으나 이 절에서는 지면 관계상 본문 및 예제를 이해하는 데 어려움이 없을 정도의 옵션만 선택적으로 소개하였다. 더 자세한 옵션에 대해서는 SAS Institute Inc. (2010)의 SAS/GRAPH를 참고한다.

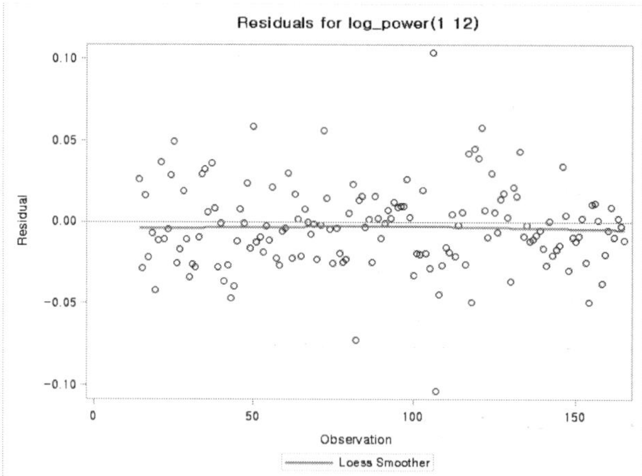

[그림 1.29] PROC ARIMA 옵션에 의해 제공되는 잔차시계열그림

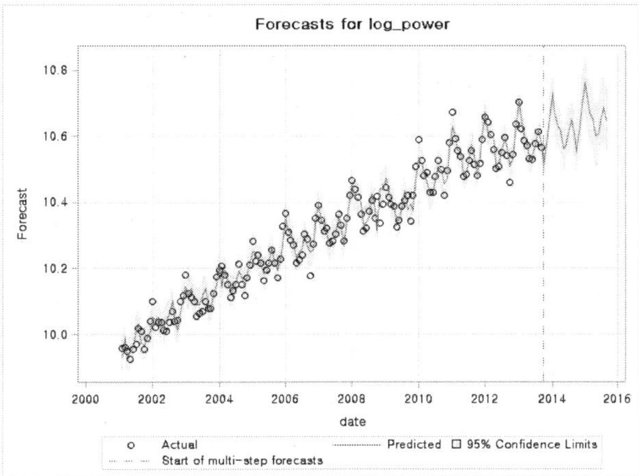

[그림 1.30] PROC ARIMA 옵션에 의해 제공되는 예측시계열그림

[표 1.6] SGPLOT procedure 형식

```
PROC SGPLOT options ;
  SERIES   X=variable Y=variable / options ;
  SCATTER  X=variable Y=variable / options ;
  BAND X=variable LOWER=numeric_variable UPPER=numeric_variable / options ;
  REFLINE values / options ;
  XAXIS options ;
  YAXIS options ;
  X2AXIS options ;
  Y2AXIS options ;
```

[표 1.7] PROC SGPLOT statement 형식

형식	PROC SGPLOT *options* ;
선택 인수	▪ DATA=*input-data-set* → 시계열그림을 그릴 대상이 되는 변수들이 들어 있는 데이터세트(*input-data-set*)를 명시한다. default는 가장 최근에 생성된 데이터세트이다.
프로그램 예	▪ SAS program 1.5 /* Figure 1.11 */ ▪ SAS program 1.7 /* Figure 1.15 , Figure 1.16 */

[표 1.8] SERIES statement 형식

형식	SERIES X=*xvariable* Y=*yvariable* / *options* ;
필수 인수	▪ X=*xvariable* → X축에 나타낼 변수이름(*xvariable*)을 지정한다. ▪ Y=y*variable* → Y축에 나타낼 변수이름(y*variable*)을 지정한다.
선택 인수	▪ LEGENDLABEL="*text-string*" → 두 개 이상의 시계열을 식별해 주는 레전드 레이블을 지정한다. default는 y*variable* 값.
선택 인수	▪ LINEATTRS=*(options)* → 시계열자료를 연결하는 선의 모양을 아래의 *options*와 같이 지정한다. ▪ *options* COLOR=*color* → *color* 값은 [표 1.9]에서 선택한 값 PATTERN=*line-pattern* → *line-pattern* 값은 [표 1.10]에서 선택한 숫자 THICKNESS=*n units* → *units* 값은 [표 1.11]에서 선택한 값으로 default는 pixels (예) thickness=2 혹은 thickness=2px
선택 인수	▪ MARKERATTRS=*(options)* → 시계열자료값을 나타내는 모양을 아래의 *options*와 같이 지정한다. ▪ *options* COLOR=*color* → *color* 값은 [표 1.9]에서 선택한 값 SIZE=*n units* → *units* 값은 [표 1.11]에서 선택한 값으로 default는 pixels (예) size=5px 혹은 size=5 SYMBOL=*symbol-name* → *symbol-name*은 [표 1.12]에서 선택한 값
선택 인수	▪ X2AXIS → *xvariable*을 두 번째 X축에 할당한다. ▪ Y2AXIS → *yvariable*을 두 번째 Y축에 할당한다.
프로그램 예	▪ SAS program 1.5 /* Figure 1.11 */ ▪ SAS program 1.7 /* Figure 1.15 , Figure 1.16 */

[표 1.9] SAS/GRAPH에 의해 정의되는 color 값

```
BLACK|BL,  BLUE|B,  BROWN|BR, CHARCOAL, CREAM, CYAN, GOLD,
GRAY|GREY|GR, GREEN|G, LILAC, LIME, MAGENTA, MAROON, OLIVE, ORANGE|O, PINK,
PURPLE|P, RED|R, ROSE, SALMON, STEEL, TAN, VIOLET, WHITE|WH
```

(참고) color=black 혹은 color=bl 모두 검정색을 의미한다.

[표 1.10] SAS/GRAPH에 의해 정의되는 line pattern 값

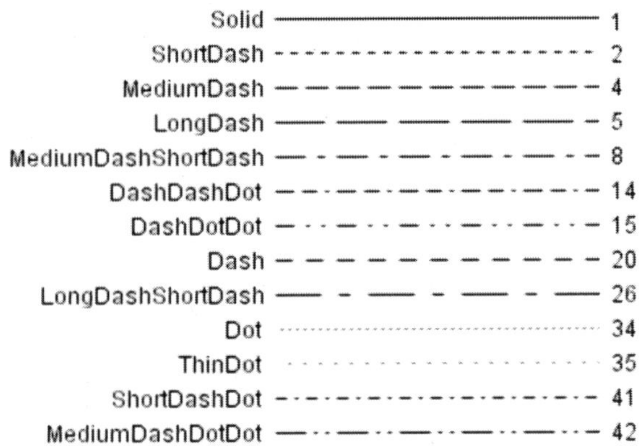

[표 1.11] SAS/GRAPH에 의해 정의되는 units 값

Unit	Description
CM	centimeters
IN	inches
MM	millimeters
PCT or %	percentage
PT	point size, calculated at 100 dots per inch
PX	pixels

[표 1.12] SAS/GRAPH에 의해 정의되는 markers symbol 값

↓	**ArrowDown**	▽	**HomeDown**	∿	**Tilde**	●	**CircleFilled**
✳	**Asterisk**	I	**Ibeam**	△	**Triangle**	◆	**DiamondFilled**
○	**Circle**	+	**Plus**	∪	**Union**	♥	**HomeDownFilled**
◇	**Diamond**	□	**Square**	×	**X**	■	**SquareFilled**
>	**GreaterThan**	☆	**Star**	Y	**Y**	★	**StarFilled**
#	**Hash**	T	**Tack**	Z	**Z**	▲	**TriangleFilled**

[표 1.13] SCATTER statement 형식

형식	SCATTER X=*xvariable* Y=*yvariable* / *options* ;
필수 인수	▪ X=*xvariable* → X축에 나타낼 변수이름(*xvariable*)을 지정한다. ▪ Y=*yvariable* → Y축에 나타낼 변수이름(*yvariable*)을 지정한다.
선택 인수	▪ LEGENDLABEL="*text-string*" → 두 개 이상의 시계열을 식별해 주는 레전드 레이블을 지정한다. default는 *yvariable* 값.
선택 인수	▪ MARKERATTRS=*(options)* → 시계열자료값을 나타내는 모양을 아래의 *options*와 같이 지정한다. ▪ *options* COLOR=*color* → *color* 값은 [표 1.9]에서 선택한 값 SIZE=*n units* → *units* 값은 [표 1.11]에서 선택한 값으로 default는 pixels (예) size=5px 혹은 size=5 SYMBOL=*symbol-name* → *symbol-name*은 [표 1.12]에서 선택한 값
선택 인수	▪ X2AXIS → *xvariable*을 두 번째 X축에 할당한다. ▪ Y2AXIS → *yvariable*을 두 번째 Y축에 할당한다.
프로그램 예	▪ SAS program 1.7 /* Figure 1.16 */

[표 1.14] BAND statement 형식

형식	BAND X=*xvariable* | Y=*yvariable* LOWER=*numeric-value* | *numeric-variable* UPPER=*numeric-value* | *numeric-variable* / *options* ;
필수 인수	▪ X=*xvariable* | Y=*yvariable* → X축을 따라 밴드를 그리는 경우 *xvariable*을 지정하고 Y축을 따라 밴드를 그리는 경우 *yvariable*을 지정한다. ▪ LOWER=*numeric-value* | *numeric-variable* → 밴드의 하한값으로 상수인 경우는 *numeric-value*를 변수인 경우는 *numeric-variable*를 지정한다. ▪ UPPER=*numeric-value* | *numeric-variable* → 밴드의 상한값으로 상수인 경우는 *numeric-value*를 변수인 경우는 *numeric-variable*를 지정한다.
선택 인수	▪ LEGENDLABEL="*text-string*" → 두 개 이상의 시계열을 식별해 주는 레전드 레이블을 지정한다.
선택 인수	▪ LINEATTRS=*(options)* → BAND의 외곽선의 모양을 아래의 *options*와 같이 지정한다. ▪ *options* COLOR=*color* → *color* 값은 [표 1.9]에서 선택한 값

	PATTERN=*line-pattern* → *line-pattern* 값은 [표 1.10]에서 선택한 값 THICKNESS=*n units* → *units* 값은 [표 1.11]에서 선택한 값으로 default는 pixels (예) thickness=2 혹은 thickness=2px
선택 인수	▪ X2AXIS → *xvariable*을 두 번째 X축에 할당한다. ▪ Y2AXIS → *yvariable*을 두 번째 Y축에 할당한다.
프로그램 예	▪ SAS program 1.7 /* Figure 1.16 */

[표 1.15] REFLINE statement 형식

형식	REFLINE *values / options ;*
필수 인수	▪ *values* → 하나 이상의 참고선 값을 지정한다.
선택 인수	▪ AXIS=X | X2 | Y | Y2 → AXIS=에 명시한 축에 참고선을 표시한다. default는 Y축이다.
예	▪ refline '1may08'd '1dec10'd / axis=x; → X축에서 "2008년 5월 1일" 및 "2010년 12월 1일"의 두 개 값에 참고선을 표시한다. ▪ refline 0 / axis=y ; → Y축의 0값에 참고선을 표시한다.

[표 1.16] XAXIS, YAXIS, X2AXIS, Y2AXIS statement 형식

형식	XAXIS *options ;* YAXIS *options ;* X2AXIS *options ;* Y2AXIS *options ;*
선택 인수	▪ GRID → 축의 각 눈금에 눈금선을 표시한다. ▪ LABEL="*text-string*" → 축에 레이블을 지정한다. ▪ VALUES=(*values-list*) → 축의 눈금에 값을 지정한다.
예	▪ yaxis values=(0 50 100) → Y축의 값 0, 50, 100에 눈금을 표시한다. ▪ y2axis values=(0 to 100 by 25) → 제2 Y축의 값 0, 25, 50, 75, 100에 눈금을 표시한다. ▪ xaxis values=('01jan08'd to '31jan10'd by year) → X축의 값 2008, 2009, 2010에 눈금을 표시한다. ▪ xaxis values=('01jan08'd to '31mar08'd by month) → X축의 값 JAN08, FEB08, MAR08에 눈금을 표시한다. ▪ x2axis values=('23apr16'd '27jun16'd '30sep16'd) → 제2 X축의 값 23APR16, 27JUN16, 30SEP16에 눈금을 표시한다.

1장 연습문제

1.1 국가통계포털 등 공공기관에서 작성한 시계열자료 중에서 추세성분과 계절성분을 동시에 가지고 있는 시계열자료를 찾아 다음을 수행하여라.

(1) 시계열 제목, 시계열 작성기관, 시계열자료 취득 사이트, 시계열의 기간(시작시점과 최종시점), 시계열의 관측구간(일별, 주별, 월별, 분기별, 혹은 연도별 자료인지의 정보), 시계열 관측값 단위 등 시계열의 정보를 표로 작성하여라.

(2) 시계열자료의 처음 10개와 마지막 10개의 관측번호, 관측시점, 관측값을 SAS output으로부터 화면을 캡처하여 제시하여라.

(3) 원 시계열의 시계열그림을 그려라. 이때 가로축에는 시계열의 실제 관측 시점을 적절한 간격으로 나타낸다. 만약, 시계열의 분산이 일정하지 않다면 자연로그 변환한 시계열그림을 추가하여 그리고 아래 (4)를 답할 때 자연로그 변환한 시계열자료에 대하여 답한다.

(4) (필요하면 자연로그 변환한) 시계열자료에 대한 SACF plot 및 SPACF plot에서 개별 시차의 ACF 및 PACF 검정과 포트맨토우 검정을 수행하여 시계열자료가 백색잡음인지를 검토하여라.

(5) 시계열자료를 이루고 있는 구성성분은 무엇인가? 그 이유에 대하여 설명하여라.

(6) 원 시계열자료는 정상시계열인가? 답에 대한 이유를 밝혀라.

1.2 국가통계포털 등 공공기관에서 작성한 시계열자료 중에서 계절성분만 가지고 있는 시계열자료를 찾아 연습문제 1.1의 (1)~(6)에 답하여라.

1.3 국가통계포털 등 공공기관에서 작성한 시계열자료 중에서 추세성분만 가지고 있는 시계열자료를 찾아 연습문제 1.1의 (1)~(6)에 답하여라.

1.4 국가통계포털 등 공공기관에서 작성한 시계열자료 중에서 불규칙성분만 가지고 있는 시계열자료를 찾아 연습문제 1.1의 (1)~(6)에 답하여라.

1.5 [표 1.1]의 KOSPI 수익률 시계열자료에서 $\widehat{\rho_1}=0.10442$ 및 $\widehat{\phi_{33}}=-0.0829$ 이다. 이들 값의 의미를 설명하여라.

1장 참고문헌

- 조신섭, 손영숙, 성병찬 (2016), SAS/ETS를 이용한 시계열분석, 제4판, 율곡출판사.
- 조신섭, 이정형 (2014), 경제시계열분석을 위한 SAS/ETS 사용법, 자유아카데미.
- Akaike, H. (1974), A new look at the statistical model identification, IEEE Transactions on Automatic Control, AC-19, 716-723.
- Box, G. E. P. and Jenkins, G. M. (1976). *Time Series Analysis Forecasting and Control*, 2nd ed., Holden-Day.
- Durbin, J. (1960). The fitting of time series models, *Review of the Institute of International Statistics*, 28, 233-244.
- Ljung, G. M. and Box, G. E. P. (1978). On a measure of lack of fit in time series models, *Biometrika*, 65, 297-303.
- Tsay, R. S. (2010). *Analysis of Financial Time Series*, Wiley.
- Tsay, R. S. (2012). *An Introduction to Analysis of Financial Data with R*, Wiley.
- SAS Institute Inc. (2012). *SAS/ETS 12.1 User's Guide*. Cary, NC, USA.
- SAS Institute Inc. (2010). *SAS/GRAPH 9.2 Statistical Graphics Procedures Guide, Second Edition*. Cary, NC, USA.
- Schwarz, G. (1978). Estimating the dimension of a model, *Ann. Statist*., 6, 461-464.
- Wei, W. W. S. (1990). *Time Series Analysis*, Addison Wesley.

2 장

ARIMA모형에 의한 예측

2.1 ARMA모형
2.2 비정상시계열의 정상화
2.3 ARIMA모형
2.4 승법계절 ARIMA모형
2.5 랜덤워크 모형
2.6 단위근검정
2.7 SAS 프로그램
연습문제
참고문헌

ARIMA모형. $\{\varepsilon_t\}$가 평균 0, 분산 σ_ε^2인 백색잡음이라면 $\varepsilon_t \sim i.i.d\ (0,\sigma_\varepsilon^2)$이라 표기하자. 여기서 $i.i.d.$(independently and identically distributed)는 서로 독립이고 같은 분포를 따른다는 의미이다. 정상시계열 $\{Z_t\}$가 주어졌을 때 현재의 상태 Z_t를 과거의 상태 Z_{t-1}, Z_{t-2}, ...와 현재의 백색잡음 ε_t, 그리고 과거의 백색잡음 ε_{t-1}, ε_{t-2}, ...의 선형결합으로 표현한 시계열모형으로 자기회귀이동평균(autoregressive moving average: ARMA)모형이 있다. 비정상시계열자료에 적용할 수 있는 모형으로는 자기회귀누적이동평균(autoregressive integrated moving average: ARIMA)모형 혹은 승법계절 ARIMA(multiplicative seasonal ARIMA)모형이 있다. ARIMA모형 혹은 승법계절 ARIMA모형은 비정상시계열을 차분에 의해 정상시계열로 변환한 후 적합된다. 승법계절 ARIMA모형은 정상 ARMA모형 및 비정상 ARIMA모형을 모두 포괄하는 모형이다. 2.1절에서는 정상 ARMA모형, 2.2절에서는 비정상시계열을 정상시계열로 만드는 방법, 2.3절에서는 비정상 ARIMA모형, 2.4절에서는 승법계절 ARIMA모형을 적합시켜 예측하는 절차를 소개한다. 2.5절에서는 확률적 추세를 갖는 대표적인 비정상시계열모형인 랜덤워크 모형을 설명하고 마지막으로 2.6절에서 시계열의 비정상성을 판단하는 단위근검정에 대해 살펴보기로 한다.

2.1 ARMA모형

AR모형. 현재의 상태 Z_t가 과거 p개의 상태 Z_{t-1}, Z_{t-2}, ..., Z_{t-p} 위에서 회귀하는 $p-$차 자기회귀(autoregressive: AR)모형을 $AR(p)$ 모형이라고 하고 다음과 같이 정의한다.

$$Z_t = \delta + \phi_1 Z_{t-1} + \phi_2 Z_{t-2} + \cdots + \phi_p Z_{t-p} + \varepsilon_t\ , \tag{2.1}$$

여기서 $\varepsilon_t \sim i.i.d\ (0,\sigma_\varepsilon^2)$ 이다. 식 (2.1)을 $B^h Z_t = Z_{t-h}$ 의 의미를 갖는 후진작용소(backshift operator) B를 사용하여 표현하면 다음과 같다.

$$\boldsymbol{\phi}(B) Z_t = \delta + \varepsilon_t\ ,$$

여기서 $\boldsymbol{\phi}(B) = 1 - \phi_1 B - \phi_2 B^2 - \cdots - \phi_p B^p$ 이다. 일반적으로 $AR(p)$ 확률과정이 정상이기 위한 조건은 특성방정식 $\boldsymbol{\phi}(B) = 0$의 근들이 단위원 밖에 있어야 한다. 즉, $\boldsymbol{\phi}(B) = 0$의 근의 절댓값이 1보다 커야 한다. 정상성의 조건하에서 정상 $AR(p)$ 확률과정의 평균은 다음과 같다.

$$\mu = E(Z_t) = \frac{\delta}{1 - \phi_1 - \phi_2 - \cdots - \phi_p}\ . \tag{2.2}$$

$p=1$인 경우의 $AR(1)$ 모형은 식 (2.1)로부터 다음과 같다.

$$Z_t = \delta + \phi Z_{t-1} + \varepsilon_t \,.$$

$AR(1)$ 확률과정이 정상이기 위한 조건은 특성방정식 $\phi(B)=1-\phi B=0$의 근의 절댓값이 1보다 커야 한다. 즉 $|B|=|1/\phi|>1$ 이어야 하므로 $|\phi|<1$ 이다. 만약 $\phi(B)=1-\phi B=0$ 의 근이 단위근(unit root), 즉 $B=1/\phi=1$, 따라서 $\phi=1$이 되면 $AR(1)$ 확률과정은 비정상확률과정이다.

$p=2$인 경우의 $AR(2)$ 모형은 식 (2.1)로부터 다음과 같다.

$$Z_t = \delta + \phi_1 Z_{t-1} + \phi_2 Z_{t-2} + \varepsilon_t \,.$$

$AR(2)$ 확률과정이 정상이기 위한 조건은 특성방정식 $\phi(B)=1-\phi_1 B-\phi_2 B^2=0$의 근의 절댓값이 1보다 커야 하므로 다음과 같다.

$$\begin{cases} \phi_1+\phi_2<1, \\ \phi_2-\phi_1<1, \\ -1<\phi_2<1. \end{cases}$$

MA모형. 현재의 상태 Z_t가 현재와 과거 q개의 백색잡음의 선형결합으로 이루어진 $q-$차 이동평균(moving average: MA)모형을 $MA(q)$ 모형이라고 하고 다음과 같이 정의한다.

$$Z_t = \mu + \varepsilon_t - \theta_1\varepsilon_{t-1} - \theta_2\varepsilon_{t-2} - \cdots - \theta_q\varepsilon_{t-q} \,, \tag{2.3}$$

여기서 $\varepsilon_t \sim i.i.d\ (0,\sigma_\varepsilon^2)$ 이다. 식 (2.3)을 후진작용소를 사용하여 표현하면 다음과 같다.

$$Z_t = \mu + \theta(B)\varepsilon_t \,,$$

여기서 $\theta(B)=1-\theta_1 B-\theta_2 B^2-\cdots-\theta_q B^q$이다. $MA(q)$ 확률과정의 평균은

$$E(Z_t)=\mu \tag{2.4}$$

이다. 일반적으로 $MA(q)$ 확률과정은 유한개의 백색잡음의 선형결합이므로 평균과 분산이 일정하고 공분산이 시간에 종속되지 않아 항상 정상성을 만족한다. 대신 $MA(q)$ 확률과정에 대해서는 가역성(invertibility) 조건이 전제되어야 한다. 가역성 조건을 부과하는 이유는 첫째, 하나의 ACF에 고유한(unique) MA모형이 대응되게 하기 위함이다. 둘째, 관측 불가능한 확률변수인 ε_t를 관측 가능한 $\{Z_t\}$로 표현 가능하게 위함이다. $MA(q)$ 확률과정의 가역성 조건은 $AR(p)$ 확률과정의 정상성 조건과 매우 유사하다. 즉, 특성방정식 $\theta(B)=0$의 근들이 단위원 밖에 있어야 한다. 즉, $\theta(B)=0$의 근의 절댓값이 1보다 커야 한다.

$q=1$인 경우의 $MA(1)$ 모형은 식 (2.3)으로부터 다음과 같다.

$$Z_t = \mu + \varepsilon_t - \theta \varepsilon_{t-1} .$$

$MA(1)$ 확률과정이 가역성을 갖기 위한 조건은 특성방정식 $\boldsymbol{\theta}(B) = 1 - \theta B = 0$ 의 근의 절댓값이 1보다 커야 한다. 즉 $|B| = |1/\theta| > 1$ 이어야 하므로 $|\theta| < 1$이다.

$q=2$인 경우의 $MA(2)$ 모형은 식 (2.3)으로부터 다음과 같다.

$$Z_t = \mu + \varepsilon_t - \theta_1 \varepsilon_{t-1} - \theta_2 \varepsilon_{t-2}.$$

$MA(2)$ 확률과정이 가역성을 갖기 위한 조건은 특성방정식 $\boldsymbol{\theta}(B) = 1 - \theta_1 B - \theta_2 B^2 = 0$의 근의 절댓값이 1보다 커야 하는 조건으로 다음과 같이 얻어진다.

$$\begin{cases} \theta_1 + \theta_2 < 1, \\ \theta_2 - \theta_1 < 1, \\ -1 < \theta_2 < 1. \end{cases}$$

ARMA모형. AR모형과 MA모형을 결합시킨 모형으로서 자기회귀이동평균(autoregressive moving average: ARMA)모형이 있다. $ARMA(p,q)$ 모형은 다음과 같이 정의된다. 이때 $ARMA(p,0)$ 모형은 $AR(p)$ 모형이며 $ARMA(0,q)$은 $MA(q)$ 모형과 같음을 확인할 수 있다.

$$Z_t = \delta + \phi_1 Z_{t-1} + \phi_2 Z_{t-2} + \cdots + \phi_p Z_{t-p} + \varepsilon_t - \theta_1 \varepsilon_{t-1} - \theta_2 \varepsilon_{t-2} - \cdots - \theta_q \varepsilon_{t-q} , \tag{2.5}$$

여기서 $\varepsilon_t \sim i.i.d\ (0, \sigma_\varepsilon^2)$ 이다. 식 (2.5)를 후진작용소를 사용하여 표현하면

$$\boldsymbol{\phi}(B) Z_t = \delta + \boldsymbol{\theta}(B) \varepsilon_t,$$

여기서 $\boldsymbol{\phi}(B) = 1 - \phi_1 B - \phi_2 B^2 - \cdots - \phi_p B^p$ 그리고 $\boldsymbol{\theta}(B) = 1 - \theta_1 B - \theta_2 B^2 - \cdots - \theta_q B^q$이다.

$ARMA(p,q)$ 확률과정이 정상이기 위한 조건은 $AR(p)$확률과정이 정상이기 위한 조건과 동일하다. 따라서 특성방정식 $\boldsymbol{\phi}(B) = 0$의 근들이 단위원 밖에 있어야 한다. 즉, $\boldsymbol{\phi}(B) = 0$의 근의 절댓값이 1보다 커야 한다. 또한 $ARMA(p,q)$ 확률과정이 가역성을 가지기 위한 조건은 $MA(q)$ 확률과정이 가역성을 가지는 조건과 동일하다. 따라서 특성방정식 $\boldsymbol{\theta}(B) = 0$의 근들이 단위원 밖에 있어야 한다. 즉, $\boldsymbol{\theta}(B) = 0$의 근의 절댓값이 1보다 커야 한다. 정상성의 조건하에서 정상 $ARMA(p,q)$ 확률과정의 평균은 다음과 같다.

$$\mu = E(Z_t) = \frac{\delta}{1 - \phi_1 - \phi_2 - \cdots - \phi_p}. \tag{2.6}$$

$p=1,\ q=1$인 경우의 $ARMA(1,1)$모형은 식 (2.5)로부터

[표 2.1] 정상 $ARMA(p,q)$ 확률과정의 ACF 및 PACF의 특징

확률과정	ACF	PACF
$AR(p)$	지수적으로 감소하거나 소멸하는 sine 함수 형태	시차 p 이후에는 0으로의 절단
$MA(q)$	시차 q 이후에는 0으로의 절단	지수적으로 감소하거나 소멸하는 sine 함수 형태
$ARMA(p,q)$	시차 $(q-p)$ 이후에는 지수적으로 감소하거나 소멸하는 sine 함수 형태	시차 $(p-q)$ 이후에는 지수적으로 감소하거나 소멸하는 sine 함수 형태

$$Z_t = \delta + \phi Z_{t-1} + \varepsilon_t - \theta\varepsilon_{t-1} \tag{2.7}$$

과 같고 $ARMA(1,1)$ 확률과정이 정상이기 위한 조건은 $|\phi|<1$이고 가역성을 갖기 위한 조건은 $|\theta|<1$이다.

ARMA 확률과정의 ACF 및 PACF의 특징. $AR(p)$, $MA(q)$, $ARMA(p,q)$ 확률과정의 ACF $\{\rho_k\}$ 및 PACF $\{\phi_{kk}\}$는 각 모형에 대하여 식 (1.1) 및 식 (1.3)을 사용하여 계산할 수 있다. 정상 $ARMA(p,q)$ 확률과정의 ACF와 PACF를 구하는 계산식과 각 모형에 대한 ACF plot 및 PACF plot의 예는 조신섭 외(2016)의 6장을 참고한다. 정상 $ARMA(p,q)$ 확률과정의 ACF 및 PACF의 이론적인 특징이 [표 2.1]에 요약되어 있다.

모든 정상 $ARMA(p,q)$ 확률과정은 고유의 ACF와 PACF를 가지기 때문에 이론적으로는 $ARMA(p,q)$ 모형의 p,q를 식별하는 데 [표 2.1]이 사용될 수 있다. 그러나 실제 시계열자료 분석을 해 보면 시계열자료의 SACF와 SPACF를 [표 2.1]과 같은 ACF와 PACF의 이론적 패턴에 대응시켜 $ARMA(p,q)$ 모형의 p, q를 식별하는 데는 어려움이 있다. 현실에서 다루는 시계열자료에는 잡음이 포함되어서 지수적 감소나 소멸하는 sine함수의 형태가 명료하게 식별 가능하도록 나타나지 않기 때문이다. 특히 $ARMA(p,q)$ 모형의 경우 시차 $(q-p)$ 혹은 시차 $(p-q)$를 알아내기는 더욱 어렵다. 그럼에도 불구하고 시차 p 이후에 0으로 절단 형태를 보이는 SPACF로부터는 $AR(p)$ 모형을, 시차 q 이후에 0으로 절단 형태를 보이는 SACF로부터는 $MA(q)$ 모형을 식별하는 데 도움이 될 수 있다.

역자기상관함수. $\{Z_t\}$가 정상 $ARMA(p,q)$ 확률과정 $\boldsymbol{\phi}(B)Z_t = \boldsymbol{\theta}(B)\varepsilon_t$을 따른다고 하자. $\theta(B)$가 가역성을 갖는다면 정상이 되는 $ARMA(q,p)$ 모형 $\boldsymbol{\theta}(B)Z_t = \boldsymbol{\phi}(B)\varepsilon_t$은 원 모형인 $ARMA(p,q)$ 모형의 듀얼모형(dual model)이다. 이 듀얼모형의 ACF를 원 모형의 역자기상관함수(inverse autocorrelation function: IACF)라고 한다. 만약 원 모형이 $ARMA(p,0)$ 모형, 즉 $AR(p)$ 모형이라면 듀얼모형인 $ARMA(0,p)$ 모형, 즉 $MA(p)$ 모형의 ACF가 $AR(p)$ 모형의 IACF에

해당한다. 이리하여 MA 모형의 ACF에서 나타나는 0으로의 절단의 특징은 AR 모형의 IACF에서도 비슷하게 나타난다. 따라서 IACF $\{\rho_k^{(I)}\}$ 는 모형식별에 있어서 PACF와 비슷한 역할을 한다. 즉, 표본역자기상관함수(sample inverse autocorrelation function: SIACF) $\{\hat{\rho}_k^{(I)}\}$ 의 0으로의 절단은 SPACF의 절단과 마찬가지로 $AR(p)$ 모형의 식별에 유용하다. SIACF plot에서 개별시차의 IACF 검정 역시 1.4절에서 다룬 PACF의 검정과 유사하다. 즉, SIACF plot에서는 $\hat{\rho}_k^{(I)}$ 의 표준오차의 2배수 범위인 $\pm 2 \cdot SE(\hat{\rho}_k^{(I)}) = \pm 2/\sqrt{n}$ 영역을 표시하여 이 범위를 벗어나는 $\hat{\rho}_k^{(I)}$에 대해서는 5% 유의수준하에서 $H_1 : \rho_k^{(I)} \neq 0$의 증거로 간주한다. SIACF $\hat{\rho}_k^{(I)}$ 의 계산식에 대해서는 Wei (1990)의 6.3절을 참고한다.

ARMA모형의 식별. 정상 $ARMA(p,q)$ 모형의 차수 p, q를 결정하기 위한 방법으로서 Gray 등(1978)의 R과 S배열법, Beguin(1980)의 모퉁이 방법(coner method), 그리고 Tsay and Tiao (1984)의 확장표본자기상관함수(Extended SACF: ESACF) 방법 등이 있다. 이 책에서는 Hannan and Rissannen(1982)이 제안한 모형식별 방법으로서 1.6절에서 언급하였던 BIC를 이용한 최소정보기준(minimum information criterion: MINIC)을 사용하기로 한다. [표 2.1]을 참고하면서 MINIC를 이용하여 다음과 같은 절차에 의해서 $ARMA(p,q)$ 모형 식별방법을 진행하기로 한다.

STEP 1: 시계열자료가 백색잡음이 아닌 정상시계열인지를 확인한다. 만약 백색잡음이거나 혹은 비정상시계열이라면 정상 $ARMA(p,q)$ 모형에 의한 예측은 불가능하다.

STEP 2: SPACF(혹은 SIACF)와 SACF의 0으로의 절단 직전 시점이 각각 r과 s이라면 $ARMA(p,q)$ $(0 \le p \le r, 0 \le q \le s)$ 모형을 대상으로 최소정보기준값 MINIC을 주는 모형으로 식별한다. 혹은 단순히 SAS/ETS에서 MINIC표를 얻을 때 사용하는 default 값으로 $r = s = 5$ 를 사용한다.

STEP 3: 식별된 모형에 대한 모수의 유의성검정에서 유의하지 않는 모수에 대응하는 항을 제거한 축소된 모형으로 최종 식별한다.

ARMA모형의 추정. 모형의 식별 단계에서 $ARMA(p,q)$ 모형의 차수 p, q가 결정되면 현재 시점 $t = n$ 까지 주어진 시계열 $\{Z_1, Z_2, \ldots, Z_n\}$ 만을 가지고 모형식 (2.5)의 $ARMA(p,q)$ 모형에 포함된 모수들인 δ, $\boldsymbol{\phi} = (\phi_1, \phi_2, \ldots, \phi_p)$, $\boldsymbol{\theta} = (\theta_1, \theta_2, \ldots, \theta_q)$, σ_ε^2 을 추정해야 한다. ARMA모형의 추정법으로는 조건부 최소제곱(conditional least square: CLS)추정법, 비조건부 최소제곱(unconditional least square: ULS)추정법, 최우(maximum likelihood: ML)추정법이 있다. 최소제곱추정법(least square estimation)은 모형식 (2.5)의 $ARMA(p,q)$ 모형에서 백색잡음에 해당하는 오차제곱합

$$\sum_{t=1}^{n}\varepsilon_t^2=\sum_{t=1}^{n}(-\delta+Z_t-\phi_1 Z_{t-1}-\phi_2 Z_{t-2}-\cdots-\phi_p Z_{t-p}+\theta_1\varepsilon_{t-1}+\theta_2\varepsilon_{t-2}+\cdots+\theta_q\varepsilon_{t-q})^2$$

을 최소로 해주는 추정법이다. 그런데 이 오차제곱합을 계산하려면 관측되지 않은 다음과 같은 초깃값들이 필요하다.

$$\boldsymbol{Z}^*=(Z_{1-p},Z_{1-p+1},\ldots,Z_{-1},Z_0),\quad \boldsymbol{\varepsilon}^*=(\varepsilon_{1-q},\varepsilon_{1-q+1},\ldots,\varepsilon_{-1},\varepsilon_0)\ .$$

CLS추정법과 ULS추정법은 초깃값 $\boldsymbol{Z}^*$ 및 $\boldsymbol{\varepsilon}^*$ 의 처리방식이 다르다. CLS추정법은 $\boldsymbol{Z}^*$ 및 $\boldsymbol{\varepsilon}^*$ 의 각 값은 0으로 놓는다. ULS추정법은 $\boldsymbol{Z}^*$ 및 $\boldsymbol{\varepsilon}^*$ 의 각 값을 추가적인 변수로 보고 모형으로부터 구한다.

ML추정법은 모형의 우도함수를 최대로 해 주는 추정법이다. 우도함수를 계산하기 위해서는 분포에 대한 가정이 필요하므로 이전에 설정했던 백색잡음의 가정 $\varepsilon_t \sim i.i.d\ (0,\sigma_\varepsilon^2)$에 정규분포 가정을 추가하여 $\varepsilon_t \sim i.i.d\ N(0,\sigma_\varepsilon^2)$를 가정한다. CLS추정법은 초깃값으로 특정한 값을 주므로 표본의 크기가 작을 때는 초깃값에 영향을 받는 문제가 생길 수 있다. 한편 ULS추정법과 ML추정법은 모형으로부터 초깃값을 추정하므로 이러한 문제에서 자유로울 수 있다. ML추정법은 정규분포의 가정을 해야 하므로 시계열자료가 정규분포를 따르지 않을 때는 ML추정법의 적용은 적절치 않다. 따라서 ULS추정법이 표본의 크기나 분포에 대한 가정에 무관하여 사용하는 장점이 있을 수 있다.

이동평균항을 포함하는 *MA*모형 혹은 *ARMA*모형에 대한 추정에서는 모수에 관한 비선형함수를 최적화하는 문제에 직면한다. 이때 최적화를 위하여 반복에 의한 비선형 최소제곱추정을 수행한다. 따라서 *MA*모형 혹은 *ARMA*모형의 추정에서 종종 최적 해에 수렴하지 못하는 경우도 발생한다. 반복에 의한 비선형 최소제곱추정을 수행할 때 SAS/ETS에서는 ULS 혹은 ML 추정을 위한 초깃값으로 CLS추정치를 사용한다.

$ARMA(p,q)$ 모형에 대한 CLS추정법, ULS추정법, ML추정법에 대한 보다 자세한 이론은 조신섭 외(2016) 혹은 Box and Jenkins(1976)을 참고한다.

ARMA모형의 진단. ARMA모형의 진단 단계에서는 백색잡음에 대한 가정 $\varepsilon_t \sim i.i.d\ (0,\sigma_\varepsilon^2)$이 적절했는지를 판단하는 과정으로 백색잡음 $\{\varepsilon_t\}$에 대한 추정치인 잔차시계열 $\{e_t\}=\{Z_t-\hat{Z}_t\}$ 가 백색잡음처럼 (i) 0 평균, (ii) 상수 분산, (iii) 서로 독립인지를 검토하는 잔차분석을 수행해야 한다. 이에 대해서는 1.6절에서 설명한 모형의 진단을 따른다.

ARMA모형에 의한 예측. 모형의 진단 단계에서 백색잡음에 대한 가정이 적절했다고 확인되면 추정모형은 예측에 사용된다. 현재 시점 $t=n$까지 관측된 시계열자료를 사용하여 미래 시점 $n+l$ 에서 미래값 Z_{n+l}의 최소평균제곱오차(minimum mean square error: MMSE) 예측치 $\hat{Z}_n(l)$은 다음과 같이 정의된다(1.6절 참조).

$$\hat{Z}_n(l)=\hat{E}\,(Z_{n+l}\,|\,z_n, z_{n-1},\ldots,z_2,z_1).$$

위에서 정의되는 MMSE 예측치 $\hat{Z}_n(l)$에는 관측되지 않는 $\{Z_0, Z_{-1},\ldots\}$ 의 처리방법과 관련되어 있어 결국 추정방법과 연결된다. 즉, CLS추정법을 사용한 경우의 예측치는 조건부 예측치이며, ULS추정법 혹은 ML추정법을 사용한 경우의 예측치는 비조건부 예측치이다. 예측에 대한 보다 자세한 이론은 조신섭 외(2016) 혹은 Box and Jenkins(1976)을 참고한다.

예제 2.1 정상 ARMA모형에 의한 예측

[그림 2.1]은 식 (2.6)에서 평균

$$\mu=E(Z_t)=\frac{\delta}{1-\phi}=\frac{15}{1-(-0.5)}=10$$

을 갖는 다음의 $ARMA(1,1)$ 확률과정으로부터 생성한 표본크기 $n=100$ 인 모의실험 시계열자료에 대한 시계열그림이다.

$$Z_t=15-0.5Z_{t-1}+\varepsilon_t-0.7\varepsilon_{t-1},\quad t=1,2,\ldots,100\,, \tag{2.8}$$

여기서 $\{\varepsilon_t\}$는 평균 0, 분산 $\sigma^2_\varepsilon=1$인 정규분포를 따르는 백색잡음이다. 즉, $\varepsilon_t\sim i.i.d.\ N(0,1)$이다. 이때 $|\phi|=|-0.5|<1$이고 $|\theta|=|0.7|<1$이므로 주어진 $ARMA(1,1)$ 확률과정은 정상성과 가역성을 갖는다.

ARMA모형의 적용 가능성에 대한 검토. [그림 2.1]로부터 시계열의 평균은 10으로 일정하고 시계열의 변동이 대략 구간 [6, 14]에서 분포하여 시계열의 분산도 일정하다고 판단되므로 시계열 정상성의 2가지 조건을 만족시킨다.

원 시계열에 대한 포트맨토우 검정결과를 보여 주는 [표 2.2]로부터 주어진 시차들에서 모두 $p-value<0.0001<0.05=\alpha$ 이므로 원 시계열이 백색잡음이 아니라는 증거가 된다. 또한 [그림 2.2]의 SACF plot, SPACF plot, SIACF plot에서 각각 $\pm 2\cdot SE(\hat{\rho}_k)$, $\pm 2\cdot SE(\hat{\phi}_{kk})$, $\pm 2\cdot SE(\hat{\rho}_k^{(I)})$ 를 벗어나는 시차가 존재한다. 즉, SACF plot, SPACF plot, SIACF plot에서 개별 시차의 ACF, PACF, IACF 검정결과로서 주어진 시계열자료는 백색잡음이 아니다. 따라서 시계열은 백색잡음이 아닌 정상시계열의 가능성이 있으므로 정상 $ARMA(p,q)$ 모형 식별의 단계로 진행한다. 참고로 [표 2.2]에서 $\hat{\rho_1}=-0.735$는 큰 음의 1시차 자기상관관계를 보여 주므로 [그림 2.1]의 시계열은 평균 10을 중심으로 지그재그로 움직이는 행태를 보여 준다.

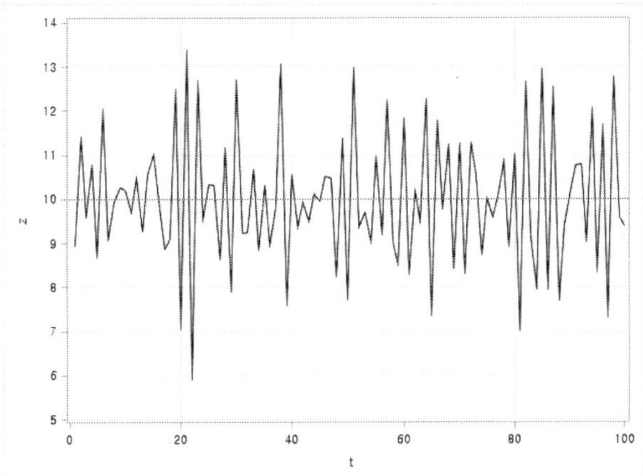

[그림 2.1] $ARMA(1,1)$ 확률과정으로부터 생성한 모의실험 시계열자료

[표 2.2] 원 시계열에 대한 포트맨토우 검정결과: $ARMA(1,1)$ 모의실험 시계열자료

Autocorrelation Check for White Noise									
To Lag	Chi-Square	DF	Pr > ChiSq	Autocorrelations					
6	81.73	6	<.0001	-0.735	0.399	-0.239	0.065	0.083	-0.144
12	98.60	12	<.0001	0.182	-0.204	0.212	-0.161	0.062	-0.038
18	107.80	18	<.0001	0.054	-0.052	0.068	-0.100	0.129	-0.195
24	125.55	24	<.0001	0.244	-0.227	0.147	-0.057	0.039	-0.046

[표 2.3] MINIC: $ARMA(1,1)$ 모의실험 시계열자료

Minimum Information Criterion			
Lags	MA 0	MA 1	MA 2
AR 0	0.849053	0.303976	0.164817
AR 1	0.117481	-0.0428	-0.0159
AR 2	0.053092	0.000887	0.025034
AR 3	0.06405	0.04521	0.055799
AR 4	-0.01744	0.016534	0.048732

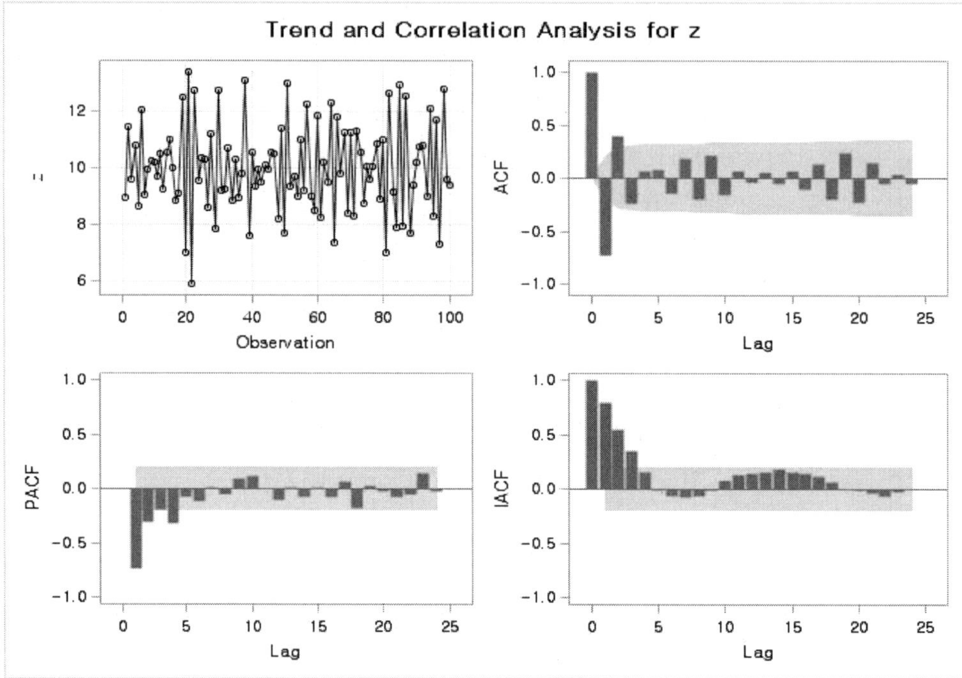

[그림 2.2] 원 시계열의 자기상관분석도: $ARMA(1,1)$ 모의실험 시계열자료

모형의 식별. [그림 2.2]의 SACF plot에서 시차 2 이후부터 0으로 절단이, SPACF plot 및 SIACF plot에서는 각각 시차 4 이후, 시차 3 이후부터 0으로의 절단이 있다. 따라서 [표 2.3]에서 $ARMA(p,q)$ 모형 ($0 \le p \le 4,\ 0 \le q \le 2$)에 대해 최솟값 $MINIC = -0.0428$을 주는 모형으로서 다음과 같은 $ARMA(1,1)$ 모형을 식별한다.

$$Z_t = \delta + \phi Z_{t-1} + \varepsilon_t - \theta\varepsilon_{t-1}\ , \tag{2.9}$$

여기서 $\varepsilon_t \sim i.i.d\ (0, \sigma_\varepsilon^2)$이다.

모형의 추정. [표 2.4]는 식별된 $ARMA(1,1)$ 모형에 대한 ULS 추정결과를 보여 준다. $ARMA(1,1)$ 모형식 (2.9)에서 아래와 같은 각 가설설정에 대한 각 모수의 유의성검정에서 모두 $p-value < 0.0001 < 0.05 = \alpha$이므로 3개의 모수 δ, ϕ, θ는 모두 유의하여 모형에 그대로 남게 된다. 이때 식 (2.6)에서 $\mu = 0$이면 $\delta = 0$이다.

$$H_0\ :\ \mu = 0\ (\text{즉},\ \delta = 0).\quad \text{vs.}\quad H_1\ :\ \mu \ne 0\ (\text{즉},\ \delta \ne 0).$$

$$H_0\ :\ \phi = 0.\quad \text{vs.}\quad H_1\ :\ \phi \ne 0.$$

[표 2.4] 모수추정결과: $ARMA(1,1)$ 모의실험 시계열자료

Unconditional Least Squares Estimation					
Parameter	Estimate	Standard Error	t Value	Approx Pr > |t|	Lag
MU	9.99272	0.02193	455.68	<.0001	0
MA1,1	0.67200	0.08889	7.56	<.0001	1
AR1,1	-0.47748	0.10312	-4.63	<.0001	1

Constant Estimate	14.764
Variance Estimate	0.926974
Std Error Estimate	0.962795
AIC	280.5749
SBC	288.3904
Number of Residuals	100

Autoregressive Factors	
Factor 1:	1 + 0.47748 B**(1)

Moving Average Factors	
Factor 1:	1 - 0.672 B**(1)

$$H_0 \ : \ \theta=0. \quad \text{vs.} \quad H_1 \ : \ \theta \neq 0.$$

이제 [표 2.4]로부터 추정된 모형을 다음과 같이 적을 수 있다.

$$Z_t = 14.764 - 0.47748 Z_{t-1} + \varepsilon_t - 0.672 \varepsilon_{t-1}, \quad t=1,2,\ldots,100 \tag{2.10}$$

혹은

$$(1+0.47748B)Z_t = 14.764 + (1-0.672B)\varepsilon_t \ .$$

여기서 $\hat{\mu} = \widehat{E(Z_t)} = 9.99272$, $\hat{\sigma}_{\varepsilon}^2 = 0.926974$, $AIC = 280.5749$, $SBC = 288.3904$ 이다.

모형의 진단. 추정된 모형에 대한 잔차분석 결과를 나타내는 잔차시계열의 포트맨토우 검정결과가 [표 2.5]에 보여진다. 주어진 시차들에서 모두 $p-value > 0.05 = \alpha$ 이므로 잔차시계열이 백색잡음이라는 귀무가설을 기각할 수 없다. [그림 2.3]의 잔차시계열에 대한 SACF plot, SPACF plot, SIACF plot에서 각각 $\pm 2 \cdot SE(\hat{\rho}_k(e))$, $\pm 2 \cdot SE(\hat{\phi}_{kk}(e))$, $\pm 2 \cdot SE(\hat{\rho}_k^{(I)}(e))$ 이내에 SACF, SPACF, SIACF가 거의 대부분 존재한다.

[그림 2.3]의 오른쪽 아래 그림은 잔차에 대한 포트맨토우 검정결과를 시각적으로 표현한 그림으로서 각 시차 K(여기서 시차 K는 식 (1.6)과 식 (1.9)에서 정의된다.)에서의 $p-value$을 막대그래프로 나타낸 그림이다. 시차 K에서 막대기둥의 높이가 세로축 0.05로 표시된 경계선 위로 넘어선다면 $\alpha=0.05$ 유의수준하에서 잔차들 간에 상관관계가 존재하여 잔차들이 백색잡음이 아니라는 증거가 된다. 그러나 막대기둥의 높이가 모든 시차 K에서 세로축의 0.05로 표시된 경계선 아래에 위치하면서 세로축에 표시된 1에 가까운 높이를 가질수록 백색잡음의 강력한 증거가 된다.

[그림 2.4]의 잔차시계열은 평균 0에 대한 $T-$검정에서 $p-value=0.9561>0.05=\alpha$이므로 통계적으로 평균이 0이고 변동폭이 대략 [-2.5, 2.5]에 고르게 퍼져 있어 분산 또한 일정하다고 판단된다. 종합하면 $\{\varepsilon_t\}$가 평균 0과 상수분산 σ_ε^2을 따르는 백색잡음이라는 설정에 위배되지 않으므로 추정 모형식 (2.10)은 예측에 사용될 수 있다.

[표 2.5] 잔차시계열에 대한 포트맨토우 검정결과:
$ARMA(1,1)$ 모의실험 시계열자료

Autocorrelation Check of Residuals									
To Lag	Chi-Square	DF	Pr > ChiSq	Autocorrelations					
6	4.04	4	0.4003	0.025	0.002	-0.126	0.012	0.144	0.025
12	9.50	10	0.4851	0.112	-0.018	0.097	-0.126	-0.101	-0.015
18	12.33	16	0.7213	0.041	0.007	-0.019	-0.093	-0.058	-0.095
24	19.26	22	0.6292	0.087	-0.112	0.039	0.028	-0.062	-0.164

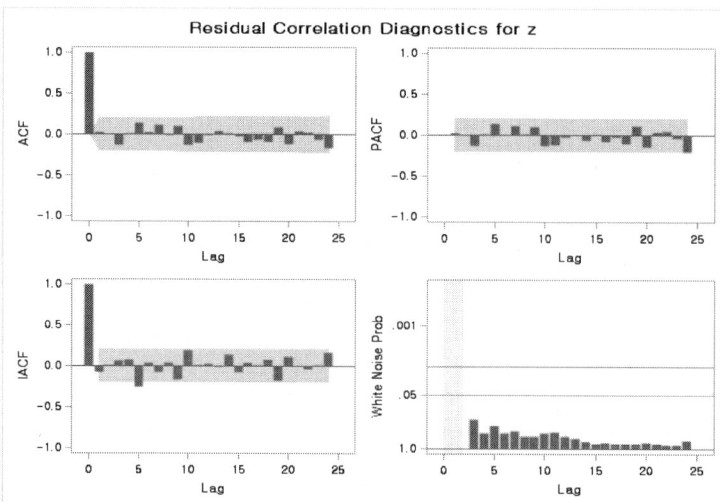

[그림 2.3] 잔차시계열의 자기상관분석도: $ARMA(1,1)$ 모의실험 시계열자료

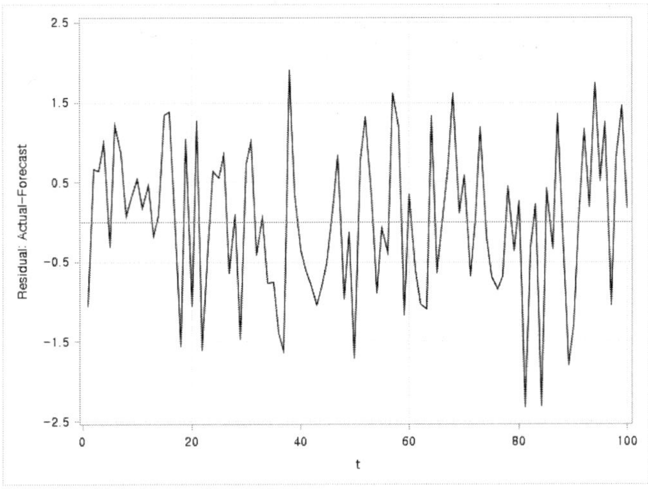

[그림 2.4] 잔차시계열그림: $ARMA(1,1)$ 모의실험 시계열자료

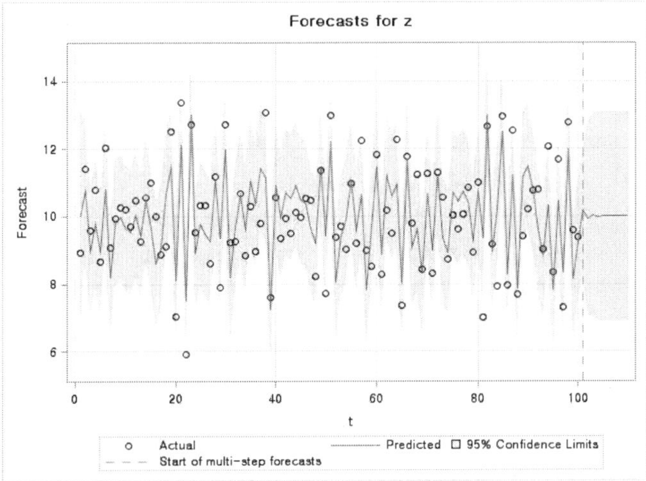

[그림 2.5] $ARMA(1,1)$ 모형에 의한 예측:
$ARMA(1,1)$ 모의실험 시계열자료

예측. 추정모형식 (2.10)을 사용하여 적합기간($t=1,2,...,100$) 동안 1-시차 후 예측치, 예측기간($t=101,102,...,110$) 동안 다-시차 후 예측치, 그리고 95% 신뢰수준하에서 예측구간을 그린 시계열그림이 [그림 2.5]에 보여진다. □

SAS program 2.1 **예제 2.1 정상 ARMA모형에 의한 예측**

– 시계열자료: 식 (2.8)로부터 생성된 모의실험 시계열자료

```
/* (1) Time series data generated from ARMA(1,1) of Eq. (2.8)  */
data ex2_1;
     z1=10; a1=0;
  do t=1 to 100;
     a=rannor(20160205);
     z=15-0.5*z1+a-0.7*a1;
  output;
     z1=z; a1=a;
  end; run;
proc print; run;

/* (2) Figure 2.1 */
proc sgplot data=ex2_1;
  series x=t y=z/ LINEATTRS=(PATTERN=1 color=black THICKNESS=1);
  refline 10/ axis=y;
  yaxis values=(5  to 14 by 1) grid; xaxis grid; run;

/* (3) Table 2.2, Figure 2.2, Table 2.3, Table 2.4, Table 2.5, Figure 2.3, Figure 2.5*/
proc arima data=ex2_1 plots=forecast(forecast);
identify var=z minic p=(0:4) q=(0:2);
estimate p=(1) q=(1) method=uls;
forecast out=out1 id=t  lead=10; run;
proc print data=out1; run;

/* (4) Figure 2.4 */
proc sgplot data=out1;
  series x=t  y=residual/ LINEATTRS=(PATTERN=1 color=black THICKNESS=1);
  refline 0/ axis=y;
  xaxis values=(0  to 100 by 20) grid;
  yaxis values=(-2.5  to 2.5 by 1) grid; run;

/* (5) p-value of T-test for residual mean zero */
proc univariate data=out1 noprint; var residual;
  output out=mean0_pvalue  probt=pvalue_mean0; run;
proc print data=mean0_pvalue; run;
```

2.2 비정상시계열의 정상화

결정적 추세와 확률적 추세. 추세에는 결정적 추세(determinstic trend)와 확률적 추세(stochastic trend)가 있다. 결정적 추세는 직선 추세, 2차 추세, 혹은 계절 추세 등과 같이 추세의 형태가 분명하고 결정적이어서 미래에 어떤 방향으로 시계열이 전개될 것인지를 시계열그림만 보아도 예상할 수 있다. [그림 1.3], [그림 1.10], [그림 1.11]의 시계열들은 모두 결정적 추세를 갖는다.

이에 반해서 확률적 추세는 인접한 항들의 강한 양의 자기상관관계로 발생하는 추세로서 미래의 추세가 결정적이지 않고 확률적이어서 미래에 어떤 방향으로 시계열이 전개될 것인지 시계열그림으로 파악하기가 어렵다. [그림 1.5]의 KOSPI 시계열자료는 인접한 항들이 강한 양의 자기상관관계를 보이는 확률적 추세를 갖는 시계열이다. 확률적 추세를 갖는 시계열을 단위근시계열(unit root time series)이라고도 하는데 이러한 이름의 이유에 대해서는 2.5절의 랜덤워크 모형에서 설명한다. 결정적 추세 혹은 확률적 추세를 갖는 시계열은 정상성의 조건을 만족시키지 못하므로 비정상시계열이다.

결정적 추세 혹은 확률적 추세가 있는 비정상시계열에서 SACF plot의 SACF는 시차 1에서 1에 가까운 큰 값을 가지며 시차가 커짐에 따라 서서히 감소한다. 반면 SPACF 및 SIACF plot의 SPACF 및 SIACF는 시차 1에서 0이 아닌 값이 그리고 시차 1 이후부터는 시차 1에 비해 상대적으로 작은 값 혹은 0으로의 절단 형태를 보이는 특징이 있다. [그림 1.8]에서 보여지는 KOSPI 시계열자료의 SACF plot 및 SPACF plot는 위에서 설명한 대로 비정상시계열의 특징을 잘 보여 준다.

비정상시계열의 정상화. 1.3절에서 정상시계열의 성질에 대하여 설명하였다. 정상시계열은 시계열의 평균과 분산이 일정하고 공분산이 시간에 종속되지 않는다. 정상시계열이 아닌 시계열을 비정상시계열(nonstationary time series)이라고 한다. 많은 경제시계열은 비정상시계열이다. 비정상시계열을 원 시계열 그대로 모형화하는 경우도 있지만 대부분 시계열분석법은 비정상시계열을 먼저 정상화한 후 변환된 정상시계열을 대상으로 적절한 모형을 식별한다. 2.3절에서 소개할 ARIMA모형에 의한 시계열분석법도 그러하다. 이 절에서는 비정상시계열을 정상시계열로 만드는 방법으로서 로그변환, 차분, 그리고 분해법을 소개하기로 한다.

로그 변환. 많은 경제관련 시계열자료는 시간의 흐름에 따라 경제규모가 커지므로 거래되는 통화량도 증대되어 시계열의 변동 폭이 증가한다. 이러한 시계열은 분산이 일정하지 않은 원인으로 비정상시계열이며 보통 로그 변환을 하면 분산이 일정한 정상시계열로 변한다.

차분. 결정적 추세 혹은 확률적 추세를 갖는 시계열은 평균이 시간대에 따라 달라지므로 비정상시계열이다. 이러한 비정상시계열들에 대해 보통 차이 계산을 한 차분 시계열은 정상시계열로 변한다. 이제 차분에 대해 정의해 보기로 하자.

$B^h Z_t = Z_{t-h}$ 와 같은 의미를 갖는 후진작용소(backshift operator) B 를 사용하면 시계열 $\{Z_t\}$에 대하여 1차 차분한 시계열은

$$\{(1-B)Z_t\} = \{Z_t - Z_{t-1}\}$$

으로 표현되고 2차 차분한 시계열은

$$\{(1-B)^2 Z_t\} = \{(1-B)(Z_t - Z_{t-1})\} = \{(Z_t - Z_{t-1}) - (Z_{t-1} - Z_{t-2})\} = \{Z_t - 2Z_{t-1} + Z_{t-2}\}$$

과 같이 표현된다. 또한 계절주기가 s인 경우 1차 계절 차분한 시계열은

$$\{(1-B^s)Z_t\} = \{Z_t - Z_{t-s}\}$$

과 같이 나타낼 수 있다.

확률적 추세를 갖는 비정상시계열은 정상시계열이 될 때까지 차분함으로써 정상화할 수 있지만 실제 시계열자료분석에서는 대부분 1차 차분에 의해서 정상시계열로 변환된다. 결정적 추세를 갖는 비정상시계열 중에서 직선 추세를 갖는 비정상시계열의 경우 1차 차분에 의해서 정상시계열로 변환되고, 2차 곡선 추세를 갖는 비정상시계열의 경우 2차 차분에 의해서 정상시계열로 변환된다. 그리고 계절성분을 갖는 비정상시계열의 경우 계절주기만큼의 계절 차분을 함으로써 정상시계열로 변환된다. 이에 대한 이론적인 근거는 조신섭 외(2016)의 7.1.2절을 참조한다.

분해법. 결정적 추세를 갖는 시계열을 정상화하기 위한 또 다른 방법으로 결정적 추세를 추정하여 제거함으로써 정상화가 이루어질 수 있다. 예를 들면 시계열이 직선추세를 갖는 경우는 시간 t의 1차 함수로, 2차 추세를 갖는 시계열은 시간 t의 2차 함수로, 계절추세를 갖는 경우 시간 t의 sine 혹은 cosine 함수와 같은 삼각함수로 결정적 추세를 추정한 후 원 시계열로부터 제거한다. 만약 추정된 추세성분이 $\{\hat{T}_t\}$ 이고 계절성분이 $\{\hat{S}_t\}$ 이라면 이들 추정 성분을 원 시계열로부터 분해하고 남은 나머지 성분 시계열 $\{Z_t - \hat{T}_t - \hat{S}_t\}$ 은 정상시계열로 변환될 것이다.

2.3 ARIMA모형

ARIMA모형. 차분에 의해 정상시계열로 변환되는 비정상시계열에 적용할 수 있는 모형으로 자기회귀누적이동평균(autogressive integrated moving average: ARIMA)모형이 있다.

만약 d차 차분한 시계열 $\{W_t\} = \{(1-B)^d Z_t\}$ 이 정상 $ARMA(p,q)$ 확률과정을 따를 때 $\{Z_t\}$ 는 비정상 $ARIMA(p,d,q)$ 확률과정을 따른다고 하고 다음과 같은 모형으로 정의된다.

$$\phi(B)(1-B)^d Z_t = \delta + \theta(B)\varepsilon_t, \quad (2.11)$$

여기서 $\phi(B)=1-\phi_1 B-\phi_2 B^2-\cdots-\phi_p B^p$, $\theta(B)=1-\theta_1 B-\theta_2 B^2-\cdots-\theta_q B^q$, 그리고 $\{\varepsilon_t\}$는 평균 0, 분산 σ_ε^2인 백색잡음이다. 이때 $\{W_t\}=\{(1-B)^d Z_t\}$ 의 평균은 다음과 같다.

$$\mu=E(W_t)=\frac{\delta}{1-\phi_1-\phi_2-\cdots-\phi_p} .$$

ARIMA모형의 식별. 보통 결정적 추세 혹은 확률적 추세를 갖는 비정상시계열의 경우 차분을 하면 정상시계열로 변환된다. 차분의 횟수는 차분 시계열그림, 차분 시계열에 대한 SACF plot, SPACF plot, SIACF plot에서 더 이상 비정상성의 징후가 보이지 않을 때까지 차분을 반복한다. 이러한 그래프 방법 외에도 2.6절에서 소개할 단위근검정(unit root test)을 함께 활용하여 차분의 횟수를 결정한다. 차분에 의해 변환된 정상시계열에 대해 2.2절에서 논의한 정상 $ARMA(p,q)$ 모형의 식별 절차에 따라 모형식별을 한다.

예제 2.2 직선 추세성분을 갖는 모의실험 시계열자료에 대한 ARIMA모형에 의한 예측

[그림 2.6]의 시계열자료는 결정적 추세인 직선 추세성분을 갖는 비정상시계열로서 아래와 같은 확률과정으로부터 생성된 표본의 크기가 $n=100$인 모의실험 시계열자료이다.

$$Z_t=100+5t-0.5Z_{t-1}+\varepsilon_t-0.7\varepsilon_{t-1}, \quad t=1,2,\ldots,100, \tag{2.12}$$

여기서 $\{\varepsilon_t\}$는 평균 0, 분산 $\sigma_\varepsilon^2=25$인 정규분포를 따르는 백색잡음이고 초깃값으로 $z_0=70$, $\varepsilon_0=0$ 을 준다.

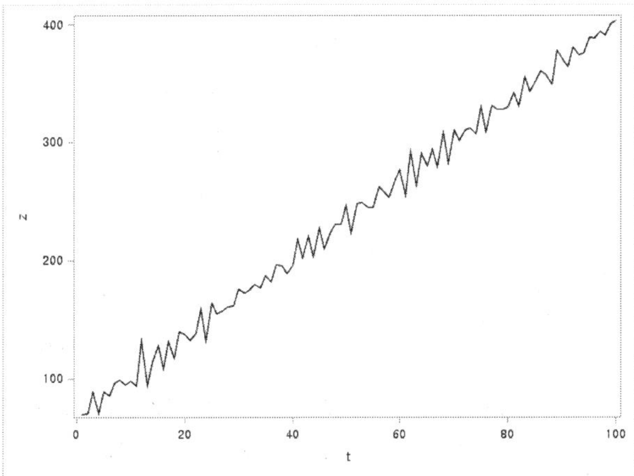

[그림 2.6] 직선 추세성분을 갖는 모의실험 시계열자료

ARIMA모형의 적용 가능성에 대한 검토. [그림 2.7]의 원 시계열에 대한 SACF plot에서 SACF가 시차 1에서 1에 가까운 큰 값이 시차가 커짐에 따라 서서히 감소한다. 반면 SPACF plot 및 SIACF plot에서 SPACF 및 SIACF는 시차 1에서 0이 아닌 값을 가지나 시차 1 이후에는 0으로의 절단의 형태를 보인다. 이와 같은 원 시계열에 대한 자기상관분석 결과를 종합하면 원 시계열은 비정상시계열이다.

이제 직선 추세성분을 갖는 비정상성을 제거하기 위하여 원 시계열에 대해 1차 차분을 필요로 한다. [그림 2.8]의 1차 차분 시계열 $\{W_t\}=\{(1-B)Z_t\}$ 은 평균이 일정하고(시계열그림으로는 평균이 0으로 보이지만 [표 2.7]의 추정결과를 보면 평균은 3.3482이며 유의하다.) 시계열 변동 폭이 [−40, 40]에 분포되어 있어 분산이 일정한 정상시계열일 가능성이 있다. [그림 2.9]의 1차 차분 시계열에 대한 SACF plot, SPACF plot, SIACF plot는 더 이상 비정상성의 징후는 보이지 않는다. 따라서 이 모의실험 시계열자료에 대하여 $ARIMA(p,1,q)$ 모형을 적용시켜 볼 수 있다. 이제 1차 차분 시계열에 대하여 2.1절의 정상 $ARMA(p,q)$ 모형의 식별 절차에 따라 모형식별 단계를 진행할 수 있다.

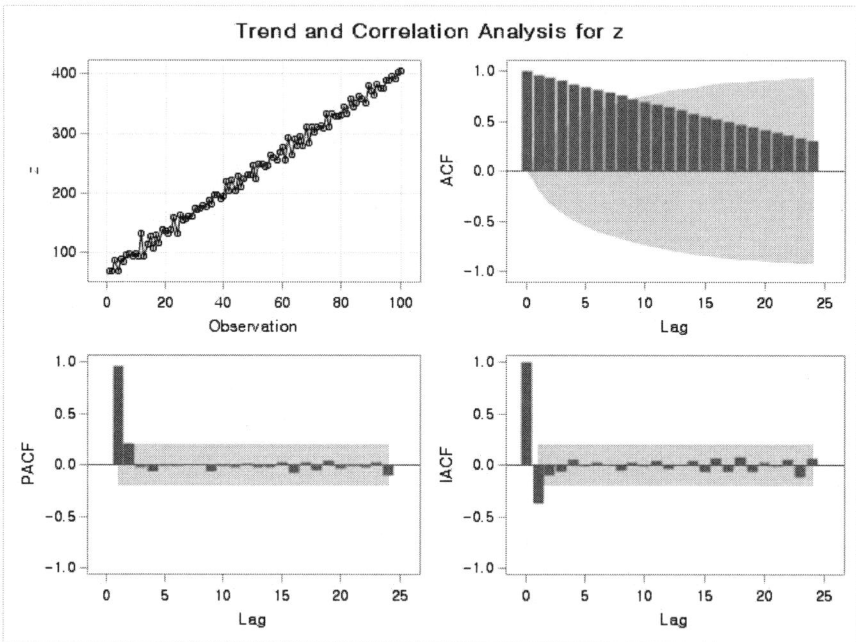

[그림 2.7] 원 시계열의 자기상관분석도:
직선 추세성분을 갖는 모의실험 시계열자료

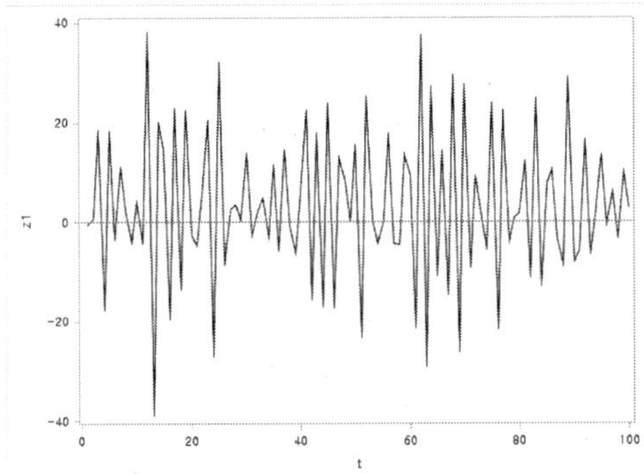

[그림 2.8] 1차 차분 시계열: 직선 추세성분을 갖는 모의실험 시계열자료

모형의 식별. [그림 2.9]의 1차 차분 시계열에 대한 SACF plot에서 시차 2 이후부터 0으로 절단이, SPACF plot에서는 시차 5 이후부터 0으로의 절단이, SIACF plot에서는 시차 14 이후부터 0으로의 절단이 있다. 그러나 SPACF 및 SIACF가 같은 역할을 하며 모수절약의 법칙을 고려하여 [표 2.6]에서 $ARMA(p,q)$ $(0 \le p \le 5,\, 0 \le q \le 2)$ 모형에 대해 최솟값 $MINIC = 3.432641$을 주는 모형으로서 $ARMA(3,1)$ 모형을 식별한다. 따라서 원 시계열에 대해 식별된 모형은 $ARIMA(3,1,1)$ 모형으로서 다음과 같이 정의된다.

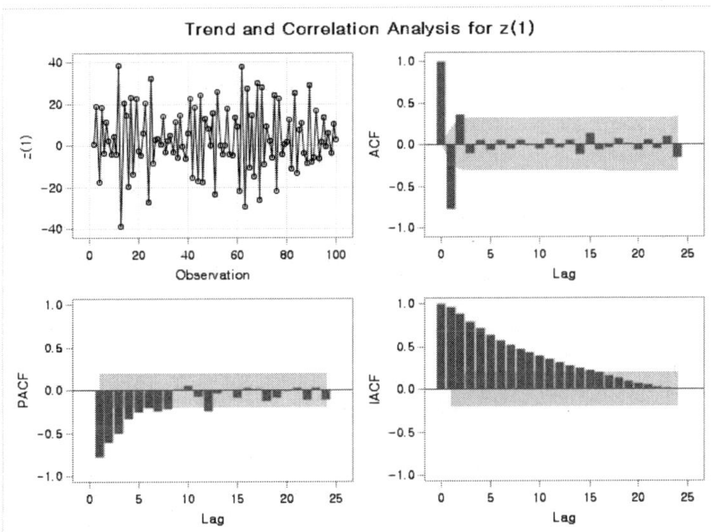

[그림 2.9] 1차 차분 시계열의 자기상관분석도: 직선 추세성분을 갖는 모의실험 시계열자료

[표 2.6] MINIC: 직선 추세성분을 갖는 모의실험 시계열자료

Minimum Information Criterion			
Lags	MA 0	MA 1	MA 2
AR 0	5.442765	4.654558	3.833835
AR 1	4.56952	3.67403	3.573646
AR 2	4.143379	3.545709	3.58279
AR 3	3.809733	3.432641	3.478089
AR 4	3.649781	3.443599	3.490008
AR 5	3.633011	3.486331	3.53268

$$(1-\phi_1 B-\phi_2 B^2-\phi_3 B^3)(1-B)Z_t=\delta+(1-\theta B)\varepsilon_t, \tag{2.13}$$

여기서 $\{\varepsilon_t\}$는 평균 0, 분산 σ_ε^2인 백색잡음이다.

모형의 추정. [표 2.7]은 식별된 $ARIMA(3,1,1)$ 모형에 대한 CLS 추정결과를 보여 준다. ULS 혹은 ML추정을 사용하는 경우 SAS/ETS output에는 반복 추정이 불안정하며 수렴하지 않을 수 있다는 경고 메시지를 볼 수 있다.

[표 2.7] 모수추정결과:
직선 추세성분을 갖는 모의실험 시계열자료

Conditional Least Squares Estimation					
Parameter	Estimate	Standard Error	t Value	Approx Pr > |t|	Lag
MU	3.34820	0.01474	227.16	<.0001	0
MA1,1	0.93401	0.04013	23.27	<.0001	1
AR1,1	-1.09201	0.10493	-10.41	<.0001	1
AR1,2	-0.67441	0.14214	-4.74	<.0001	2
AR1,3	-0.24236	0.10474	-2.31	0.0229	3

Constant Estimate	10.074
Variance Estimate	32.46359
Std Error Estimate	5.697683
AIC	630.3509
SBC	643.3265
Number of Residuals	99

Autoregressive Factors	
Factor 1:	1 + 1.09201 B**(1) + 0.67441 B**(2) + 0.24236 B**(3)

Moving Average Factors	
Factor 1:	1 - 0.93401 B**(1)

모형식 (2.13)에서 아래와 같은 가설 설정에 대한 각 모수의 유의성검정에서 모두 $p-value < 0.05 = \alpha$ 이므로 5개의 모수 δ, $\phi_j(j=1,2,3)$, θ는 모두 유의하여 모형에 그대로 남게 된다.

$$H_0 : \mu = 0 \text{ (즉, } \delta = 0). \quad \text{vs.} \quad H_1 : \mu \neq 0 \text{ (즉, } \delta \neq 0).$$

$$H_0 : \phi_j = 0,\ j=1,2,3. \quad \text{vs.} \quad H_1 : \phi_j \neq 0,\ j=1,2,3.$$

$$H_0 : \theta = 0. \quad \text{vs.} \quad H_1 : \theta \neq 0.$$

따라서 [표 2.7]로부터 추정된 모형을 다음과 같이 적을 수 있다.

$$(1+1.09201B+0.67441B^2+0.24236B^3)(1-B)Z_t = 10.074+(1-0.93401B)\varepsilon_t, \quad (2.14)$$

여기서 $\hat{\mu} = \widehat{E(W_t)} = 3.34820$, $\hat{\sigma}_\varepsilon^2 = 32.46359$, $AIC = 630.3509$, $SBC = 643.3265$ 이다.

모형의 진단. 추정된 모형에 대한 잔차분석 결과를 나타내는 잔차시계열의 포트맨토우 검정결과가 [표 2.8]에 보여진다. 주어진 시차들에서 모두 $p-value > 0.05 = \alpha$ 이므로 잔차시계열이 백색잡음이라는 귀무가설을 기각할 수 없다. [그림 2.10]의 잔차시계열에 대한 SACF plot, SPACF plot, SIACF plot에서 각각 $\pm 2 \cdot SE(\hat{\rho}_k(e))$, $\pm 2 \cdot SE(\hat{\phi}_{kk}(e))$, $\pm 2 \cdot SE(\hat{\rho}_k^{(I)}(e))$ 이내에 SACF, SPACF, SIACF가 존재한다. 또한 잔차시계열의 포트맨토우 검정에 대한 $p-value$의 막대그래프로부터 모든 시차에서 막대기둥이 세로축의 0.05 경계선 아래에 위치하며 세로축의 1에 가까운 높이를 가지므로 잔차시계열이 백색잡음이라는 강력한 증거가 된다. [그림 2.11]의 잔차시계열은 평균 0에 대한 $T-$검정에서 $p-value = 0.5438 > 0.05 = \alpha$ 이므로 통계적으로 평균이 0이고 변동 폭이 대략 [-15, 15]에 고르게 분포하여 분산 또한 일정하다고 판단된다. 종합하여 판단하면 $\{\varepsilon_t\}$가 평균 0와 상수분산 σ_ε^2을 따르는 백색잡음이라는 설정에 위배되지 않으므로 추정 모형식 (2.14)는 예측에 사용될 수 있다.

[표 2.8] 잔차시계열에 대한 포트맨토우 검정결과: 직선 추세성분을 갖는 모의실험 시계열자료

Autocorrelation Check of Residuals									
To Lag	**Chi-Square**	**DF**	**Pr > ChiSq**	**Autocorrelations**					
6	0.85	2	0.6524	-0.011	-0.029	-0.045	-0.043	0.018	0.054
12	8.09	8	0.4249	0.078	0.018	-0.143	-0.094	0.128	0.110
18	13.21	14	0.5100	0.003	-0.099	0.031	-0.067	-0.030	0.161
24	18.61	20	0.5474	0.089	-0.057	-0.010	0.097	0.143	0.023

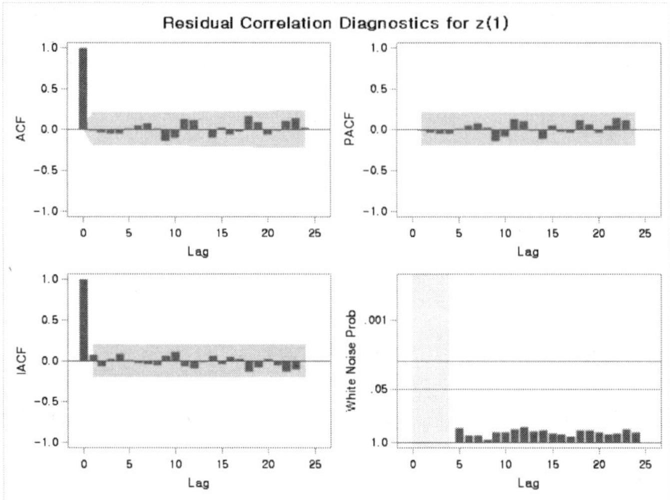

[그림 2.10] 잔차시계열의 자기상관분석도: 직선 추세성분을 갖는 모의실험 시계열자료

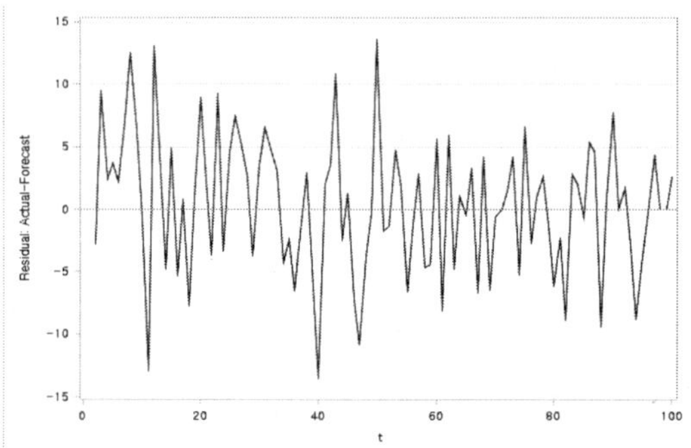

[그림 2.11] 잔차시계열그림: 직선 추세성분을 갖는 모의실험 시계열자료

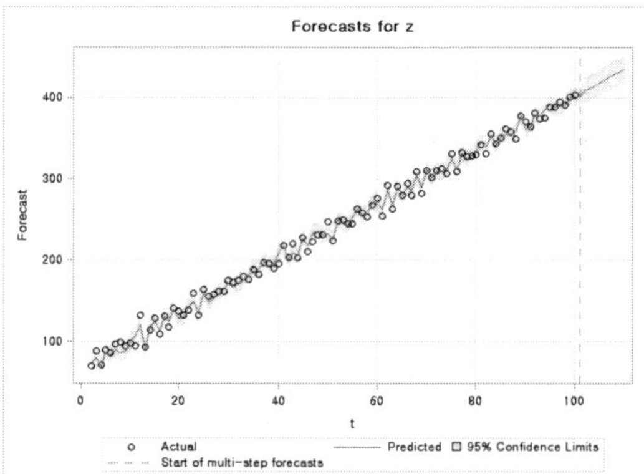

[그림 2.12] $ARIMA(3,1,1)$ 모형에 의한 예측: 직선 추세성분을 갖는 모의실험 시계열자료

예측. 추정 모형식 (2.14)를 사용하여 적합기간($t=1,2,\ldots,100$) 동안 1-시차 후 예측치, 예측기간($t=101,102,\ldots,110$) 동안 다-시차 후 예측치, 그리고 95% 신뢰수준하에서 예측구간을 그린 시계열그림이 [그림 2.12]에 보여진다. □

SAS program 2.2 **예제 2.2 직선 추세성분을 갖는 모의실험 시계열자료에 대한 ARIMA모형에 의한 예측**

– 시계열자료: 식 (2.12)로부터 생성된 모의실험 시계열자료

```
/* (1) Time series data generated from  Eq. (2.12)  */
data ex2_2;
    zb=70; ab=0;
  do t=1 to 100;
    a=5*rannor(20160208);
    z=100+5*t-0.5*zb+a-0.7*ab;
    z1=z-zb;
  output;
    zb=z; ab=a;
  end; run;
proc print; run;

/* (2) Figure 2.6 */
proc sgplot data=ex2_2;
  series x=t y=z / LINEATTRS=(PATTERN=1 color=black THICKNESS=1); run;

/* (3) Figure 2.8 */
proc sgplot data=ex2_2;
  series x=t y=z1 / LINEATTRS=(PATTERN=1 color=black THICKNESS=1);
  refline 0/ axis=y; run;

/* (4) Figure 2.7, Figure 2.9, Table 2.6, Table 2.7, Table 2.8, Figure 2.10,
Figure 2.12*/
proc arima data=ex2_2 plots=forecast(forecast);
  identify var=z;
  identify var=z(1) minic p=(0:5) q=(0:2);
  estimate p=3 q=(1) method=cls;
  forecast out=out1 id=t lead=10; run;
proc print data=out1; run;

/* (5) Figure 2.11 */
proc sgplot data=out1;
  series x=t y=residual/ LINEATTRS=(PATTERN=1 color=black THICKNESS=1);
  refline 0/ axis=y;
  xaxis values=(0  to 100 by 20) grid; yaxis grid; run;

/* (6) p-value of T-test for residual mean zero */
proc univariate data=out1 noprint; var residual;
  output out=mean0_pvalue  probt=pvalue_mean0; run;
proc print data=mean0_pvalue; run;
```

예제 2.3 확률적 추세를 갖는 모의실험 시계열자료에 대한 ARIMA모형에 의한 예측

[그림 2.13]의 시계열자료는 강한 양의 자기상관으로 인해 생기는 확률적 추세를 갖는 비정상시계열이다. 이 시계열은 아래와 같은 확률과정으로부터 생성된 표본의 크기 $n=300$인 모의실험 시계열자료이다.

$$Z_t = Z_{t-1} + \varepsilon_t - 0.5\varepsilon_{t-1}, \quad (2.15)$$

여기서 $\{\varepsilon_t\}$는 평균 0, 분산 $\sigma_\varepsilon^2 = 1$인 정규분포를 따르는 백색잡음이고 초깃값으로 $z_0 = 0$, $\varepsilon_0 = 0$를 준다.

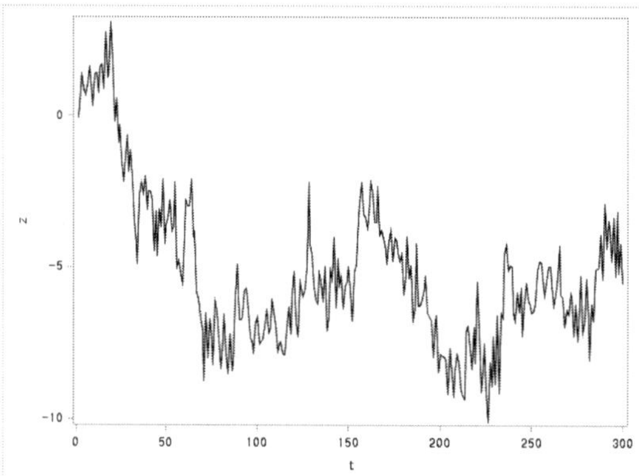

[그림 2.13] 확률적 추세를 갖는 모의실험 시계열자료

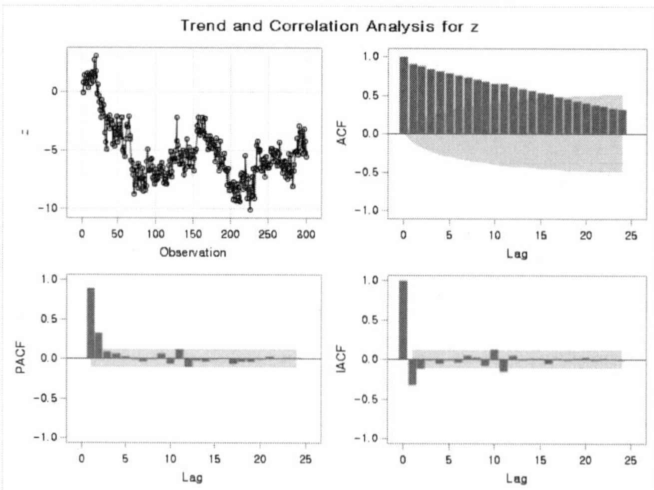

[그림 2.14] 원 시계열의 자기상관분석도: 확률적 추세를 갖는 모의실험 시계열자료

ARIMA모형 적용 가능성에 대한 검토. [그림 2.14]의 원 시계열에 대한 SACF plot에서 SACF는 시차 1에서 1에 가까운 큰 값을 가지나 시차가 커짐에 따라 서서히 감소한다. 반면 SPACF plot 및 SIACF plot에서 SPACF 및 SIACF는 시차 1에서 0이 아닌 값이고 시차 1 이후에는 상대적으로 작은 값 혹은 0으로 절단 형태를 보인다. 이와 같은 원 시계열에 대한 자기상관분석 결과를 종합하면 원 시계열은 비정상시계열이다.

이제 확률적 추세로 인한 비정상성을 제거하기 위하여 원 시계열에 대해 1차 차분을 필요로 한다. [그림 2.15]의 1차 차분 시계열 $\{W_t\}=\{(1-B)Z_t\}$ 은 평균이 0이고 시계열이 [-3, 3]에 고르게 분포하여 분산이 일정한 정상시계열일 가능성이 있다. [그림 2.16]의 1차 차분 시계열에 대한 SACF plot, SPACF plot, SIACF plot는 더 이상 비정상성의 징후를 보이지 않는다. 이제 1차 차분 시계열에 대하여 2.1절의 정상 $ARMA(p,q)$ 모형의 식별 절차에 따라 모형식별 단계를 진행할 수 있다.

모형의 식별. [그림 2.16]의 1차 차분 시계열에 대한 SACF plot에서 시차 1 이후부터 0으로 절단이, SPACF plot 및 SIACF plot에서는 시차 2 이후부터 0으로 절단이 있다. 따라서 [표 2.9]에서 정상 $ARMA(p,q)$ $(0 \le p \le 2, 0 \le q \le 1)$ 모형에 대해 최솟값 $MINIC=-0.0135$ 를 주는 모형으로서 $ARMA(0,1)$ 모형, 즉 $MA(1)$ 모형을 식별한다. 따라서 원 시계열에 대해 식별된 모형은 $ARIMA(0,1,1)$ 모형으로서 다음과 같이 정의된다.

$$(1-B)Z_t=\mu+(1-\theta B)\varepsilon_t, \tag{2.16}$$

여기서 $\{\varepsilon_t\}$는 평균 0, 분산 σ_ε^2인 백색잡음이다.

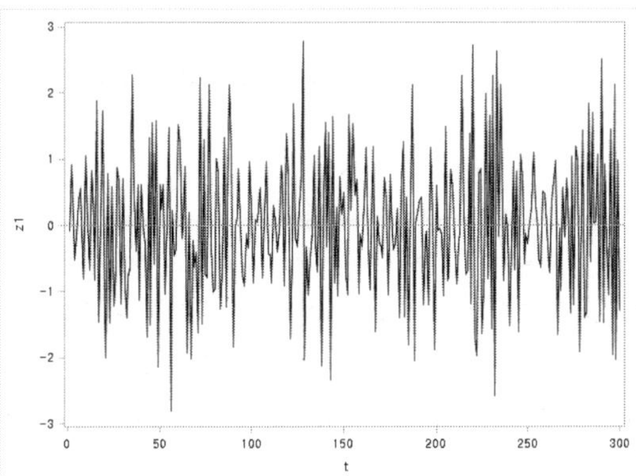

[그림 2.15] 1차 차분 시계열: 확률적 추세를 갖는 모의실험 시계열자료

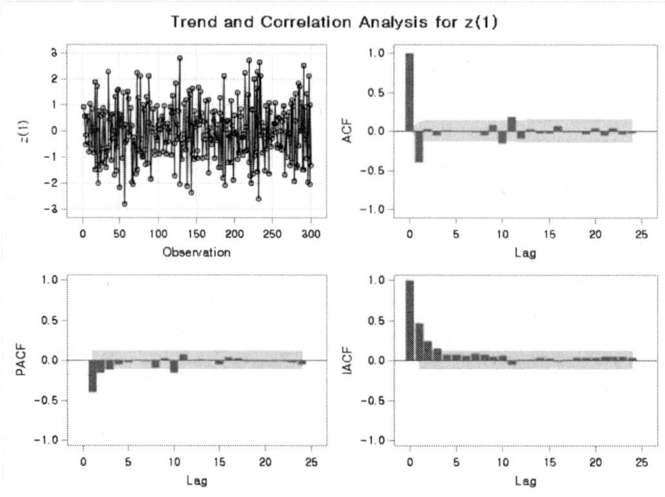

[그림 2.16] 1차 차분 시계열의 자기상관분석도: 확률적 추세를 갖는 모의실험 시계열자료

[표 2.9] MINIC: 확률적 추세를 갖는 모의실험 시계열자료

Minimum Information Criterion		
Lags	MA 0	MA 1
AR 0	0.184412	-0.0135
AR 1	0.024953	0.005239
AR 2	0.019456	0.021694

모형의 추정. [표 2.10]은 식별된 $ARIMA(0,1,1)$ 모형에 대한 ML 추정결과를 보여 준다. $ARIMA(0,1,1)$ 모형식 (2.16)에서 다음과 같은 가설 설정

$$H_0 \ : \ \theta = 0. \qquad \text{vs.} \qquad H_1 \ : \ \theta \neq 0$$

에 대한 모수 θ의 유의성검정에서 $p-value < 0.0001 < 0.05 = \alpha$이므로 모수 θ는 유의하나

$$H_0 \ : \ \mu = 0. \qquad \text{vs.} \qquad H_1 \ : \ \mu \neq 0$$

에 대한 모수 μ의 유의성검정에서 $p-value = 0.5283 > 0.05 = \alpha$이므로 모형식 (2.16)에서 모수 μ를 삭제한 후 추정된 모형은 [표 2.11]로부터 다음과 같이 얻어진다. 이때 모수 θ의 유의성검정에서 $p-value < 0.0001 < 0.05 = \alpha$이므로 모수 θ는 유의하다.

$$(1-B)Z_t = (1-0.49552B)\varepsilon_t. \tag{2.17}$$

[표 2.10] 상수항을 갖는 $ARIMA(0,1,1)$ 모형의 모수추정 결과: 확률적 추세를 갖는 모의실험 시계열자료

Maximum Likelihood Estimation					
Parameter	Estimate	Standard Error	t Value	Approx Pr > |t|	Lag
MU	-0.01817	0.02881	-0.63	0.5283	0
MA1,1	0.49768	0.05049	9.86	<.0001	1

[표 2.11] 상수항이 없는 $ARIMA(0,1,1)$ 모형의 모수추정결과: 확률적 추세를 갖는 모의실험 시계열자료

Maximum Likelihood Estimation					
Parameter	Estimate	Standard Error	t Value	Approx Pr > |t|	Lag
MA1,1	0.49552	0.05049	9.82	<.0001	1

Variance Estimate	0.975548
Std Error Estimate	0.987698
AIC	842.4032
SBC	846.1036
Number of Residuals	299

Moving Average Factors	
Factor 1:	1 - 0.49552 B**(1)

또한 $\hat{\sigma}_\varepsilon^2 = 0.975548$, $AIC = 842.4032$, $SBC = 846.1036$ 이다.

상수항의 포함. $ARIMA(p,d,q)$ 모형의 식별에서 상수항을 넣는 문제를 생각해 보자. [그림 2.15]의 1차 차분 시계열의 평균이 0으로 보이는 것은 [표 2.10]에서 평균 추정치가 $\hat{\mu}=-0.01817$ 이며 평균 0에 대한 $T-$검정에서 유의하지 않아 통계적으로 평균이 0으로 입증이 되었다. 그러나 예제 2.2에서 [그림 2.8]의 1차 차분 시계열의 평균은 0으로 보이지만 [표 2.7]에서 평균 추정치는 $\hat{\mu}=3.3482$이며 평균 0의 $T-$검정에서 유의하여 통계적으로 평균이 0이 아니다. [그림 2.8]의 시계열자료는 [-40, 40]에 분포하며 [그림 2.15]의 시계열자료는 [-3, 3]에 분포한다. 즉, [그림 2.8]의 시계열자료는 산포가 매우 크지만 지면상의 매우 작은 그림으로 표현했을 때 대략 평균 3이 평균 0으로 보이는 것이다. 따라서 시계열그림으로 상수항의 포함여부를 결정하는 것은 옳지 않으며 시계열자료의 평균이 0인지에 관한 $T-$검정을 하거나 그렇지 않으면

일단 상수항을 포함한 모형을 적합시킨 후 상수항에 대한 유의성검정에서 유의하지 않은 경우 다음 단계에서 상수항이 없는 모형을 적합시킨다.

모형의 진단. 추정된 모형에 대한 잔차분석 결과를 나타내는 잔차시계열에 대한 포트맨토우 검정결과가 [표 2.12]에 제시되었다. 주어진 시차들에서 모두 $p-value > 0.05 = \alpha$ 이므로 잔차시계열이 백색잡음이라는 귀무가설을 기각할 수 없다. [그림 2.17]의 잔차시계열에 대한 SACF plot, SPACF plot, SIACF plot에서 각각 $\pm 2 \cdot SE(\hat{\rho}_k(e))$, $\pm 2 \cdot SE(\hat{\phi}_{kk}(e))$, $\pm 2 \cdot SE(\hat{\rho}_k^{(I)}(e))$ 이내에 SACF, SPACF, SIACF가 존재한다. 또한 잔차시계열의 포트맨토우 검정에 대한 $p-value$의 막대그래프로부터 모든 시차에서 막대기둥이 세로축의 0.05 경계선 아래에 위치하며 1에 가까운 높이를 가지므로 잔차시계열이 백색잡음이라는 강력한 증거가 된다. [그림 2.18]의 잔차시계열은 평균 0에 대한 $T-$검정에서 $p-value = 0.5639 > 0.05 = \alpha$ 이므로 통계적으로 평균이 0이고 변동이 대략 [-3, 3]에 분포하여 분산 또한 일정하다고 판단된다. 종합하여 판단하면 $\{\varepsilon_t\}$가 평균 0와 상수분산 σ_ε^2을 따르는 백색잡음이라는 설정에 위배되지 않으므로 추정 모형식 (2.17)은 예측에 사용될 수 있다.

예측. 추정모형식 (2.17)을 사용하여 적합기간($t = 1,2,...,300$) 동안 1-시차 후 예측치, 예측기간($t = 301,302,...,310$) 동안 다-시차 후 예측치, 그리고 95% 신뢰수준하에서 예측구간을 그린 시계열그림이 [그림 2.19]에 제시되었다. □

[표 2.12] 잔차시계열에 대한 포트맨토우 검정결과: 확률적 추세를 갖는 모의실험 시계열자료

Autocorrelation Check of Residuals									
To Lag	Chi-Square	DF	Pr > ChiSq	Autocorrelations					
6	0.68	5	0.9841	0.003	0.017	-0.042	0.004	-0.001	-0.012
12	12.75	11	0.3097	-0.047	-0.066	0.023	-0.100	0.143	-0.035
18	14.54	17	0.6285	0.014	-0.019	-0.009	0.068	0.004	-0.017
24	16.65	23	0.8261	-0.037	0.008	-0.038	0.013	-0.051	-0.030
30	21.80	29	0.8283	0.024	0.063	0.042	0.073	-0.058	-0.022
36	25.93	35	0.8673	-0.049	-0.031	0.030	0.054	-0.044	0.055
42	31.81	41	0.8478	0.015	0.042	0.001	-0.087	0.057	0.063
48	36.74	47	0.8591	-0.084	-0.041	0.048	-0.002	0.046	-0.029

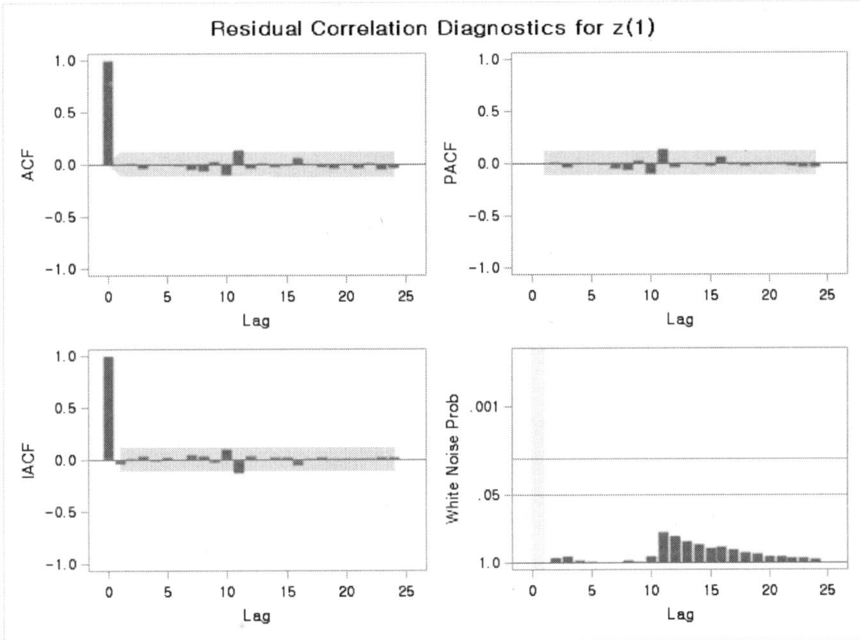

[그림 2.17] 잔차시계열의 자기상관분석도: 확률적 추세를 갖는 모의실험 시계열자료

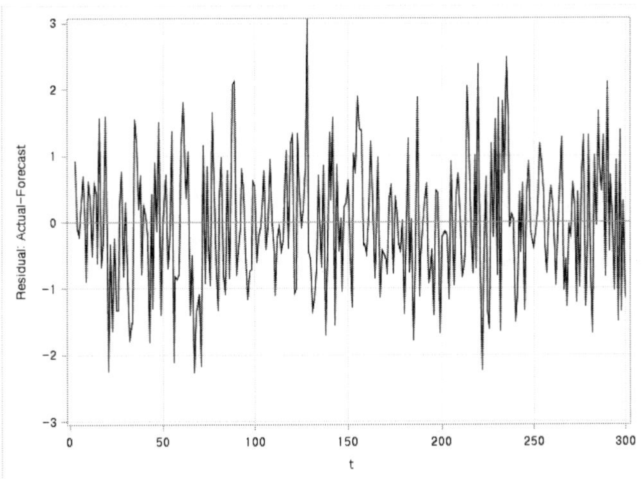

[그림 2.18] 잔차시계열그림:
확률적 추세를 갖는 모의실험 시계열자료

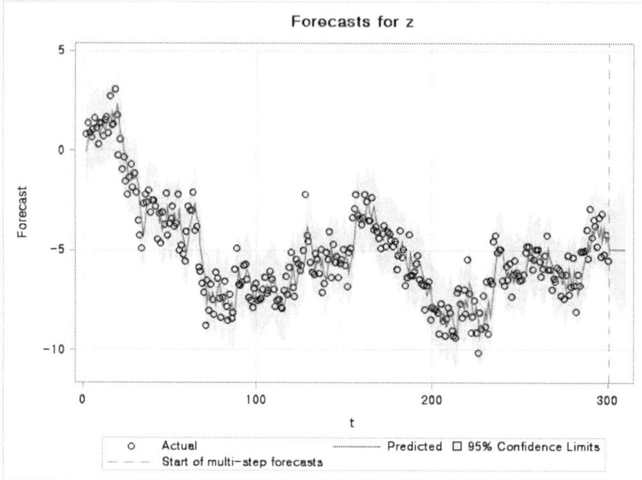

[그림 2.19] 상수항이 없는 $ARIMA(0,1,1)$ 모형에 의한 예측: 확률적 추세를 갖는 모의실험 시계열자료

SAS program 2.3 **예제 2.3 확률적 추세를 갖는 모의실험 시계열자료에 대한 ARIMA모형에 의한 예측**

– 시계열자료: 식 (2.15)로부터 생성된 모의실험 시계열자료

```
/* (1) Time series data generated from  Eq. (2.15)  */
data ex2_3;
     zb=0; ab=0;
  do t=1 to 300;
     a=rannor(20160209);
     z=zb+a-0.5*ab;
     z1=z-zb;
  output;
     zb=z; ab=a;
  end; run;
proc print; run;

/* (2) Figure 2.13 */
proc sgplot data=ex2_3;
  series x=t y=z/ LINEATTRS=(PATTERN=1 color=black THICKNESS=1);run;

/* (3) Figure 2.15 */
proc sgplot data=ex2_3;
  series x=t y=z1/  LINEATTRS=(PATTERN=1 color=black THICKNESS=1);
  refline 0/axis=y ; run;

/* (4) Figure 2.14, Figure 2.16, Table 2.9, Table 2.10, Table 2.11, Table 2.12,
Figure 2.17, Figure 2.19 */
proc arima data=ex2_3 plots=forecast(forecast);
identify var=z;
```

```
identify var=z(1) minic p=(0:3) q=(0:1);  run;
estimate q=1 method=ml; run;
estimate q=1 noint method=ml; run;
forecast out=out1 id=t  lead=10; run;
proc print data=out1; run;

/* (5) Figure 2.18 */
proc sgplot data=out1;
  series x=t  y=residual/ LINEATTRS=(PATTERN=1 color=black THICKNESS=1);
  refline  0/ axis=y;
  xaxis values=(0  to 300 by 50) grid;
  yaxis values=(-3  to 3 by 1)  grid; run;

/* (6) p-value of T-test for residual mean zero */
proc univariate data=out1 noprint; var residual;
  output out=mean0_pvalue  probt=pvalue_mean0; run;
proc print data=mean0_pvalue; run;
```

2.4 승법계절 ARIMA모형

승법계절 ARIMA모형. 2.3절에서 결정적 추세 혹은 확률적 추세를 갖는 비정상 시계열자료에 대해 적합할 수 있는 모형이 $ARIMA(p,d,q)$ 모형이라고 하였다. 이제 추가로 계절성분까지 수용할 수 있는 보다 포괄적인 모형으로 승법계절 $ARIMA$ 모형을 소개한다. 만약 시계열이 계절주기가 s 인 계절성분을 갖는다면 SACF plot에서 SACF는 시차 s에서 1에 가까운 큰 값이 시차가 $2s, 3s, \ldots$로 커짐에 따라 서서히 감소한다. 반면 SPACF plot 및 SIACF plot에서 SPACF 및 SIACF는 시차 s 에서 0이 아닌 값을 그리고 시차 $2s, 3s, \ldots$에서는 상대적으로 매우 작은 값 혹은 0으로의 절단의 형태를 보이는 특징이 있다. 시계열이 직선 추세, 2차 추세와 같은 결정적 추세를 가지거나 혹은 확률적 추세를 가지는 비정상시계열의 경우 보통 차이 계산을 수행한 차분 시계열은 정상시계열이 된다고 하였다. 비슷하게 계절주기가 s인 계절성분을 갖는 비정상시계열인 경우 계절차분을 함으로서 정상시계열로 변환할 수 있다.

만약 d 차 (비계절)차분하고 D 차 계절차분한 시계열 $\{W_t\}=\{(1-B)^d(1-B^s)^D Z_t\}$가 정상확률과정을 따를 때 $\{Z_t\}$는 승법계절(multiplicative seasonal) 자기회귀이동평균과정, $ARIMA(p,d,q)(P,D,Q)_s$ 확률과정을 따른다고 하고 다음과 같은 모형으로 정의된다.

$$\boldsymbol{\phi}(B)\boldsymbol{\Phi}(B^s)(1-B)^d(1-B^s)^D Z_t = \delta + \boldsymbol{\theta}(B)\boldsymbol{\Theta}(B^s)\varepsilon_t,$$

여기서 $\{\varepsilon_t\}$는 평균 0, 분산 σ_ε^2인 백색잡음이며,

$$\phi(B)=1-\phi_1 B-\phi_2 B^2-\cdots-\phi_p B^p,$$

$$\theta(B)=1-\theta_1 B-\theta_2 B^2-\cdots-\theta_q B^q,$$

$$\Phi(B^s)=1-\Phi_1 B^s-\Phi_2 B^{2s}-\cdots-\Phi_P B^{Ps},$$

$$\Theta(B^s)=1-\Theta_1 B^s-\Theta_2 B^{2s}-\cdots-\Theta_Q B^{Qs}.$$

$ARIMA(p,d,q)(P,D,Q)_s$ 모형은 정상 $ARMA(p,q)$ 모형과 비정상 $ARIMA(p,d,q)$ 모형을 포괄하는 모형이다. 예를 들면 $ARIMA(p,0,q)(0,0,0)_s$ 모형은 $ARMA(p,q)$ 모형이고 $ARIMA(p,d,q)(0,0,0)_s$ 모형은 $ARIMA(p,d,q)$ 모형이다.

승법계절 ARIMA모형의 식별. $ARIMA(p,d,q)(P,D,Q)_s$ 모형에서 (p,d,q) 부분은 시계열자료의 비계절성분을 나타내고, $(P,D,Q)_s$ 부분은 계절성분을 수용한다. 보통 결정적 추세를 갖거나 확률적 추세를 갖는 비정상시계열의 경우 d 차 (비계절)차분을 하고 계절성분을 갖는 경우 D 차 계절차분을 하여 정상시계열로 변환시킨다. 이때 차분의 횟수 d 혹은 D는 차분 시계열의 시계열그림을 보며 판단할 수 있으며 또한 차분 시계열에 대한 SACF plot, SPACF plot, SIACF plot에서 더 이상 비정상성의 징후가 보이지 않을 때까지 차분을 반복한다. 이러한 그래프 방법 외에도 2.6절에서 소개할 단위근검정을 함께 활용하여 차분의 횟수를 결정한다. 승법계절 $ARIMA(p,d,q)(P,D,Q)_s$ 확률과정에서 정상확률과정 $\{W_t\}=\{(1-B)^d(1-B^s)^D Z_t\}$에 대한 ACF, PACF, IACF 등은 고유하게 존재하나 $ARMA$ 혹은 $ARIMA$ 확률과정과 달리 계절성분을 수용하는 부분이 포함되어 [표 2.1]처럼 단순하게 몇 가지의 유형으로 요약되기 어렵다. 따라서 차분에 의해 변환된 정상시계열 $\{W_t\}=\{(1-B)^d(1-B^s)^D Z_t\}$에 대하여 $ARIMA(p,d,q)(P,D,Q)_s$ 모형을 적합할 때 p,q,P,Q 의 식별은 다음과 같은 절차에 의해서 진행한다.

STEP 1: 모수 절약의 법칙을 준수하며 모형 식별의 대상이 되는 범위, $0 \le p,q,P,Q \le m$ 을 정한다. 첫 단계로 $m=1$로 시도해 보고 적절한 모형이 식별되지 않으면 $m=2,3\ldots$으로 확장한다.

STEP 2: 잔차분석의 포트맨토우 검정에서 백색잡음의 가능성이 큰 모형을 선택한다.

STEP 3: 모수의 유의성검정결과 유의한 항만 포함한 모형을 선택한다.

STEP 4: 최소 AIC 및 백색잡음의 최소 분산추정치를 갖는 모형을 선택한다.

예제 2.4 직선 추세성분, 계절성분 및 증가하는 분산을 갖는 최대 전력수요 시계열자료에 대한 승법계절 ARIMA모형에 의한 예측

[그림 2.20]은 월별 최대 전력수요(단위: 만 Kw) 시계열자료(기간: 2003/01 ~ 2015/12)의 시계열그림이다. 월별 최대 전력수요는 1개월 동안의 1시간 평균 전력이 최대인 전력수요 값으로 관측된다.

승법계절 ARIMA모형의 적용 가능성에 대한 검토. [그림 2.21]은 자연로그 변환한 최대전력수요의 시계열그림이다. 로그 변환에 의해 원 시계열보다 분산이 더 일정해짐을 볼 수 있다. 비정상성의 요인으로서 직선 추세 혹은 미세하게 2차 추세성분, 계절성분을 시각적으로 확인할 수 있다.

계절성분을 갖는 경우 자기상관분석도에서 비계절시차 1, 2, ... 및 계절시차 12, 24, 36, ...의 두 가지 시차로 나누어 분석하도록 한다. [그림 2.22]의 로그 변환 시계열에 대한 SACF plot에서 SACF가 비계절시차 1에서 1에 가까운 큰 값이 비계절시차가 커짐에 따라 서서히 감소 및 증가를 반복하나 전체적으로 보면 감소한다. 반면 SPACF plot 및 SIACF plot에서 SPACF 및 SIACF는 비계절시차 1에서 0이 아니며 비계절시차 1 이후에는 상대적으로 작은 값 혹은 0으로의 절단 형태를 보인다. 또한 SACF는 계절시차 12, 24에서 비교적 큰 값이 감소하나 SPACF는 계절시차 12, 24에서 통계적으로 0이고 SIACF는 계절 시차 12에서는 0이 아니나 24에서는 통계적으로 0이다.

[그림 2.23]의 1차 차분 시계열에 대한 SACF plot에서 SACF가 계절주기에 해당하는 계절시차 12에서 큰 값이 시차가 24에서는 감소하였다. 반면 SPACF plot에서 SPACF는 계절 시차 12, 24에서는 통계적으로 0이 아니나 SIACF plot에서 SIACF는 계절 시차 12, 24에서 통계적으로 0이다.

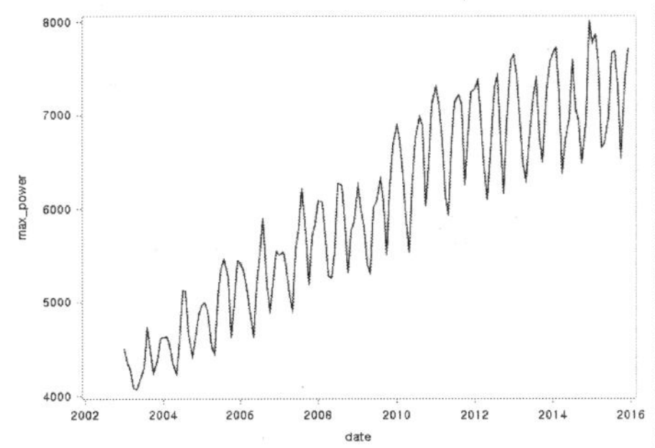

[그림 2.20] 최대 전력수요 시계열자료

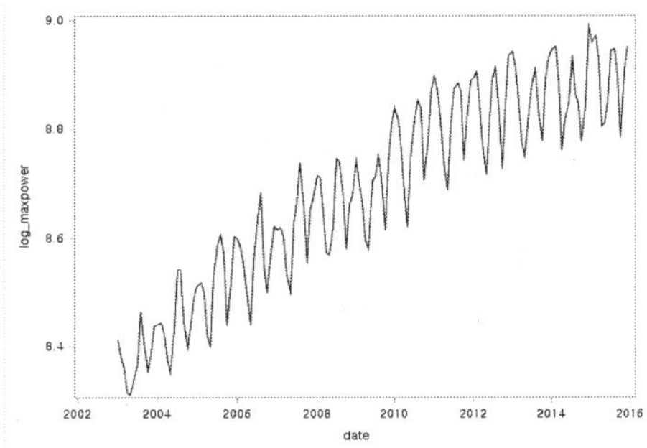

[그림 2.21] 최대 전력수요의 로그 변환 시계열자료

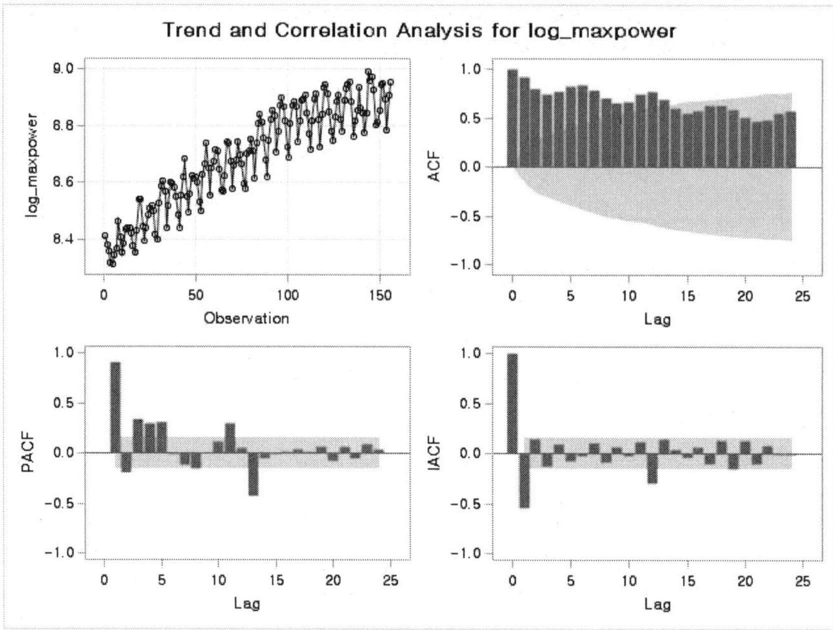

[그림 2.22] 원 시계열의 자기상관분석도: 최대 전력수요의 로그 변환 시계열자료

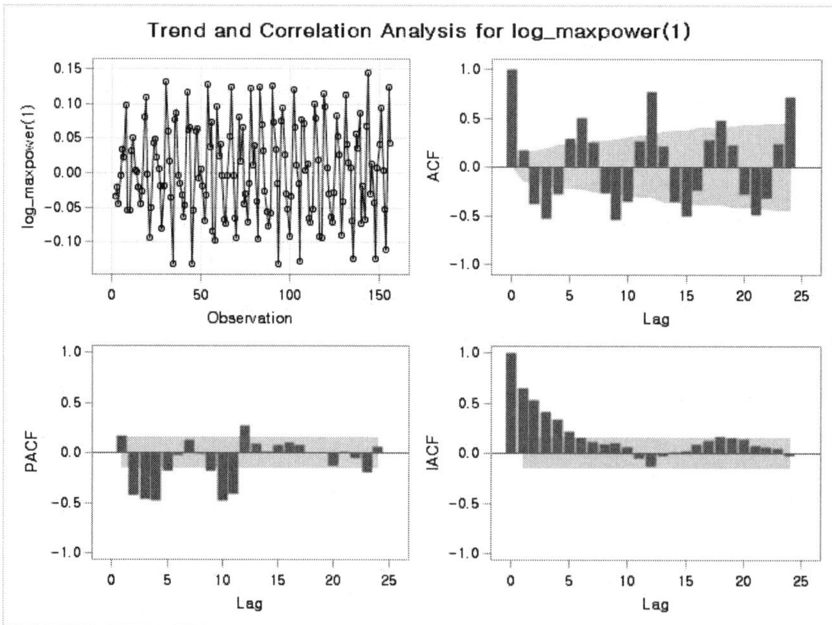

[그림 2.23] 1차 차분 시계열의 자기상관분석도:
최대 전력수요의 로그 변환 시계열자료

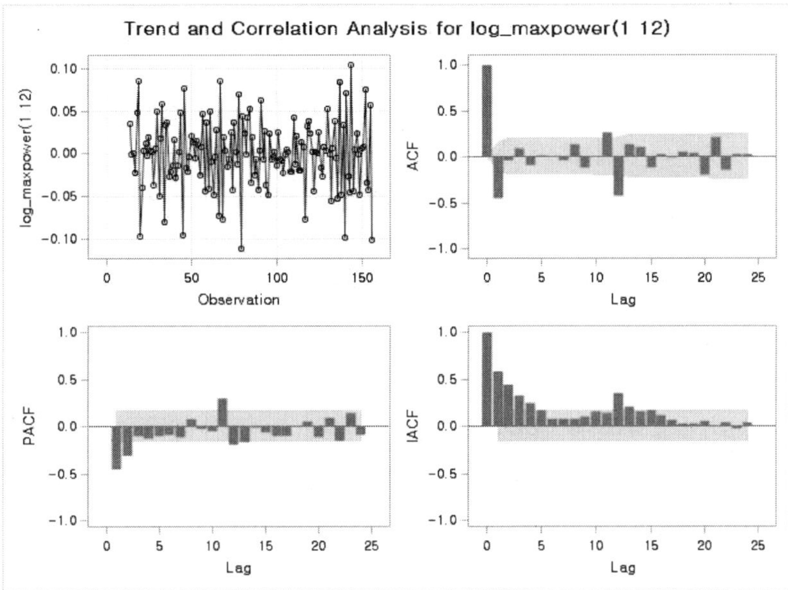

[그림 2.24] 1차 및 계절차분 시계열의 자기상관분석도:
최대 전력수요의 로그 변환 시계열자료

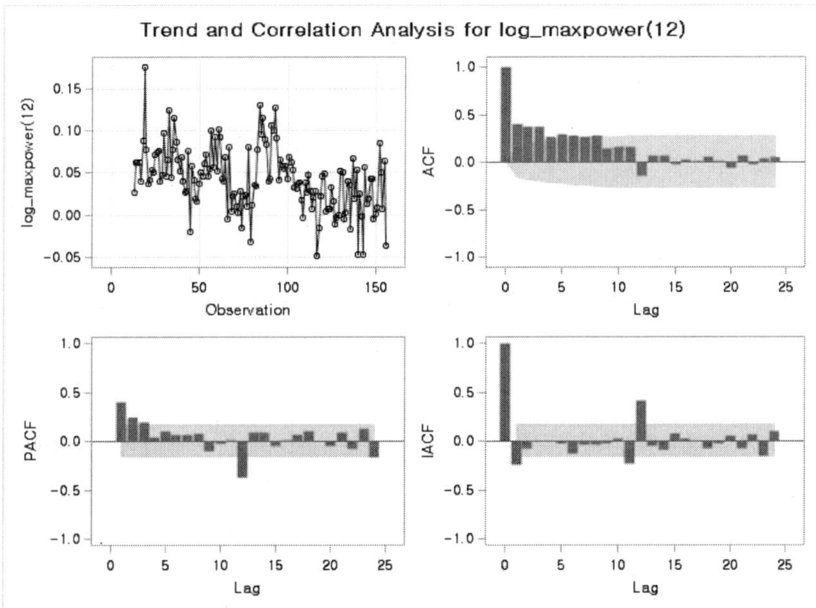

[그림 2.25] 계절차분 시계열의 자기상관분석도:
최대 전력수요의 로그 변환 시계열자료

[그림 2.24]의 1차 및 계절차분 시계열에 대한 SACF plot, SPACF plot, SIACF plot에서는 더 이상 비정상의 징후는 보이지 않는다. 이제 차분의 순서를 달리 해 보자. 계절차분을 나타내는 B 의 특성함수 $(1-B^s)$ 에는 비계절 차분함수인 $(1-B)$ 를 포함한다. 따라서 계절차분을 먼저 한다면 직선 추세가 제거될 수도 있다. [그림 2.25]의 계절차분 시계열에 대한 SACF plot, SPACF plot, SIACF plot에서는 더 이상 비정상의 징후는 보이지 않는다. 이제 정상시계열 $\{W_{1t}\}=\{(1-B)(1-B^{12})Z_t\}$에 대하여 $ARIMA(p,1,q)(P,1,Q)_{12}$ 모형과 또 다른 정상시계열 $\{W_{2t}\}=\{(1-B^{12})Z_t\}$에 대하여 $ARIMA(p,0,q)(P,1,Q)_{12}$ 모형에서 p,q,P,Q 의 식별을 수행해 보기로 한다.

모형의 식별. 먼저 정상시계열 $\{W_{1t}\}=\{(1-B)(1-B^{12})Z_t\}$에 대하여 $ARIMA(p,1,q)(P,1,Q)_{12}$ 모형에서 p,q,P,Q의 식별을 수행해 보자. [그림 2.24]의 정상시계열 $\{W_{1t}\}$ 에 대한 SACF plot, SPACF plot, SIACF plot에서 추세성분과 관련된 시차인 1, 2, 혹은 3과 계절성분과 관련된 큰 시차인 11, 혹은 12 등에서 0이 아닌 값을 갖는다. 따라서 백색잡음과정에 해당하는 $ARIMA(0,1,0)(0,1,0)_{12}$ 모형이 적합될 수 없음은 분명하며 또한 $ARIMA(p,1,q)(P,1,Q)_{12}$ 모형에서 추세성분 부분, 즉 $ARIMA(p,1,q)(0,1,0)_{12}$ 모형만으로 혹은 계절성분 부분, 즉 $ARIMA(0,1,0)(P,1,Q)_{12}$ 모형만으로는 설명이 되지 않는다는 것을 짐작할 수 있다. 한편 [그림 2.24]의 첫 번째 그림은 $\{W_{1t}\}=\{(1-B)(1-B^{12})Z_t\}$의 시계열그림이다. 1차 및 계절차분 시계열의 평균 추정치는 $\hat{\mu}=-0.0004$ 이며 평균 0에 대한 $T-$검정에서 $p-value=0.8966>0.05=\alpha$ 이다. 즉, 통계적으로 평균 0을 갖는다. 따라서 상수항이 없는 $ARIMA(p,1,q)(P,1,Q)_{12}$ 모형을 적용하기로 한다. 그리고 모수절약의 법칙을 준수하여 $0 \le p,\ q,\ P,Q \le 1$ 으로 범위를 정하면 경쟁모형들은 [표 2.13]의 첫 열과 같다.

이제 모형의 범위를 만족하는 9개의 모형에 대한 잔차시계열의 포트맨토우 검정결과로부터 모든 시차에서 $p-value>0.05$ 인 모형은, 즉 백색잡음인 잔차의 경우는 [표 2.13]의 둘째 열에서 "pass"값을 그렇지 않은 경우에는 "fail"값을 준다. 이를 판단하는 빠른 방법은 다음과 같다. 예를 들어 $ARIMA(0,1,1)(0,1,1)_{12}$ 모형 적합 후 잔차시계열의 포트맨토우 검정에 대한 $p-value$의 막대그래프인 [그림 2.26]에서 오른쪽 아래 그림을 보자. 가로축의 모든 시차에서 막대기둥의 높이가 세로축의 0.05 경계선 아래에 있으면서 가능한 1에 가까운 값을 가져야 잔차시계열이 백색잡음일 강력한 증거가 된다. 9개의 모형에서 이 기준을 통과한 모형은 [표 2.13]에서 모두 6개의 모형이다. 다음 단계는 6개의 경쟁모형을 대상으로 모수 유의성검정을 거쳐 유의하지 않은 모수가 있는 경우에는 해당하는 항을 제거한 후의 축소모형을 [표 2.13]의 3번째 열에 나타낸다. 모든 모수가 유의한 경우는 원래 모형을 그대로 나타낸다. 최종적으로 2개의 모형 $ARIMA(0,1,1)(0,1,1)_{12}$ 및 $ARIMA(0,1,1)(1,1,0)_{12}$이 후보 경쟁모형으로 남았다.

[표 2.13] 상수항이 없는 $ARIMA(p,1,q)(P,1,Q)_{12}$ 모형 식별 과정표

$ARIMA(p,1,q)(P,1,Q)_{12}$	포트맨토우 검정 $p-value>0.05$	유의하지 않은 모수가 있는 경우 축소모형	AIC	$\widehat{\sigma_\varepsilon^2}$
$ARIMA(1,1,0)(1,1,0)_{12}$	fail			
$ARIMA(0,1,1)(0,1,1)_{12}$	pass	$ARIMA(0,1,1)(0,1,1)_{12}$	−601.434	0.000861
$ARIMA(1,1,0)(0,1,1)_{12}$	fail			
$ARIMA(1,1,1)(0,1,1)_{12}$	pass	$ARIMA(0,1,1)(0,1,1)_{12}$		
$ARIMA(1,1,1)(1,1,0)_{12}$	pass	$ARIMA(0,1,1)(1,1,0)_{12}$		
$ARIMA(1,1,0)(1,1,1)_{12}$	fail			
$ARIMA(1,1,1)(1,1,1)_{12}$	pass	$ARIMA(0,1,1)(0,1,1)_{12}$		
$ARIMA(0,1,1)(1,1,0)_{12}$	pass	$ARIMA(0,1,1)(1,1,0)_{12}$	−594.741	0.000902
$ARIMA(0,1,1)(1,1,1)_{12}$	pass	$ARIMA(0,1,1)(0,1,1)_{12}$		

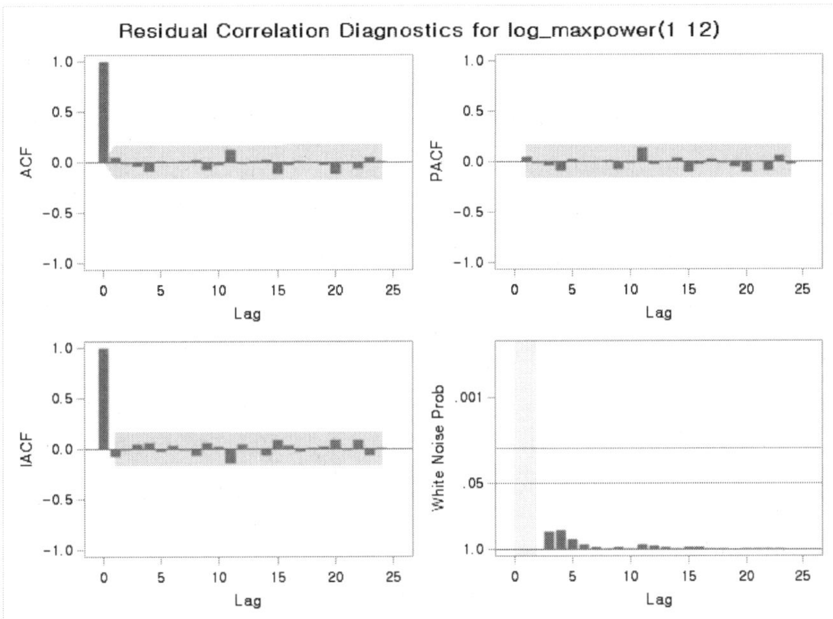

[그림 2.26] 상수항이 없는 $ARIMA(0,1,1)(0,1,1)_{12}$ 모형을 적합한 후 잔차시계열의 자기상관분석도: 최대 전력수요의 로그 변환 시계열자료

[표 2.14] 상수항을 갖는 $ARIMA(p,0,q)(P,1,Q)_{12}$ 모형 식별 과정표

$ARIMA(p,0,q)(P,1,Q)_{12}$	포트맨토우 검정 $p-value>0.05$	유의하진 않은 모수가 있는 경우 축소모형	AIC	$\hat{\sigma}_{\varepsilon}^2$
$ARIMA(1,0,0)(1,1,0)_{12}$	fail			
$ARIMA(0,0,1)(0,1,1)_{12}$	fail			
$ARIMA(1,0,0)(0,1,1)_{12}$	fail			
$ARIMA(1,0,1)(0,1,1)_{12}$	pass	$ARIMA(1,0,1)(0,1,1)_{12}$	−606.497	0.000844
$ARIMA(1,0,1)(1,1,0)_{12}$	pass	$ARIMA(1,0,1)(1,1,0)_{12}$	−600.637	0.000879
$ARIMA(1,0,0)(1,1,1)_{12}$	fail			
$ARIMA(1,0,1)(1,1,1)_{12}$	pass	$ARIMA(1,0,1)(0,1,1)_{12}$		
$ARIMA(0,0,1)(1,1,0)_{12}$	fail			
$ARIMA(0,0,1)(1,1,1)_{12}$	fail			

다음으로 정상시계열 $\{W_{2t}\}=\{(1-B^{12})Z_t\}$ 에 대하여 $ARIMA(p,0,q)(P,1,Q)_{12}$ 모형에서 p,q,P,Q의 식별을 수행해 보자. [그림 2.25]의 계절차분 시계열에 대한 SACF plot, SPACF plot, SIACF plot에서 추세성분과 관련된 시차인 1, 2, 3과 계절성분과 관련된 큰 시차인 11, 혹은 12 등에서 0이 아닌 값을 갖는다. 따라서 백색잡음과정에 해당하는 $ARIMA(0,1,0)(0,1,0)_{12}$ 모형이 적합될 수 없음은 분명하며 또한 $ARIMA(p,0,q)$ $(P,1,Q)_{12}$ 모형에서 추세성분 부분, 즉 $ARIMA(p,0,q)(0,1,0)_{12}$ 모형만으로 혹은 계절성분 부분, 즉 $ARIMA(0,0,0)(P,1,Q)_{12}$ 모형만으로는 설명이 되지 않는다는 것을 짐작할 수 있다. 한편 [그림 2.25]의 첫 번째 그림은 $\{W_{1t}\}=\{(1-B^{12})Z_t\}$의 시계열그림이다. 이 계절차분 시계열의 평균 추정치는 $\hat{\mu}=0.0432$ 이며 평균 0에 대한 $T-$검정에서 $p-value<0.0001<0.05=\alpha$이다. 즉, 통계적으로 평균이 0이 아니므로 상수항이 있는 $ARIMA(p,0,q)(P,1,Q)_{12}$ 모형에서 모수절약의 법칙을 준수하여 $0\le p,\ q,\ P,Q\le 1$으로 경쟁모형의 범위를 정한다.

[표 2.13]과 비슷한 절차에 의해서 [표 2.14]를 작성하였다. [표 2.13]과 [표 2.14]로부터 최종 통과된 4개의 모형 중에서 최소 $AIC=-606.497$ 및 최소 $\hat{\sigma}_{\varepsilon}^2=0.000844$을 갖는 $ARIMA(1,0,1)(0,1,1)_{12}$ 모형

$$(1-\phi B)(1-B^{12})Z_t=\delta+(1-\theta B)(1-\Theta B^{12})\varepsilon_t$$

을 최종 모형으로 식별하였다.

모형의 추정. [표 2.15]는 $ARIMA(1,0,1)(0,1,1)_{12}$ 모형의 CLS 추정결과를 보여 준다. 4개 모수 μ(혹은 δ), θ, Θ, ϕ 에 대한 유의성검정에서 모두 $p-value < 0.0001 < 0.05 = \alpha$ 이므로 4개 모수는 모두 유의하다. 추정된 모형은 다음과 같이 얻어진다.

$$(1-0.97136B)(1-B^{12})Z_t = 0.001257 + (1-0.69675B)(1-0.53736B^{12})\varepsilon_t \text{ ,} \quad (2.18)$$

여기서 $\hat{\mu} = \widehat{E}(W_{2t}) = 0.04389$, $\hat{\sigma}_\varepsilon^2 = 0.000844$, $AIC = -606.497$, $SBC = -594.618$.

[표 2.15] 상수항을 갖는 $ARIMA(1,0,1)(0,1,1)_{12}$ 모형의 모수추정결과: 최대 전력수요의 로그 변환 시계열자료

Conditional Least Squares Estimation

Parameter	Estimate	Standard Error	t Value	Approx Pr > |t|	Lag
MU	0.04389	0.0098770	4.44	<.0001	0
MA1,1	0.69675	0.07590	9.18	<.0001	1
MA2,1	0.53736	0.07623	7.05	<.0001	12
AR1,1	0.97136	0.03008	32.29	<.0001	1

Constant Estimate	0.001257
Variance Estimate	0.000844
Std Error Estimate	0.029056
AIC	-606.497
SBC	-594.618
Number of Residuals	144

Autoregressive Factors	
Factor 1:	1 - 0.97136 B**(1)

Moving Average Factors	
Factor 1:	1 - 0.69675 B**(1)
Factor 2:	1 - 0.53736 B**(12)

모형의 진단. [그림 2.27]은 $ARIMA(1,0,1)(0,1,1)_{12}$ 모형을 적합한 후 잔차시계열의 자기상관분석 결과를 보여 준다. 잔차시계열에 대한 SACF plot, SPACF plot, SIACF plot에서 각각 $\pm 2 \cdot SE(\hat{\rho}_k(e))$, $\pm 2 \cdot SE(\hat{\phi}_{kk}(e))$, $\pm 2 \cdot SE(\hat{\rho}_k^{(I)}(e))$ 이내에 SACF, SPACF, SIACF가 존재한다. 또한 잔차시계열의 포트맨토우 검정에 대한 $p-value$의 막대그래프로부터 모든 시차에서 막대기둥이 세로축의 0.05 경계선 아래에 위치하며 1에 가까운 높이를 갖는다. [그림 2.28]의 잔차시계열은 평균 0에 대한 $T-$검정에서 $p-value = 0.7202 > 0.05 = \alpha$ 이므로 평균이 통계적으로 0이고 변동이 대략 [-0.1, 0.1] 내외에 고르게 분포하여 분산 또한 일정하다고 판단된다. 종합하여 판단하면 $\{\varepsilon_t\}$가

평균 0와 상수분산 σ_{ε}^{2}을 따르는 백색잡음이라는 설정에 위배되지 않는다.

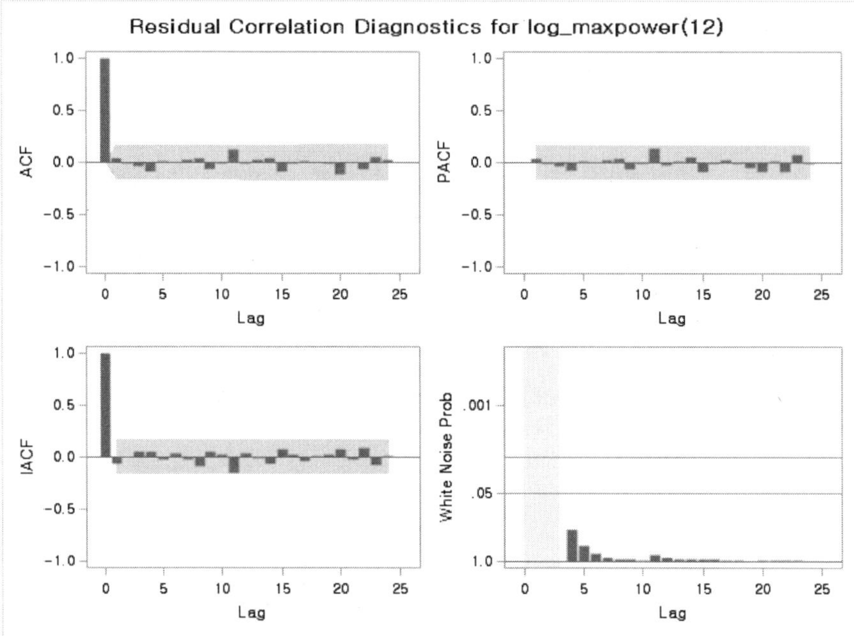

[그림 2.27] 상수항을 갖는 $ARIMA(1,0,1)(0,1,1)_{12}$ 모형을 적합한 후 잔차시계열의 자기상관분석도: 최대 전력수요의 로그 변환 시계열자료

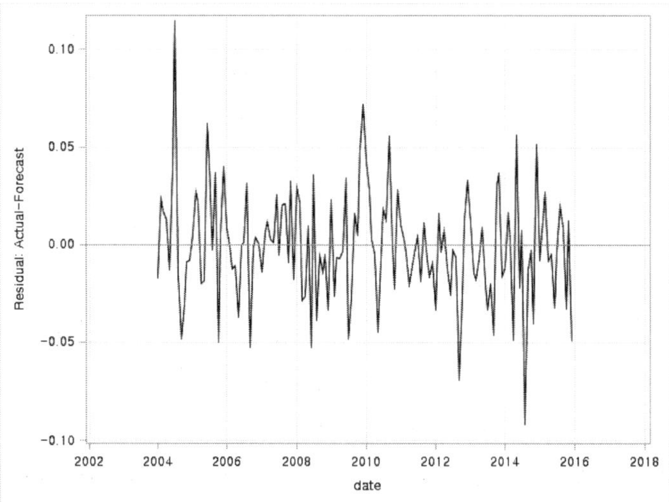

[그림 2.28] 잔차 시계열그림:
최대 전력수요의 로그 변환 시계열자료

예측. [그림 2.29]는 모형의 진단 단계에서 잔차분석을 통과한 추정 모형식 (2.18)을 사용하여 2003년 1월부터 2015년 12월까지 적합기간 동안 1-시차 후 예측치, 그 이후 12개월 예측기간 동안 다-시차 예측치, 95% 신뢰수준하에서 예측구간을 나타낸 시계열 그림이다. 이때 원 시계열 분산의 상수화를 위해 로그 변환한 시계열자료는 모두 원 시계열자료로 변환하여 표현하였다.

[그림 2.29]를 보면 2013년 처음 12개의 1-시차 후 예측치가 존재하지 않는다. 따라서 [그림 2.28]의 잔차시계열도 2013년 처음 12개의 잔차가 존재하지 않는다. 그 이유는 $ARIMA(1,0,1)(0,1,1)_{12}$ 모형을 적합시킬 때 계절차분인 12차 차이 계산을 함으로써 첫 12개 차분 값이 결측되기 때문이다. □

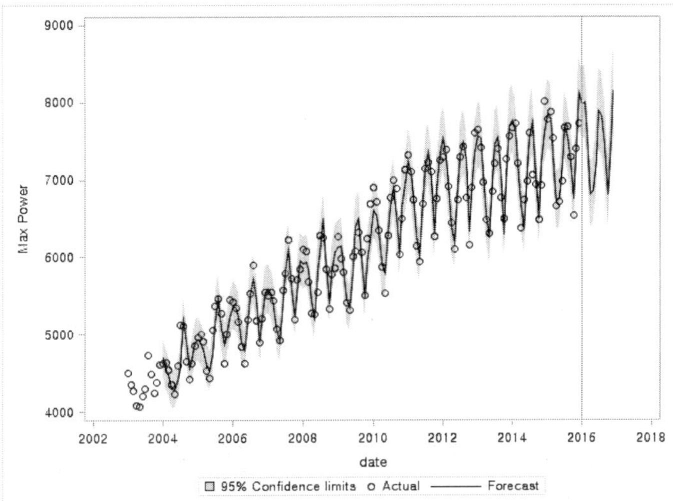

[그림 2.29] 상수항을 갖는 $ARIMA(1,0,1)(0,1,1)_{12}$ 모형에 의한 예측: 최대 전력수요 시계열자료

SAS program 2.4 $ARIMA(p,d,q)(P,D,Q)_{12}$ **모형의 식별**

- SAS data set: 최대 전력수요 시계열자료(mmaxpower.sas7bdat)
- 시계열 기간: 2003/01-2015/12(월별)
- 시계열 변수: max_power

```
/* (1) Read the maximum power demand time series data */
data ex2_4; set Tsa2016.mmaxpower;
  log_maxpower=log(max_power);
  date=intnx('month','1JAN03'd,_n_-1); format date monyy.;
proc print; run;

proc arima data=ex2_4 ;
/* (2) Table 2.13 & Figure 2.26 */
identify var=log_maxpower(1,12);
  estimate p=(1)(12) noint; run;
  estimate q=(1)(12)  noint; run;
  estimate p=(1) q=(12)  noint; run;
  estimate p=(1) q=(1)(12)  noint; run;
  estimate p=(1)(12) q=(1) noint; run;
  estimate p=(1)(12) q=(12) noint; run;
  estimate p=(1)(12) q=(1)(12) noint; run;
  estimate p=(12) q=(1) noint; run;
  estimate p=(12) q=(1)(12) noint; run;

/* (3) Table 2.14 */
identify var=log_maxpower(12);
  estimate p=(1)(12) ; run;
  estimate q=(1)(12)  ; run;
  estimate p=(1) q=(12)  ; run;
  estimate p=(1) q=(1)(12)  ; run;
  estimate p=(1)(12) q=(1) ; run;
  estimate p=(1)(12) q=(12) ; run;
  estimate p=(1)(12) q=(1)(12) ; run;
  estimate p=(12) q=(1) ; run;
  estimate p=(12) q=(1)(12) ; run;
```

SAS program 2.5 **예제 2.4 직선 추세성분, 계절성분 및 증가하는 분산을 갖는 최대 전력수요 시계열자료에 대한 승법계절 ARIMA모형에 의한 예측**

- SAS data set: 최대 전력수요 시계열자료(mmaxpower.sas7bdat)
- 시계열 기간: 2003/01-2015/12(월별)
- 시계열 변수: max_power

```
/* (1) Read the maximum power demand time series data */
data ex2_4; set Tsa2016.mmaxpower;
  log_maxpower=log(max_power);
  date=intnx('month','1JAN03'd,_n_-1); format date monyy.;
proc print;  run;

/* (2) Figure 2.20 */
proc sgplot data=ex2_4;
  series x=date y=max_power  /
        LINEATTRS=(PATTERN=1 color=black THICKNESS=1); run;
```

```
/* (3) Figure 2.21 */
proc sgplot data=ex2_4;
  series x=date y=log_maxpower/
        LINEATTRS=(PATTERN=1 color=black THICKNESS=1); run;

/* (4) Figure 2.22, Figure 2.23, Figure 2.24, Figure 2.25  */
proc arima data=ex2_4;
  identify var=log_maxpower;
  identify var=log_maxpower(1);
  identify var=log_maxpower(1,12);
  identify var=log_maxpower(12); run;

/* (5) Table 2.15, Figure 2.27  */
proc arima data=ex2_4;
  identify var=log_maxpower(12);
  estimate p=1 q=(1)(12);
  forecast out=out1 id=date interval=month lead=12; run;
proc print data=out1; run;

/* (6) Figure 2.28 */
proc sgplot data=out1;
  series x=date  y=residual/
        LINEATTRS=(PATTERN=1 color=black THICKNESS=1);
  refline 0/ axis=y;
  xaxis  grid; yaxis grid; run;

/* (7) p-value of T-test for residual mean zero */
proc univariate data=out1 noprint; var residual;
  output out=mean0_pvalue  probt=pvalue_mean0; run;
proc print data=mean0_pvalue; run;

/* (8) Transformation to raw data */
data out1; set out1;
  max_power=exp(log_maxpower);
  forecast=exp(FORECAST);
  residual=max_power-forecast;
  l95=exp(L95); u95=exp(U95);
  output; run;
proc print data=out1; var date max_power forecast residual l95 u95 ; run;

/* (9) Figure 2.29 */
proc sgplot data=out1;
  band Upper=u95 Lower=l95 x=date/ legendlabel="95% Confidence limits";
  scatter x=date y=max_power/
         legendlabel="Actual" MARKERATTRS=(SYMBOL=Circle SIZE=8PX);
  series x=date y=forecast/ legendlabel="Forecast"
         LINEATTRS=(PATTERN=1 color=black THICKNESS=1);
  refline  '1jan2016'd / axis=x ;
  xaxis grid; yaxis grid label="Max Power"; run;
```

2.5 랜덤워크 모형

확률적 추세를 갖는 비정상 확률과정의 대표적인 예로 랜덤워크(random walk) 확률과정이 있다. 일반적으로 주가, 환율과 같은 금융시계열이 랜덤워크 확률과정을 따른다고 알려져 있다. 랜덤워크 확률과정은 표류항(상수항)의 존재 유무에 따라 두 가지 형태로 구분한다. 랜덤워크 확률과정에서 표류항의 존재 유무를 정확하게 파악하는 것은 2.6절의 단위근검정과 8.4절의 공적분검정에서 모형 선택의 중요한 근거가 된다. 이 절에서 $\{\varepsilon_t\}$를 평균 0, 분산 σ_ε^2인 백색잡음, 즉 $\varepsilon_t \sim i.i.d\ (0,\sigma_\varepsilon^2)$이라고 가정한다.

표류항을 갖는 랜덤워크 모형. 표류항을 갖는 랜덤워크 확률과정은 다음과 같이 상수항을 갖는 $\phi=1$ 인 $AR(1)$ 확률과정으로 정의된다.

$$Z_t = \delta + Z_{t-1} + \varepsilon_t \ . \tag{2.19}$$

시점 $t=0$ 에서 초깃값을 Z_0 로 놓으면 식 (2.19)로부터 다음과 같이 전개할 수 있다.

$$\begin{aligned} Z_1 &= \delta + Z_0 + \varepsilon_1 \ , \\ Z_2 &= \delta + Z_1 + \varepsilon_2 = 2\delta + Z_0 + \varepsilon_1 + \varepsilon_2 \ , \\ Z_3 &= \delta + Z_2 + \varepsilon_3 = 3\delta + Z_0 + \varepsilon_1 + \varepsilon_2 + \varepsilon_3 \ , \\ &\vdots \end{aligned}$$

따라서 최종적으로 다음과 같은 식이 얻어진다.

$$Z_t = \delta t + Z_0 + \sum_{i=1}^{t} \varepsilon_i \ . \tag{2.20}$$

[그림 2.30] 및 [그림 2.31]은 각각 $\delta=0.2$ 및 $\delta=-0.2$ 인 표류항과 초깃값 $Z_0=0$, $\varepsilon_t \sim i.i.d\ N(0,1)$를 갖는 랜덤워크 확률과정으로부터 표본의 크기 $n=500$ 을 갖는 모의실험 시계열자료의 시계열그림이다. 식 (2.19)에서 상수인 모수 δ를 표류(drift)모수로 표현하는 이유는 식 (2.20)에서 랜덤워크 확률과정이 표류모수 δ가 양수 혹은 음수인지에 따라서 상향 혹은 하향으로 표류하는 패턴을 보여 준다는 데에 근거한다. 이러한 현상은 점선으로 표시된 직선의 식이 δt 인 [그림 2.30] 및 [그림 2.31]로부터도 확인할 수 있다.

식 (2.20)으로부터 표류항을 갖는 랜덤워크 확률과정의 평균과 분산은 다음과 같다.

$$E(Z_t) = E(\delta t + Z_0 + \sum_{i=1}^{t} \varepsilon_i) = \delta t + Z_0. \tag{2.21}$$

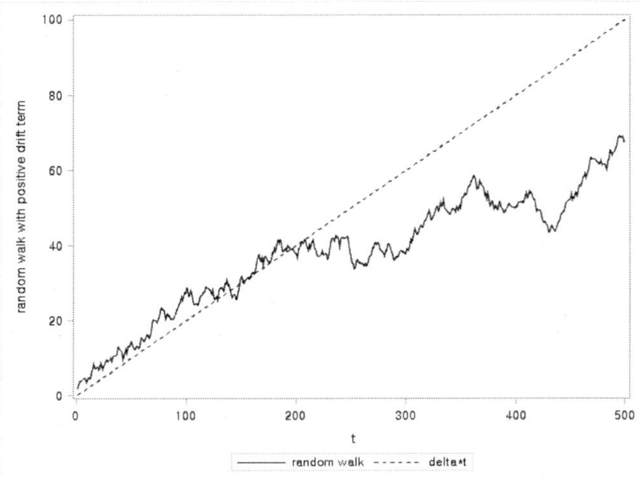

[그림 2.30] 표류모수 $\delta = 0.2$ 를 갖는 랜덤워크 확률과정

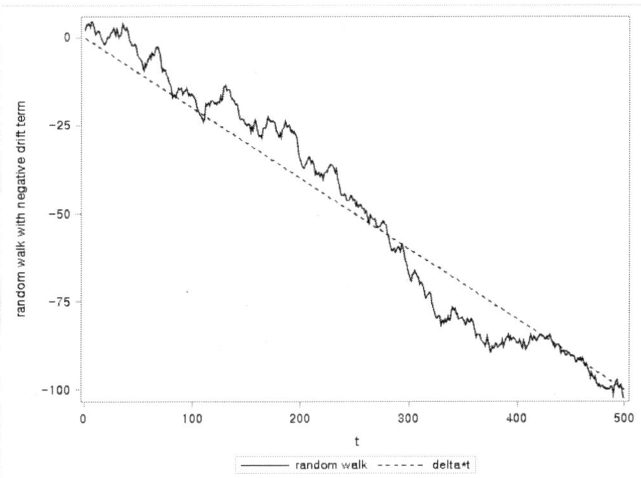

[그림 2.31] 표류모수 $\delta = -0.2$ 를 갖는 랜덤워크 확률과정

$$Var(Z_t) = Var(\delta t + Z_0 + \sum_{i=1}^{t} \varepsilon_i) = t\sigma_\varepsilon^2 \ . \tag{2.22}$$

그러므로 표류항을 갖는 랜덤워크 확률과정의 평균은 시간 t 에 종속하며 분산은 시간 t 가 증가함에 따라 무한으로 증가한다. 따라서 표류항을 갖는 랜덤워크 확률과정은 비정상 확률과정이다.

표류항이 없는 랜덤워크 모형. 표류항을 갖지 않는 랜덤워크 확률과정은 식 (2.19)에서 $\delta = 0$ 인 경우로서 다음과 같이 정의된다.

$$Z_t = Z_{t-1} + \varepsilon_t \ . \tag{2.23}$$

시점 $t=0$ 에서 초깃값을 Z_0 로 놓고 식 (2.20)으로부터 표류항이 없는 랜덤워크 모형은 다음과 같이 다시 쓸 수 있다.

$$Z_t = Z_0 + \sum_{i=1}^{t} \varepsilon_i \ . \tag{2.24}$$

식 (2.24)에서 랜덤워크(random walk)의 의미를 쉽게 설명할 수 있다. 즉, 술 취한 사람이 초기 위치 Z_0 에서 출발하여 매시간 전혀 예측할 수 없이 임의로 ε_t 만큼 행보하여 t 시간 후의 위치가 Z_t 이다, 이러한 이유로 식 (2.19) 및 (2.23)을 랜덤워크, 임의보행, 혹은 확률보행과정이라고 한다. [그림 2.32]는 초깃값이 $Z_0 = 0$ 이며 $\varepsilon_t \sim i.i.d\ N(0,1)$ 를 갖는 표류항이 없는 랜덤워크 확률과정으로부터 표본의 크기 $n=500$ 를 갖는 모의실험 시계열자료의 시계열그림이다. [그림 2.30] 및 [그림 2.31]의 표류항을 갖는 확률과정과는 달리 시계열이 상향 혹은 하향으로 표류하지 않으며 어느 방향으로 표류할지 예측할 수 없다.

식 (2.21) 및 식 (2.22)에서 $\delta=0$ 으로 놓으면 표류항이 없는 랜덤워크 확률과정의 평균과 분산은 다음과 같다.

$$E(Z_t) = Z_0 \ , \quad Var(Z_t) = t\sigma_\varepsilon^2 \ .$$

이리하여 표류항이 없는 랜덤워크 확률과정의 평균은 불변이나 분산은 시간 t 가 증가함에 따라 무한으로 증가한다. 따라서 표류항이 없는 랜덤워크 확률과정은 비정상 확률과정이다. 랜덤워크 확률과정은 확률적 추세를 갖는 비정상 확률과정으로서 식 (2.20) 및 식 (2.24)에서 $\sum_{i=1}^{t} \varepsilon_i$ 가 확률적 추세를 나타내는 항으로서 미래에 어떻게 추세가 변할지 예측할 수 없다.

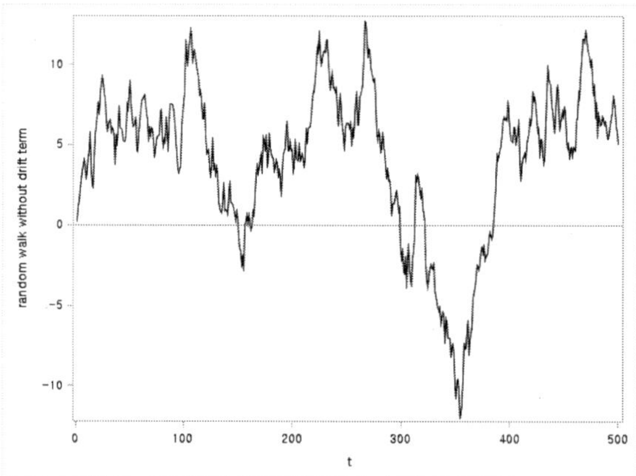

[그림 2.32] 표류항이 없는 랜덤워크 확률과정

SAS program 2.6 **[그림 2.30], [그림 2.31]**

– 시계열자료: 랜덤워크 모의실험 시계열자료

```
/* (1) Simulate radom walk time serties */
data rwdata;
  z10=0; z20=0; z30=0; del0=0.2;  n=500;
  do t=1 to  n;
     a1=rannor(20160726); z1=z10+a1;
     a2=rannor(20170726); z2=del0+z20+a2;
     a3=rannor(20180726); z3=-del0+z30+a3;
     y2=del0*t; y3=-del0*t;
  output;
     z10=z1; z20=z2; z30=z3;
  end; run;

/* (2) Figure 2.30 */
proc sgplot data=rwdata;
  series x=t y=z2 / LINEATTRS=(PATTERN=1 color=black THICKNESS=1)
        legendlabel="random walk ";
  series x=t y=y2 / LINEATTRS=(PATTERN=2 color=black THICKNESS=1)
        legendlabel="delta*t ";
  xaxis label="t" ;
  yaxis label="random walk with positive drift term"; run;

 /* (3) Figure 2.31 */
proc sgplot data=rwdata;
  series x=t y=z3 / LINEATTRS=(PATTERN=1 color=black THICKNESS=1)
        legendlabel="random walk " ;
  series x=t y=y3 / LINEATTRS=(PATTERN=2 color=black THICKNESS=1)
        legendlabel="delta*t ";
  xaxis label="t" ;
  yaxis label="random walk with negative drift term"; run;

/* (4) Figure 2.32 */
proc sgplot data=rwdata;
  series x=t y=z1 / LINEATTRS=(PATTERN=1 color=black THICKNESS=1) ;
  refline 0/ axis=y;
  xaxis label="t" ;
  yaxis label="random walk without drift term"; run;
```

2.6 단위근검정

단위근 확률과정. 다음과 같은 확률과정

$$Z_t = \delta + \phi Z_{t-1} + \varepsilon_t, \quad -1 \le \phi \le 1 \tag{2.25}$$

에서 $|\phi|<1$일 때의 확률과정은 정상 $AR(1)$ 확률과정이며 $\phi=1$ 일 때의 확률과정은 표류항을 갖는 랜덤워크 확률과정으로 비정상 확률과정임을 2.5절에서 보였다. 랜덤워크 확률과정의 또 다른 이름은 단위근 확률과정이다. 여기서 단위근(unit root)의 의미는 $\phi=1$ 일 때 식 (2.25)를

$$Z_t - Z_{t-1} = (1-B)Z_t = \delta + \varepsilon_t$$

로 쓸 수 있으며 이때 특성방정식 $1-B=0$ 의 근이 $B=1$ 을 갖는다는 사실에 기인한다. 따라서 랜덤워크, 확률적 추세, 단위근은 모두 같은 의미를 가지고 있으며 시계열이 비정상성을 갖는지를 알아보기 위해서 시계열이 단위근을 갖는지를 검토한다.

단위근검정. 비정상시계열을 판단하는 방법으로 SACF plot, SPACF plot, SIACF plot를 통한 그래프적 방법과 단위근검정법이 주로 쓰인다. 비정상시계열의 경우 SACF plot에서 SACF는 시차 1에서 1에 가까운 큰 값을 가지며 시차가 커짐에 따라 서서히 감소한다. 반면 SPACF plot 및 SIACF plot에서 SPACF 및 SIACF는 시차 1에서 0이 아닌 값이 그리고 시차 1 이후부터는 시차 1에 비해 상대적으로 작은 값 혹은 0으로의 절단의 형태를 보이는 특징이 있다. 비정상성 여부를 판정해주는 단위근검정은 그래프적 판단 방법의 모호함을 이론적으로 입증해주는 장점이 있어 경제시계열의 분석에서 자주 요구된다.

차분에 의해 정상시계열이 되는 비정상시계열은 단위근을 갖는다. 만약 d차 차분한 시계열 $\{W_t\}=\{(1-B)^d Z_t\}$이 정상 $ARMA(p,q)$ 확률과정을 따를 때 $\{Z_t\}$는 다음과 같은 비정상 $ARIMA(p,d,q)$ 확률과정을 따른다.

$$\boldsymbol{\phi}(B)(1-B)^d Z_t = \delta + \boldsymbol{\theta}(B)\varepsilon_t,$$

여기서 특성방정식 $\boldsymbol{\phi}(B) = 1-\phi_1 B - \phi_2 B^2 - \cdots - \phi_p B^p = 0$의 근은 단위원 밖에 존재한다. 즉, 특성방정식 $\boldsymbol{\phi}(B)=0$에서 근의 절댓값이 1보다 커야 한다. 이때 차분에 의해 정상시계열이 되는 비정상시계열 $\{Z_t\}$는 $ARMA(p+d,q)$ 확률과정을 따르며 특성방정식 $\psi(B)=\boldsymbol{\phi}(B)(1-B)^d=0$의 근이 단위근 $B=1$임은 명백하다.

다음과 같은 $AR(1)$ 확률과정을 생각해 보자.

$$Z_t = c_t + \phi Z_{t-1} + \varepsilon_t \;,\quad \text{즉} \quad (1-\phi B)Z_t = c_t + \varepsilon_t,$$

여기서 c_t는 0, 상수, 혹은 직선추세 $\alpha_0 + \alpha_1 t$로 놓는다. 위 $AR(1)$ 확률과정에 대해 다음의 가설

$$H_0 : \phi = 1 \text{ (혹은 단위근을 갖는다.)} \quad \text{vs.} \quad H_1 : |\phi| < 1 \text{(혹은 단위근을 갖지 않는다.)} \qquad (2.26)$$

에 대한 검정을 Dickey and Fuller(1979)의 Dickey-Fuller(DF) 단위근검정이라고 한다. 이제 $AR(1)$ 확률과정을 더 확장하여 다음과 같은 $AR(p)$ 확률과정을 생각해 보자.

$$Z_t = c_t + \phi Z_{t-1} + \sum_{i=1}^{p-1} \phi_i \nabla Z_{t-i} + \varepsilon_t \quad , \tag{2.27}$$

여기서 $\nabla = 1 - B$이다. 식 (2.27)을 다시 쓰면

$$\psi(B) Z_t = c_t + \varepsilon_t,$$

여기서

$$\psi(B) = 1 - (\phi + \phi_1)B - (\phi_2 - \phi_1)B^2 - (\phi_3 - \phi_2)B^3 - \cdots - (\phi_{p-1} - \phi_{p-2})B^{p-1} + \phi_{p-1}B^p.$$

만약 (2.27)의 $AR(p)$ 확률과정이 단위근, 즉 $B=1$을 갖는다는 것은 $\psi(1)=0$이므로 $\phi=1$을 의미한다. 이리하여 시계열자료가 $AR(p)$ 확률과정을 따를 때 가설 (2.26)에 대한 검정을 Dickey and Fuller(1979)의 Augmented Dickey-Fuller(ADF) 단위근검정이라고 한다.

식 (2.27)의 $AR(p)$ 확률과정은 차분 시계열을 이용하여 다음과 같이 다시 쓸 수 있다.

$$\nabla Z_t = c_t + \phi_0 Z_{t-1} + \sum_{i=1}^{p-1} \phi_i \nabla Z_{t-i} + \varepsilon_t, \tag{2.28}$$

여기서 $\phi_0 = \phi - 1$ 으로 놓으면 가설 $H_0 : \phi = 1$에 대한 검정은 $H_0 : \phi_0 = 0$의 검정과 같다. 식 (2.27)의 $AR(p)$ 확률과정에 대하여 ADF 단위근검정을 할 때 c_t와 p에 따라 검정결과는 달라진다. ADF 단위근검정의 대상이 되는 시계열이 정상시계열이라면 정상시계열의 평균은 일정하다. 만약 일정한 평균이 0이면 $c_t = 0$ 으로 그렇지 않으면 $c_t = c$ (상수)로 놓는다. 또한 p는 정상시계열의 SPACF plot 및 SIACF plot로부터 절단 직전의 시차로 결정한다.
만약 ADF 단위근검정의 대상이 되는 시계열이 비정상시계열의 징후가 있다면 식 (2.28)로부터 c_t와 p의 정보를 얻을 수 있다. 즉, 비정상을 정상화하는 데 사용되는 차분 시계열 $\{\nabla Z_t\}$ 의 평균이 0이면 $c_t = 0$으로 0이 아닌 상수평균의 경우는 $c_t = c$ (상수)로 놓는다. 만약 검정 대상이 되는 원 시계열이 직선 추세와 같은 결정적 추세를 가지는 경우 $c_t = \alpha_0 + \alpha_1 t$ 로 놓는다면 단위근검정에서 결정적 추세로 인한 단위근은 검출되지 않을 것이다. 한편 p는 차분 시계열의 SPACF plot 및 SIACF plot로부터 절단 직전의 시차로 결정한다.

위와 같은 절차의 ADF 단위근검정을 위해서는 원 시계열이 정상시계열인지 비정상시계열인지의 여부를 먼저 판단해야 한다. 따라서 원 시계열의 시계열그림, SACF plot, SPACF plot 및 SIACF plot로부터 종합적으로 판단한다.

예제 2.5: (예제 2.1 계속) ARMA 확률과정을 따르는 정상시계열에 대한 단위근검정

예제 2.1에서 사용하였던 시계열자료는 $\mu = E(Z_t) = 10$을 갖는 정상 $ARMA(1,1)$ 확률과정으로부터 생성한 모의실험 자료이다. [그림 2.2]의 시계열그림, SACF plot, SPACF plot, SIACF plot로부터 모의실험 시계열자료는 정상시계열의 징후를 보이므로 원 시계열의 자기상관분석도인 [그림 2.2]로부터 c_t 및 p의 정보를 얻는다. 이 시계열의 평균 추정치는 $\hat{\mu} = 9.9909$이며 평균 0에 대한 T−검정에서 $p-value < 0.0001$이다. 즉, 통계적으로 0이 아닌 상수평균을 갖는다. 또한 SPACF plot 및 SIACF plot으로부터 $p=3$ 혹은 $p=4$로 놓는다. 이에 따라 ADF 단위근검정결과인 [표 2.16]에서 Type=Single Mean, Lags=3 혹은 4, 그리고 Tau 통계량을 선택했을 때 $p-value < 0.0001$를 읽을 수 있다. 따라서 가설설정 (2.26)에서 귀무가설 H_0가 기각되어 주어진 모의실험 시계열자료는 정상시계열이라고 판단한다. □

[표 2.16] ADF 단위근검정결과: $ARMA(1,1)$ 모의실험 시계열자료

Augmented Dickey-Fuller Unit Root Tests							
Type	Lags	Rho	Pr < Rho	Tau	Pr < Tau	F	Pr > F
Zero Mean	0	-4.0836	0.1626	-1.43	0.1419		
	1	-0.4764	0.5733	-0.53	0.4837		
	2	-0.1266	0.6522	-0.26	0.5887		
	3	-0.0759	0.6636	-0.22	0.6059		
	4	-0.0139	0.6776	-0.06	0.6597		
Single Mean	0	-171.920	0.0001	-25.37	<.0001	321.89	0.0010
	1	-325.010	0.0001	-12.52	<.0001	78.44	0.0010
	2	-2234.14	0.0001	-9.19	<.0001	42.21	0.0010
	3	205.1962	0.9999	-9.23	<.0001	42.60	0.0010
	4	156.1910	0.9999	-7.02	<.0001	24.67	0.0010
Trend	0	-171.917	0.0001	-25.25	<.0001	318.78	0.0010
	1	-325.042	0.0001	-12.46	<.0001	77.63	0.0010
	2	-2267.09	0.0001	-9.14	<.0001	41.77	0.0010
	3	204.8658	0.9999	-9.17	<.0001	42.14	0.0010
	4	155.4711	0.9999	-6.99	<.0001	24.42	0.0010

SAS program 2.7 **예제 2.5 (예제 2.1 계속) ARMA 확률과정을 따르는 정상시계열에 대한 단위근검정**

– 시계열자료: 식 (2.8)로부터 생성된 모의실험 시계열자료

```
/* (1) Time series data generated from ARMA(1,1) of Eq. (2.8)  */
data ex2_1;
  z1=10; a1=0;
  do t=1 to 100;
     a=rannor(20160205);
     z=15-0.5*z1+a-0.7*a1;
  output;
     z1=z; a1=a;
  end; run;

/* (2) Figure 2.2 */
proc arima data=ex2_1 ;
  identify var=z; run;

/* (3) p-value of T-test for mean zero */
proc univariate data=ex2_1 noprint; var z;
  output out=mean0_pvalue  probt=pvalue_mean0 ;  run;
proc print data=mean0_pvalue; run;

/* (4) Table 2.16 */
proc arima data=ex2_1 plots=none ;
  identify var=z stationarity=(adf=4); run;
```

예제 2.6: (예제 2.2 계속) 직선 추세성분을 갖는 비정상시계열에 대한 단위근검정

예제 2.2에서 사용하였던 [그림 2.6]의 시계열자료는 결정적 추세인 직선 추세성분을 갖는 비정상시계열이다. [그림 2.7]의 원 시계열에 대한 SACF plot에서 SACF가 시차 1에서 1에 가까운 큰 값이 시차가 커짐에 따라 서서히 감소한다. 반면 SPACF plot 및 SIACF plot에서 SPACF 및 SIACF는 시차 1에서 0이 아닌 값을 가지나 시차 1 이후에는 0으로의 절단의 형태를 보인다. 이와 같은 원 시계열에 대한 자기상관분석 결과를 종합하면 원 시계열은 비정상시계열이다. 따라서 1차 차분 시계열에 대한 자기상관분석도인 [그림 2.9]로부터 c_t 및 p의 정보를 얻는다. 1차 차분 시계열의 평균 추정치는 $\hat{\mu}=3.3742$ 이며 평균 0에 대한 T−검정에서 $p-value=0.0340<0.05=\alpha$ 이다. 즉, 통계적으로 0이 아닌 상수평균을 갖는다. 또한 SPACF plot 및 SIACF plot으로부터 $p=4$로 놓는다. 이에 따라 ADF 단위근검정결과인 [표 2.17]에서 Type=Single Mean, Lags=4, 그리고 Tau 통계량을 선택했을 때 $p-value=0.9572>0.05=\alpha$ 이다. 따라서 가설 설정 (2.26)에서 귀무가설 H_0를 기각하지 못하여 주어진 시계열자료는 단위근을 갖는 비정상시계열이라 판단되며 1차 차분을 필요로 한다.

이제 1차 차분 시계열이 단위근을 갖는지 검정해 보기로 하자. [그림 2.9]로부터 1차 차분 시계열은 정상시계열로 판단되므로 [그림 2.9]에서 c_t 및 p의 정보를 얻는다. 이미 위에서 얻은 정보로부터 Type=Single Mean, Lags=4, 그리고 Tau 통계량을 선택했을 때 ADF 단위근검정결과는 $p-value < 0.0001 < 0.05 = \alpha$이다. 지면 관계상 이에 대한 SAS output은 생략한다. 따라서 가설 설정 (2.26)에서 귀무가설 H_0가 기각되어 1차 차분 시계열은 정상시계열이며 더 이상의 차분을 필요로 하지 않는다.

만약 [그림 2.6]의 원 시계열에 대한 직선 추세성분을 $c_t = \alpha_0 + \alpha_1 t$로 놓고 [그림 2.7]의 SPACF plot 및 SIACF plot의 절단 정보로부터 $p=1$로 놓으면 [표 2.17]에서 Type=Trend, Lags=1, 그리고 Tau 통계량을 선택했을 때 ADF 단위근검정결과는 $p-value < 0.0001 < 0.05 = \alpha$ 이다. 즉, 단위근을 필요로 하는 결정적 추세를 직선추세항인 $c_t = \alpha_0 + \alpha_1 t$ 가 수용하므로 나머지 구성성분은 정상시계열이 되는 셈이다. 실제 위 시계열자료는 모의실험자료로서 직선추세에 정상확률과정을 더하여 만든 자료이므로 위의 결과와도 일치한다. □

[표 2.17] ADF 단위근검정결과: 직선 추세성분을 갖는 비정상시계열자료

Augmented Dickey-Fuller Unit Root Tests							
Type	Lags	Rho	Pr < Rho	Tau	Pr < Tau	F	Pr > F
Zero Mean	0	1.0357	0.9154	1.67	0.9767		
	1	1.1869	0.9359	5.13	0.9999		
	2	1.1758	0.9346	8.24	0.9999		
	3	1.1640	0.9331	8.19	0.9999		
	4	1.1491	0.9311	5.67	0.9999		
Single Mean	0	-1.2963	0.8550	-0.80	0.8154	2.62	0.4108
	1	-0.1857	0.9459	-0.31	0.9178	17.07	0.0010
	2	0.0058	0.9562	0.02	0.9575	48.67	0.0010
	3	-0.0013	0.9558	-0.01	0.9550	71.00	0.0010
	4	0.0020	0.9560	0.02	0.9572	55.28	0.0010
Trend	0	-167.375	0.0001	-22.90	<.0001	262.23	0.0010
	1	-444.017	0.0001	-14.63	<.0001	107.01	0.0010
	2	1067.478	0.9999	-10.63	<.0001	56.58	0.0010
	3	367.7878	0.9999	-7.80	<.0001	30.45	0.0010
	4	190.7651	0.9999	-6.62	<.0001	21.91	0.0010

SAS program 2.8 **예제 2.6 (예제 2.2 계속) 직선 추세성분을 갖는 비정상시계열에 대한 단위근검정**

– 시계열자료: 식 (2.12)로부터 생성된 모의실험 시계열자료

```
/* (1) Time series data generated from  Eq. (2.12)  */
data ex2_2;
  zb=70; ab=0;
  do t=1 to 100;
     a=5*rannor(20160208);
     z=100+5*t-0.5*zb+a-0.7*ab;
     lz1=z-lag(z);
  output;
     zb=z; ab=a;
  end; run;

/* (2) Figure 2.7 & Figure 2.9 */
proc arima data=ex2_2 ;
  identify var=z;
  identify var=z(1); run;

/* (3) p-value of T-test for mean zero */
proc univariate data=ex2_2 noprint; var z lz1;
  output out=mean0_pvalue  probt=pvalue_mean0_z pvalue_mean0_lz1; run;
proc print data=mean0_pvalue; run;

/* (4) Table 2.17 */
proc arima data=ex2_2 plots=none ;
  identify var=z stationarity=(adf=4);
  identify var=z(1) stationarity=(adf=4); run;
```

예제 2.7: (예제 2.3 계속) 확률적 추세를 갖는 비정상시계열에 대한 단위근검정

예제 2.3에서 분석하였던 [그림 2.13]의 시계열자료는 확률적 추세를 갖는 비정상시계열이다. [그림 2.14]의 원 시계열에 대한 SACF plot에서 SACF가 시차 1에서 1에 가까운 큰 값이 시차가 커짐에 따라 서서히 감소한다. 반면 SPACF plot 및 SIACF plot에서 SPACF 및 SIACF는 시차 1에서 0이 아닌 값을 가지나 시차 1 이후에는 0으로의 절단의 형태를 보인다. 이와 같은 원 시계열에 대한 자기상관분석 결과를 종합하면 원 시계열은 비정상시계열이다. 따라서 1차 차분 시계열에 대한 자기상관분석도인 [그림 2.16]으로부터 c_t 및 p의 정보를 얻는다. 1차 차분 시계열의 평균 추정치는 $\hat{\mu}=-0.0182$ 이며 평균 0에 대한 $T-$검정에서 $p-value=0.7756>0.05=\alpha$ 이다. 즉, 통계적으로 평균 0을 갖는다. 또한 SPACF plot 및 SIACF plot의 절단 정보로부터 $p=2$로 놓는다. 이에 따라 ADF 단위근검정결과인 [표 2.18]에서 Type=Zero Mean, Lags=2, 그리고 Tau 통계량을 선택했을 때 $p-value=0.4069>0.05=\alpha$ 임을 읽을 수 있다. 따라서 가설 설정 (2.26)에서 귀무가설 H_0를 기각하지 못하여 주어진 시계열자료는 단위근을 갖는 비정상시계열이라고 판단되며 1차 차분을 필요로 한다.

이제 1차 차분 시계열이 단위근을 갖는지 검정해 보기로 하자. [그림 2.16]으로부터 1차 차분 시계열은 정상시계열로 판단되므로 [그림 2.16]에서 c_t 및 p의 정보를 얻는다. 이미 위에서 얻은 정보로부터 Type=Zero Mean, Lags=2, 그리고 Tau 통계량을 선택했을 때 ADF 단위근검정결과는 $p-value < 0.0001 < 0.05 = \alpha$이다. 지면 관계상 이에 대한 SAS output은 생략한다. 따라서 가설 설정 (2.26)에서 귀무가설 H_0가 기각되어 1차 차분 시계열은 정상시계열이며 더 이상의 차분을 필요로 하지 않는다. □

[표 2.18] ADF 단위근검정결과: 확률적 추세를 갖는 비정상시계열자료

Augmented Dickey-Fuller Unit Root Tests							
Type	Lags	Rho	Pr < Rho	Tau	Pr < Tau	F	Pr > F
Zero Mean	0	-5.0301	0.1226	-1.52	0.1206		
	1	-1.9584	0.3353	-0.90	0.3271		
	2	-1.3371	0.4183	-0.72	0.4069		
Single Mean	0	-29.5351	0.0016	-4.07	0.0013	8.33	0.0010
	1	-15.3303	0.0349	-3.04	0.0325	4.74	0.0458
	2	-12.9008	0.0645	-2.92	0.0448	4.44	0.0605
Trend	0	-37.6938	0.0012	-4.49	0.0018	10.19	0.0010
	1	-18.2258	0.0944	-3.07	0.1151	5.05	0.1632
	2	-14.5528	0.1941	-2.78	0.2049	4.42	0.2903

SAS program 2.9 **예제 2.7 (예제 2.3 계속) 확률적추세를 갖는 비정상시계열에 대한 단위근검정**

– 시계열자료: 식 (2.15)로부터 생성된 모의실험 시계열자료

```
/* (1) Time series data generated from  Eq. (2.16)  */
data ex2_3;
  zb=0; ab=0;
  do t=1 to 300;
     a=rannor(20160209);
     z=zb+a-0.5*ab;
     lz1=z-lag(z);
  output;
     zb=z; ab=a;
  end; run;

/* (2) Figure 2.14 & Figure 2.16 */
proc arima data=ex2_3 ;
  identify var=z;
  identify var=z(1); run;

/* (3) p-value of T-test for mean zero */
```

```
proc univariate data=ex2_3 noprint; var z lz1;
  output out=mean0_pvalue  probt=pvalue_mean0_z pvalue_mean0_lz1; run;
proc print data=mean0_pvalue; run;

/* (4) Table 2.18 */
proc arima data=ex2_3 plots=none ;
  identify var=z stationarity=(adf=2);
  identify var=z(1) stationarity=(adf=2); run;
```

예제 2.8 (예제 2.4 계속) 직선 추세성분, 계절 성분 및 증가하는 분산을 갖는 비정상시계열에 대한 단위근검정

예제 2.4에서 분석하였던 [그림 2.21]의 최대 전력수요의 로그 변환 시계열자료는 추세성분과 계절성분을 갖는 비정상시계열이다. [그림 2.22]에서 로그 변환 시계열에 대한 SACF plot에서 SACF가 시차 1에서 1에 가까운 큰 값이 시차가 커짐에 따라 서서히 감소 및 증가를 반복하나 전체적으로 보면 감소한다. 반면 SPACF plot 및 SIACF plot에서 SPACF 및 SIACF는 시차 1에서 0이 아니며 시차 1 이후에는 상대적으로 작은 값 혹은 0으로의 절단 형태를 보인다. 특히 시차 12에서 0이 아닌 값이 보인다. 계절주기 시차에 주목해서 보면 SACF plot에서 SACF는 계절시차 12, 24에서 비교적 큰 값이 감소하나 SPACF는 계절시차 12, 24에서 통계적으로 0이고 SIACF는 계절 시차 12에서는 0이 아니나 24에서는 통계적으로 0이다.

위와 같은 로그 변환 시계열에 대한 자기상관분석 결과를 종합하면 로그 변환 시계열은 단위근 혹은 계절 단위근을 갖는 비정상시계열로 추정된다. 먼저 1차 차분 시계열에 대한 자기상관분석도인 [그림 2.23]으로부터 c_t 및 p의 정보를 얻는다. 1차 차분 시계열의 평균 추정치는 $\hat{\mu}=0.0035$이며 평균 0에 대한 $T-$검정에서 $p-value=0.5252>0.05=\alpha$이다. 즉, 통계적으로 평균 0을 갖는다. 또한 SPACF plot로부터 $p=12$로 놓는다. 이에 따라 ADF 단위근검정결과 [표 2.19]에서 Type=Zero Mean, Lags=12, 그리고 Tau 통계량을 선택했을 때 $p-value=0.9999>0.05=\alpha$ 를 읽을 수 있다. 따라서 가설 설정 (2.26)에서 귀무가설 H_0가 기각되지 못하여 주어진 시계열자료는 단위근을 갖는 비정상시계열이라고 판단되며 1차 차분을 필요로 한다.

[표 2.19] ADF 단위근검정결과: 최대 전력수요의 로그 변환 시계열자료

Augmented Dickey-Fuller Unit Root Tests								
Type	Lags	Rho	Pr < Rho	Tau	Pr < Tau	F	Pr > F
Zero Mean	12	0.0585	0.6951	4.87	0.9999		
Single Mean	12	-1.3200	0.8533	-3.49	0.0097	19.53	0.0010
Trend	12	-1.0797	0.9867	-0.57	0.9792	6.06	0.0649

[표 2.20] ADF 계절 단위근검정결과:
최대 전력수요의 로그 변환 시계열자료

Seasonal Augmented Dickey-Fuller Unit Root Tests					
Type	Lags	Rho	Pr < Rho	Tau	Pr < Tau
Zero Mean	12	2.0345	0.7017	2.40	0.9933
Single Mean	12	-4.6120	0.3200	-1.17	0.2055

다음으로 계절 단위근의 가능성도 있으므로 계절차분 시계열에 대한 자기상관분석도인 [그림 2.25]으로부터 c_t 및 p의 정보를 얻는다. 이 계절차분 시계열의 평균 추정치는 $\hat{\mu}=0.0432$ 이며 평균 0에 대한 $T-$검정에서 $p-value<0.0001<0.05=\alpha$이다. 즉, 통계적으로 평균 0이 아닌 상수평균을 갖는다. 또한 SPACF plot로부터 $p=12$로 놓는다. 이에 따라 ADF 계절 단위근검정결과 [표 2.20]에서 Type=Single Mean, Lags=12, 그리고 Tau 통계량을 선택했을 때 $p-value=0.2050>0.05=\alpha$를 읽을 수 있다. 따라서 계절 단위근이 존재한다는 귀무가설을 기각할 수 없다. 결국 최대전력수요의 로그 변환 시계열자료는 1차 차분 혹은 계절차분을 필요로 한다.

1차 차분 시계열이 비정상시계열인지 판단해 보자. 이미 앞에서 1차 차분 시계열의 자기상관분석도인 [그림 2.23]으로부터 계절 단위근의 가능성을 언급하였다. [그림 2.24]로부터 1차 및 계절차분 시계열은 정상시계열로 판단되므로 [그림 2.24]에서 c_t 및 p의 정보를 얻는다. 1차 및 계절차분 시계열의 평균 추정치는 $\hat{\mu}=-0.0004$ 이며 평균 0에 대한 $T-$검정에서 $p-value=0.8966>0.05=\alpha$이다. 즉, 통계적으로 평균 0을 갖는다. 또한 SPACF 및 SIACF plot으로부터 $p=12$로 놓는다. 1차 차분 로그 변환 시계열자료에 대한 ADF 계절 단위근검정결과인 [표 2.21]에서 Type=Zero Mean, Lags=12, 그리고 Tau 통계량을 선택했을 때 ADF 계절 단위근검정결과는 $p-value=0.1505>0.05=\alpha$이다. 즉 1차 차분 시계열은 여전히 계절 단위근을 가지므로 계절차분이 추가로 필요하다.

[표 2.21] ADF 계절 단위근검정결과:
최대 전력수요의 1차 차분 로그 변환 시계열자료

Seasonal Augmented Dickey-Fuller Unit Root Tests					
Type	Lags	Rho	Pr < Rho	Tau	Pr < Tau
Zero Mean	12	-4.6368	0.2448	-1.16	0.1505
Single Mean	12	-4.5563	0.3234	-1.13	0.2167

이제 1차 및 계절차분 시계열이 추가로 단위근을 갖는지 검정해 보기로 하자. 이미 1차 및 계절차분 시계열은 정상시계열로 판단되고 [그림 2.24]에서 얻은 정보로부터 Type=Zero Mean, Tau 통계량을 선택했을 때 Lags=12에서 ADF 단위근검정 및 계절 단위근검정결과는 모두 $p-value < 0.0001 < 0.05 = \alpha$이다. 지면 관계상 이에 대한 SAS output은 생략한다. 따라서 1차 및 계절차분 시계열은 정상시계열이며 더 이상의 차분은 필요하지 않는다.

마지막으로 계절차분 시계열이 비정상시계열인지 판단해 보자. 계절차분 시계열에 대한 자기상관분석도인 [그림 2.25]로부터 더 이상 비정상성의 징후는 보이지 않는다. 따라서 계절차분 시계열은 정상시계열로 판단되므로 [그림 2.25]에서 c_t 및 p의 정보를 얻는다. 이미 앞에서 얻은 정보로부터 Type=Single Mean, Lags=12, 그리고 Tau 통계량을 선택했을 때 계절 차분 로그 변환 시계열자료에 대한 ADF 단위근검정결과인 [표 2.22]에서 $p-value = 0.0697 > 0.05 = \alpha$이다. 즉 계절차분 시계열은 한 번 더 차분을 필요로 하는 단위근을 가진다. 그러나 $p-value$가 약 7%로, 5% 유의수준과 큰 차이가 없으며 계절차분 시계열의 자기상관분석도를 보면 비정상성의 징후가 분명하지 않다. 차분 시계열이 정상인데도 한 번 더 차분을 시도하는 과대차분의 경우 여전히 정상성은 유지되나 ACF 구조를 더 복잡하게 만들고 분산이 더 커질 수 있다. 따라서 차분을 더해야 하는지의 경계에 놓일 때는 시계열의 분산 추정치가 차분 전보다 차분 후에 더 작아졌다면 추가 차분을 허용하는 결정을 할 수 있다. 이미 예제 2.4에서 계절차분 시계열이 1차 및 계절차분 시계열보다 분산추정치가 더 작아졌음을 확인하였으므로 계절차분 시계열에 대해 추가로 1차 차분을 할 필요는 없다. □

[표 2.22] ADF 단위근검정결과:
최대 전력수요의 계절차분 로그 변환 시계열자료

Augmented Dickey-Fuller Unit Root Tests							
Type	Lags	Rho	Pr < Rho	Tau	Pr < Tau	F	Pr > F
Zero Mean	12	-4.8375	0.1288	-1.51	0.1220		
Single Mean	12	-54.7308	0.0011	-2.74	0.0697	3.82	0.0995
Trend	12	70.2663	0.9999	-4.00	0.0110	7.99	0.0099

SAS program 2.10 **예제 2.8 (예제 2.4 계속) 직선 추세성분, 계절성분 및 증가하는 분산을 갖는 비정상시계열에 대한 단위근검정**

- SAS data set: 최대 전력수요 시계열자료(mmaxpower.sas7bdat)
- 시계열 기간: 2003/01–2015/12(월별)
- 시계열 변수: max_power

```
/* (1) Read the maximum power demand time series data */
data ex2_4; set Tsa2016.mmaxpower;
  log_maxpower=log(max_power);
  date=intnx('month','1JAN03'd,_n_-1); format date monyy.;
  llog_maxpower1=log_maxpower-lag(log_maxpower);
  llog_maxpower1_12=llog_maxpower1-lag12(llog_maxpower1);
  llog_maxpower12=log_maxpower-lag12(log_maxpower);

/* (2) Figure 2.22, Figure 2.23, Figure 2.24, Figure 2.25 */
proc arima data=ex2_4 ;
  identify var=log_maxpower;
  identify var=log_maxpower(1);
  identify var=log_maxpower(1,12);
  identify var=log_maxpower(12);  run;

/* (3) p-value of T-test for mean zero */
proc univariate data=ex2_4 noprint;
  var log_maxpower llog_maxpower1 llog_maxpower1_12  llog_maxpower12;
   output out=mean0_pvalue probt=pvalue_mp pvalue_mp1 pvalue_mp1_12
          pvalue_mp12; run;
proc print data=mean0_pvalue; run;

/* (4) Table 2.19, Table 2.20, Table 2.21, Table 2.22 */
proc arima data=ex2_4 plots=none;
  identify var=log_maxpower stationarity=(adf=(12)); run; /* Table 2.19 */
  identify var=log_maxpower stationarity=(adf=(12) dlag=12); run; /* Table 2.20 */
  identify var=log_maxpower(1) stationarity=(adf=(12) dlag=12); run;/*Table 2.21 */
  identify var=log_maxpower(1,12) stationarity=(adf=(12)); run; /* skip */
  identify var=log_maxpower(1,12) stationarity=(adf=(12) dlag=12); run; /* skip */
  identify var=log_maxpower(12) stationarity=(adf=(12)); run;  /* Table 2.22 */
  identify var=log_maxpower(12) stationarity=(adf=(12) dlag=12); run; /* skip */
```

2.7 SAS 프로그램

PROC ARIMA 사용법. SAS/ETS의 PROC ARIMA는 $ARIMA(p,d,q)(P,D,Q)_s$ 모형에 의한 시계열 예측뿐만 아니라 전이함수모형(제4장) 및 개입모형(제5장)에 의한 시계열예측을 다룬다. 2.7절에서는 $ARIMA(p,d,q)(P,D,Q)_s$에 의한 예측에 필요한 PROC ARIMA 사용법 위주로 설명한다. ARIMA procedure의 기본 형식은 [표 2.23]과 같다. [표 2.24]는 PROC ARIMA statement에서 사용 가능한 여러 옵션을 설명한다. [표 2.25]의 IDENTIFY statement는 ARIMA 모델링을 위한 시계열변수 혹은 차분한 시계열변수를 지정한 후 모형 식별을 위한 여러 가지 통계치 및 plots를 제공한다. 또한 여러 종류의 단위근검정결과도 제공한다. 모형추정을 위해서는 IDENTIFY statement에서 차분의 차수인 d 혹은 D를 명시해야 한다. [표 2.26]의 ESTIMATE statement는 바로 직전에 위치한 IDENTIFY statement에 명시된 시계열변수 혹은 차분한 시계열변수에 대해 p, q, P, Q를 명시한 후 식별된 $ARIMA(p,d,q)(P,D,Q)_s$ 모형의 추정 결과와 잔차분석을 위한 여러 통계적 결과를 제공한다. [표 2.27]의 FORECAST statement는 바로 직전에 위치한 ESTIMATE statement에서 추정된 모형을 사용하여 예측치를 제공한다. ESTIMATE statement 앞에는 두 개 이상의 IDENTIFY statement가 놓일 수 있으나 바로 직전에 놓인 IDENTIFY statement의 영향을 받는다. 또한 FORECAST statement 앞에도 두 개 이상의 ESTIMATE statement가 놓일 수 있으나 바로 직전에 놓인 ESTIMATE statement의 영향을 받는다. ARIMA procedure에는 많은 사용 가능한 옵션이 있으나 이 절에서는 지면 관계상 본문 및 예제를 이해하는 데 어려움이 없을 정도의 옵션만 선택적으로 소개하였다. 더 자세한 옵션에 대해서는 SAS Institute Inc.(2012)의 SAS/ETS를 참고한다. PROC ARIMA의 사용 예는 SAS program 2.1 ~ 2.10을 참조한다.

[표 2.23] ARIMA procedure 형식

```
PROC ARIMA options ;
   IDENTIFY VAR=variable options ;
   ESTIMATE options ;
   FORECAST options ;
```

[표 2.24] PROC ARIMA statement 형식

형식	PROC ARIMA *options* ;
선택 인수	▪ DATA=*SAS-data-set* → ARIMA모형 분석 대상이 되는 변수들이 들어 있는 데이터세트(*SAS-data-set*)를 명시한다. default는 가장 최근에 생성된 데이터세트이다.
선택 인수	▪ PLOTS <(*global-plot-options*)><=*plot-request*<(*options*)> <,,, *plot-request*<(*options*)> (예1) plots=none (예2) plots=all (예3) plots=forecast(forecast) (예4) plots(unpack)=series(corr crosscorr) (예5) plots(only)=(series(corr crosscorr) residual(corr normal) forecast(all)) → 아래와 같은 *options*를 명시함으로써 다양한 plots를 생성할 수 있다.
	▪ *global-plot-options* ONLY → default plots를 생성하지 않고 오직 명시한 plots만 생성한다. UNPACK → plots를 패널로 묶지 않고 개별 plots로 생성한다. ▪ *plot-request* ALL → 모든 plots를 생성한다. NONE → 어떤 plots도 생성하지 않는다. SERIES(*options*) → 모형식별 단계와 관련된 plots를 생성한다. default는 CORR 및 CROSSCORR 옵션에 상응하는 plots를 생성한다.

[표 2.24] PROC ARIMA statement 형식(이어서 계속)

형식	PROC ARIMA *options* ;
선택 인수	RESIDUAL(*options*) → 모형진단 단계와 관련된 plots를 생성한다. default는 CORR 및 NORMAL 옵션에 상응하는 plots를 생성한다. FORECAST(*options*) → 시계열예측 단계와 관련된 plots를 생성한다. default는 FORECASTONLY 옵션에 상응하는 plots를 생성한다. ▪ SERIES(*options*)의 *options* ACF → SACF plot을 생성한다. ALL → 모형식별 단계와 관련된 모든 plots를 생성한다. CROSSCORR → 표본교차상관계수 plot을 생성한다. CORR → 시계열그림, SACF plot, SPACF plot, SIACF plot의 4개 그림으로 구성된 하나의 패널을 생성한다. IACF → SIACF plot을 생성한다. PACF → SPACF plot을 생성한다. ▪ RESIDUAL(*options*)의 *options* ACF → 잔차의 SACF plot을 생성한다. ALL → 잔차분석과 관련된 모든 plots를 생성한다. CORR → 잔차의 SACF plot, 잔차의 SPACF plot, 잔차의 SIACF plot, 잔차에 대한 백색잡음검정에서 $p-value$의 막대그래프로 구성된 패널을 생성한다. HIST → 잔차의 히스토그램을 생성한다. IACF → 잔차의 SIACF plot을 생성한다. PACF → 잔차의 SPACF plot을 생성한다. NORMAL → 잔차의 히스토그램과 잔차의 정규분위수 그림을 생성한다. QQ → 잔차의 정규분위수 그림을 생성한다. SMOOTH → 잔차의 산점도에 평활 적합선을 겹쳐 그린 plot을 생성한다. WN → 잔차에 대한 백색잡음검정에서 $p-value$ 의 막대그래프를 생성한다. ▪ FORECAST(*options*)의 *options* ALL → FORECAST plot과 FORECASTONLY plot을 생성한다. FORECAST → 적합기간의 관측치, 1-시차 후 예측치 및 1-시차 후 예측구간뿐만 아니라 예측기간의 다-시차 후 예측치 및 다-시차 후 예측구간을 나타낸 plot을 생성한다. FORECASTONLY → 예측기간의 다-시차 후 예측치 및 다-시차 후 예측구간만 그린 plot을 생성한다.

[표 2.25] IDENTIFY statement 형식

형식	▪ IDENTIFY VAR=*variable options* ;
필수 인수	▪ VAR=*variable* 혹은 VAR=*variable(d1,d2,...,dk)* → 분석 대상이 되는 시계열변수 혹은 차분 시계열변수를 명시한다. (예1) var=x → 분석 대상이 시계열 $\{x_t\}$ 이다. (예2) var=x(1) → 분석 대상이 시계열 x의 1차 차분 시계열인 $\{x_t - x_{t-1}\}$ 이다. (예3) var=x(1,1) → 분석 대상이 시계열 x를 1차 차분 시계열을 다시 1차 차분한 시계열인 $\{(1-B)^2 x_t\}=\{(1-2B+B^2)x_t\}=\{x_t - 2x_{t-1} + x_{t-2}\}$ 이다. (예4) var=x(1,12) → 분석 대상이 시계열 x를 1차 차분 시계열을 다시 12차 차분한 시계열인 $\{(1-B^{12})(x_t - x_{t-1})\}= \{x_t - x_{t-1} - x_{t-12} + x_{t-13}\}$ 이다.
선택 인수	▪ MINIC → $ARMA(p,q)$ 의 식별을 위한 정보기준값을 제공한다. P=$(p_{min}$: $p_{max})$ 혹은 Q=$(q_{min}$: $q_{max})$가 명시되지 않았다면 default는 P=(0:5) 및 Q=(0:5)이다. ▪ NLAG=*number* → 계산될 자기상관계수의 시차의 수(number)를 명시한다. 이때 $n \geq number \geq p+d+q$이어야 하며 default는 $min(24, n/4)$ 이다. ▪ NOPRINT → IDENTIFY에 의해 생성되는 모든 printout을 제공하지 않는다. ▪ OUTCOV=*SAS-data-set* → 자기공분산, 자기상관계수, 역자기상관계수, 부분자기상관계수를 저장할 데이터세트(*SAS-data-set*)를 명시한다. ▪ P=$(p_{min}$: $p_{max})$ → MINIC에서 식별하는 $ARMA(p,q)$ 모형의 p 값 ▪ Q=$(q_{min}$: $q_{max})$ → MINIC에서 식별하는 $ARMA(p,q)$ 모형의 q 값 ▪ STATIONARITY=(ADF=*AR-oders* DLAG=*s*) → ADF 단위근검정을 수행한다. → DLAG=s가 명시되면 계절 ADF 검정을 수행한다. s는 계절주기를 나타낸다. (예1) stationarity=(adf=3) → AR차수 0,1,2,3의 ADF 검정결과를 제공한다. (예2) stationarity=(adf=(1,3,6)) → AR차수 0,1,3,6의 ADF 검정결과를 제공한다. (예3) stationarity=(adf=(12) DLAG=12) → AR차수 0,12이고 계절주기 12인 계절 ADF 검정결과를 제공한다.

[표 2.26] ESTIMATE statement 형식

형식	ESTIMATE *options* ;
선택 인수	▪ METHOD=*value* → 모수추정방법을 명시한다. METHOD=ML이면 최우추정법, METHOD=ULS이면 비조건부 최소제곱추정법, METHOD =CLS이면 조건부 최소제곱추정법이다. default는 METHOD=CLS이다. ▪ NOCONSTANT 혹은 NOINT → 상수항이 없는 모형을 추정한다. ▪ NOPRINT → ESTIMATE에 의해 생성되는 모든 printout을 제공하지 않는다. ▪ PLOT → 잔차의 SACF plot, 잔차의 SPACF plot, 잔차의 SIACF plot을 제공한다. ▪ P=*order* 혹은 P=*(lag,...,lag)...(lag,...,lag)* → 특정 lag에서 자기상관모수를 갖는 모형을 정의한다. P=*order*는 P=(1,2,...,*order*)과 같다. (예1) P=3 → $(1-\phi_1 B - \phi_2 B^2 - \phi_3 B^3)$

[표 2.26] ESTIMATE statement 형식(이어서 계속)

형식	ESTIMATE *options* ;
	(예2) P=(1)(12) → $(1-\phi_{1,1}B)(1-\phi_{2,12}B^{12})$ (예3) P=(1,3)(4,12) → $(1-\phi_{1,1}B-\phi_{1,3}B^{3})(1-\phi_{2,4}B^{4}-\phi_{2,12}B^{12})$ ▪ Q=*order* 혹은 Q=*(lag,...,lag)...(lag,...,lag)* → 특정 lag에서 이동평균모수를 갖는 모형을 정의한다. Q=*order*는 Q=(1,2,...,*order*)과 같다. (예1) Q=3 → $(1-\theta_{1}B-\theta_{2}B^{2}-\theta_{3}B^{3})$ (예2) Q=(1)(12) → $(1-\theta_{1,1}B)(1-\theta_{2,12}B^{12})$ (예3) Q=(1,3)(4,12) → $(1-\theta_{1,1}B-\theta_{1,3}B^{3})(1-\theta_{2,4}B^{4}-\theta_{2,12}B^{12})$ ▪ OUTEST=*SAS-data-set* → 모형 추정치들을 저장할 데이터세트(*SAS-data-set*)를 명시한다. ▪ OUTCORR → OUTEST=에 명시된 *SAS-data-set* 에 모수 추정치들의 상관계수를 저장한다. ▪ OUTCOV → OUTEST=에 명시된 *SAS-data-set* 에 모수 추정치들의 공분산을 저장한다. ▪ OUTSTAT=*SAS-data-set* → OUTSTAT=에 명시된 *SAS-data-set* 에 모형 진단에 관한 통계치를 저장한다.

[표 2.27] FORECAST statement 형식

형식	▪ FORECAST *options* ;
선택 인수	▪ ALPHA=*alpha* → 구간예측의 신뢰수준이 $1-\alpha$가 되는 α의 값을 0과 1 사이의 값으로 준다. default는 ALPHA=0.05이다. 따라서 default에 의해서는 95% 신뢰수준의 구간예측을 생성한다. ▪ BACK=*n* → 다-시차 후 예측이 시작되는 맨 마지막 자료 이전 자료수(*n*)를 명시한다. default는 BACK=0이다. 따라서 default에 의해서는 맨 마지막 자료로부터 다-시차 후 예측이 시작된다. 만약 BACK=3이면 마지막에서 3번째 이전 자료로부터 다-시차 후 예측이 시작된다. ▪ ID=*variable* → 예측치를 식별해줄 수 있는 변수(*variable*)를 지정한다. ID=는 INTERVAL=와 함께 쓰인다. ▪ INTERVAL=*interval* → 시계열자료의 간격(*nterval*)을 지정한다. *interval*로서 유용한 값은 day, month, year, qtr, weekday 등이 있다. 만약 INTERVAL=이 사용되지 않고 ID=만 사용되었다면 예측기간에 ID=variable의 마지막 값이 1만큼 증분된다. (예) ID=date INTERVAL=month ▪ LEAD=*n* → 생성되어야 할 다-시차 예측치의 시차 수(*n*)를 명시한다. ▪ PRINTALL → FORECAST가 생성하는 모든 printout을 제공한다. ▪ NOPRINT → FORECAST가 생성하는 어떤 printout도 제공하지 않는다. ▪ OUT=*SAS-data-set* → *SAS-data-set*에 ID변수, IDENTIFY의 VAR=에서 명시된 변수, 적합기간의 1-시차 후 예측치와 예측기간의 다-시차 후 예측치가 FORECAST라는 변수이름으로, 예측치의 표준오차가 STD라는 변수이름으로, 구간예측의 하한은 L95라는 변수이름으로 구간예측 상한은 U95라는 이름으로 저장된다. 만약 APHA=0.10으로 명시하였다면 L90, U90의 변수이름으로 저장될 것이다. (예) FORECAST와 RESIDUAL 변수를 각각 zhat와 ehat로 바꾸고 싶은 경우 → OUT=out1 FORECAST=zhat RESIDUAL=ehat ▪ NOOUTALL → OUT=*SAS-data-set*에 적합기간의 1-시차 후 예측치는 포함하지 않으며 오직 예측기간의 다-시차 후 예측치만 포함한다.

2장 연습문제

2.1 (연습문제 1.1의 계속) 추세성분과 계절성분을 모두 가지고 있는 시계열 $\{Z_t\}$에 대하여 승법계절 $ARIMA(p,d,q)(P,D,Q)_s$ 모형을 적합 및 예측하기 위하여 다음의 절차에 따라 수행하여라.

(1) 원 시계열그림과 원 시계열의 로그 변환시계열 $\{\ln Z_t\}$의 시계열그림을 그려라. 만약 로그 변환 시계열의 분산이 원 시계열의 분산보다 더 일정해졌다면 이후로 로그 변환 시계열자료에 대한 모형의 적합을 수행한다.

(2) 원 시계열 및 적절한 차분 시계열에 대한 시계열그림, SACF plot, SPACF plot, SIACF plot, 및 ADF 단위근검정을 통하여 시계열의 비정상성을 검토하고 정상시계열이 되도록 적절한 차분 d 및 D를 결정하여라.

(3) 차분한 정상시계열 $\{W_t\}=\{(1-B)^d(1-B^s)^D \ln Z_t\}$에 대하여 $ARIMA(p,d,q)(P,D,Q)_s$ 모형의 p,q,P,Q를 식별하기 위하여 p,q,P,Q의 범위를 설정하고 [표 2.13] 혹은 [표 2.14]와 같은 표를 작성하여라.

(4) (3)의 결과로부터 최종 적합모형의 추정식을 기술하여라.

(5) 잔차시계열이 백색잡음인지를 검토하여라.

(6) (4)에서 구한 추정모형을 사용하여 적합기간동안 관측치 및 1-시차 후 예측치, 예측기간 동안 원하는 기간만큼의 다-시차 후 예측치, 그리고 95% 신뢰수준의 예측구간을 구한 후 하나의 시계열그림 위에 겹쳐 그려라. 만약 로그 변환한 시계열자료를 분석하였다면 원 시계열로 변환하여 시계열그림을 그린다.

2.2 (연습문제 1.2의 계속) 계절성분만 가지고 있는 시계열자료에 대하여 연습문제 2.1의 (1)~(6)에서 필요한 부분을 골라 수행하여라.

2.3 (연습문제 1.3의 계속) 추세성분만 가지고 있는 시계열자료에 대하여 연습문제 2.1의 (1)~(6)에서 필요한 부분을 골라 수행하여라.

2.4 (연습문제 1.4의 계속) 불규칙성분만 가지고 있는 시계열자료에 대하여 연습문제 2.1의 (1)~(6)에서 필요한 부분을 골라 수행하여라.

2.5 $ARIMA(p,d,q)$ 모형은 식 (2.11)에 정의되었다. 다음 표에서 제시한 확률과정으로부터 시계열자료 $\{z_t,\ t=1,2,...,300\}$ 를 생성하여 연습문제 2.1의 (1)~(6)에서 필요한 부분을 골라 수행하여라. 각 시계열모형이 이론적으로 정상성 혹은 가역성을 갖는지를 검토하여라. 만약 정상 확률과정이라면 $\{z_t\}$의 생성시 필요한 초깃값으로 정상 확률과정의 평균을 사용하고 비정상 확률과정일 때는 임의의 값을 초깃값으로 사용한다. 이때 $\varepsilon_t \sim i.i.d\ N(0,\sigma_\varepsilon^2)$ 이며 또한 $\{\varepsilon_t\}$ 의 초깃값으로는 평균인 0을 사용한다.

[표 2.28] $ARIMA(p,d,q)$ 모형

모형번호	(p,d,q)	모수	σ_ε^2
1	(1,0,0)	$\phi=0.7$	1
2	(1,0,0)	$\phi=-0.8$	1
3	(2,0,0)	$\phi_1=-0.5,\ \phi_2=0.2$	0.25
4	(2,0,0)	$\phi_1=0.7,\ \phi_2=0.2$	1
5	(2,0,0)	$\phi_1=1.3,\ \phi_2=-0.5$	9
6	(2,0,0)	$\phi_1=-0.8,\ \phi_2=-0.7$	25
7	(0,0,1)	$\theta=0.9$	1
8	(0,0,1)	$\theta=-0.7$	1
9	(0,0,2)	$\theta_1=-1.6,\ \theta_2=-0.7$	0.25
10	(0,0,2)	$\theta_1=0.8,\ \theta_2=-0.7$	1
11	(0,0,2)	$\theta_1=0.3,\ \theta_2=0.6$	9
12	(0,0,2)	$\theta_1=-0.6,\ \theta_2=0.3$	25
13	(1,0,1)	$\phi=-0.9,\ \theta=-0.5$	0.25
14	(1,0,1)	$\phi=0.7,\ \theta=0.6$	1
15	(1,0,1)	$\phi=-0.5,\ \theta=0.5$	9
16	(1,0,1)	$\phi=0.5,\ \theta=-0.5$	25
15	(1,1,1)	$\phi=-0.9,\ \theta=-0.5$	0.25
16	(1,1,1)	$\phi=0.7,\ \theta=0.6$	1
17	(1,1,1)	$\phi=-0.5,\ \theta=0.5$	9
18	(1,1,1)	$\phi=0.5,\ \theta=-0.5$	25

2.6 SAS data file인 qonlineshoppingmallsales.sas7bdat는 온라인 쇼핑몰의 분기별 On/Offline 매출액(단위: 백만 원) 시계열자료(기간: 2001/Q1-2014/Q4)이다. 이중 2013/Q3까지의 자료만 사용하여 시계열그림, SACF 및 SPACF의 검토, 그리고 ADF 단위근검정을 통하여 직선 추세성분 혹은 계절성분이 있는지 논의하여라(예제 6.1에서 계속).

2.7 SAS data file인 mdemographictrend.sas7bdat는 월별 출생자수(단위: 명) 시계열자료(기간: 2000/01-2014/12)이다. 시계열그림, SACF 및 SPACF의 검토, 그리고 ADF 단위근검정을 통하여 직선 추세성분 혹은 계절성분이 있는지 논의하여라(예제 6.2에서 계속).

2.8 SAS data file인 mcurrency.sas7bdat는 국내 금융시장에서의 대출금리(loan rate, 단위: %), 콜금리(익일물)(call rate, 단위: %), 국채수익률(3년)(government rate, 단위: %)의 시계열자료(기간: 2005/01-2015/08)이다. 다음 시계열자료에 대하여 시계열그림, SACF 및 SPACF의 검토, ADF 단위근검정을 통하여 단위근을 갖는지 논의하여라(예제 7.1에서 계속).

(1) 콜금리

(2) 국채수익률

2.9 SAS data file인 mcurrency3.sas7bdat는 국내 금융통화시장에서의 대출금리(loan rate, 단위: %), CD 수익률(91일)(CD yield, 단위: %), 회사채 수익률(3년)(corporate bond yield, 단위: %)의 시계열자료(기간: 2009/01-2015/08)이다. 각 시계열자료에 대하여 시계열그림, SACF 및 SPACF의 검토, 그리고 ADF 단위근검정을 통하여 단위근을 갖는지 논의하여라(예제 8.5에서 계속).

2장 참고문헌

- 조신섭, 손영숙, 성병찬 (2016), **시계열분석**, 제4판, 율곡출판사.
- 조신섭, 이정형 (2014), **경제시계열분석을 위한 SAS/ETS 사용법**, 자유아카데미.
- Beguin, J. M. Gourieroux, C. and Monfort, A. (1980), Identification of a mixed autoregressive-moving average process: The coner method, in *Time Series*, 423-436, Amsterdam: North-Holland.
- Box, G. E. P. and Jenkins, G. M. (1976). *Time Series Analysis Forecasting and Control*, 2nd ed., Holden-Day.
- Dickey, D. A. and Fuller, W. A. (1979). Distribution of the estimation for autoregressive time series with a unit root, *journal of the American statistical Association*, 74, 427-431.
- Gray, H. L., Kelley, G. D. and McIntire, D. D. (1978), A new approach to ARMA modelling, *Communications in Statistics*, 87, 1-77.
- Hannan, E. J. and Rissannen, J. (1982). Recursive estimation of mixed autoregressive moving-average order, *Biometrika*, 69(1), 81-94.
- Tsay, R. S. (2010). *Analysis of Financial Time Series*, Wiley.
- Tsay, R. S. (2012). *An Introduction to Analysis of Financial Data with R*, Wiley.
- Tsay, R. S. and Tiao, G. C. (1984). Consistent estimates of autoregressive parameters and extended sample autocorrelation function for stationary and non-stationary ARIMA models, *Journal of the American Statistical Association*, 79, 84-86.
- SAS Institute Inc. (2012). *SAS/ETS 12.1 User's Guide*. Cary, NC, USA.
- Wei, W. W. S. (1990). *Time Series Analysis*, Addison Wesley.

3장

자기회귀오차모형에 의한 예측

3.1 자기회귀오차모형
3.2 Durbin-Watson 검정
3.3 자기회귀오차모형의 적합
3.4 예제
3.5 SAS 프로그램
연습문제
참고문헌

3.1 자기회귀오차모형

시계열자료에 회귀모형을 적합한 후 잔차분석을 해 보면 거의 대부분의 경우에서 잔차들은 서로 독립이지 않고 자기상관관계를 갖고 있음이 드러난다. 다음과 같은 회귀모형을 생각해 보자.

$$Z_t = \boldsymbol{X}_t'\boldsymbol{\beta} + \varepsilon_t = \beta_0 + \beta_1 X_{1t} + \beta_2 X_{2t} + \cdots + \beta_m X_{mt} + \varepsilon_t, \quad \varepsilon_t \sim i.i.d.\ (0, \sigma_\varepsilon^2), \tag{3.1}$$

여기서 $\boldsymbol{X}_t = (1,\ X_{1t}, X_{2t},\ X_{3t}, \ldots, X_{mt})'$, $\boldsymbol{\beta} = (\beta_0, \beta_1, \beta_2, \ldots, \beta_m)'$, 이때 회귀모형에서 종속변수에 해당하는 $\{Z_t\}$는 예측하고자 하는 목표시계열이고 설명변수에 해당하는 $\{X_{1t}\}$, $\{X_{2t}\}$,...는 입력시계열이다. 만약 시계열 $\{Z_t\}$에 회귀모형을 적합시킨다면 오차항 $\{\varepsilon_t\}$가 서로 독립이므로 시계열 $\{Z_t\}$도 독립이어야 한다. 그러나 시계열자료는 서로 독립이지 않고 시차에 따른 자기상관관계를 갖는 것이 특징임을 1장에서 언급하였다. 따라서 시계열자료에 존재하는 자기상관관계가 회귀모형 (3.1)에 수용되지 못하고 잔차에 남게 되는 것이다. 만약 자기상관관계를 갖는 시계열자료에 대하여 회귀모형 (3.1)을 적합시킨다면 모수 추정치의 유효성이 저하되고 표준오차 추정도 편의 추정의 결과를 줌으로써 추정, 검정, 예측과 같은 통계적 추론의 결과가 정확하지 않게 된다.

이러한 문제점을 해결할 수 있는 확률모형으로 아래와 같은 자기회귀오차(autoregressive error) 모형을 사용한다.

$$\begin{cases} Z_t = \boldsymbol{X}_t'\boldsymbol{\beta} + \varepsilon_t = \beta_0 + \beta_1 X_{1t} + \beta_2 X_{2t} + \cdots + \beta_m X_{mt} + \varepsilon_t, \\ \varepsilon_t = -\phi_1 \varepsilon_{t-1} - \phi_2 \varepsilon_{t-2} - \cdots - \phi_p \varepsilon_{t-p} + a_t, \\ a_t \sim i.i.d.\ (0, \sigma_a^2). \end{cases} \tag{3.2}$$

자기회귀오차모형 (3.2)는 $AR(p)$ 오차를 갖는 회귀모형이다. $AR(p)$ 오차의 표현식이 2장의 식 (2.1)과 다르게 자기회귀계수에 마이너스가 붙는 것은 SAS/ETS에서 정의하는 식과 일치하여 표현하기 위함이다.

모형식 (3.1)에서 ε_t가 $i.i.d.$인 경우, 즉 보통의 회귀모형에서 설명변수 시계열 대신 시간 t의 함수를 사용한 모형을 추세모형이라고 한다. 추세모형에 의한 시계열분석을 추세분석이라고 하며 가장 오랫동안 전통적으로 사용되어 온 시계열분석법이었다. 그러나 추세분석법은 시계열자료의 자기상관관계를 추세모형이 수용하지 못하므로 적합 후 대부분의 잔차분석에서 잔차에 자기상관관계가 남게 되는 문제점이 생긴다. 이런 추세모형의 문제점을 해결해 주는 모형이 모형식 (3.2)에서 $\boldsymbol{X}_t$를 시간의 함수로 나타낸 자기회귀오차모형이며 이 절에서는 이러한 자기회귀오차모형에 의한 예측을 다룬다. 또 다른 자기회귀오차모형의 구성으로서 $\boldsymbol{X}_t$를 종속변수 시계열인 Z_t의 시차 변수인 $Z_{t-1}, Z_{t-2}, \ldots$ 등으로 구성하여 사용한다. 만약 $\boldsymbol{X}_t$로서 종속변수 시계열인 Z_t와 전혀 다른 설명변수 시계열을 사용한다면 그것은 4장에서 소개할 전이함수모형과 같다.

추세성분을 갖는 경우. 추세성분을 갖는 시계열자료에 대해 설명변수로서 시간의 함수를 사용하여 표현한 자기회귀오차모형은 다음과 같이 정의된다.

$$\begin{cases} Z_t = \boldsymbol{X_t}'\boldsymbol{\beta} + \varepsilon_t = \beta_0 + \beta_1 t + \beta_2 t^2 + \cdots + \beta_m t^m + \varepsilon_t, \\ \varepsilon_t = -\phi_1 \varepsilon_{t-1} - \phi_2 \varepsilon_{t-2} - \cdots - \phi_p \varepsilon_{t-p} + a_t, \\ a_t \sim i.i.d.\ (0, \sigma_a^2), \end{cases} \tag{3.3}$$

여기서 $\boldsymbol{X_t} = (1,\ t, t^2,\ t^3, \ldots, t^m)'$는 시간의 함수로 표현된 설명변수 벡터이다. 즉, 자기회귀오차모형 (3.3)은 모형식 (3.2)에서 설명변수 대신 시간의 함수를 사용하여 표현하였다. 만약 직선 추세성분을 갖는 시계열자료의 경우는 모형식 (3.3)에서 $m=1$인 모형을, 2차 추세성분을 갖는 시계열자료의 경우는 $m=2$인 모형이 적절할 것이다.

추세 및 계절성분을 갖는 경우. 추세성분 및 계절성분을 갖는 시계열자료에 대해 설명변수로서 시간의 함수를 사용하여 표현한 자기회귀오차모형은 다음과 같이 정의할 수 있다.

$$\begin{cases} Z_t = \boldsymbol{X_t}'\boldsymbol{\beta} + \varepsilon_t = \sum_{i=1}^{m} \beta_i t^i + \sum_{j=1}^{s} \beta_{sj} I_{jt} + \varepsilon_t, \\ I_{jt} = \begin{cases} 1, & j = t (\bmod\ s), \\ 0, & \text{그외의 경우}, \end{cases} \\ \varepsilon_t = -\phi_1 \varepsilon_{t-1} - \phi_2 \varepsilon_{t-2} - \cdots - \phi_p \varepsilon_{t-p} + a_t, \\ a_t \sim i.i.d.\ (0, \sigma_a^2), \end{cases} \tag{3.4}$$

여기서 $\boldsymbol{X_t} = (1,\ t, t^2,\ t^3, \ldots, t^m, I_{1t}, I_{2t}, \ldots, I_{st})'$는 시간의 함수로 표현된 설명변수 벡터이다. 위 모형은 추세성분만을 갖는 모형 (3.3)에 계절주기 s만큼 개수의 가변수인 $I_{1t}, I_{2t}, \ldots, I_{st}$ 가 추가되면서 상수항은 삭제된 모형이다. 만약 상수항을 그대로 넣으려면 마지막 가변수 I_{st}를 제거한 $s-1$개의 가변수만 사용하면 된다.

예를 들어 직선 추세성분 및 계절성분을 갖는 분기별 시계열자료라면 모형식 (3.4)에서 $m=1,\ s=4$ 인 경우로 식별할 수 있다. 즉, 이때의 모형식은 다음과 같다.

$$Z_t = \beta_1 t + \beta_{41} I_{1t} + \beta_{42} I_{2t} + \beta_{43} I_{3t} + \beta_{44} I_{4t} + \varepsilon_t\,.$$

이제 위 모형식에 $t = 1, 2, \ldots$를 대입해 보면 아래와 같이 쓸 수 있다.

$$1\text{년}:\ Z_1=\beta_1+\beta_{41}+\epsilon_1,\ Z_2=2\beta_1+\beta_{42}+\epsilon_2,\ Z_3=3\beta_1+\beta_{43}+\epsilon_3,\ Z_4=4\beta_1+\beta_{44}+\epsilon_4.$$
$$2\text{년}:\ Z_5=5\beta_1+\beta_{41}+\epsilon_5,\ Z_6=6\beta_1+\beta_{42}+\epsilon_6,\ Z_7=7\beta_1+\beta_{43}+\epsilon_7,\ Z_8=8\beta_1+\beta_{44}+\epsilon_8.$$
$$3\text{년}:\ Z_9=9\beta_1+\beta_{41}+\epsilon_9,\ Z_{10}=10\beta_1+\beta_{42}+\epsilon_{10},\ Z_{11}=11\beta_1+\beta_{43}+\epsilon_{11},\ Z_{12}=12\beta_1+\beta_{44}+\epsilon_{12}.$$
$$\vdots$$

위에서 전개된 식으로부터 $\beta_{i1}\ (i=1,2,3,4)$은 매년 제$i\ (i=1,2,3,4)$ 사분기의 계절효과를 나타내는 모수임을 알 수 있다.

계절성분을 갖는 경우. 계절성분만을 갖는 시계열자료에 적합한 자기회귀오차모형은 모형식 (3.4)에서 추세성분에 해당하는 항을 제거한 다음과 같은 모형으로 정의할 수 있다.

$$\begin{cases} Z_t=\boldsymbol{X}_t'\boldsymbol{\beta}+\varepsilon_t=\sum_{j=1}^{s}\beta_{sj}I_{jt}+\varepsilon_t, \\ I_{jt}=\begin{cases}1,\ j=t(\mathrm{mod}\ s), \\ 0,\ \text{그외의 경우},\end{cases} \\ \varepsilon_t=-\phi_1\varepsilon_{t-1}-\phi_2\varepsilon_{t-2}-\cdots-\phi_p\varepsilon_{t-p}+a_t, \\ a_t\sim i.i.d.\ (0,\sigma_a^2), \end{cases}$$

여기서 $\boldsymbol{X}_t=(I_{1t},I_{2t},\ \ldots,I_{st})'$ 는 시간의 함수로 표현된 설명변수 벡터이다.

3.2 Durbin-Watson 검정

Durbin and Watson (1971)의 Durbin−Watson(DW) 검정은 자기상관관계의 존재 여부에 대한 검정으로 널리 사용된다. 다음과 같은 자기회귀오차모형을 생각해 보자.

$$\begin{cases} Z_t=\boldsymbol{X}_t'\boldsymbol{\beta}+\varepsilon_t, \\ \varepsilon_t=-\phi_j\varepsilon_{t-j}+a_t,\quad j\ge 1, \\ a_t\sim i.i.d.\ (0,\sigma_a^2), \end{cases} \tag{3.5}$$

일반화 DW(generalized DW) 검정은 이미 $\phi_1=\phi_2=\cdots=\phi_{j-1}=0$ 이 연속적으로 밝혀진 상황하의 $j-$번째 검정 단계에서 다음과 같은 귀무가설

$$H_0\ :\ -\phi_j=0$$

에 대해 대립가설로서

$$H_1\ :\ -\phi_j\neq 0$$

혹은

$$H_1 \; : \; -\phi_j > 0, \text{ 즉 양의 자기상관관계}$$

혹은

$$H_1 \; : \; -\phi_j < 0, \text{ 즉 음의 자기상관관계}$$

을 설정할 수 있다. Vinod (1973)는 위에서 정의된 가설 설정에 대한 검정을 위하여 다음과 같은 일반화 DW 검정통계량을 제안하였다.

$$D_j = \frac{\sum_{t=j+1}^{n} (\hat{\varepsilon}_t - \hat{\varepsilon}_{t-j})^2}{\sum_{t=1}^{n} \hat{\varepsilon}_t^2} \quad ,$$

여기서 $\hat{\varepsilon}_t$는 OLS(ordinary least square) 잔차이다. SAS/ETS는 일반화 DW 검정에 대한 $p-value$ 를 제공한다.

보통의 DW 검정은 식 (3.5)에서 $j=1$ 인 1차 자기상관에 관한 검정을 의미한다. $j \geq 2$ 인 고차의 자기상관에 관한 검정은 일반화 DW(generalized DW) 검정이라고 한다. 일반화 DW 검정은 저-차수의 자기상관관계가 존재하지 않는다는 전제하에 고-차수의 자기상관이 존재하는지를 알고자 할 때 검정한다. 따라서 1-차 자기상관이 존재하지 않는다면 다음 단계로 2-차 자기상관이 존재하는지를 검토하기 위해서 연속적으로 일반화 DW 검정을 수행할 수 있다.

3.3 자기회귀오차모형의 적합

모형의 식별. 종속변수 시계열 Z_t 의 결정적 추세 부분을 시간의 함수로 표현하고 남은 오차를 $AR(p)$ 오차로 표현해야 한다. 이때 $AR(p)$ 오차의 차수 p 를 결정하기 위하여 단계적 자기회귀(stepwise autoregression)를 사용한다. 단계별 자기회귀는 고-차수의 자기회귀오차모형을 적합한 후 유의한 자기회귀항들만 남을 때까지 가장 유의하지 않은 자기회귀항부터 차례로 제거해 나가는 방법이다.

모형의 추정. 자기회귀오차모형에 대한 모수추정을 위해서는 Yule-Walker(YW)추정법, 반복 YW추정법, 비조건부 최소제곱(unconditional least square: ULS)추정법, 그리고 최우(maximum likelihood: ML)추정법이 있다. YW추정법은 계산 시간이 짧은 장점이 있다. 먼저

회귀계수 $\boldsymbol{\beta}$ 에 대한 OLS(ordinary least square) 추정치를 구하여 얻어지는 OLS 잔차에 대해 AR모형의 Yule-Walker 식을 사용하여 자기회귀계수인 $\{-\phi_j\}$ 를 추정한 후 $E(\boldsymbol{\varepsilon\varepsilon}') = \Sigma_{\boldsymbol{\varepsilon}}$ 이 추정된다. 다음으로 회귀계수 $\boldsymbol{\beta}$ 는 추정된 $\Sigma_{\boldsymbol{\varepsilon}}$ 를 사용하여 GLS(generalized least square) 추정치로 구해진다. 반복 YW추정법은 위에서 설명한 YW추정법을 반복하여 수행하여 더 이상 추정치의 개선이 없을 때까지 수행하는 추정법이다. ULS추정법은 오차제곱합을 최소로 해 주는 추정법이며 ML추정법은 백색잡음 $\{a_t\}$ 의 정규분포 가정 하에서 로그 우도함수를 최대로 해 주는 추정법으로 Gauss- Newton 방법에 의해 반복 추정한다. 반복 추정의 초깃값으로 YW 추정치가 사용된다.

모형의 진단. 자기회귀오차모형을 적합한 후의 잔차는 다음과 같이 정의된다.

$$\hat{a_t} = Z_t - \hat{Z_t} = Z_t - (\boldsymbol{X}_t{}'\hat{\boldsymbol{\beta}} + \varepsilon_{t|t-1}),$$

여기서 $\varepsilon_{t|t-1} = -\hat{\phi}_1\varepsilon_{t-1} - \hat{\phi}_2\varepsilon_{t-2} \cdots - \hat{\phi}_p\varepsilon_{t-p}$ 이다. 모형의 진단 단계는 잔차시계열 $\{\hat{a}_t\}$ 가 자기회귀오차모형에서 가정된 $a_t \sim i.i.d.\ (0, \sigma_\varepsilon^2)$ 에 상응하는지를 검토하는 것이다.

3.4 예제

예제 3.1 직선 추세성분을 갖는 비정상시계열에 대한 자기회귀오차모형에 의한 예측.

2장의 예제 2.2에서 다루었던 [그림 2.6]의 시계열자료는 결정적 추세인 직선 추세성분을 갖는 비정상시계열이다.

회귀모형의 적합. 이 시계열자료에 대하여 다음과 같이 직선의 식을 나타내는 회귀모형

$$Z_t = \beta_0 + \beta_1 t + \varepsilon_t, \quad \varepsilon_t \sim i.i.d.\ (0, \sigma_\varepsilon^2),$$

을 적합시켰을때 회귀모형 추정결과가 [표 3.1]에 제시되어 있다. [표 3.1]의 ANOVA표로부터 회귀모형 유의성검정의 결과는 $p-value < 0.0001 < 0.05 = \alpha$ 이므로 회귀모형은 유의하고, Adjusted $R^2 = 0.9924$ 로서 회귀모형은 매우 설명력이 우수하다. 회귀계수도 모두 유의하다. 그러나 잔차시계열에 대한 포트맨토우 검정결과를 보여 주는 [표 3.2]에서 제시된 모든 시차에서 $p-value < 0.0001 < 0.05 = \alpha$ 이므로 잔차들은 독립이 아니다. 이러한 사실은 [그림 3.1]의 자기상관분석도에서 잔차시계열에 대한

SACF plot, SPACF plot, SIACF plot에서 각각 $\pm 2 \cdot SE(\hat{\rho}_k(e))$, $\pm 2 \cdot SE(\hat{\phi}_{kk}(e))$, $\pm 2 \cdot SE(\hat{\rho}_k^{(I)}(e))$ 밖에 SACF, SPACF, SIACF가 존재하는 것과도 부합한다. 종합하여 판단하면 $\{\varepsilon_t\}$가 독립이라는 가정에 위배된다.

[표 3.1] 회귀모형 추정결과: 직선 추세성분을 갖는 비정상시계열자료

Analysis of Variance					
Source	DF	Sum of Squares	Mean Square	F Value	Pr > F
Model	1	928462	928462	12870.1	<.0001
Error	98	7069.82022	72.14102		
Corrected Total	99	935531			

Root MSE	8.49359	R-Square	0.9924
Dependent Mean	236.25878	Adj R-Sq	0.9924
Coeff Var	3.59504		

Parameter Estimates					
Variable	DF	Parameter Estimate	Standard Error	t Value	Pr > |t|
Intercept	1	67.68668	1.71154	39.55	<.0001
t	1	3.33806	0.02942	113.45	<.0001

[표 3.2] 회귀모형 적합 후 잔차시계열에 대한 포트맨토우 검정결과:
직선 추세성분을 갖는 비정상시계열자료

Autocorrelation Check for White Noise									
To Lag	Chi-Square	DF	Pr > ChiSq	Autocorrelations					
6	56.11	6	<.0001	-0.690	0.241	-0.047	0.031	-0.061	0.048
12	57.87	12	<.0001	-0.030	0.051	-0.035	-0.065	0.081	-0.007
18	63.75	18	<.0001	0.020	-0.114	0.144	-0.069	-0.058	0.081
24	68.41	24	<.0001	0.022	-0.078	0.035	-0.024	0.089	-0.137

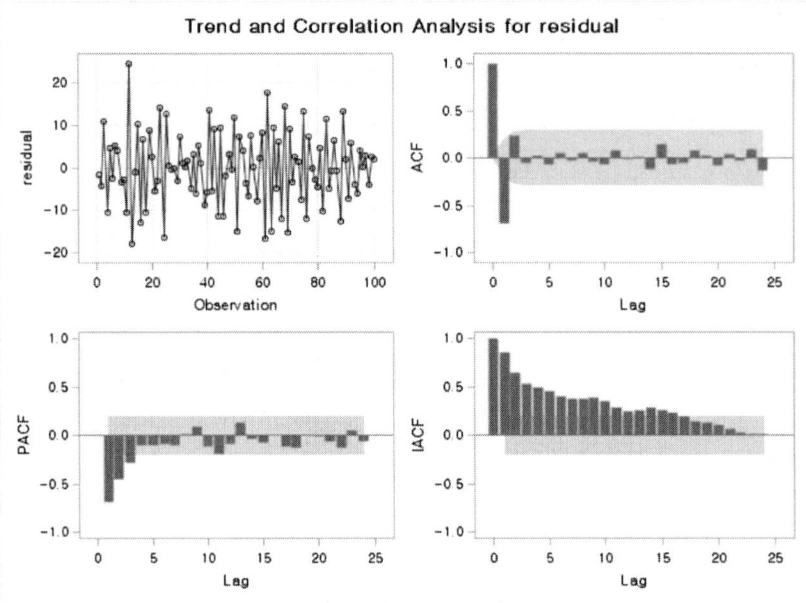

[그림 3.1] 회귀모형 적합 후 잔차시계열의 자기상관분석도:
직선 추세성분을 갖는 비정상시계열자료

모형의 식별. 이제 모형식 (3.3)에서 $m=1$인 자기회귀오차모형

$$\begin{cases} Z_t = \beta_0 + \beta_1 t + \varepsilon_t, \\ \varepsilon_t = -\phi_1 \varepsilon_{t-1} - \phi_2 \varepsilon_{t-2} - \cdots - \phi_p \varepsilon_{t-p} + a_t, \\ a_t \sim i.i.d.\ (0, \sigma_a^2), \end{cases} \tag{3.6}$$

을 고려해 보기로 한다.

모형의 추정. 모형식 (3.6)의 ML 추정결과를 보여 주는 [표 3.3] 및 [표 3.4]로부터 추정된 모형식은 다음과 같다. 이때 모수의 유의성검정에서 모든 모수에 대하여 $p-value < 0.05 = \alpha$이므로 모수들은 모두 유의하다.

$$\begin{cases} Z_t = 67.7934 + 3.3359t + \varepsilon_t, \\ \varepsilon_t = -1.1251\varepsilon_{t-1} - 0.7283\varepsilon_{t-2} - 0.2749\varepsilon_{t-3} + a_t, \\ \hat{\sigma}_a^2 = MSE = 28.39329. \end{cases} \tag{3.7}$$

[표 3.3] 자기회귀오차모형 적합 및 Durbin–Watson 검정결과:
직선 추세성분을 갖는 비정상시계열자료

The AUTOREG Procedure

Maximum Likelihood Estimates			
SSE	2697.36302	DFE	95
MSE	28.39329	Root MSE	5.32854
SBC	637.637521	AIC	624.61167
MAE	4.15604622	AICC	625.249968
MAPE	2.2870268	HQC	629.883467
Log Likelihood	-307.30584	Regress R-Square	0.9997
Durbin-Watson	2.0653	Total R-Square	0.9971
		Observations	100

Durbin-Watson Statistics			
Order	DW	Pr < DW	Pr > DW
1	2.0653	0.5889	0.4111

[표 3.4] 자기회귀오차모형의 모수추정결과:
직선 추세성분을 갖는 비정상시계열자료

Parameter Estimates					
Variable	DF	Estimate	Standard Error	t Value	Approx Pr > |t|
Intercept	1	67.7934	0.3529	192.10	<.0001
t	1	3.3359	0.006100	546.88	<.0001
AR1	1	1.1251	0.0988	11.39	<.0001
AR2	1	0.7283	0.1326	5.49	<.0001
AR3	1	0.2749	0.0987	2.78	0.0065

Durbin–Watson 검정. 자기회귀모형 적합결과를 나타내는 [표 3.3]에는 잔차에 대한 1–시차 자기상관관계 존재 여부를 검정하기 위한 Durbin–Watson 검정결과가 제시되어 있다. Durbin–Watson 통계치는 2.0653이고 Pr 〈 DW는 양의 자기상관관계에 대한 $p-value$이며 Pr 〉 DW는 음의 자기상관관계에 대한 $p-value$이다. 즉, 다음의 가설

$$H_0 \; : \; \rho_1(e) = 0. \quad \text{vs.} \quad H_1 \; : \; \rho_1(e) > 0 \tag{3.8}$$

에 대해 $p-value = 0.5889 > 0.05 = \alpha$이므로 가설 (3.8)에서 귀무가설 H_0를 기각하지 못한다. 또한 다음의 가설

$$H_0 : \rho_1(e) = 0 \quad \text{vs.} \quad H_1 : \rho_1(e) < 0 \tag{3.9}$$

에 대해 $p-value = 0.4111 > 0.05 = \alpha$이므로 가설 (3.9)에서 귀무가설 H_0를 기각하지 못한다. 즉, 잔차는 1-시차 양의 자기상관관계 및 1-시차 음의 자기상관관계가 존재하지 않으므로 1-시차 자기상관관계는 존재하지 않는다. 만약 가설 (3.8) 혹은 (3.9)에 대한 검정에서 $p-value < 0.05 = \alpha$ 이면 잔차들은 서로 독립이 아니므로 다시 모형을 식별해야 한다.

모형의 진단. [그림 3.2]는 추정 모형식 (3.7)에 의해 추정된 $\{\hat{Z}_t\}$를 사용하여 얻어지는 잔차시계열 $\{\hat{a}_t\} = \{Z_t - \hat{Z}_t\}$ 에 대한 잔차분석 결과를 보여 준다. 첫 번째 표준화된 잔차그림에서 잔차들은 평균 0을 중심으로 대략 구간 [-3, 3]에 분포하여 평균 및 분산이 일정하다고 판단된다. 또한 평균 0에 대한 $T-$검정에서 $p-value = 0.96708 > 0.05 = \alpha$이므로 통계적으로 평균은 0으로 받아들일 수 있다. 아래쪽 첫 번째 막대그래프는 잔차시계열의 포트맨토우 검정에 대한 $p-value$ 막대그래프를 나타낸다. 모든 시차에서 막대기둥이 세로축의 0.05 경계선 아래에 위치한다. 또한 아래쪽의 두 번째 및 세 번째 그림인 잔차시계열에 대한 SACF plot 및 SPACF plot에서 각각 $\pm 2 \cdot SE(\hat{\rho}_k(e))$, $\pm 2 \cdot SE(\hat{\phi}_{kk}(e))$ 이내에 SACF, SPACF가 존재한다. 종합하여 판단하면 $\{a_t\}$가 평균 0와 상수분산 σ_a^2을 갖는 백색잡음이라는 설정에 위배되지 않는다.

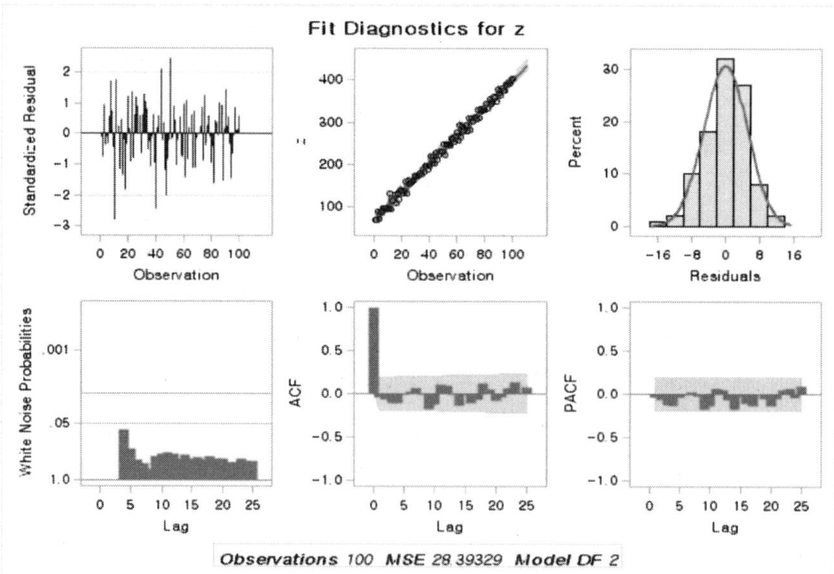

[그림 3.2] 자기회귀오차모형 적합 후 잔차분석 결과: 직선 추세성분을 갖는 비정상시계열자료

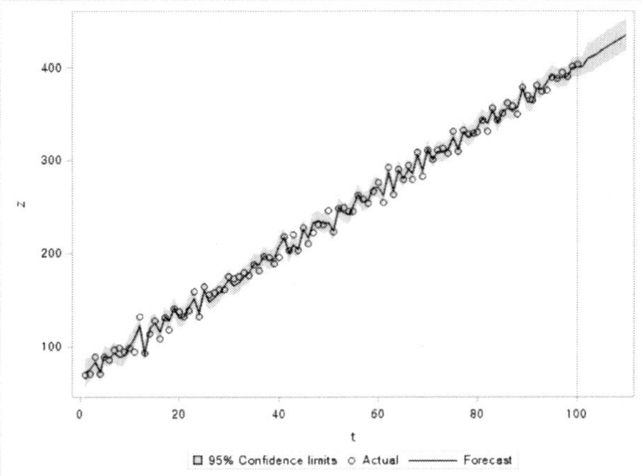

[그림 3.3] 자기회귀오차모형에 의한 예측:
직선 추세성분을 갖는 비정상시계열자료

예측. 추정 모형식 (3.7)를 사용하여 적합기간($t=1,2,...,100$)의 1-시차 후 예측치와 예측기간($t=101,102, ...,110$)의 다-시차 후 예측치, 그리고 95% 신뢰수준하에서 예측구간을 그린 시계열그림이 [그림 3.3]에 보여진다. □

SAS program 3.1 **예제 3.1 직선 추세성분을 갖는 비정상시계열에 대한 자기회귀오차모형에 의한 예측**

- 시계열자료: 식 (2.12)로부터 생성된 모의실험 시계열자료

```
/* (1) Time series data generated from  Eq. (2.12)   */
data ex2_2;
     zb=70; ab=0;
  do t=1 to 100;
     a=5*rannor(20160208);
     z=100+5*t-0.5*zb+a-0.7*ab;
  output;
     zb=z; ab=a;
  end; run;
/* proc print; run; */

/* (2) Table 3.1 */
proc reg data=ex2_2 ;
  model z = t;
  output out=out1 r=residual; run;

/* (3) Table 3.2 & Figure 3.1 */
proc arima data=out1;
  identify var=residual; run;
/* (4) Generating missing values and date values for forecast period */
data missing;
```

```
  do k=1 to 10;
     t=100+k; z=.;
  output;
  end; run;
/* proc print; run;*/

/* (5) */
data ex2_2; set ex2_2 missing; keep t z; run;
/* proc print; run;*/

/* (6) Table 3.3, Table 3.4, Figure 3.2 */
proc autoreg data=ex2_2;
  model z = t / nlag=5 backstep dwprob method=ml;
  output  out=out1  p=forecast  r=residual lcl=l95 ucl=u95; run;
/* proc print data=out1; run; */

 /* (7) p-value of T-test for residual mean zero */
proc univariate data=out1 noprint; var residual;
  output out=mean0_pvalue  probt=pvalue_mean0; run;
proc print data=mean0_pvalue; run;

/* (8) Figure 3.3 */
proc sgplot data=out1;
  band Upper=u95 Lower=l95 x=t/ legendlabel="95% Confidence limits";
  scatter x=t y=z / legendlabel="Actual"
         MARKERATTRS=(SYMBOL=Circle SIZE=8PX);
  series x=t y=forecast / legendlabel="Forecast"
         LINEATTRS=(PATTERN=1 color=black THICKNESS=1);
  refline '100'/ axis=x; run;
```

예제 3.2 직선 추세성분, 계절성분 및 증가하는 분산을 갖는 비정상시계열에 대한 자기회귀오차모형에 의한 예측

2장의 예제 2.4에서 분석하였던 월별 최대전력수요(단위: 만Kw) 시계열자료(기간: 2003/01 ~ 2015/12)의 시계열그림인 [그림 2.20]으로부터 이 시계열은 비정상성의 요인으로서 추세성분, 계절성분, 그리고 증가하는 분산을 가짐을 볼 수 있다.

모형의 식별. 이 시계열자료에 대하여 로그변환 후 모형식 (3.4)에서 $m=1,\ s=12$ 인 다음과 같은 자기회귀오차모형을 식별할 수 있다.

$$\begin{cases} \ln Z_t = \beta_1 t + \sum_{j=1}^{12} \beta_{12j} I_{jt} + \varepsilon_t, \\ I_{jt} = \begin{cases} 1,\ j = t(\text{mod } 12), \\ 0,\ \text{그외의 경우}, \end{cases} \\ \varepsilon_t = -\phi_1 \varepsilon_{t-1} - \phi_2 \varepsilon_{t-2} - \cdots - \phi_p \varepsilon_{t-p} + a_t, \\ a_t \sim i.i.d.\ (0, \sigma_a^2). \end{cases} \tag{3.10}$$

모형의 추정. 모형식 (3.10)에 대해 ML 추정결과를 보여 주는 [표 3.5] 및 [표 3.6]으로부터 추정된 모형식은 다음과 같다. 이때 모수의 유의성검정에서 모든 모수에 대하여 $p-value < 0.05 = \alpha$ 이므로 모든 모수들은 유의하다.

$$\begin{cases} \ln Z_t = 0.003596t + 8.4493I_{1t} + 8.4345I_{2t} + \cdots + 8.4373I_{12} + \varepsilon_t, \\ I_{jt} = \begin{cases} 1, \ j = t(\bmod 12), \\ 0, \ \text{그외의 경우}, \end{cases} \\ \varepsilon_t = 0.4208\varepsilon_{t-1} + 0.2831\varepsilon_{t-2} + 0.2245\varepsilon_{t-10} + a_t, \\ \widehat{\sigma_a^2} = MSE = 0.0007034. \end{cases} \quad (3.11)$$

Durbin-Watson 검정. 자기회귀모형 적합결과를 나타내는 [표 3.5]에서 Durbin- Watson 통계치는 2.0285이고 다음의 가설

$$H_0: \ \rho_1(e) = 0. \ \text{vs.} \ H_1 \ : \ \rho_1(e) > 0 \quad (3.12)$$

에 대해 $p-value = 0.5889 > 0.05 = \alpha$ 이므로 가설 (3.12)에서 귀무가설 H_0를 기각하지 못한다. 또한 다음의 가설

$$H_0: \ \rho_1(e) = 0. \ \text{vs.} \ H_1 \ : \ \rho_1(e) < 0 \quad (3.13)$$

에 대해 $p-value = 0.4311 > 0.05 = \alpha$ 이므로 가설 (3.13)에서 귀무가설 H_0를 기각하지 못한다. 즉, 잔차는 1-시차 양의 자기상관관계 및 1-시차 음의 자기상관관계가 존재하지 않으므로 1-시차 자기상관관계가 존재하지 않는다.

모형의 진단. [그림 3.4]는 추정 모형식 (3.11)에 의해 추정된 $\{\widehat{\ln Z_t}\}$를 사용하여 얻어지는 잔차시계열 $\{\hat{a}_t\} = \{\ln Z_t - \widehat{\ln Z_t}\}$ 에 대한 잔차분석 결과를 보여 준다. 첫 번째 표준화된 잔차그림에서 잔차들은 평균 0을 중심으로 대략 구간 [-4, 2]에 분포하여 평균 및 분산이 일정하다고 판단된다. 또한 평균 0에 대한 T-검정에서 $p-value = 0.53379 > 0.05 = \alpha$ 이므로 통계적으로 평균은 0으로 받아들일 수 있다. 아래쪽 첫 번째 막대그래프는 잔차시계열의 포트맨토우 검정에 대한 $p-value$ 막대그래프를 나타낸다. 모든 시차에서 막대기둥이 세로축의 0.05 경계선 아래에 위치한다. 또한 아래쪽의 두 번째 및 세 번째 그림인 잔차시계열에 대한 SACF plot 및 SPACF plot에서 각각 $\pm 2 \cdot SE(\hat{\rho}_k(e))$, $\pm 2 \cdot SE(\hat{\phi}_{kk}(e))$ 이내에 SACF, SPACF가 존재한다. 종합하여 판단하면 $\{a_t\}$가 평균 0과 상수분산 σ_a^2을 따르는 백색잡음이라는 설정에 위배되지 않는다.

[표 3.5] 자기회귀오차모형 적합 및 Durbin-Watson 검정결과:
최대 전력수요의 로그변환 시계열자료

The AUTOREG Procedure

Maximum Likelihood Estimates			
SSE	0.09848166	DFE	140
MSE	0.0007034	Root MSE	0.02652
SBC	-623.93174	AIC	-672.72944
MAE	0.01976399	AICC	-668.81577
MAPE	0.22783393	HQC	-652.90993
Log Likelihood	352.36472	Regress R-Square	0.9990
Durbin-Watson	2.0285	Total R-Square	1.0000
		Observations	156
NOTE: No intercept term is used. R-squares are redefined.			

Durbin-Watson Statistics			
Order	DW	Pr < DW	Pr > DW
1	2.0285	0.5688	0.4312

[표 3.6] 자기회귀오차모형의 모수추정결과:
최대 전력수요의 로그변환 시계열자료

Parameter Estimates					
Variable	DF	Estimate	Standard Error	t Value	Approx Pr > |t|
t	1	0.003596	0.000436	8.25	<.0001
i1	1	8.4493	0.0395	213.97	<.0001
i2	1	8.4345	0.0395	213.30	<.0001
i3	1	8.3888	0.0396	211.90	<.0001
i4	1	8.3067	0.0396	209.60	<.0001
i5	1	8.2841	0.0397	208.54	<.0001
i6	1	8.3698	0.0398	210.38	<.0001
i7	1	8.4335	0.0399	211.25	<.0001
i8	1	8.4519	0.0400	211.39	<.0001
i9	1	8.3876	0.0401	209.32	<.0001
i10	1	8.2960	0.0401	207.04	<.0001
i11	1	8.3758	0.0400	209.42	<.0001
i12	1	8.4373	0.0399	211.21	<.0001
AR1	1	-0.4208	0.0789	-5.34	<.0001
AR2	1	-0.2831	0.0780	-3.63	0.0004
AR10	1	-0.2245	0.0685	-3.28	0.0013

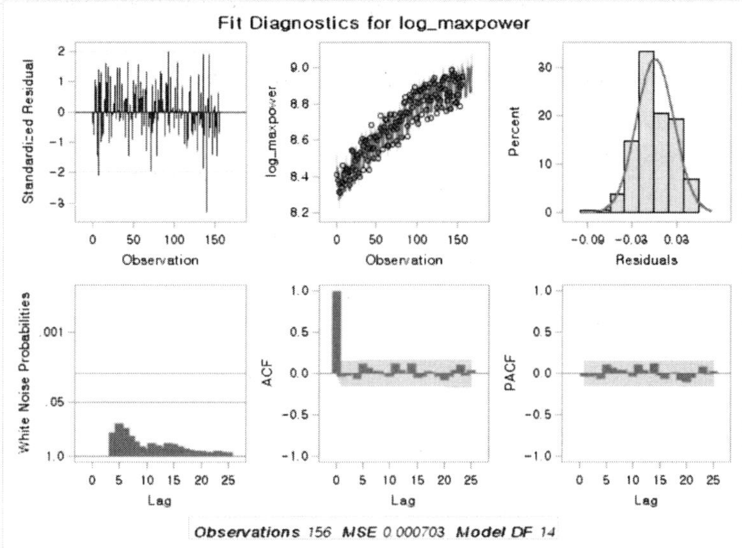

[그림 3.4] 자기회귀오차모형 적합 후 잔차분석 결과: 최대 전력수요의 로그변환 시계열자료

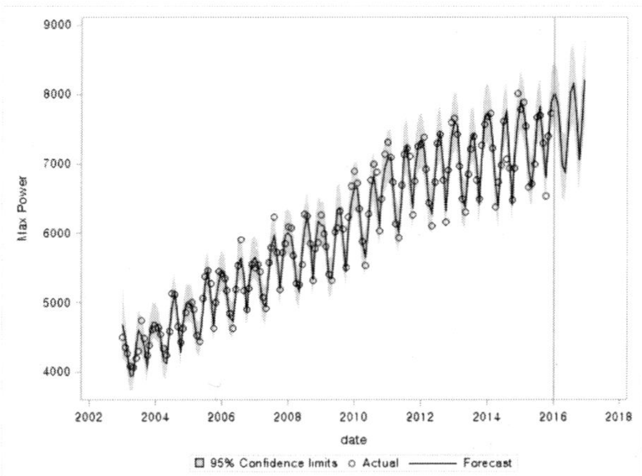

[그림 3.5] 자기회귀오차모형에 의한 예측: 최대 전력수요의 로그변환 시계열자료

예측. [그림 3.5]는 추정 모형식 (3.11)을 사용하여 2003년 1월부터 2015년 12월까지 1-시차 후 예측치, 이후 12개월 예측기간 동안 다-시차 후 예측치, 그리고 95% 신뢰수준 하의 예측구간을 나타낸 시계열그림이다. 이때 원 시계열 분산의 상수화를 위해 로그 변환한 시계열자료는 모두 원 시계열자료로 변환하여 표현하였다. □

SAS program 3.2 **예제 3.2 직선 추세성분, 계절성분 및 증가하는 분산을 갖는 비정상시계열에 대한 자기회귀오차 모형에 의한 예측**

- SAS data set: 최대 전력수요 시계열자료(mmaxpower.sas7bdat)
- 시계열 기간: 2003/01-2015/12(월별)
- 시계열 변수: max_power

```
/* (1) Read the maximum power demand time series data */
data ex2_4; set Tsa2016.mmaxpower end=last nobs=n;
  keep date max_power log_maxpower t i1-i12;
  log_maxpower=log(max_power); t=_n_;
  date=intnx('month','1JAN03'd,_n_-1);
  format date monyy.;
  mon=month(date);
     if mon=1  then i1=1;  else i1=0;
     if mon=2  then i2=1;  else i2=0;
     if mon=3  then i3=1;  else i3=0;
     if mon=4  then i4=1;  else i4=0;
     if mon=5  then i5=1;  else i5=0;
     if mon=6  then i6=1;  else i6=0;
     if mon=7  then i7=1;  else i7=0;
     if mon=8  then i8=1;  else i8=0;
     if mon=9  then i9=1;  else i9=0;
     if mon=10 then i10=1; else i10=0;
     if mon=11 then i11=1; else i11=0;
     if mon=12 then i12=1; else i12=0;
  output;


/* (2) Generating missing values and date values for forecast period */
 if last then
   do i=1 to 12;
     max_power=.; log_maxpower=.; t=n+i;
     date=intnx('month','1JAN03'd,t-1);
     format date monyy.;
     mon=month(date);
     if mon=1  then i1=1;  else i1=0;
     if mon=2  then i2=1;  else i2=0;
     if mon=3  then i3=1;  else i3=0;
     if mon=4  then i4=1;  else i4=0;
     if mon=5  then i5=1;  else i5=0;
     if mon=6  then i6=1;  else i6=0;
     if mon=7  then i7=1;  else i7=0;
     if mon=8  then i8=1;  else i8=0;
     if mon=9  then i9=1;  else i9=0;
     if mon=10 then i10=1; else i10=0;
     if mon=11 then i11=1; else i11=0;
     if mon=12 then i12=1; else i12=0;
   output; end; run;
/* proc print;  run;*/

/* (3) Table 3.5, Table 3.6, Figure 3.4 */
```

```
proc autoreg data=ex2_4;
  model log_maxpower=t  i1-i12/ noint nlag=15 backstep dwprob method=ml;
  output out=out1  p=forecast  r=residual lcl=l95 ucl=u95; run;
/* proc print data=out1; run;*/

/* (4) p-value of T-test for residual mean zero */
proc univariate data=out1 noprint; var residual;
  output out=mean0_pvalue  probt=pvalue_mean0 ;  run;
proc print data=mean0_pvalue; run;

/* (5) Transformation to raw data */
data out1; set out1;
  max_power=exp(log_maxpower); forecast=exp(FORECAST);
  residual=max_power-forecast;
  l95=exp(L95); u95=exp(U95);
  output; run;
proc print data=out1; var date  max_power forecast residual l95 u95 ; run;

/* (6) Figure 3.5 */
proc sgplot data=out1;
  band Upper=u95 Lower=l95 x=date/ legendlabel="95% Confidence limits";
  scatter x=date y=max_power / legendlabel="Actual"
        MARKERATTRS=(SYMBOL=Circle SIZE=8PX);
  series x=date y=forecast / legendlabel="Forecast"
        LINEATTRS=(PATTERN=1 color=black THICKNESS=1);
  refline '1jan2016'd/ axis=x ;
  xaxis values=('01jan03'd  to '31jan17'd);
  yaxis label="Max Power"; run;
```

3.5 SAS 프로그램

PROC AUTOREG 사용법. SAS/ETS의 PROC AUTOREG는 자기상관오차를 갖는 회귀모형인 자기회귀오차모형에 의한 시계열예측을 다룰 뿐만 아니라 9장의 이분산오차를 갖는 회귀모형에 의한 예측도 다룬다. 이 절에서는 자기회귀오차모형에 의한 예측에 필요한 PROC AUTOREG 사용법만을 설명한다. AUTOREG procedure의 기본 형식은 [표 3.7]과 같다. [표 3.8]은 PROC AUTOREG statement에서 사용 가능한 여러 옵션을 설명한다. [표 3.9]의 MODEL statement는 자기회귀오차모형에서 종속변수와 설명변수로 사용할 시계열변수를 명시한다. [표 3.10]의 OUTPUT statement는 자기회귀오차모형에 의한 예측 후 생성되는 여러 예측 결과를 저장한다. PROC AUTOREG에 의한 예측을 할 때는 다른 SAS procedure에서의 자동 예측과는 달리 미리 사전 작업을 해 놓아야 한다. 즉, 설명변수로 사용되는 시계열의 미래 값을 예측기간만큼 미리 만들어 놓아야 하며 종속변수로 사용되는 시계열은 예측 기간만큼 결측치를 미리 만들어 놓아야 한다. SAS program 3.1~3.2에는 그러한 사전 작업에 대한 프로그래밍이 포함되어 있다.

AUTOREG procedure에는 많은 사용 가능한 옵션이 있으나 이 절에서는 지면 관계상 본문 및 예제를 이해하는 데 어려움이 없을 정도의 옵션만 선택적으로 소개하였다. 더 자세한 옵션에 대해서는 SAS Institute Inc. (2012)의 SAS/ETS를 참고한다. PROC AUTOREG의 사용 예는 SAS program 3.1~3.2를 참조한다.

[표 3.7] AUTOREG procedure 형식

```
PROC AUTOREG options ;
   MODEL  dependent = regressors / options ;
   OUTPUT OUT=SAS data set options ;
```

[표 3.8] PROC AUTOREG statement 형식

형식	▪ PROC AUTOREG *options* ;
선택 인수	▪ DATA=*SAS-data-set* → 자기회귀오차모형 분석 대상이 되는 변수들이 들어 있는 데이터세트(*SAS-data-set*)를 명시한다. default는 가장 최근에 생성된 데이터세트이다. ▪ OUTEST=*SAS-data-set* → 모수 추정치들을 저장할 데이터세트(*SAS-data-set*)를 명시한다. ▪ COVOUT → OUTEST=에 명시한 데이터세트(*SAS-data-set*)에 모수 추정치들의 공분산행렬을 저장한다.
선택 인수	▪ PLOTS*<(global-plot-options)><=(specific plot options)>* (예1) plots=NONE (예2) plots=ALL (예3) plots(unpackpanel)=ALL (예4) plots(only)=(ACF PACF WHITENOISE QQ) → 아래와 같은 *options*을 명시함으로써 다양한 plots를 생성할 수 있다.
	▪ *global-plot-options* - ONLY → default plots를 생성하지 않고 오직 명시한 plots만 생성한다. - UNPACKPANEL → plots를 패널로 묶지 않고 개별 plots으로 생성한다. ▪ *specific plot options* - ALL → 모든 plots를 생성한다. - ACF → 시계열의 SACF plot을 생성한다. - IACF → 잔차의 SIACF plot을 생성한다. - PACF → 잔차의 SPACF plot을 생성한다. - FITPLOT → 관측치 및 예측치 plot을 생성한다. - COOKSD → Cook's D plot을 생성한다. - QQ → 잔차의 Q-Q plot을 생성한다. - RESIDUAL | RES → 잔차 plot을 생성한다.

	- STUDENTRESIDUAL → 스튜던트화 잔차 plots를 생성한다. - STANDARDRESIDUAL → 표준화잔차 plots를 생성한다. - WHITENOISE → 잔차에 대한 백색잡음검정의 p-value 막대그래프를 생성한다. - RESIDUALHISTOGRAM | RESIDHISTOGRAM → 잔차 히스토그램을 생성한다. - NONE → 어떤 plots도 생성하지 않는다.

[표 3.9] MODEL statement 형식

형식	▪ MODEL *dependent* = *regressors* / *options* ;
필수 인수	▪ *dependent* → 모형식 (3.3) 혹은 (3.4)에서 종속변수 Z_t 에 해당하는 시계열변수를 명시한다. ▪ *regressors* → 모형식 (3.3) 혹은 (3.4)에서 등호(=) 오른쪽의 설명변수에 해당하는 시계열변수들을 명시한다.
선택 인수	▪ *label*: MODEL...; → 각 MODEL에 8자릿 수의 문자 *label*을 명시함으로써 서로 다른 모형들을 식별할 수 있다.
	▪ NOINT → 상수항을 사용하지 않는다. ❖ *Autoregressive Error options* ▪ NLAG=*number 혹은* NLAG=(*number-list*) → 자기회귀오차 $AR(p)$의 차수 p 를 명시한다. 이때 NLAG=3은 NLAG=(1 2 3)과 같다.
	❖ *Stepwise autoregression options* ▪ BACKTEP → 가장 유의하지 않은 자기회귀모수부터 순서대로 제거한다. ▪ SLSTAY=*value* → BACKTEP 옵션에서 사용될 유의수준을 명시한다. default는 SLSTAY=0.05이다.
	❖ *Printing options* ▪ ALL → 모든 printout을 제공한다. ▪ ARCHTEST → 잔차에 대한 Q 및 LM의 이분산검정통계치 및 p-value의 printout. ▪ CORRB → 모수추정치의 상관계수추정치의 printout. ▪ COVB → 모수추정치의 공분산추정치의 printout. ▪ DW=*n* → 차수 *n*까지의 Durbin-Watson 통계치를 프린트하며 default는 DW=1이다. ▪ DWPROB → 일반화 Durbin-Watson 검정통계치에 대한 p-value의 printout. ▪ NORMAL → 잔차에 대한 Jarque-Bera 정규성검정통계치와 p-value의 printout. ▪ NOPRINT → 어떤 printout도 제공하지 않는다.
	❖ *Estimation options* ▪ METHOD=*value* → 추정방법을 명시할 수 있다. (예) METHOD=ML → 최우추정법 METHOD=ULS → 비조건부 최소제곱추정법 METHOD=YW → Yule-Walker 추정법(default) iMETHOD=ITYW → 반복 Yule-Walker 추정법

[표 3.10] OUTPUT statement 형식

형식	• OUTPUT *OUT=SAS-data-set keyword= options...*;
선택 인수	• OUT=*SAS-data-set* → PROC AUTOREG의 output이 저장될 데이터세트(*SAS-data-set*)를 명시한다. • ALPHACLI=*number* → 예측구간의 신뢰수준 크기를 명시한다. *number*는 0과 1 사이의 수치로서 결과로 얻어지는 신뢰수준은 *1-number*이다. default는 ALPHACLI=0.05이다. • LCL=*name* → 구간예측의 하한값을 저장할 변수이름(*name*)을 명시한다. • UCL=*name* → 구간예측의 상한값을 저장할 변수이름(*name*)을 명시한다. • PREDICTED=*name* 혹은 P=*name* → 예측치를 저장할 변수이름(*name*)을 명시한다. • RESIDUAL=*name* 혹은 R=*name* → 잔차를 저장할 변수이름(*name*)을 명시한다.

3장 연습문제

3.1 (연습문제 1.1의 계속) 추세성분과 계절성분을 모두 가지고 있는 시계열자료에 대하여 자기회귀오차모형을 적합하고 향후 하나의 계절주기만큼 예측하여라.

3.2 (연습문제 1.2의 계속) 계절성분만 가지고 있는 시계열자료에 대하여 자기회귀오차모형을 적합하고 향후 하나의 계절주기만큼 예측하여라.

3.3 (연습문제 1.3의 계속) 추세성분만 가지고 있는 시계열자료에 대하여 자기회귀오차모형을 적합하고 미래 10 시점을 예측하여라.

3장 참고문헌

- 조신섭, 손영숙, 성병찬 (2016), **시계열분석**, 제4판, 율곡출판사.
- 조신섭, 이정형 (2014), **경제시계열분석을 위한 SAS/ETS 사용법**, 자유아카데미.
- Box, G. E. P. and Jenkins, G. M. (1976). *Time Series Analysis Forecasting and Control*, 2nd ed., Holden-Day.
- SAS Institute Inc. (2012). *SAS/ETS 12.1 User's Guide*. Cary, NC, USA.
- Durbin, J. and Watson, G. S. (1971), Testing for Serial Correlation in Least Squares Regression III, *Biometrika*, 58, 1-19.
- Vinod, H. D. (1973), Generalization of the Durbin-Watson Statistic for Higher Order Autoregressive Process, *Communication in Statistics*, 2, 115-144.
- Wei, W. W. S. (1990). *Time Series Analysis*, Addison Wesley.

4 장

전이함수모형에 의한 예측

4.1 전이함수모형
4.2 교차상관계수
4.3 Granger 인과관계검정
4.4 전이함수모형의 적합
4.5 예제
4.6 SAS 프로그램
연습문제
참고문헌

4.1 전이함수모형

전이함수모형. ARIMA모형은 단일시계열(univariate time series)의 과거값, 그리고 백색잡음의 현재값과 과거값들의 선형결합에 의해 모형이 구성된다. 자기회귀오차모형은 시간의 함수를 입력변수로 사용하는 전통적인 추세모형에 오차항은 자기회귀모형을 갖도록 구성된 회귀모형이다. 이제 이들 모형과는 달리 출력(혹은 종속)시계열의 과거값, 그리고 백색잡음의 현재값과 과거값들에 입력시계열들의 현재값과 과거값들이 더해져 구성되는 시계열모형으로 전이함수모형(transfer function model)이 있다. Box and Jenkins (1976)에 의해 제안된 전이함수모형은 입력시계열을 갖는 ARIMA모형, ARMA오차를 갖는 회귀모형, ARMAX모형, 혹은 동적(dynamic) 회귀모형 등 여러 가지 이름으로 불린다.

전이함수모형식에서 출력시계열(output time series) $\{Z_t\}$는 각 입력시계열(input time series) $\{X_{i,t}\}$에 대해 선형 동적시스템을 나타내는 전이함수(transfer function) $v_i(B)$의 선형결합에 잡음항인 $\{n_t\}$가 더해져서 다음과 같이 정의된다.

$$Z_t = \mu + \sum_{i=1}^{k} v_i(B) X_{i,t} + n_t, \qquad (4.1)$$

여기서

$$\begin{cases} X_{i,t}: i\text{번째 입력시계열}, \\ v_i(B) = \sum_{j=-\infty}^{\infty} v_{i,j} B^j : i\text{번째 전이함수}, \\ v_{i,j}: i\text{번째 전이함수의 } j\text{번째 충격반응 가중치(impulse response weight)}, \\ n_t = \dfrac{\theta(B)}{\phi(B)}\varepsilon_t : \text{잡음과정(noise process)}, \\ \{\varepsilon_t\} \sim i.i.d.(0, \sigma_\varepsilon^2). \end{cases}$$

[그림 4.1]은 전이함수모형의 동적시스템 기본 구조를 보여 준다. 만약 식 (4.1)을 그대로 사용하여 전이함수모형을 적합시키려면 전이함수의 모수, 즉 충격반응 가중치 $\{v_{i,j}\}$의 수가 너무 많다. 따라서 모수절약을 위해 전이함수 $v(B)$를 식 (4.2)에서 $\{w_s(B)/\delta_r(B)\}B^b$와 같이 다항식의 분수형태로 표현하여 전이함수 모형식을 구성한다. 식 (4.2)에서는 보다 쉬운 모형설명을 위하여 입력시계열 하나만 사용하는 경우로 축소해서 표현하였지만 입력시계열이 두 개 이상인 경우도 같은 방법으로 확장해서 표현할 수 있다. 다음 식에서 지연모수(delay parameter) b는 입력시계열에 주어진 충격이 b시점만큼 지연되어 출력시계열에 반영됨을 나타낸다.

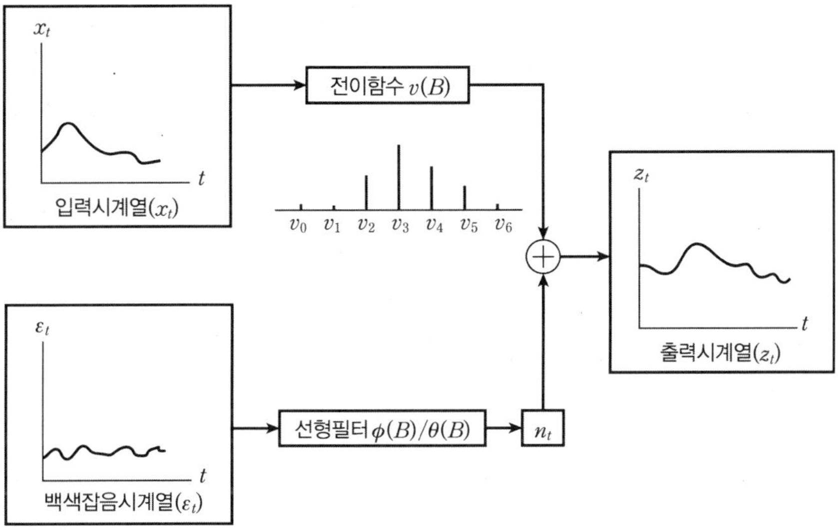

[그림 4.1] 전이함수모형의 동적시스템 구조

$$Z_t = \mu + v(B)X_t + n_t = \mu + \frac{w_s(B)}{\delta_r(B)}B^b X_t + \frac{\theta(B)}{\phi(B)}\varepsilon_t, \tag{4.2}$$

여기서

$$\begin{cases} v(B) = \sum_{j=-\infty}^{\infty} v_j B^j: \text{전이함수}, \\ n_t = \frac{\theta(B)}{\phi(B)}\varepsilon_t : \text{잡음과정(noise process)}, \\ w_s(B) = w_0 - w_1 B - w_2 B^2 - \cdots - w_s B^s, \\ \delta_r(B) = 1 - \delta_1 B - \delta_2 B^2 - \cdots - \delta_r B^r, \\ \phi(B) = 1 - \phi_1 B - \phi_2 B^2 - \cdots - \phi_p B^p, \\ \theta(B) = 1 - \theta_1 B - \theta_2 B^2 - \cdots - \theta_q B^q, \\ b: \text{지연모수(delay parameter)}, \\ \{\varepsilon_t\} \sim i.i.d.(0, \sigma_\varepsilon^2). \\ \{X_t\}\text{와 } \{\varepsilon_t\}\text{는 서로 독립이다.} \end{cases}$$

안정성과 인과성. ARMA모형에서 정상성과 가역성을 논하였던 것처럼 전이함수모형의 중요한 성질로서 안정성(stability)과 인과성(causality)이 있다. 안정성이란 입력시계열이 유한(finite)이면 출력시계열 또한 유한임을 의미한다. 안정성 조건은 $\delta_r(B)$의 모든 근이 단위원 밖에 존재한다는 조건과 동일하다.

인과성이란 현재 출력시계열이 입력시계열의 현재 및 과거값에만 영향을 받고 미래의 값에 의존하지 않는다는 것을 의미한다. 식 (4.2)의 $v(B)$에서 $j<0$일 때 충격반응 가중치가 $v_j=0$이면 현재 시점 t에서 Z_t는 $X_t, X_{t-1}, X_{t-2}, \ldots$와 같은 현재 및 과거의 관측 가능한 입력시계열의 값으로 예측할 수 있다. 즉, 입력시계열의 현재 및 과거는 출력시계열의 현재에 영향을 주지만 출력시계열의 현재 및 과거가 입력시계열의 현재에 영향을 주지 않는다는 의미이다. 따라서 전이함수모형은 입력시계열로부터 출력시계열을 예측하는 한쪽 방향으로의 예측만 가능하다. 7장에서 소개할 VARMA모형은 모형을 구성하는 시계열들이 쌍방향으로 예측이 가능하다는 점에서 구별된다.

전이함수모형에 의한 예측을 다룰 때 입력시계열로부터 출력시계열을 예측하는 한쪽 방향으로의 예측만 가능한 인과성의 존재 여부에 대한 판단은 중요하다. 이러한 인과성 판단에 교차상관분석과 Granger 인과관계검정이 유용하게 사용된다.

4.2 교차상관계수

교차상관계수. 1.2절에서 소개되었던 자기상관계수 및 부분자기상관계수가 시계열모형의 식별에 매우 유용하게 사용되는 것처럼 두 시계열 간의 시차별 선형종속관계를 측정하는 교차상관계수(cross correlation coefficient)는 전이함수모형의 분석에 매우 중요한 역할을 한다. 정상시계열인 $\{Z_t\}$와 $\{X_t\}$의 $k-$시차 상관관계는 다음과 같은 교차상관계수에 의해 측정한다.

$$
\begin{aligned}
\rho_{zx}(k) &= \frac{Cov(Z_t, X_{t-k})}{\sqrt{Var(Z_t)}\sqrt{Var X_{t-k})}} \\
&= \frac{E[(Z_t-\mu_z)(X_{t-k}-\mu_x)]}{\sqrt{E(Z_t-\mu_z)^2 E(X_{t-k}-\mu_x)^2}}, \\
&= \frac{\gamma_{zx}(k)}{\sqrt{\gamma_{zz}(0)}\sqrt{\gamma_{xx}(0)}}, \quad k=0, \pm 1, \pm 2, \ldots
\end{aligned}
$$

여기서 시계열 $\{Z_t\}$와 $\{X_t\}$의 각 평균은 μ_z와 μ_x이고, 각 분산은 유한하다고 가정한다. 이때 $-1 \le \rho_{zx}(k) \le 1$이고 $\rho_{zx}(k) \ne \rho_{zx}(-k)$이다. 자기상관계수의 경우는 $\rho_k = \rho_{zz}(k) = \rho_{zz}(-k) = \rho_{-k}$이었다.

선형종속관계. 일반적으로 두 개의 정상시계열 $\{Z_t\}$와 $\{X_t\}$ 간의 선형종속관계는 다음과 같이 요약될 수 있다.

(1) 모든 k에 대하여 $\rho_{zx}(k)=0$ 이라면 두 정상시계열 간의 선형관계는 없다.

(2) $\rho_{zx}(0)\neq 0$ 이라면 두 정상시계열은 동시간대에 선형관계가 존재한다.

(3) 모든 $k<0$ 에 대하여 $\rho_{zx}(k)=0$ 이지만 $\rho_{zx}(k)\neq 0$ 인 양수 k가 존재한다면, 정상 시계열 $\{X_t\}$ 로부터 $\{Z_t\}$로의 한쪽 방향으로만 선형관계가 존재한다. 즉, $\{Z_t\}$를 출력시계열로 놓고 $\{X_t\}$를 입력시계열로 놓으면 출력시계열은 입력시계열의 과거에 종속되나 입력시계열은 출력시계열의 과거에 종속되지 않는 전이함수의 인과성과 일치하는 상황이다. 이러한 경우 전이함수모형에 의한 분석이 유용하다.

(4) $\rho_{zx}(k)\neq 0$ 인 양수 및 음수 k 가 존재하면 정상시계열 $\{X_t\}$ 와 $\{Z_t\}$는 쌍방향으로 선형관계가 존재한다. 즉, $\{Z_t\}$는 $\{X_t\}$의 과거에 종속되며 $\{X_t\}$ 도 $\{Z_t\}$의 과거에 종속된다. 이러한 경우 7장의 VARMA모형에 의한 분석이 유용하다.

표본교차상관함수. 교차상관계수의 집합 $\{\rho_{zx}(k)\}$를 교차상관함수(cross correlation function: CCF)라고 한다. 시계열 $\{Z_t \mid t=1,2,\dots,n\}$ 및 $\{X_t \mid t=1,2,\dots,n\}$가 관측되었다면 k-시차 교차상관계수 $\rho_{zx}(k)$의 추정량으로서 다음과 같은 k-시차 표본교차상관계수 $\hat{\rho}_{zx}(k)$가 사용된다.

$$\hat{\rho}_{zx}(k)=\begin{cases}\dfrac{\hat{\gamma}_{zx}(k)}{\sqrt{\hat{\gamma}_{zz}(0)}\sqrt{\hat{\gamma}_{xx}(0)}}, \\ \hat{\gamma}_{zx}(k)=\begin{cases}\dfrac{1}{n}\displaystyle\sum_{t=k+1}^{n}(Z_t-\overline{Z})(X_{t-k}-\overline{X}), & k\geq 0, \\ \dfrac{1}{n}\displaystyle\sum_{t=1}^{n+k}(Z_t-\overline{Z})(X_{t-k}-\overline{X}), & k<0,\end{cases}\end{cases}$$

여기서 $\overline{Z}=\sum_{t=1}^{n}Z_t/n$ 와 $\overline{X}=\sum_{t=1}^{n}X_t/n$ 는 시계열 $\{Z_t\}$와 $\{X_t\}$의 각 평균이다. 표본교차상관계수의 집합 $\{\hat{\rho}_{zx}(k)\}$를 표본교차상관함수(sample cross correlation function: SCCF)라고 한다. 가로축에 시차 k를, 세로축에 SCCF $\{\hat{\rho}_{zx}(k)\}$의 수치 값을 나타낸 막대그래프를 SCCF plot이라고 한다.

두 개의 정상시계열 $\{Z_t\}$와 $\{X_t\}$가 서로 상관관계가 없고 $\{X_t\}$가 백색잡음과정이라면 다음이 성립한다(Bartlett (1955)).

$$Var[\hat{\rho}_{zx}(k)] \simeq \begin{cases} 1/(n-k), \\ 1/n, \text{ 대표본에서.} \end{cases} \tag{4.3}$$

SAS/ETS에서 제공하는 SCCF plot에서는 $\hat{\rho}_{zx}(k)$의 표준오차 2배수 범위인 $\pm 2 \cdot SE(\hat{\rho}_{zx}(k)) = \pm 2/\sqrt{n}$ 의 영역을 표시하여 이 범위를 벗어나는 $\hat{\rho}_{zx}(k)$에 대해서는 5% 유의수준하에서 다음의 가설

$$H_0 : \rho_{zx}(k) = 0 . \quad \text{vs.} \quad H_1 : \rho_{zx}(k) \neq 0$$

에 대한 검정에서 $H_1 : \rho_{zx}(k) \neq 0$의 증거로 간주한다.

예제 4.1. 교차상관분석

1.5절의 [그림 1.11]에 나타낸 월별 전력판매량 시계열 $\{Z_t = power_t\}$ 와 냉난방도일 시계열 $\{X_t = hcdd_t\}$ 는 증가하는 분산, 계절성 혹은 직선추세성으로 인한 비정상성을 갖는다. 따라서 이러한 비정상성을 제거한 정상시계열자료 $\{(1-B)(1-B^{12})\ln Z_t\}$와 $\{(1-B^{12})\ln X_t\}$ 간의 표본교차상관계수 $\hat{\rho}_{zx}(k)$와 표준오차의 2배수 범위인 $\pm 2 \cdot SE(\hat{\rho}_{zx}(k)) = \pm 2/\sqrt{n}$ 를 표시한 SCCF plot이 [그림 4.2]에 보여진다. 표준오차의 2배수 범위를 벗어나는 $\hat{\rho}_{zx}(k)$에 대해서는 5% 유의수준하에서 $H_1 : \rho_{zx}(k) \neq 0$의 증거로 간주할 수 있으므로 시차 0 및 2에서 두 시계열 간의 선형상관관계가 존재하며 전이함수모형의 인과성을 위배하지 않는다. 즉, 월별 전력판매량을 출력시계열 $\{Z_t\}$로 하고, 냉난방도일을 입력시계열 $\{X_t\}$로 하는 전이함수모형에 의한 분석을 시도해 볼 만하다. □

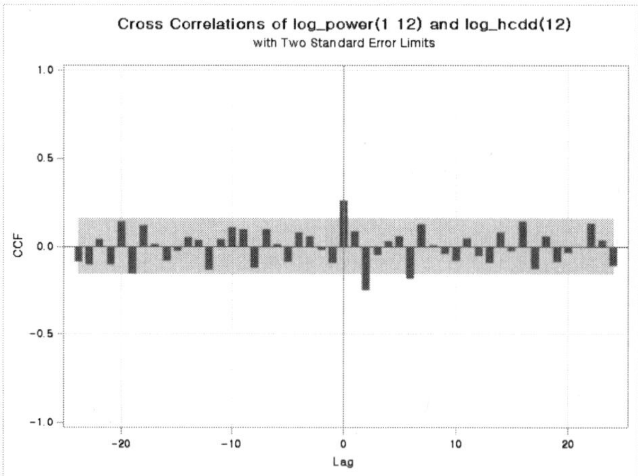

[그림 4.2] SCCF plot: 전력판매량과 냉난방도일 시계열자료

SAS program 4.1 **예제 4.1 교차상관분석**

- SAS data set: ① 전력판매량 시계열자료(melectricitysales.sas7bdat)
  ② 냉난방도일 시계열자료(melectricitysales.sas7bdat)
- 시계열 기간: 2000/01 ~ 2013/09(월별)
- 시계열 변수: ① power ② hcdd

```
/* (1) Read electricity sales time series data */
data powersales; set Tsa2016.melectricitysales;
  date=intnx('month','1JAN00'd,_n_-1);
  format date monyy.;
  log_power=log(power); log_hcdd=log(hcdd+1);
 proc print data=powersales; run;

/* (2) Figure 4.2 */
proc arima data=powersales;
  identify var=log_power(1,12) crosscorr=(log_hcdd(12)) nlag=24; run;
```

4.3 Granger 인과관계검정

Granger 인과관계검정. Granger(1980)의 Granger 인과관계검정(Granger causality test)은 한 변수가 다른 변수를 예측하는 데 있어서 예측변수로 사용될 수 있는지의 여부를 판단하기 위한 검정이다. 정상시계열인 $\{Z_t\}$와 $\{X_t\}$에 대하여 다음과 같은 2개의 자기회귀모형을 고려해 보자.

$$Z_t = \sum_{i=1}^{m} \alpha_i Z_{t-i} + \sum_{i=1}^{m} \beta_i X_{t-i} + \varepsilon_{1t}, \tag{4.4}$$

$$X_t = \sum_{i=1}^{m} \gamma_i X_{t-i} + \sum_{i=1}^{m} \delta_i Z_{t-i} + \varepsilon_{2t}. \tag{4.5}$$

이때 오차항 $\varepsilon_{1t}, \varepsilon_{2t}$는 서로 독립이며 등분산을 가정한다. 식 (4.4)와 (4.5)에서 시차 m은 보통 AIC값 중에서 보다 작은 값을 가진 시차를 사용한다. 식 (4.4)에서 Z를 예측하는 데 있어서 Z의 과거값만을 사용했을 때보다 X의 과거값을 추가하여 함께 사용할 때가 예측력이 더 높다면 X에서 Z로의 인과관계 ($Z \leftarrow X$)가 존재한다. 마찬가지로 식 (4.5)에서 X를 예측하는 데 있어서 X의 과거값만을 사용했을 때보다 Z의 과거값을 추가하여 함께 사용할 때가 예측력이 더 높다면 Z에서 X로의 인과관계($X \leftarrow Z$)가 존재한다. 식 (4.4)에 대한 Granger 인과관계검정은 가설 (4.6)에 대하여 검정을 수행하고, 식 (4.5)에 대한 Granger 인과관계검정은 가설

(4.7)에 대하여 검정을 수행한다.

$$\begin{cases} H_{10}: \text{ 모든 } \beta_i = 0\,(i=1,2,\ldots,m), \text{ 즉, } \quad Z \not\leftarrow X, \\ H_{11}: \text{ 최소한 하나의 } i\text{에 대하여 } \beta_i \neq 0\,(i=1,2,\ldots,m), \text{ 즉, } \quad Z \leftarrow X. \end{cases} \tag{4.6}$$

$$\begin{cases} H_{20}: \text{ 모든 } \delta_i = 0\,(i=1,2,\ldots,m), \text{ 즉, } \quad X \not\leftarrow Z, \\ H_{21}: \text{ 최소한 하나의 } i\text{에 대하여 } \delta_i \neq 0\,(i=1,2,\ldots,m), \text{ 즉, } \quad X \leftarrow Z. \end{cases} \tag{4.7}$$

예측관계. 일반적으로 두 개의 정상시계열 $\{Z_t\}$와 $\{X_t\}$ 간의 예측관계는 유의수준 α의 Granger 인과관계검정에 의해 다음과 같이 요약될 수 있다.

(i) 두 개의 귀무가설 H_{10} 및 H_{20} 가 모두 기각되지 못한다면 두 시계열은 서로 인과관계가 없다.

(ii) 만약 가설 H_{10} (H_{20})은 유의수준 α에서 기각되나 가설 H_{20} (H_{10})는 기각되지 못한다면 한쪽 방향으로의 인과관계가 존재하므로 $\{Z_t\}(\{X_t\})$는 출력시계열로, $\{X_t\}(\{Z_t\})$는 입력시계열로 하는 전이함수모형에 의해 예측해 볼 수 있다.

(iii) 만약 두 개의 가설 H_{10} 및 H_{20} 가 모두 기각된다면 양쪽 방향으로의 인과관계가 존재하므로 이러한 관계를 수용하는 모형식인 7장의 VARMA모형 등을 예측모형으로 사용할 수 있다.

예제 4.2 Granger 인과관계검정

예제 4.1에서 사용하였던 월별 전력판매량 시계열 $\{Z_t = power_t\}$ 를 출력시계열, 냉난방도일 시계열을 입력시계열 $\{X_t = hcdd_t\}$ 로 하는 전이함수모형에 의한 분석을 시도해 볼 수 있는지를 Granger 인과관계검정에 의해 검토해 보기로 하자. Granger 인과관계검정은 정상시계열에 대하여 수행해야 한다. [표 4.1]은 비정상성을 제거한 정상시계열자료 $\{(1-B)(1-B^{12})\ln Z_t\}$와 $\{(1-B^{12})\ln X_t\}$ 에 대한 Granger 인과관계검정의 결과를 보여준다. 제시된 자기회귀 시차 $m=1,2,3$ 의 모든 값에서 유의수준 1%에서 H_{10} 는 기각되지만 H_{20} 는 기각되지 못한다. 즉, 월별 전력판매량 시계열자료 $\{Z_t = power_t\}$ 를 출력시계열로 하고, 냉난방도일 시계열자료를 입력시계열 $\{X_t = hcdd_t\}$ 로 하는 전이함수모형에 의한 분석을 시도해 볼 수 있다. 이때 Granger 인과관계검정을 위한 모형식 (4.4) 및 (4.5)에서 자기회귀식의 차수 m는 보다 작은 AIC값을 주면서 추정된 모수가 유의한 경우를 택한다.

예를 들면 지면관계상 $m=4, 5$의 경우는 생략되었지만 [표 4.1]에서 $m=3$인 경우가 가장 작은 AIC값을 준다. 또한 모형식 (4.4) 및 (4.5)의 추정결과인 [표 4.2]에서 모수유의성검정의 $p-value$를 보면 월별 전력판매량은 자신의 과거값 및 냉난방도일의 시차 1까지의 과거값에 통계적으로 유의하게 종속됨을 알 수 있다. 한편, 냉난방도일은 자신뿐만 아니라 전력판매량의 과거값에 의해서도 설명되지 않는다. □

[표 4.1] Granger 인과관계검정에 대한 $p-value$: 전력판매량과 냉난방도일 시계열자료

	$m=1$	$m=2$	$m=3$
H_{10} : $\{(1-B)(1-B^{12})\ln Z_t\} \not\leftarrow \{(1-B^{12})\ln X_t\}$ H_{11} : $\{(1-B)(1-B^{12})\ln Z_t\} \leftarrow \{(1-B^{12})\ln X_t\}$	0.0048	0.0029	0.0006
H_{20} : $\{(1-B^{12})\ln X_t\} \not\leftarrow \{(1-B)(1-B^{12})\ln Z_t\}$ H_{21} : $\{(1-B^{12})\ln X_t\} \leftarrow \{(1-B)(1-B^{12})\ln Z_t\}$	0.3751	0.3361	0.6054
AIC	-9.7551	-9.8126	-9.8388

[표 4.2] Granger 인과관계검정을 위한 추정모형($m=3$): 전력판매량과 냉난방도일 시계열자료

Model Parameter Estimates						
Equation	Parameter	Estimate	Standard Error	t Value	Pr > |t|	Variable
log_power	AR1_1_1	-0.63396	0.08438	-7.51	0.0001	log_power(t-1)
	AR1_1_2	0.03226	0.01043	3.09	0.0024	log_hcdd(t-1)
	AR2_1_1	-0.28188	0.09159	-3.08	0.0025	log_power(t-2)
	AR2_1_2	-0.01848	0.01066	-1.73	0.0853	log_hcdd(t-2)
	AR3_1_1	-0.10334	0.08135	-1.27	0.2060	log_power(t-3)
	AR3_1_2	-0.02612	0.01078	-2.42	0.0166	log_hcdd(t-3)
log_hcdd	AR1_2_1	-0.84754	0.70799	-1.20	0.2332	log_power(t-1)
	AR1_2_2	-0.05785	0.08755	-0.66	0.5098	log_hcdd(t-1)
	AR2_2_1	-0.67873	0.76855	-0.88	0.3786	log_power(t-2)
	AR2_2_2	0.09614	0.08947	1.07	0.2843	log_hcdd(t-2)
	AR3_2_1	0.04026	0.68258	0.06	0.9531	log_power(t-3)
	AR3_2_2	0.05514	0.09044	0.61	0.5431	log_hcdd(t-3)

SAS program 4.2 **예제 4.2 Granger 인과관계검정**

- SAS data set: ① 전력판매량 시계열자료(melectricitysales.sas7bdat)
  ② 냉난방도일 시계열자료(melectricitysales.sas7bdat)
- 시계열 기간: 2000/01 ~ 2013/09(월별)
- 시계열 변수: ① power ② hcdd

```
/* (1) Read electricity sales time series data */
data powersales; set Tsa2016.melectricitysales;
  date=intnx('month','1JAN00'd,_n_-1);
  format date monyy.;
  log_power=log(power); log_hcdd=log(hcdd+1);
run;

 /* (2) Table 4.1 & Table 4.2 */
%macro granger;
  %do i=1 %to 5;
     proc varmax data=powersales ;
       model log_power log_hcdd
            / noint p=&i dif=( log_power(1,12) log_hcdd(12));
       causal group1=(log_power) group2=(log_hcdd);
       causal group1=(log_hcdd) group2=(log_power); run;
  %end;
%mend;

%granger;
```

4.4 전이함수모형의 적합

전이함수의 형태. 전이함수모형 (4.2)의 적합을 위해서는 먼저 전이함수 $v(B) = \{w_s(B)/\delta_r(B)\}B^b$ 에서 (b, r, s)의 값을 결정해야 한다. 실제 시계열분석에서 r과 s의 값이 2를 초과하는 경우는 거의 없다. [표 4.3]에 제시되어 있는 몇 가지 전형적인 전이함수의 형태를 요약하면 다음과 같다(Wei(1990)).

(1) 지연모수 b의 값은 0인 첫 b개의 $v_0, v_1, v_2, \ldots v_{b-1}$로부터 얻을 수 있다.

(2) $r=0$인 경우에는, $v_b = w_0$에서 시작해서 $v_{b+s} = -w_s$로 끝나는 $s+1$개의 충격반응 가중치를 갖는다.

(3) $r=1$인 경우에는, $s=0$이라면 v_b부터 시작하면서, $s=1$이라면 v_{b+1}부터 시작하면서, $s=2$라면 v_{b+2}부터 시작하면서 지수적으로 감소하는 충격반응 가중치를 갖는다.

(4) $r=2$인 경우에는, $\delta_1^2 + 4\delta_2 \geq 0$이라면 지수적으로 감소하는 형태의, $\delta_1^2 + 4\delta_2 < 0$이라면 감쇠하는(damped) 사인함수 형태의 충격반응 가중치를 갖는다.

모형의 식별. 교차상관분석 및 Granger 인과관계 검정결과로부터 주어진 시계열자료가 전이함수 모형에 의한 분석이 적절한 경우라고 판단된다면 입력시계열이 하나인 경우의 전이함수 모형식 (4.2)에 대한 모형 식별과정은 다음의 절차에 따라 수행한다. 입력변수가 두 개 이상인 경우도 아래의 절차와 비슷하게 수행할 수 있다.

STEP 1: 입력시계열 $\{X_t\}$와 출력시계열 $\{Z_t\}$은 정상시계열을 대상으로 한다. 만약 이들 시계열이 비정상시계열이라면 로그변환과 같은 적절한 변환 혹은 차이 계산에 의해 변환된 정상시계열을 대상으로 다음 STEP 2가 진행되어야 한다.

[표 4.3] 전이함수 및 충격반응 가중치의 형태(Wei(1990))

(b, r, s)	Transfer function	Typical impulse weights
(2, 0, 0)	$v(B)x_t = \omega_0 x_{t-2}$	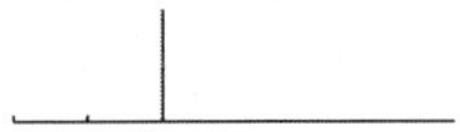
(2, 0, 1)	$v(B)x_t = (\omega_0 - w_1 B)x_{t-2}$	
(2, 0, 2)	$v(B)x_t = (\omega_0 - w_1 B - w_2 B^2)x_{t-2}$	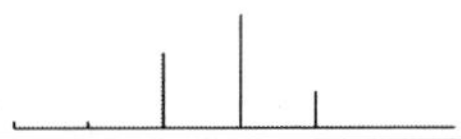
(2, 1, 0)	$v(B)x_t = \frac{\omega_0}{(1-\delta_1 B)} x_{t-2}$	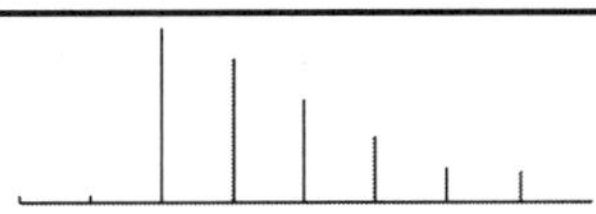
(2, 1, 1)	$v(B)x_t = \frac{(\omega_0 - \omega_1 B)}{(1-\delta_1 B)} x_{t-2}$	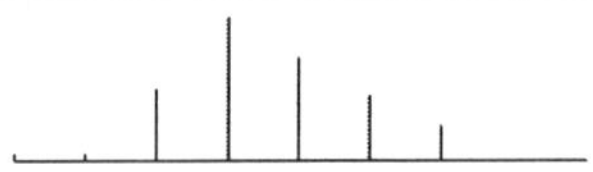
(2, 1, 2)	$v(B)x_t = \frac{(\omega_0 - \omega_1 B - \omega_2 B^2)}{(1-\delta_1 B)} x_{t-2}$	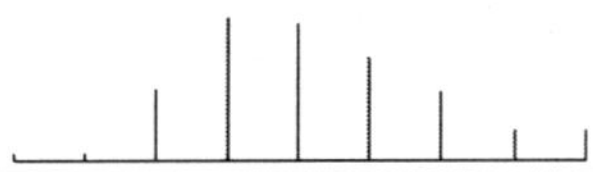
(2, 2, 0)	$v(B)x_t = \frac{\omega_0}{(1-\delta_1 B - \delta_2 B^2)} x_{t-2}$	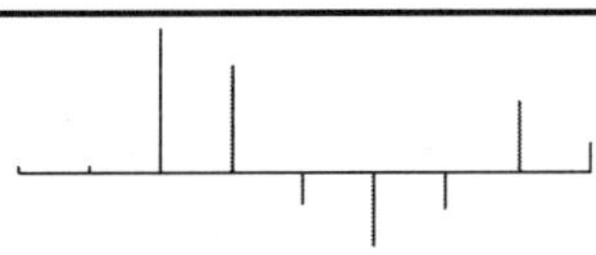
(2, 2, 1)	$v(B)x_t = \frac{(\omega_0 - \omega_1 B)}{(1-\delta_1 B - \delta_2 B^2)} x_{t-2}$	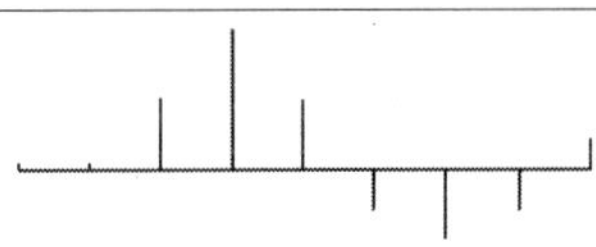
(2, 2, 2)	$v(B)x_t = \frac{(\omega_0 - \omega_1 B - \omega_2 B^2)}{(1-\delta_1 B - \delta_2 B^2)} x_{t-2}$	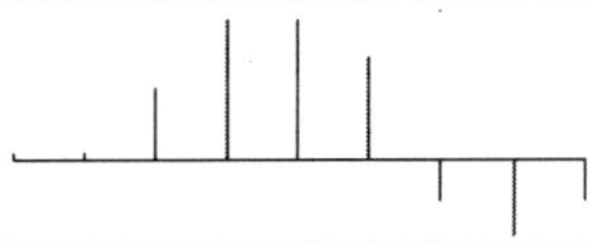

STEP 2: 정상입력시계열 $\{X_t\}$에 대해서 사전 백색화(prewhitening)를 수행한다. 즉, 정상입력시계열 $\{X_t\}$가 다음과 같은 ARMA확률과정

$$\phi_x(B)X_t = \theta_x(B)\alpha_t$$

을 따른다면 아래와 같이 사전 백색화된 입력시계열 $\{\alpha_t\}$를 구한다.

$$\alpha_t = \frac{\phi_x(B)}{\theta_x(B)}X_t \ ,$$

여기서 $\{\alpha_t\}$는 평균 0, 분산 σ_α^2인 백색잡음시계열이다.

STEP 3: STEP 2에서 사용했던 사전 백색화 필터(prewhitening filter)를 정상출력시계열 $\{Z_t\}$에 대해 적용하여 다음과 같이 출력시계열의 변환을 수행한다.

$$\beta_t = \frac{\phi_x(B)}{\theta_x(B)}Z_t \ ,$$

여기서 $\{\beta_t\}$는 분산 σ_β^2 를 갖는다.

STEP 5: 충격반응 가중치를 다음과 같이 추정한다.

$$\hat{v}_k = \frac{\hat{\sigma}_\beta}{\hat{\sigma}_\alpha}\hat{\rho}_{\beta\alpha}(k), \ \ k=0,1,2, \ \ldots \tag{4.8}$$

STEP 6: 추정된 충격반응 가중치 $\{\widehat{v_k} \mid k=0,1,2, \ \ldots\}$의 형태와 [표 4.3]의 몇 가지 전이함수의 형태를 비교하여 매치되는 전이함수 형태로서 식 (4.2)의 (b, r, s) 값을 잠정적으로 식별한다.

STEP 7: 식별된 (b, r, s) 값을 갖는 전이함수 모형식 (4.2)로부터 추정된 모수추정치 $\hat{\mu}$, $\hat{w}_j\,(j=1,2,\ldots,r)$ 및 $\hat{\delta}_j\,(j=0,1,2,\ldots,s)$를 사용하여 다음과 같이 전이함수를 추정한다.

$$\hat{v}(B) = \frac{\hat{w}_s(B)}{\hat{\delta}_r(B)}B^b.$$

STEP 8: 잠정적인 전이함수 추정치를 이용하여 다음과 같은 잠정적인 잡음시계열을 구한다.

$$\hat{n}_t = Z_t - \left(\hat{\mu} + \hat{v}(B)X_t\right) = Z_t - \left\{\hat{\mu} + \frac{\hat{w}_s(B)}{\hat{\delta}_r(B)}B^bX_t\right\}. \tag{4.9}$$

STEP 9: 잠정적인 잡음시계열 $\{\hat{n}_t\}$에 대하여 $ARMA(p,q)$ 모형을 식별한다.

$$\phi(B)\hat{n}_t = \theta(B)\varepsilon_t.$$

STEP 10: STEP 6에서 식별된 (b, r, s) 값을 갖는 전이함수항과 STEP 9에서 식별된 $ARMA(p,q)$를 따르는 잡음 항을 통합한 전이함수모형식 (4.2)를 최종 모형으로 식별한다.

모형의 추정. 전이함수모형의 추정은 2.1절의 ARMA모형의 추정법과 비슷하게 이루어진다. 즉, 조건부 최소제곱(conditional least square: CLS)추정법, 비조건부 최소제곱(unconditional least square: ULS)추정법, 그리고 최우(maximum likelihood: ML)추정법에 의해 추정이 이루어진다.

모형의 진단. 전이함수모형식 (4.2)에서 이루어진 가정은 두 가지이다. 첫째, $\{\varepsilon_t\}$는 백색잡음이다. 둘째, $\{\varepsilon_t\}$와 입력시계열 $\{X_t\}$는 서로 독립이어야 한다. 따라서 $\{\varepsilon_t\}$는 백색잡음화된 입력시계열 $\{\alpha_t\}$과도 독립이어야 한다. 따라서 두 가지 가정을 반영하는 잔차분석을 수행한다.

첫째, 잔차시계열 $\{\hat{\varepsilon}_t\}$이 백색잡음인지를 판단하기 위한 잔차분석을 수행한다.

둘째, 잔차시계열 $\{\hat{\varepsilon}_t\}$와 입력시계열 $\{\alpha_t\}$ 간의 교차상관관계 존재 유무를 판단하기 위한 포트맨토우 검정을 수행한다.

4.5 예제

예제 4.3 전이함수모형에 의한 예측

[그림 4.3]은 Box and Jenkins (1976)의 Series J data인 CO2 농도 및 메탄가스 공급량 시계열자료($t=1,2,...,296$)의 시계열그림이다. CO2 혼합물인 가스를 생성하는 가스 용광로에 투입되는 메탄가스 공급량이 CO2 농도에 영향을 준다고 한다. [그림 4.3]의 시계열그림으로부터 메탄가스 공급량과 CO2 농도는 정확하게 서로 방향은 반대이지만 시계열의 형태는 비슷하게 움직이는 경향이 있음을 알 수 있다. 즉, 메탄가스 공급량이 많아지면 CO2 농도는 낮아지는 것으로 메탄가스 공급량은 CO2 농도에 영향을 주는 것으로 짐작된다. 이제 메탄가스 공급량을 입력시계열 $\{X_t = methane_t\}$ 로 하는 전이함수모형에 의해서 CO2 농도인 출력시계열 $\{Z_t = CO2_t\}$ 를 예측해 보기로 한다.

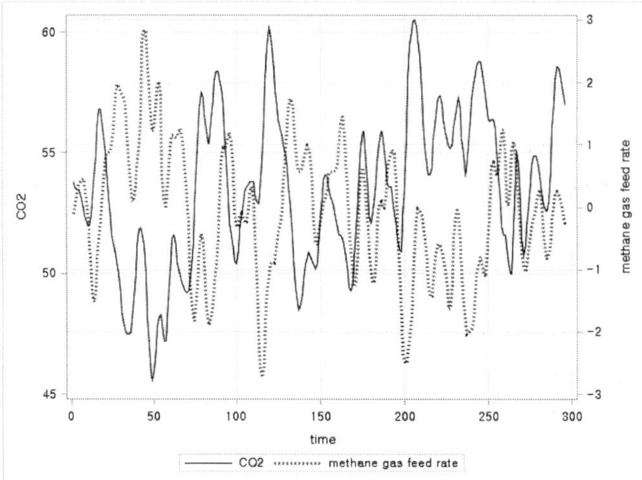

[그림 4.3] CO2 및 메탄가스 공급량 시계열자료

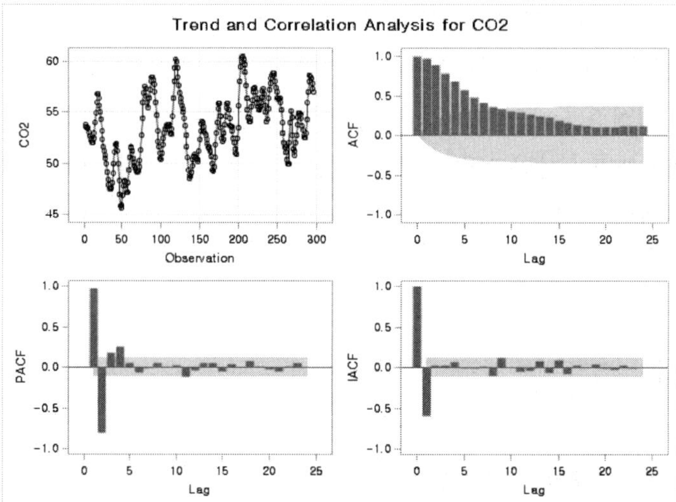

[그림 4.4] 자기상관분석도: CO2 시계열자료

정상시계열로의 변환. 전이함수모형화의 첫 단계는 입출력시계열을 모두 정상시계열로 변환해야 한다. 따라서 두 시계열에 대한 비정상성 여부를 검토해 보기로 한다. CO2 시계열자료의 자기상관분석도인 [그림 4.4]에서 SACF plot은 1에 가까운 값이 서서히 감소하기보다는 지수적인 감소로 판단한다. 그것은 SPACF plot에서 시차 1에서만 유의미한 값을 갖는 형태가 아니기 때문이다. 즉, 자기상관분석도로 본 CO2 시계열자료는 정상시계열이다. 다음으로 단위근검정을 수행해서 정상시계열임을 확인해 보기로

한다. 이 시계열의 평균 0에 대한 $T-$검정에서 $p-value=0.0000<0.05=\alpha$이므로 통계적으로 평균이 0이 아니다.

[표 4.4] ADF 단위근검정: CO2 시계열자료

Augmented Dickey-Fuller Unit Root Tests							
Type	Lags	Rho	Pr < Rho	Tau	Pr < Tau	F	Pr > F
Zero Mean	1	-0.2541	0.6246	-0.32	0.5688		
	4	0.0222	0.6875	0.06	0.7028		
Single Mean	1	-104.674	0.0001	-7.13	<.0001	25.45	0.0010
	4	-24.6911	0.0034	-3.18	0.0225	5.09	0.0350
Trend	1	-126.591	0.0001	-7.93	<.0001	31.41	0.0010
	4	-33.6164	0.0030	-3.75	0.0210	7.08	0.0284

또한 SPACF plot에서는 시차 4까지, SIACF plot에서는 시차 1까지가 유의한 값을 가진다. 따라서 $p=1,4$로 놓는다. 이에 따라 [표 4.4]의 ADF 단위근검정에서 Type=Single Mean, Lags=1 혹은 4, 그리고 Tau 통계량을 선택했을 때 $p-value<0.0001<0.05<\alpha$ (Lags=1인 경우) 및 $p-value<0.0225<0.05<\alpha$ (Lags=4인 경우)이다. 따라서 단위근을 갖는다는 귀무가설 H_0가 기각되므로 CO2 시계열자료는 정상시계열이라고 판단한다.

메탄가스 공급량 시계열자료의 자기상관분석도인 [그림 4.5]에서 SACF plot은 1에 가까운 큰 값이 서서히 감소하기보다는 지수적 감소로 판단한다. 그것은 SPACF 및 SIACF plot에서 시차 1에서만 유의미한 값을 갖는 형태가 아니기 때문이다. 즉, 자기상관분석도로 본 메탄가스 공급량 시계열자료는 정상시계열이다. 다음으로 단위근검정을 수행해서 정상시계열임을 확인해 보기로 한다. 이 시계열의 평균 0에 대한 $T-$검정에서 $p-value=0.3628>0.05=\alpha$이므로 통계적으로 평균이 0이다. 또한 SPACF 및 SIACF plot에서는 각각 시차 3 및 2까지가 유의한 값을 가진다. 따라서 $p=2,3$으로 놓는다. 이에 따라 [표 4.5]의 ADF 단위근검정에서 Type=Zero Mean, Lags=2 혹은 3, 그리고 Tau 통계량을 선택했을 때 $p-value<0.0001<0.05<\alpha$ (Lags=2, 혹은 3인 경우)이다. 따라서 단위근을 갖는다는 귀무가설 H_0가 기각되므로 메탄가스 공급량 시계열자료는 정상시계열이라고 판단한다.

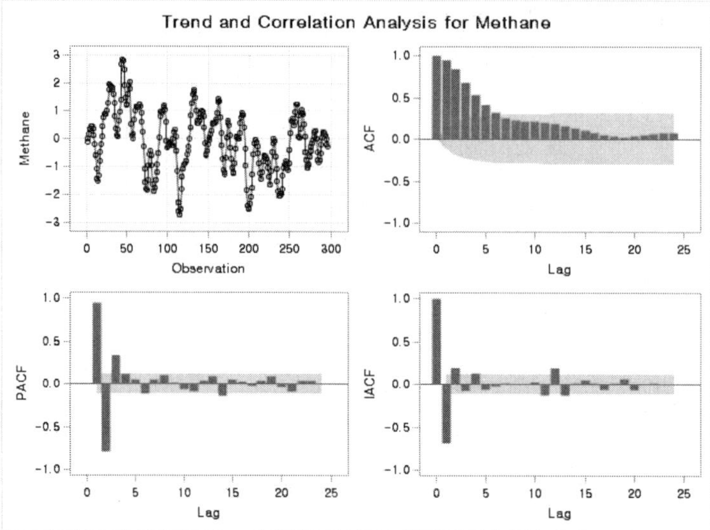

[그림 4.5] 자기상관분석도: 메탄가스 공급량 시계열자료

[표 4.5] ADF 단위근검정: 메탄가스 공급량 시계열자료

Augmented Dickey-Fuller Unit Root Tests							
Type	Lags	Rho	Pr < Rho	Tau	Pr < Tau	F	Pr > F
Zero Mean	2	-52.2316	<.0001	-4.87	<.0001		
	3	-39.1000	<.0001	-4.13	<.0001		
Single Mean	2	-52.4911	0.0015	-4.88	0.0001	11.90	0.0010
	3	-39.3255	0.0015	-4.13	0.0011	8.54	0.0010
Trend	2	-60.6264	0.0007	-5.19	0.0001	13.47	0.0010
	3	-46.1259	0.0006	-4.41	0.0025	9.71	0.0010

교차상관분석. 정상시계열 $\{X_t = methane_t\}$ 및 $\{Z_t = CO2_t\}$ 에 대한 SCCF plot이 [그림 4.6]에 보여진다. 표준오차의 2배수 범위를 벗어나는 $\hat{\rho}_{zx}(k)$에 대해서는 5% 유의수준하에서 $H_1 : \rho_{zx}(k) \neq 0$의 증거로 간주할 수 있으므로 시차 -9 ~ +20까지에서 두 시계열 간의 선형상관관계가 존재하며 전이함수모형의 인과성을 위배한다. 그러나 양의 시차에 비해 음의 시차에서 상관관계가 상대적으로 약한 편이다.

Granger 인과관계검정. [표 4.6]은 정상시계열 $\{X_t = methane_t\}$ 및 $\{Z_t = CO2_t\}$ 에 대한 Granger 인과관계검정의 결과를 보여 준다. Granger 인과관계검정을 위한 모형식 (4.4) 및 (4.5)에서 자기회귀식의 차수 p는 보다 작은 AIC값을 주면서 추정된 모수가 유의한 경우를 택한다. 자기회귀 시차 $m = 1 \sim 6$ 의 모든 값에서 유의수준 1%에서

H_{10} 는 기각되지만 H_{20} 는 기각되지 못한다. 즉, $\{Z_t = CO2_t\}$ 를 출력시계열로 하고, $\{X_t = methane_t\}$ 를 입력시계열로 하는 전이함수모형에 의한 분석을 시도해 볼 수 있다. $m=4$ 인 경우 Granger 인과관계검정을 위한 추정된 모형식 [표 4.7]에서 모수유의성검정의 $p-value$를 보면 $\{Z_t = CO2_t\}$는 자신의 과거값 및 $\{X_t = methane_t\}$ 의 시차 3, 4에서의 과거값에 통계적으로 유의하게 종속됨을 알 수 있다. $\{X_t = methane_t\}$ 은 자신의 과거값에 의해서만 설명된다. 지면 관계상 생략되었지만 최소 AIC 값을 갖는 $m=6$ 인 경우도 $\{Z_t = CO2_t\}$ 는 자신의 과거값 및 $\{X_t = methane_t\}$ 의 시차 6에서의 과거값에 통계적으로 유의하게 종속되며 $\{X_t = methane_t\}$ 은 자신의 과거값에 의해서만 설명된다. 교차상관분석 및 Granger 인과관계검정의 결과를 종합해 보면 메탄가스 공급량을 입력시계열 $\{X_t = methane_t\}$로 하는 전이함수모형에 의해서 CO2 농도인 출력시계열 $\{Z_t = CO2_t\}$의 예측을 시도해 볼 만하다.

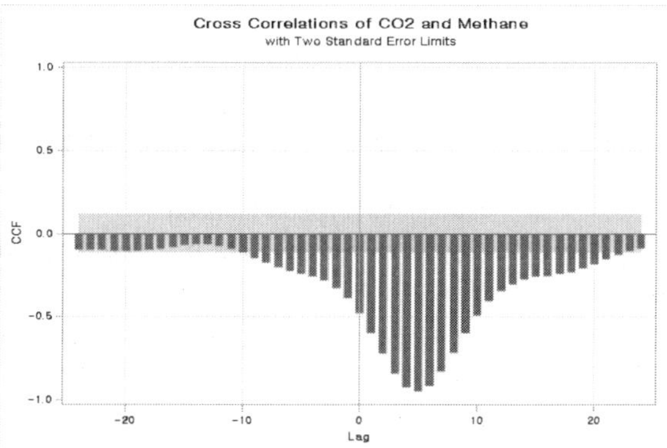

[그림 4.6] SCCF plot: CO2 및 메탄가스 공급량 시계열자료

[표 4.6] Granger 인과관계검정에 대한 $p-value$: CO2 및 메탄가스 공급량 시계열자료

	$m=1$	$m=2$	$m=3$	$m=4$	$m=5$	$m=6$
H_{10} : $\{Z_t\} \not\leftarrow \{X_t\}$ H_{11} : $\{Z_t\} \leftarrow \{X_t\}$	<0.0001	0.0001	<0.0001	0.0001	<0.0001	0.0001
H_{20} : $\{X_t\} \not\leftarrow \{Z_t\}$ H_{21} : $\{X_t\} \leftarrow \{Z_t\}$	0.9515	0.7788	0.9474	0.8720	0.8122	0.6037
AIC	−3.1637	−5.0679	−5.6326	−5.9129	−5.9745	−6.0287

[표 4.7] Granger 인과관계검정을 위한 추정모형($m=4$): CO2 및 메탄가스 공급량 시계열자료

Model Parameter Estimates						
Equation	Parameter	Estimate	Standard Error	t Value	Pr > |t|	Variable
CO2	AR1_1_1	1.83246	0.05121	35.78	0.0001	CO2(t-1)
	AR1_1_2	0.16194	0.08272	1.96	0.0512	Methane(t-1)
	AR2_1_1	-0.80831	0.11617	-6.96	0.0001	CO2(t-2)
	AR2_1_2	-0.19285	0.18170	-1.06	0.2894	Methane(t-2)
	AR3_1_1	-0.24586	0.10936	-2.25	0.0253	CO2(t-3)
	AR3_1_2	-0.76207	0.19222	-3.96	0.0001	Methane(t-3)
	AR4_1_1	0.22173	0.04530	4.90	0.0001	CO2(t-4)
	AR4_1_2	0.75945	0.09397	8.08	0.0001	Methane(t-4)
Methane	AR1_2_1	-0.03330	0.03643	-0.91	0.3614	CO2(t-1)
	AR1_2_2	1.93332	0.05884	32.86	0.0001	Methane(t-1)
	AR2_2_1	0.08576	0.08264	1.04	0.3002	CO2(t-2)
	AR2_2_2	-1.19905	0.12926	-9.28	0.0001	Methane(t-2)
	AR3_2_1	-0.07537	0.07780	-0.97	0.3335	CO2(t-3)
	AR3_2_2	0.07623	0.13674	0.56	0.5776	Methane(t-3)
	AR4_2_1	0.02283	0.03222	0.71	0.4791	CO2(t-4)
	AR4_2_2	0.14072	0.06684	2.11	0.0361	Methane(t-4)

[표 4.8] MINIC: 메탄가스 공급량 시계열자료

Minimum Information Criterion						
Lags	MA 0	MA 1	MA 2	MA 3	MA 4	MA 5
AR 0	0.133902	0.03403	-0.19049	-0.55677	-0.98812	-1.39511
AR 1	-2.22667	-2.59044	-2.93354	-3.19989	-3.23582	-3.21754
AR 2	-3.18561	-3.23299	-3.24885	-3.27396	-3.25915	-3.26318
AR 3	-3.29429	-3.28653	-3.27208	-3.2753	-3.26515	-3.25041

입력시계열의 사전 백색화. 정상입력시계열인 메탄가스 공급량 시계열자료에 대해서 사전 백색화를 수행해 보기로 한다. [그림 4.5]의 SACF plot에서 시차 5 이후부터 0으로 절단이, 그리고 SPACF plot에서 시차 3 이후부터 0으로 절단이 있다. 따라서 [표 4.8]에서 정상 $ARMA(p,q)$ 모형 ($0 \le p \le 3,\ 0 \le q \le 5$)에 대해 최소 $MINC=-3.29429$를 주는 모형으로서 $ARMA(3,0)$ 모형, 즉 $AR(3)$ 모형을 식별한다. 또한 메탄가스 공급량 시계열자료는 이미 평균 0에 대한 $T-$검정에서 통계적으로 평균이 0이라고 판단하여 상수항이 없는 $AR(3)$ 모형을 적합시킨 결과가 [표 4.9]에 제시되었다. [표 4.9]의 모든 모수에 대한 유의성검정에서 $p-value < 0.0001 < 0.05 = \alpha$ 이므로 모수는 모두 유의하다. 정상인 입력시계열 $\{X_t\}$ 및 출력시계열 $\{Z_t\}$에 대하여 사전 백색화 필터(prewhitening filter)를 적용하여 변환된 입력시계열 $\{\alpha\}$ 및 출력시계열 $\{\beta_t\}$는 다음과 같다.

$$\begin{cases} \alpha_t = (1-0.97397B+1.37156B^2-0.34186B^3)X_t, \\ \beta_t = (1-0.97397B+1.37156B^2-0.34186B^3)Z_t. \end{cases} \tag{4.10}$$

[표 4.9] $AR(3)$ 모수추정결과 및 사전 백색화 필터: 메탄가스 공급량 시계열자료

Conditional Least Squares Estimation					
Parameter	Estimate	Standard Error	t Value	Approx Pr > |t|	Lag
AR1,1	1.97397	0.05492	35.95	<.0001	1
AR1,2	-1.37156	0.09952	-13.78	<.0001	2
AR1,3	0.34186	0.05495	6.22	<.0001	3

Prewhitening Filter

Autoregressive Factors	
Factor 1:	1 - 1.97397 B**(1) + 1.37156 B**(2) - 0.34186 B**(3)

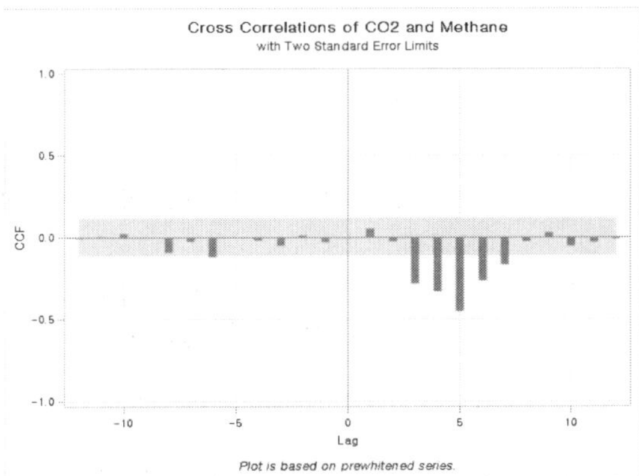

[그림 4.7] 사전 백색화된 입출력시계열 간의 SCCF plot: CO2 및 메탄가스 공급량 시계열자료

잠정적인 전이함수모형의 식별. [그림 4.7]은 사전 백색화된 입출력시계열 간의 SCCF plot이다. [그림 4.8]은 $\hat{\sigma}_\alpha^2 = 0.035357$ 및 $\hat{\sigma}_\beta^2 = 0.13163$ 을 사용하여 식 (4.8)로부터 계산된 충격반응 가중치를 나타내는 막대그래프이다. [그림 4.7]의 SCCF plot에서 $k<0$일 때는 $\hat{\rho}_{\alpha\beta}(k) \simeq 0$ 으로 볼 수 있으므로 전이함수 모형의 인과성 조건을 만족한다. 또한 $k=0,1,2$ 일 때 $\hat{\rho}_{\alpha\beta}(k) \simeq 0$ 이므로 처음 3개의 $v_j \simeq 0\,(j=0,1,2)$ 으로 간주한다. 따라서 $b=3$ 으로 놓을 수 있다.

이제 추정된 충격반응 가중치 $\{\hat{v}_k,\ k=0,1,2,\ ...\}$의 형태를 보여 주는 [그림 4.8]과 [표 4.3]의 몇 가지 전이함수의 형태로부터 매치되는 전이함수 형태를 선택하여야 한다. $r=1,\ s=2$ 인 경우 $v_{b+2}=v_{3+2}=v_5$부터 지수적으로 감소하는 충격반응 가중치로 판단되어 가능성 있는 값으로서 $(b,r,s)=(3,1,2)$로 식별하고 잠정적인 전이함수모형을 추정한다.

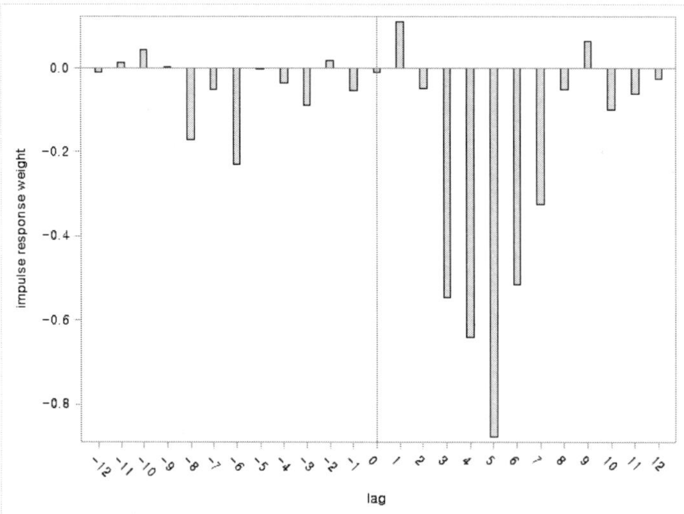

[그림 4.8] 충격반응 가중치: CO2 및 메탄가스 공급량 시계열자료

[표 4.10] 잠정적인 전이함수모형 추정결과:
CO2 및 메탄가스 공급량 시계열자료

Conditional Least Squares Estimation							
Parameter	Estimate	Standard Error	t Value	Approx Pr > |t|	Lag	Variable	Shift
MU	53.32256	0.04926	1082.51	<.0001	0	CO2	0
NUM1	-0.56467	0.22405	-2.52	0.0123	0	Methane	3
NUM1,1	0.42622	0.46472	0.92	0.3598	1	Methane	3
NUM1,2	0.29915	0.35506	0.84	0.4002	2	Methane	3
DEN1,1	0.60073	0.04101	14.65	<.0001	1	Methane	3

잠정적인 잡음시계열의 식별. 전이함수모형에 대한 잠정적인 모수추정결과인 [표 4.10]에서 유의하지 않은 모수들이 있다. 그러나 이러한 결과는 아직 모형화가 완벽하게 끝나지 않은 중간 단계이므로 무시한다. 이제 [표 4.10]의 잠정적인 전이함수모형의

추정치를 이용하여 식 (4.9)로부터 잠정적인 잡음시계열 $\{\hat{n}_t\}$를 구한다. 잡음시계열 $\{\hat{n}_t\}$의 자기상관분석도인 [그림 4.9]로부터 잡음시계열 $\{\hat{n}_t\}$은 매우 자기상관되어 있는 정상시계열임을 확인할 수 있다.

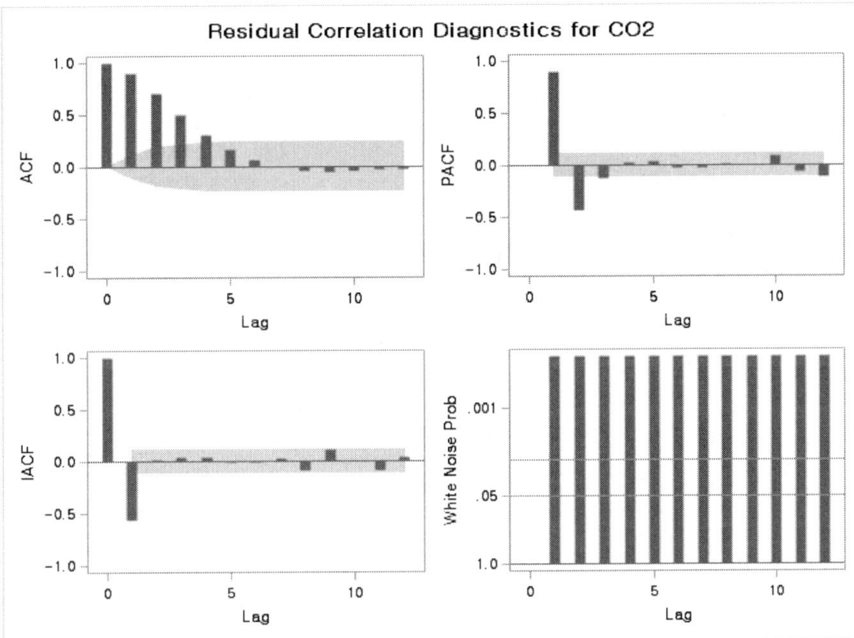

[그림 4.9] 잠정적인 전이함수모형 적합 후 잡음시계열에 대한 자기상관분석도: CO2 시계열자료

다음 단계는 4.4절의 STEP 9로서 잠정적인 잡음시계열 $\{\hat{n}_t\}$에 대하여 ARMA모형을 적합시킨다. [그림 4.9]의 SACF plot에서 시차 4 이후부터 거의 0으로 절단이, 그리고 SPACF plot에서 시차 2 이후부터 0으로 절단이, 그리고 SIACF plot에서 시차 1 이후부터 0으로 절단이 있다. 따라서 SACF plot으로부터 $MA(4)$ 모형을, SPACF plot으로 $AR(2)$ 모형을 적합시켜 볼 수 있다. 잡음시계열에 $MA(4)$ 모형을 적합시킨 잔차분석 결과를 보면 잔차들은 매우 큰 자기상관관계가 존재한다. 따라서 $MA(4)$ 모형은 선택하지 않았으며 $AR(2)$ 모형을 선택한다. 이에 대한 결과는 지면 관계상 생략한다.

[표 4.11] 전이함수모형 추정결과: CO2 및 메탄가스 공급량 시계열자료

Conditional Least Squares Estimation							
Parameter	Estimate	Standard Error	t Value	Approx Pr > |t|	Lag	Variable	Shift
MU	53.26304	0.11929	446.48	<.0001	0	CO2	0
AR1,1	1.53291	0.04754	32.25	<.0001	1	CO2	0
AR1,2	-0.63297	0.05006	-12.64	<.0001	2	CO2	0
NUM1	-0.53522	0.07482	-7.15	<.0001	0	Methane	3
NUM1,1	0.37603	0.10287	3.66	0.0003	1	Methane	3
NUM1,2	0.51895	0.10783	4.81	<.0001	2	Methane	3
DEN1,1	0.54841	0.03822	14.35	<.0001	1	Methane	3

Constant Estimate	5.329421
Variance Estimate	0.058828
Std Error Estimate	0.242544
AIC	8.292809
SBC	34.00607
Number of Residuals	291

Model for variable CO2	
Estimated Intercept	53.26304

Autoregressive Factors	
Factor 1:	1 - 1.53291 B**(1) + 0.63297 B**(2)

Input Number 1	
Input Variable	Methane
Shift	3

Numerator Factors	
Factor 1:	-0.5352 - 0.37603 B**(1) - 0.51895 B**(2)

Denominator Factors	
Factor 1:	1 - 0.54841 B**(1)

모형의 추정. $(b,r,s)=(3,1,2)$로 식별된 전이함수항과 $AR(2)$로 식별된 잡음항을 더하여 구성된 전이함수모형식 (4.2)에 대해 최종적으로 추정된 전이함수모형식은 [표 4.11]로부터 식 (4.11)과 같다. 이때 모든 모수들에 대한 유의성검정에서 $p-value<0.05=\alpha$이므로 유의수준 5%에서 모든 모수들은 유의하다.

$$Z_t = 53.26304 + \frac{(-0.53522 - 0.37603B - 0.51895B^2)}{(1-0.54841B)} X_{t-3} + \frac{1}{(1-1.53291B+0.63297B^2)} \varepsilon_t, \tag{4.11}$$

여기서 $\hat{\sigma}^2_\varepsilon = 0.058828$, $AIC = 8.292809$, $SBC = 34.00607$.

모형의 진단. 이제 마지막으로 추정된 전이함수모형식 (4.11)을 적합시킨 후 잔차시계열 $\{\hat{\varepsilon}_t\}$에 대한 전이함수모형의 진단단계를 수행해 보자. 먼저 잔차시계열이 백색잡음 확률과정인지를 검토해야 한다. [그림 4.10]의 잔차시계열그림에서 잔차들은 0을 중심으로 분포하며 대부분 잔차의 변동폭은 [-1.0, 1.0]에서 퍼져 있으나 시계열의 후반부에서 변동폭이 이례적으로 큰 시점이 존재하며 마지막 시간구간대에서는 잔차들이 0 위에 몰려 있는 점이 비정상 요소이다. 잔차평균 0에 대한 $T-$검정에서 $p-value = 0.48522 > 0.05 = \alpha$이므로 통계적으로 평균은 0이다. 잔차시계열의 자기상관분석도인 [그림 4.11]의 SACF plot, SPACF plot, 및 SIACF plot에서 각각 $\pm 2 \cdot SE(\hat{\rho}_k(e))$, $\pm 2 \cdot SE(\hat{\phi}_{kk}(e))$, $\pm 2 \cdot SE(\hat{\rho}^{(I)}_k(e))$ 이내에 SACF, SPACF, 및 SIACF가 존재한다. 또한 잔차시계열의 포트맨토우 검정에 대한 $p-value$ 막대그래프를 보면 모든 시차에서 막대기둥이 세로축의 0.05 경계선 아래에 위치한다. 종합하여 판단하면 잔차시계열 $\{\hat{\varepsilon}_t\}$가 평균 0와 상수분산 σ^2_ε을 갖는 백색잡음이라는 설정에 위배되지 않는다.

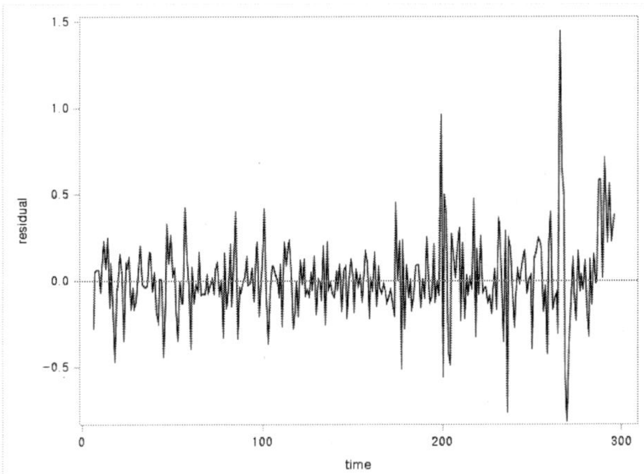

[그림 4.10] 전이함수모형 적합 후 잔차시계열그림: CO2 시계열자료

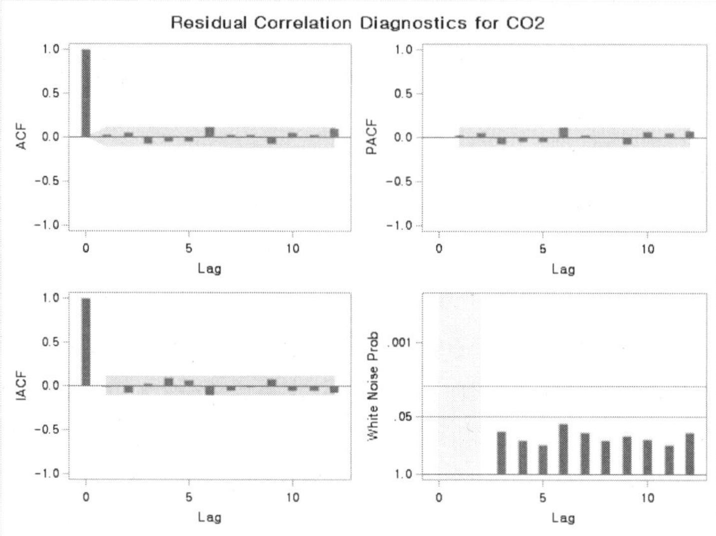

[그림 4.11] 전이함수 모형적합 후 잔차시계열에 대한 자기상관분석도: CO2 시계열자료

[표 4.12] 잔차시계열과 입력시계열과의 교차상관관계 존재 유무에 대한 포트맨토우 검정: CO2 및 메탄가스 공급량 시계열자료

Crosscorrelation Check of Residuals with Input Methane									
To Lag	Chi-Square	DF	Pr > ChiSq	Crosscorrelations					
5	0.92	3	0.8217	0.006	0.002	0.008	0.006	-0.047	0.029
11	6.69	9	0.6698	0.074	-0.026	-0.020	-0.028	-0.112	0.012
17	14.01	15	0.5247	0.048	0.041	0.012	0.011	-0.142	-0.029
23	18.76	21	0.6006	-0.075	-0.079	0.021	-0.017	0.020	0.058
29	28.32	27	0.3946	-0.072	-0.002	0.036	-0.157	0.029	0.034
35	35.33	33	0.3588	-0.016	0.013	-0.041	0.027	0.045	0.140
41	37.39	39	0.5432	0.029	-0.031	-0.072	-0.008	0.010	-0.006
47	42.54	45	0.5766	0.034	-0.040	-0.054	0.106	0.027	0.019

다음으로 잔차시계열 $\{\hat{\varepsilon}_t\}$과 입력시계열 $\{\alpha_t\}$ 간에 교차상관관계가 존재하는지를 판단하기 위한 포트맨토우 검정[4]을 수행한다. [표 4.12]의 포트맨토우 검정결과에 의하면 제시된 모든 시차에서 $p-value > 0.05 = \alpha$ 이므로 잔차시계열 $\{\hat{\varepsilon}_t\}$과 입력시계열 $\{\alpha_t\}$ 간에 상관관계는 존재하지 않는다. 따라서 전이함수 추정 모형식 (4.11)은 예측에 사용될 수 있다.

4) 두 시계열 간의 교차상관관계의 존재 유무에 대한 포트맨토우 검정은 7.6절의 다변량 포트맨토우 검정과 유사하게 정의된다.

예측. 전이함수모형추정식 (4.11)를 사용하여 적합기간($t=1,2,\ldots,296$)의 1-시차 후 예측치와 예측기간($t=297,298,\ldots,306$)의 다-시차 후 예측치, 그리고 95% 신뢰수준을 갖는 예측구간을 그린 시계열그림이 [그림 4.12]에 보여진다. □

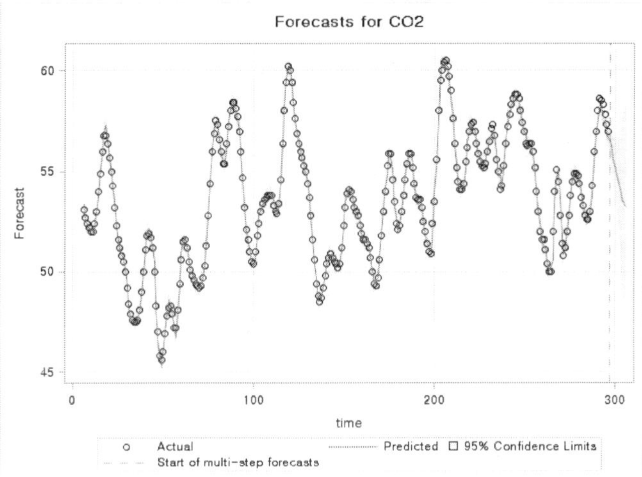

[그림 4.12] 전이함수모형에 의한 예측: CO2 시계열자료

SAS program 4.3 **예제 4.3 전이함수모형에 의한 예측**

- SAS data set: Box and Jenkins(1976)의 Series J data(gasfurnacedata.sas7bdat)
- 시계열 기간: 1-296
- 시계열 변수: ① co2 ② methane

```
/* (1) Read gas furnace time series data */
data gasfurnace; set Tsa2016.gasfurnacedata;
  keep time methane co2; run;
proc print;  run;

/* (2) Figure 4.3 */
proc sgplot data=gasfurnace;
  series x=time y=co2 / legendlabel='CO2'
        LINEATTRS=(PATTERN=1 color=black THICKNESS=1);
  series x=time y=methane / legendlabel='methane gas feed rate'
        LINEATTRS=(PATTERN=34 color=black THICKNESS=3) y2axis;
  xaxis grid;
  yaxis label='CO2' grid;
  y2axis label='methane gas feed rate' grid; run;

/* (3) p-value of T-test for zero mean of raw series */
proc univariate data=gasfurnace noprint; var co2 methane;
```

```
  output out=mean0_pvalue  probt=pvalue_mean0_co2 pvalue_mean0_methane; run;

proc print data=mean0_pvalue; run;

/* (4) Figure 4.4 & Table 4.4 */
proc arima data=gasfurnace;
  identify var=co2 stationarity=(adf=(1,4)); run;

/* (5) Figure 4.5 & Table 4.5 */
  identify var=methane stationarity=(adf=(2,3)); run;

/* (6) Figure 4.6 */
proc arima data=gasfurnace;
  identify var=co2 crosscorr=(methane) nlag=24; run;

/* (7) Table 4.6 & Table 4.7 */
%macro granger;
  %do i=1 %to 6;
  proc varmax data=gasfurnace ;
    model co2 methane/ noint p=&i dif=(co2 methane) ;
    causal group1=(co2) group2=(methane);
    causal group1=(methane) group2=(co2); run;
 %end;
%mend;
%granger;

/* (8) Table 4.8 & Table 4.9 & Figure 4.7 */
proc arima data=gasfurnace;
  identify var=methane minic p=(0:3) q=(0:5) ; run;
  estimate p=3 noint plot; run;
  identify var=co2 crosscorr=(methane) outcov=outcov1 nlag=12; run;

/* (9) Figure 4.8 */
proc print data=outcov1; run;
data impulse; set outcov1;
  if VAR='CO2' & CROSSVAR='Methane';
  impulse_response_weight=sqrt(0.13163)/sqrt(0.035357)*CORR;
proc print; run;

proc sgplot data=impulse;
  vbar lag/ response=impulse_response_weight barwidth=0.3
      legendlabel='impulse response weight';
  xaxis label='lag';
  yaxis label='impulse response weight';
  refline 0 / axis=x;
run;

/* (10) Table 4.10, Figure 4.9 */
proc arima data=gasfurnace plots=forecast(forecast);
  identify var=methane; run;
  estimate p=3 noint plot; run;
  identify var=co2 crosscorr=(methane) outcov=outcov1  nlag=12; run;
  estimate input=(3 $ (1,2)/(1) methane); run;
```

```
  estimate q=4 input=(3 $ (1,2)/(1) methane); run;

/* (11) Table 4.11 & Table 4.12 &  Figure 4.11 */
  estimate p=2 input=(3 $ (1,2)/(1) methane) ; run;

/* (12) Figure 4.12 */
forecast id=time lead=10 out=outfore ;
proc print data=outfore; run;

/* (13) Figure 4.10 */
proc sgplot data=outfore;
  series x=time y=residual /
      LINEATTRS=(PATTERN=1 color=black THICKNESS=1);
  xaxis label='time';
  yaxis label='residual';
  refline 0 / axis=y; run;

/* (14) p-value of T-test for zero mean of residual series */
proc univariate data=outfore noprint; var residual;
  output out=mean0_pvalue  probt=pvalue_mean0_residual;  run;
proc print data=mean0_pvalue; run;
```

4.6 SAS 프로그램

PROC ARIMA 사용법. SAS/ETS의 PROC ARIMA는 $ARIMA(p,d,q)(P,D,Q)_s$ 모형에 의한 시계열예측뿐만 아니라 전이함수모형 및 개입모형에 의한 시계열예측을 다룬다. 4.6절에서는 전이함수모형에 의한 예측에 필요한 PROC ARIMA 사용법을 설명한다. 대부분은 $ARIMA(p,d,q)(P,D,Q)_s$ 모형에 의한 시계열예측을 다루었던 2.7절의 SAS program과 중복된다. 전이함수 모형분석을 위한 ARIMA procedure의 기본 형식은 [표 4.13]과 같다. [표 2.24]는 PROC ARIMA statement에서 사용 가능한 여러 옵션을 설명한다. [표 2.25] 및 [표 4.14]의 IDENTIFY statement는 전이함수모형화를 위한 시계열변수 혹은 차분한 시계열변수를 지정한 후 모형 식별을 위한 여러 가지 통계치를 제공한다. 모형추정을 위해서는 IDENTIFY statement에서 차분의 차수인 d 혹은 D를 명시해야 한다. [표 2.26] 및 [표 4.15]의 ESTIMATE statement에서는 바로 직전에 위치한 IDENTIFY statement에서 명시한 출력시계열변수와 입력시계열변수 간의 전이함수 형태에 대한 모형식을 제시해야 하며, 명시된 전이함수모형에 대한 추정 결과와 잔차분석을 위한 여러 통계적 결과를 제공한다. [표 2.27]의 FORECAST statement는 바로 직전에 위치한 ESTIMATE statement에서 추정된 전이함수모형을 사용하여 예측치를 제공한다. ESTIMATE statement 앞에는 두 개 이상의 IDENTIFY statement가 놓일 수 있으나

ESTIMATE statement는 바로 직전에 놓인 IDENTIFY statement의 영향을 받는다. 또한 FORECAST statement 앞에도 두 개 이상의 ESTIMATE statement가 놓일 수 있으나 FORECAST statement는 바로 직전에 놓인 ESTIMATE statement의 영향을 받는다.

Granger 인과관계검정을 위해서는 7장의 PROC VARMA 사용법에서 [표 7.17]의 CASUAL statement를 참조한다.

ARIMA procedure에는 많은 사용 가능한 옵션이 있으나 이 절에서는 지면 관계상 본문 및 예제를 이해하는 데 어려움이 없을 정도의 옵션만 선택적으로 소개하였다. 더 자세한 옵션에 대해서는 SAS Institute Inc.(2012)의 SAS/ETS를 참고한다. 전이함수모형에 의한 예측을 위해 PROC ARIMA를 사용한 예는 SAS program 4.3을 참조한다.

[표 4.13] ARIMA procedure 형식

```
PROC ARIMA options ; /* [표 2.24] */
   IDENTIFY   VAR=variable options ;  /* [표 2.25] 및 [표 4.14] */
   ESTIMATE  options ;  /* [표 2.26] 및 [표 4.15] */
   FORECAST options ; /* [표 2.27] */
```

[표 4.14] IDENTIFY statement 형식

형식	▪ IDENTIFY VAR=*variable options* ;
필수 인수	▪ VAR=*variable* 혹은 VAR=*variable(d1,d2,…,dk)* → 분석 대상이 되는 시계열변수 혹은 차분 시계열변수를 명시한다. (예1) var=x → 분석 대상이 시계열 $\{x_t\}$이다. (예2) var=x(1) → 분석 대상이 시계열 $\{x_t\}$의 1차 차분 시계열인 $\{x_t - x_{t-1}\}$이다. (예3) var=x(1,1) → 분석 대상이 시계열 $\{x_t\}$를 1차 차분 시계열을 다시 1차 차분한 시계열인 $\{(1-B)^2 x_t\} = \{(1-2B+B^2)x_t\} = \{x_t - 2x_{t-1} + x_{t-2}\}$이다. (예4) var=x(1,12) → 분석 대상이 시계열 $\{x_t\}$를 1차 차분 시계열을 다시 12차 차분한 시계열인 $\{(1-B^{12})(x_t - x_{t-1})\} = \{x_t - x_{t-1} - x_{t-12} + x_{t-13}\}$이다.
선택 인수	▪ CROSSCORR=*variable* 혹은 CROSSCORR=*variable(d11, d12,…,d1k)* 혹은 CROSSCORR=*(variable(d11, d12,…,d1k)…variable(d21, d22,…,d2k))* → VAR=에 명시된 출력시계열변수와 교차 상관될 입력시계열변수 혹은 차분 입력시계열변수를 명시한다. 차분 시차의 표시법은 VAR=의 사용법과 같다. CROSSCORR=에 차분이 명시되어 있다면 명시된 차분 입력시계열이 VAR=에 명시된 출력시계열과 교차상관되며 ESTIMATE문의 INPUT=에 차분 입력시계열이 사용된다.

[표 4.15] ESTIMATE statement 형식

형식	▪ ESTIMATE *options* ;

선택 인수	▪ INPUT=*variable* 혹은 INPUT=(*transfer-function variable...*)
	→ 입력시계열변수와 전이함수 형식을 명시한다. INPUT=에 명시된 입력시계열변수는 직전 IDENTIFY문의 CROSSCORR=에 명시되어 있어야 한다. 만약 CROSSCORR=에 차분시계열변수가 명시되어 있었다면 같은 차분시계열변수가 전이함수의 입력시계열변수로 사용되어야 한다. 입력시계열변수에 대한 전이함수 명시는 선택적이다. 만약 어떤 전이함수도 명시되어 있지 않다면 입력시계열변수가 설명변수로 사용된다. 만약 전이함수가 명시된다면 다음의 형식을 따른다.
	$$b\$(L_{1,1}, L_{1,2}, ...)(L_{2,1}, L_{2,2}, ...) \ ... / (L_{j,1}, L_{j,2}, ...) \ ...$$
	여기서 b 는 입력시계열의 지연 시차이며, / 이전의 항들은 전이함수의 분자항들이고 / 이후의 항들은 전이함수의 분모항들이다. 이 세 부분들은 모두 선택적이다.
	(예1) $Z_t = \frac{w_0}{(1-\delta_1 B)} X_t + \frac{(1-\theta_1 B)}{(1-B)(1-B^{12})} \varepsilon_t$
	→ identify var=z(1,12) crosscorr=x(1,12);
	estimate q=1 input=(/(1)x) noconstant;
	(예2) $Z_t = \frac{w_0}{(1-\delta_1 B)(1-B)(1-B^{12})} X_t + \frac{(1-\theta_1 B)}{(1-\phi_1 B)(1-B)(1-B^{12})} \varepsilon_t$
	→ identify var=z(1,12) crosscorr=x;
	estimate p=1 q=1 input=(/(1)x) noconstant;
	(예3) $Z_t = \mu + \frac{(w_0 - w_1 B - w_2 B^2)}{(1-\delta_1 B - \delta_2 B^2 - \delta_3 B^3)} X_{t-3} + \frac{1}{(1-\phi_1 B - \phi_2 B^3)} \varepsilon_t$
	→ identify var=z crosscorr=x;
	estimate p=(1,3) input=(3$(1,2)/(1,2,3)x);
	(예4) $Z_t = \mu + \frac{w_{1,0}}{(1-\delta_{1,1} B)} X_{1,t} + (w_{2,0} - w_{2,1} B) X_{2,t-3} + \frac{1}{(1-\phi_1 B)(1-\phi_2 B^6 - \phi_3 B^{12})} \varepsilon_t$
	→ identify var=z crosscorr=(x1 x2);
	estimate p=(1)(6,12) input=(/(1)x1, 3$(1)x2);

4장 연습문제

4.1 SAS data file인 mhousingsales.sas7bdat는 Wei(1990)의 월별 주택판매량(단위: 1000채) 및 주택착공물량(단위: 1000채) 시계열자료(1965/01 ~ 1975/12)이다. 예제 4.3과 같은 전이함수모형에 의한 예측과정을 통하여 주택판매량 $\{X_t = sales_t\}$ 을 입력시계열로 하는 전이함수모형에 의해서 주택착공물량 $\{Z_t = starts_t\}$ 인 출력시계열을 마지막 시점 이후 1년 동안 예측하여라.

4.2 SAS data file인 melectricitysales.sas7bdat에는 월별 전력판매량(단위: GWh, 변수명 power)과 냉난방도일(단위: 일, 변수명 hcdd) 시계열이 포함된다. [그림 1.11]의 두 시계열에 대한 자세한 설명은 1.5절을 참고한다. 예제 4.3과 같은 전이함수모형에 의한 예측과정을 통하여 냉난방도일 $\{X_t = hcdd_t\}$ 을 입력시계열로 하는 전이함수모형에 의해서 전력판매량 $\{Z_t = power_t\}$ 인 출력시계열을 예측하여라.

4.3 전이함수모형에 의한 예측이 적절한 입출력 시계열자료를 찾아서 예제 4.3과 같은 전이함수모형에 의한 예측과정을 통하여 출력시계열을 예측하여라.

4장 참고문헌

- 조신섭, 손영숙, 성병찬 (2016), **시계열분석**, 제4판, 율곡출판사.
- 조신섭, 이정형 (2014), **경제시계열분석을 위한 SAS/ETS 사용법**, 자유아카데미.
- Bartlett, M. S. (1955), *Stochastic Process*, Cambridge University Press, Cambridge.
- Box, G. E. P. and Jenkins, G. M. (1976). *Time Series Analysis Forecasting and Control*, 2nd ed., Holden-Day.
- Granger, C. W. J. (1980), Testing for Causality, a Personal Viewpoint, *Journal of Economic Dynamics and Control*, Vol. 2, pp239-352 .
- SAS Institute Inc. (2012). *SAS/ETS 12.1 User's Guide*. Cary, NC, USA.
- Tsay, R. S. (2010). *Analysis of Financial Time Series*, Wiley.
- Tsay, R. S. (2012). *An Introduction to Analysis of Financial Data with R*, Wiley.
- Wei, W. W. S. (1990). *Time Series Analysis*, Addison Wesley.

5장

개입모형에 의한 예측

5.1 개입모형
5.2 개입모형의 적합
5.3 예제
연습문제
참고문헌

5.1 개입모형

개입분석. 파격적인 세일, 대대적인 판매촉진 행사, 국가 정책의 변화, 전쟁, 장기간의 파업, 경제공황 등과 같은 시계열 외부 환경의 변화에 의해 시계열의 안정적인 흐름이 심각한 영향을 받는 경우가 종종 있다. 이렇게 시계열에 중대한 영향을 끼치는 외적인 사건을 개입(intervention)이라고 한다. 개입분석(intervention analysis)은 개입이 시계열에 어떤 유의미한 영향을 끼쳤는지를 평가하는 분석이다. 개입의 영향력을 모형화한 시계열모형을 개입모형(intervention model)이라고 한다. 개입분석의 널리 알려진 예로는 Box and Tiao(1975)가 LA에서 대기오염을 줄이기 위해 시행한 법안과 새로 장착된 자동차 엔진이 오존의 양을 줄이는 데 효과가 있었는지를 개입모형에 의한 개입분석을 통하여 입증한 예제가 있다.

개입모형. 일반적으로 개입모형에 포함될 수 있는 두 가지 형태의 개입변수로서 계단함수와 펄스함수가 있다. 펄스함수(pulse function)의 식 (5.1)은 시점 T에서 개입이 발생하여 오직 시점 T에서만 시계열에 영향을 끼치며 [그림 5.1]의 (a)와 같이 나타낼 수 있다.

$$P_t^{(T)} = \begin{cases} 1, & t = T, \\ 0, & t \neq T. \end{cases} \tag{5.1}$$

계단함수(step function) 식 (5.2)는 시점 T에서 개입이 발생하여 시점 T부터 지속적으로 시계열에 영향을 끼치며 [그림 5.1]의 (b)와 같이 나타낼 수 있다.

$$S_t^{(T)} = \begin{cases} 0, & t < T, \\ 1, & t \geq T. \end{cases} \tag{5.2}$$

[그림 5.1]의 (c)~(f)는 시점 T에서 개입이 발생하였지만 b시점 후인 시점 $T+b$에 이르러 개입이 시계열에 영향을 주게 됨을 표현하기 위해 지연모수(delay parameter) b를 사용하였다. [그림 5.1]의 (e)~(f)는 개입이 시계열에 점차적으로 감소 혹은 점차적으로 증가하는 영향력을 주는 형태를 보여 준다. [그림 5.1]의 (e)와 같은 펄스함수와 (d)와 같은 계단함수를 합한 형태의 함수를 개입함수로 사용하였을 때는 시계열이 점차적으로 감소하다 멈추는 형태인 [그림 5.1]의 (g) 혹은 (h)와 같은 반응을 보여 줄 것이다.

개입모형은 개입변수를 입력시계열변수로 갖는 전이함수모형에 의해 정의된다. 전이함수모형 식 (4.1) 및 (4.2)에서 출력시계열 $\{Z_t\}$는 각 입력시계열 $\{X_{it}\}$ 로서 계단함수 혹은 펄스함수를 표현하는 개입변수 $\{I_{it}\}$와 선형 동적시스템을 나타내는 전이함수 $v_i(B)$의 선형결합항에 잡음항인 $\{n_t\}$가 더해져서 다음과 같이 정의된다.

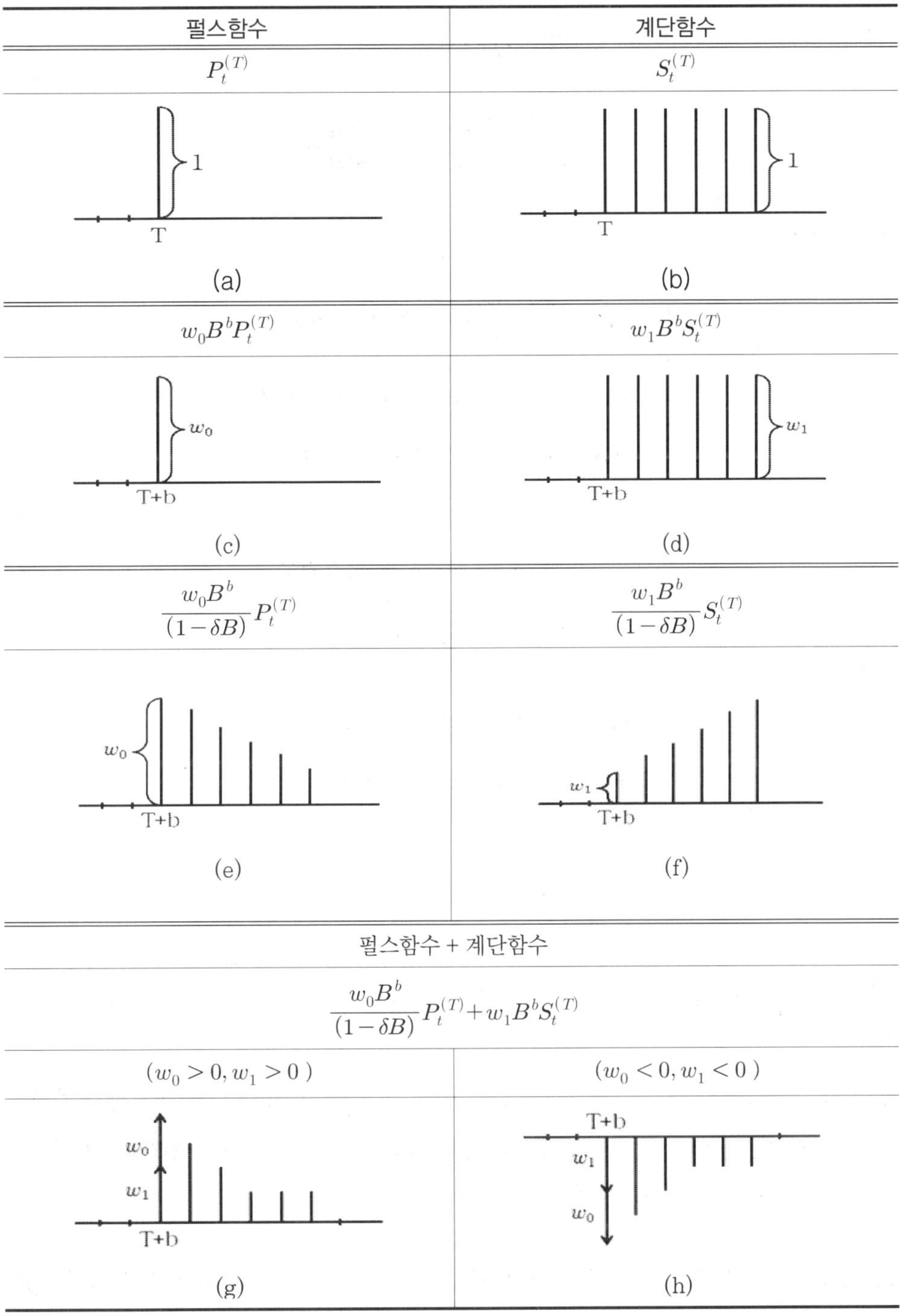

[그림 5.1] 계단함수 및 펄스함수의 반응

$$
\begin{aligned}
Z_t &= \mu + \sum_{i=1}^{k} v_i(B) I_{it} + n_t \\
&= \mu + \sum_{i=1}^{k} \frac{w_{is}(B) B^{b_i}}{\delta_{ir}(B)} I_{it} + \frac{\theta(B)}{\phi(B)} \varepsilon_t,
\end{aligned}
\tag{5.3}
$$

여기서

$$
\begin{cases}
v_i(B) = \dfrac{w_{is}(B) B^{b_i}}{\delta_{ir}(B)} : i\text{번째 전이함수}, \\
w_{is}(B) = w_{i0} - w_{i1} B - w_{i2} B^2 - \cdots - w_{is} B^s, \\
\delta_{ir}(B) = 1 - \delta_{i1} B - \delta_{i2} B^2 - \cdots - \delta_{ir} B^r, \\
b_i : \text{지연모수}, \\
I_{it} : i\text{번째 계단함수 혹은 펄스함수}, \\
n_t = \dfrac{\theta(B)}{\phi(B)} \varepsilon_t : \text{잡음과정}, \\
\boldsymbol{\phi}(B) = 1 - \phi_1 B - \phi_2 B^2 - \cdots - \phi_p B^p, \\
\boldsymbol{\theta}(B) = 1 - \theta_1 B - \theta_2 B^2 - \cdots - \theta_q B^q, \\
\{\varepsilon_t\} \sim i.i.d.(0, \sigma_\varepsilon^2).
\end{cases}
$$

5.2 개입모형의 적합

개입모형은 전이함수모형의 특별한 형태에 속하므로 기본적으로 전이함수모형의 식별, 추정, 진단 단계를 따른다. 다만 전이함수모형과 다른 점은 입력시계열로서 가변수 형태의 시계열을 사용한다는 점에서 적합과정이 더 간단하다.

개입모형의 적합과정. 개입 모형식 (5.3)에 대한 모형 적합과정은 다음의 절차에 따라 수행한다.

STEP 1: 출력시계열 $\{Z_t\}$는 정상시계열을 대상으로 한다. 만약 출력시계열자료가 비정상시계열이라면 로그변환과 같은 적절한 변환 혹은 차이 계산에 의해 변환된 정상시계열을 대상으로 진행한다.

STEP 2: 개입이 일어났다고 판단되는 시점을 기준으로 계단함수 혹은 펄스함수의 여부 및 (b, r, s)의 값을 [그림 5.1]을 참고하여 결정한다. 또는 $(b, r, s) = (b, 1$ 혹은 $2,\ 1$ 혹은 $2)$ 인 전이함수 형태를 full model로 하여 유의하지 않은 모수를 제거하는 방식으로 (b, r, s) 값을 정할 수 있다.

STEP 3: (b, r, s)값이 잠정적으로 식별된 후, 전이함수모형식 (5.3)으로부터 추정치 $\hat{\mu}$, $\hat{w}_{is}$ 및 $\hat{\delta}_{ir}$를 구하여 다음과 같이 전이함수를 추정한다.

$$\hat{v_i}(B) = \frac{\hat{w}_{is}(B)}{\hat{\delta}_{ir}(B)} B^{b_i}.$$

STEP 4: 잠정적인 추정치들을 이용하여 다음과 같은 잠정적인 잡음시계열을 구한다.

$$\hat{n}_t = Z_t - \left\{ \hat{\mu} + \sum_{i=1}^{k} \hat{v_i}(B) I_{it} \right\} = Z_t - \left\{ \hat{\mu} + \sum_{i=1}^{k} \frac{\hat{w}_{is}(B)}{\hat{\delta}_{ir}(B)} B^{b_i} I_{it} \right\}.$$

STEP 5: 잠정적인 잡음시계열 $\{\hat{n}_t\}$에 대하여 $ARMA(p,q)$ 모형을 식별한다.

$$\phi(B)\hat{n}_t = \theta(B)\varepsilon_t.$$

STEP 6: STEP 2에서 식별된 (b, r, s)항을 갖는 전이함수항과 STEP 5에서 식별된 $ARMA(p,q)$의 잡음항을 통합한 개입 모형식 (5.3)으로부터 추정된 시계열 $\{\hat{Z}_t\}$을 사용하여 얻어지는 잔차시계열 $\{\hat{\varepsilon}_t\} = \{Z_t - \hat{Z}_t\}$ 이 백색잡음인지를 판단하기 위한 잔차분석을 수행한다.

STEP 7: 잔차시계열 $\{\hat{\varepsilon}_t\}$에 대하여 실제 관측값 대비 잔차의 백분율인 퍼센트 적합오차(percentage fitted error: PFE)

$$PFE_t = 100 \cdot \left(\frac{Z_t - \hat{Z}_t}{Z_t} \right) \tag{5.4}$$

를 구한 후 PFE가 과도하게 큰 관측치를 고려하는 개입변수를 추가하는 모형을 적합한 후 STEP 2부터 다시 수행함으로써 모형의 적합도를 더 높일 수 있다.

5.3 예제

예제 5.1 개입모형에 의한 예측

[그림 5.2]는 월별 내국인 공항 출국자수(단위: 만 명) 시계열자료(기간: 2003/01~2015/12)의 시계열그림이다. 일정한 추세를 보이던 시계열의 흐름이 2008년 무렵에 한 단계 내려앉았음을 알 수 있다. 미국의 서브프라임 모기지 사태로 촉발된 2008년 9월의 세계금융위기로 인하여 우리나라 대부분의 경제시계열은 2008년 9월 전후 수개월 동안 정상적인 시계열 패턴에서 벗어남을 볼 수 있다. 이제 세계 금융위기를 개입으로 하는 개입모형에 의해서 내국인 공항 출국자수인 출력시계열 $\{Z_t\}$를 예측해 보기로 하자.

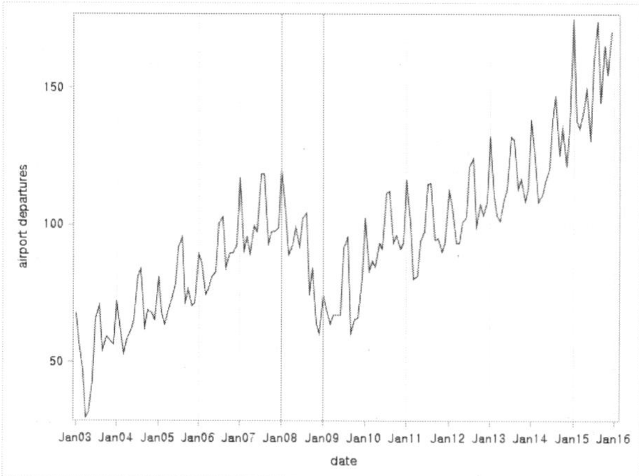

[그림 5.2] 내국인 공항 출국자수 시계열자료

출력시계열의 정상화. 개입 모형화의 첫 단계는 출력시계열을 정상시계열로 변환해야 한다. 출력시계열 $\{Z_t\}$에 대한 SACF plot 및 SPACF plot의 검토 그리고 단위근검정을 통하여 내국인 공항 출국자수 시계열자료는 비정상성의 요인으로서 추세성분 및 계절성분을 가지고 있음을 알 수 있다. 따라서 비계절차분 및 계절차분을 한 정상시계열 $\{(1-B)(1-B^{12})Z_t\}$ 에 대한 모형화를 수행하기로 한다.

$ARIMA(0,1,1)(0,1,1)_{12}$ 모형의 적합. 개입모형을 적용하기 전에 일반적인 ARIMA모형에 의한 적합을 해 봄으로써 개입 시점에 대한 정보를 얻을 수 있다. 차분 시계열 $\{(1-B)(1-B^{12})Z_t\}$ 에 대한 자기상관분석도가 [그림 5.3]에 나와 있다. SACF plot, SPACF plot 및

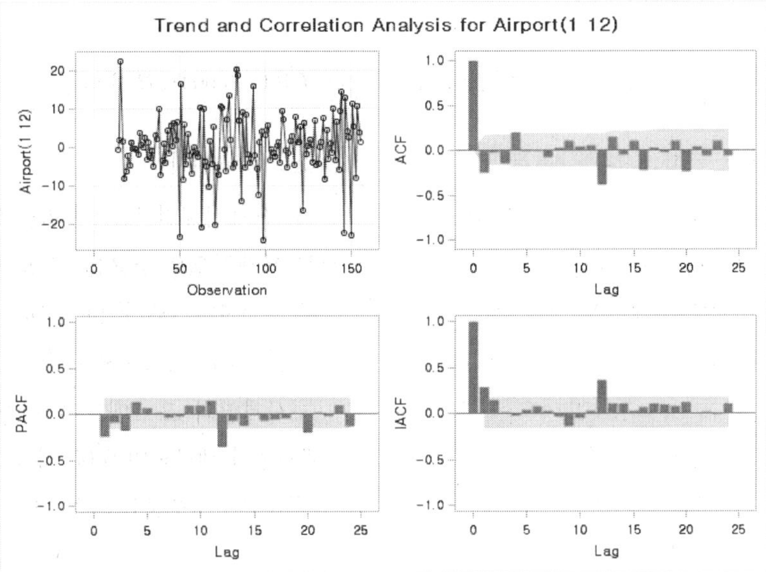

[그림 5.3] 자기상관분석도: 내국인 공항 출국자수 시계열자료

[표 5.1] $ARIMA(0,1,1)(0,1,1)_{12}$ 모형 추정결과: 내국인 공항 출국자수 시계열자료

Conditional Least Squares Estimation					
Parameter	Estimate	Standard Error	t Value	Approx Pr > |t|	Lag
MA1,1	0.27120	0.08179	3.32	0.0012	1
MA2,1	0.60482	0.08031	7.53	<.0001	12

Variance Estimate	46.26935
Std Error Estimate	6.802158
AIC	956.1329
SBC	962.0586
Number of Residuals	143

Moving Average Factors	
Factor 1:	1 - 0.2712 B**(1)
Factor 2:	1 - 0.60482 B**(12)

SIACF plot에서 시차 1 및 12의 SACF, SPACF 및 SIACF가 유의하다. 2.4절의 승법계절 ARIMA모형의 식별방법을 적용하여 출력시계열 $\{Z_t\}$에 대하여 상수항이 없는 $ARIMA(0,1,1)(0,1,1)_{12}$ 모형으로 식별하였다. 추정된 $ARIMA(0,1,1)(0,1,1)_{12}$ 모형식

은 [표 5.1]로부터 다음과 같다.

$$(1-B)(1-B^{12})Z_t = (1-0.2712B)(1-0.60482B^{12})\varepsilon_t, \tag{5.5}$$

여기서 $\hat{\sigma}_\varepsilon^2 = 46.26945$, $AIC = 956.1329$, $SBC = 962.0586$이다.

$ARIMA(0,1,1)(0,1,1)_{12}$ 모형식 (5.5)를 적합 후 잔차시계열 $\{\hat{\varepsilon}_t\}$의 평균 0에 대한 $T-$검정에서 $p-value = 0.4885 > 0.05 = \alpha$이므로 통계적으로 평균은 0으로 받아들일 수 있다. 잔차시계열에 대한 자기상관분석도인 [그림 5.4]의 SACF plot, SPACF plot, SIACF plot에서 각각 $\pm 2 \cdot SE(\hat{\rho}_k(e))$, $\pm 2 \cdot SE(\hat{\phi}_{kk}(e))$, $\pm 2 \cdot SE(\hat{\rho}_k^{(I)}(e))$ 이내에 SACF, SPACF, SIACF가 존재한다. 또한 잔차시계열의 포트맨토우 검정에 대한 $p-value$ 막대그래프를 보면 모든 시차에서 막대기둥이 세로축의 0.05 경계선 아래에 위치한다. 종합하여 판단하면 잔차시계열 $\{\hat{\varepsilon}_t\}$가 평균 0와 상수분산 σ_ε^2을 갖는 백색잡음이라는 설정에 위배되지 않는다.

$ARIMA(0,1,1)(0,1,1)_{12}$ 모형식 (5.5)를 사용하여 적합기간(2003/01 ~ 2015/12)의 1-시차 후 예측치, 1년의 예측기간(2016/01 ~ 2016/12)의 다-시차 후 예측치, 그리고 95% 신뢰수준하의 예측구간을 그린 시계열그림이 [그림 5.5]에 나와 있다.

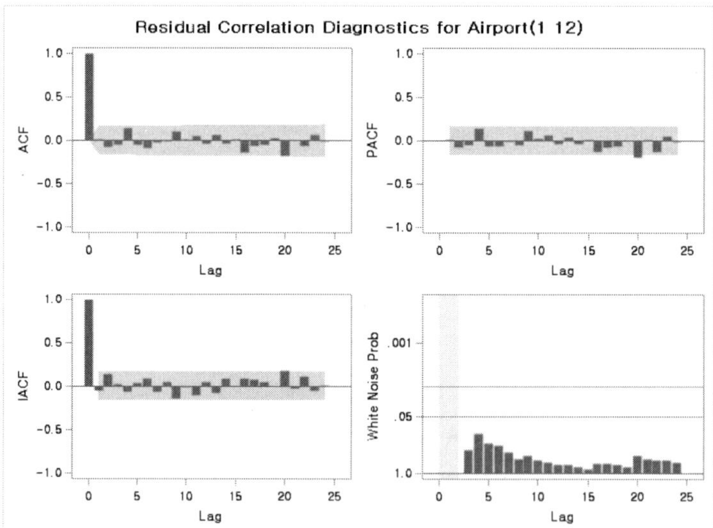

[그림 5.4] $ARIMA(0,1,1)(0,1,1)_{12}$ 모형적합 후 잔차시계열에 대한 자기상관분석도: 내국인 공항 출국자수 시계열자료

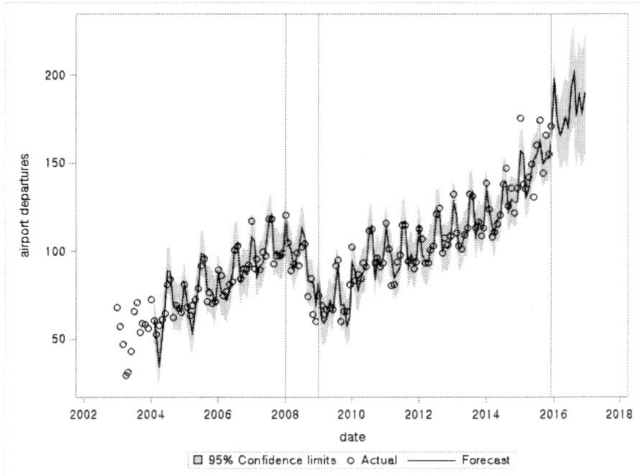

[그림 5.5] $ARIMA(0,1,1)(0,1,1)_{12}$ 모형에 의한 적합과 예측:
내국인 공항 출국자수 시계열자료

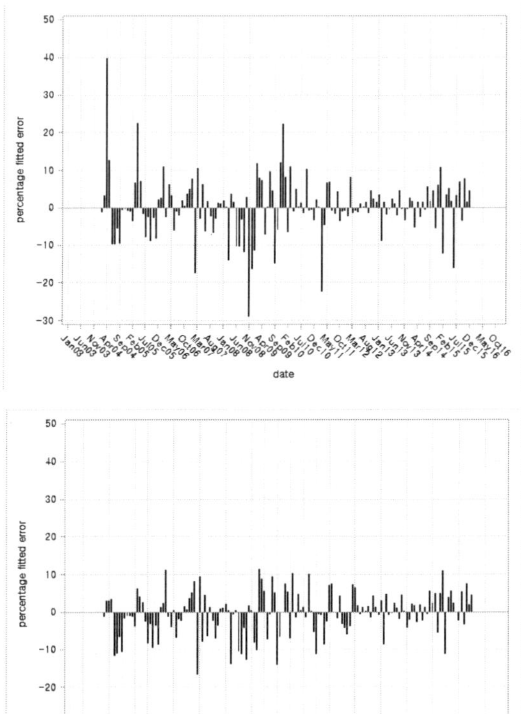

[그림 5.6] 퍼센트 적합오차(FPE):
(좌) $ARIMA(0,1,1)(0,1,1)_{12}$ (우) 계단함수 및 펄스함수를 사용한 개입모형

잠정적인 개입모형의 식별. [그림 5.6]의 왼쪽 그림은 $ARIMA(0,1,1)(0,1,1)_{12}$ 모형식 (5.5)를 사용하였을 때 퍼센트 적합오차 PFE를 나타낸 그림이다. 2008년 11월에 FPE가 -28%이다. 즉, 실제 관측치의 28% 정도 더 낮게 추정하였다. 또한 이 시점부터 시계열의 추세가 한 단계 낮아졌으므로 한 시점에만 영향을 주는 펄스함수보다는 한 시점 이후로 계속 영향을 주는 계단함수를 개입변수로 사용하는 것이 타당해 보인다. 이제 개입의 시작 시점이 2008년 11월인 계단함수를 사용하는 다음과 같은 개입모형을 적합해 보기로 한다.

$$(1-B)(1-B^{12})Z_t = w_0(1-B)(1-B^{12})S_{2008,t} + n_t, \tag{5.6}$$

$$S_{2008,t} = \begin{cases} 0, & t < 2008\text{년 } 11\text{월}, \\ 1, & t \geq 2008\text{년 } 11\text{월}. \end{cases}$$

모형 (5.6)에서 사용한 전이함수 $v(B) = w_0$ 에 앞서 전이함수 $v(B) = \frac{w_0 - w_1 B}{1 - \delta B}$ 를 사용하였으나 모수 유의성검정에서 모수 w_1 및 δ는 유의하지 않아 이들 모수를 제거하고 w_0만 사용한 모형 (5.6)을 식별하였다.

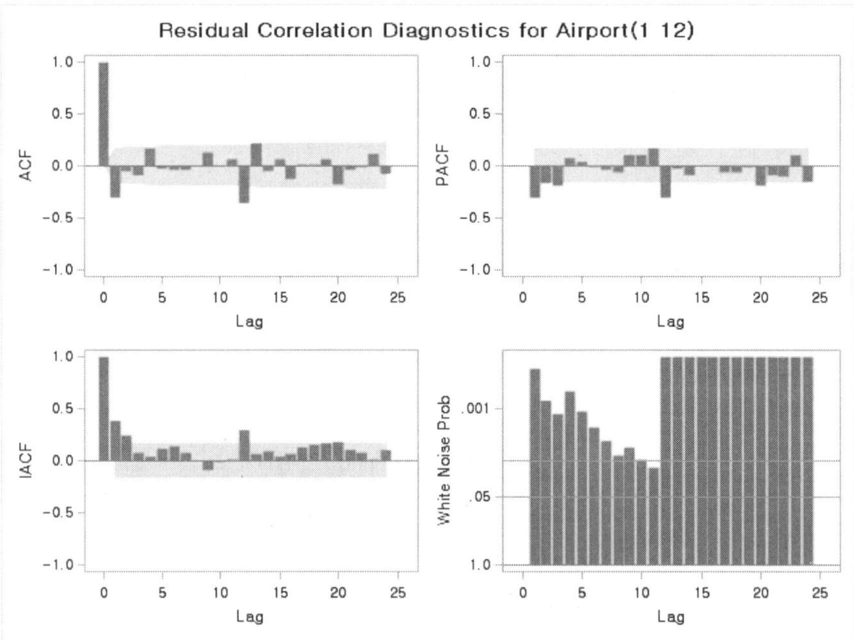

[그림 5.7] 계단함수를 사용한 개입모형에서 추정된 잡음시계열의 자기상관분석도: 내국인 공항 출국자수 시계열자료

잠정적인 잡음시계열의 식별. 개입모형 (5.6)을 적합한 후 잔차시계열에 해당하는 잠정적인 잡음시계열 $\{\hat{n}_t\}$을 구할 수 있다. 잡음시계열 $\{\hat{n}_t\}$의 자기상관분석도인 [그림 5.7]로부터 잡음시계열 $\{\hat{n}_t\}$은 시차 1 및 12의 SACF, SPACF, SIACF가 유의하며 자기상관되어 있는 정상시계열임을 확인할 수 있다. 2.4절의 승법계절 ARIMA모형의 식별방법을 적용하여 잡음시계열 $\{\hat{n}_t\}$에 대하여 $ARIMA(0,0,1)(0,0,1)_{12}$ 모형을 식별한다. 즉,

$$\hat{n}_t = (1-\theta B)(1-\Theta B^{12})\varepsilon_t .$$

[표 5.2] 계단함수를 사용한 개입모형 추정결과:
내국인 공항 출국자수 시계열자료

Conditional Least Squares Estimation							
Parameter	Estimate	Standard Error	t Value	Approx Pr > |t|	Lag	Variable	Shift
MA1,1	0.36596	0.07957	4.60	<.0001	1	Airport	0
MA2,1	0.55038	0.08423	6.53	<.0001	12	Airport	0
NUM1	-20.92715	5.34300	-3.92	0.0001	0	s_2008	0

Variance Estimate	42.47749
Std Error Estimate	6.517475
AIC	944.8878
SBC	953.7763
Number of Residuals	143

모형의 추정. 앞서 식별된 전이함수항과 잡음항을 더한 개입모형에 대해 추정식은 [표 5.2]로부터 식 (5.7)과 같다. 모든 모수들에 대한 유의성검정에서 $p-value < 0.05 = \alpha$ 이므로 유의수준 5%에서 모수들은 모두 유의하다. 특히 $\widehat{w_0} = -20.92715$로부터 2008년 11월에 발생한 개입인 세계 공항은 내국인 공항 출국자수를 감소시키는 유의미한 증거를 보여 준다.

$$\begin{aligned}(1-B)(1-B^{12})Z_t =& -20.92715(1-B)(1-B^{12})S_{2008,t} \\ &+(1-0.36596B)(1-0.55038B^{12})\varepsilon_t ,\end{aligned} \tag{5.7}$$

$$S_{2008,t} = \begin{cases} 0, & t < 2008\text{년 } 11\text{월}, \\ 1, & t \geq 2008\text{년 } 11\text{월}, \end{cases}$$

여기서 $\hat{\sigma}_{\varepsilon}^{2}=42.47749$, $AIC=944.8878$ 및 $SBC=953.7763$의 값은 $ARIMA(0,1,1)(0,1,1)_{12}$ 모형을 사용하였을 경우인 $\hat{\sigma}_{\varepsilon}^{2}=46.26945$, $AIC=956.1329$ 및 $SBC=962.0586$ 에 비해서 개선되었다.

모형의 진단. 2008년 11월을 기준으로 계단함수를 사용한 개입모형식 (5.7)을 적합한 후 잔차시계열 $\{\hat{\varepsilon}_t\}$의 평균 0에 대한 $T-$검정에서 $p-value=0.4264>0.05=\alpha$ 이므로 통계적으로 평균은 0으로 받아들일 수 있다. 잔차시계열에 대한 자기상관분석도인 [그림 5.8]의 SACF plot, SPACF plot, SIACF plot에서 각각 $\pm 2 \cdot SE(\hat{\rho}_k(e))$, $\pm 2 \cdot SE(\hat{\phi}_{kk}(e))$, $\pm 2 \cdot SE(\hat{\rho}_k^{(I)}(e))$ 이내에 SACF, SPACF, SIACF가 존재한다. 또한 잔차시계열의 포트맨토우 검정에 대한 $p-value$ 막대그래프를 보면 모든 시차에서 막대기둥이 세로축의 0.05 경계선 아래에 위치한다. 종합하여 판단하면 잔차시계열 $\{\hat{\varepsilon}_t\}$가 평균 0과 상수분산 σ_{ε}^{2}을 갖는 백색잡음이라는 설정에 위배되지 않는다.

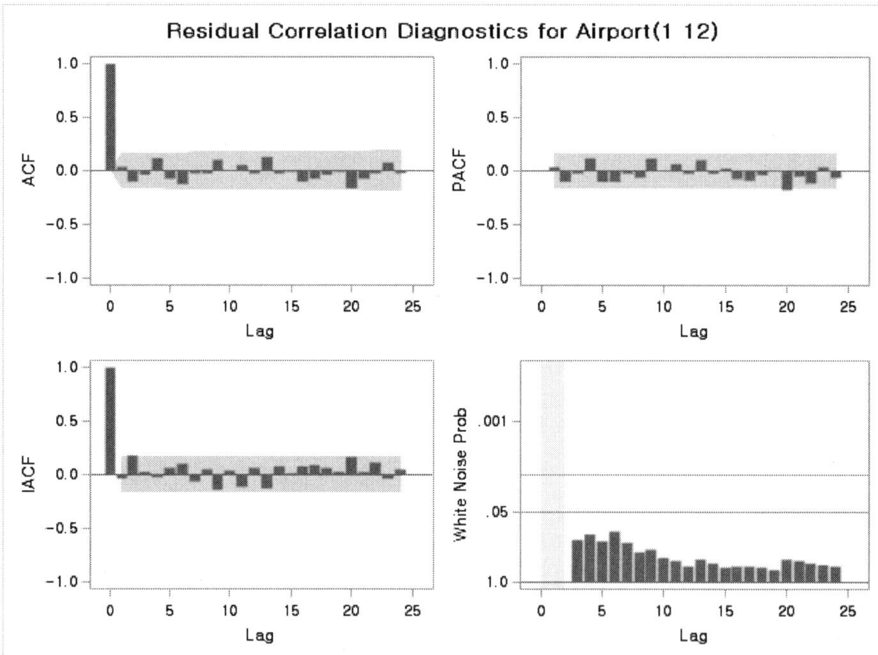

[그림 5.8] 계단함수를 사용한 개입모형 적합 후 잔차시계열에 대한 자기상관분석도: 내국인 공항 출국자수 시계열자료

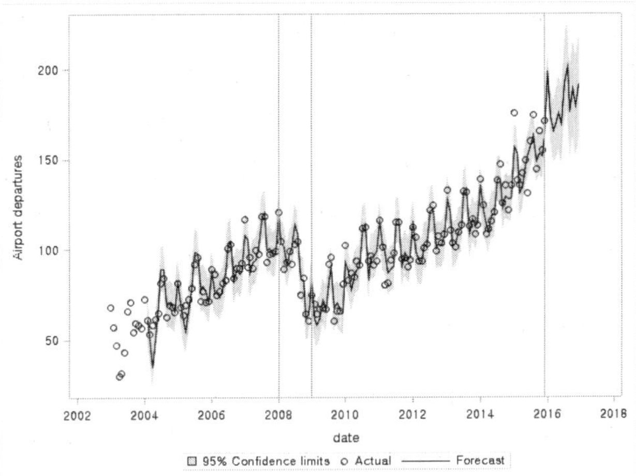

[그림 5.9] 계단함수를 사용한 개입모형에 의한 적합과 예측: 내국인 공항 출국자수 시계열자료

예측. 2008년 11월을 기준으로 계단함수를 사용한 개입 모형식 (5.7)을 사용하여 적합기간(2003/01 ~ 2015/12)의 1-시차 후 예측치, 1년 예측기간(2016/01 ~ 2016/12)의 다-시차 후 예측치, 그리고 95% 신뢰수준하에서 예측구간을 그린 시계열그림이 [그림 5.9]에 보여진다. $ARIMA(0,1,1)(0,1,1)_{12}$를 사용하여 예측한 [그림 5.5]와 비교하면 2008년 후반부에 실제 관측치와 예측치의 차가 줄어들었음을 확인할 수 있다.

[표 5.3] 계단함수 및 펄스함수를 포함한 개입모형 추정결과: 내국인 공항 출국자수 시계열자료

Conditional Least Squares Estimation							
Parameter	Estimate	Standard Error	t Value	Approx Pr > |t|	Lag	Variable	Shift
MA1,1	0.35386	0.08257	4.29	<.0001	1	Airport	0
MA2,1	0.60782	0.08554	7.11	<.0001	12	Airport	0
NUM1	-18.84040	4.79415	-3.93	0.0001	0	s_2008	0
NUM2	21.48363	4.18894	5.13	<.0001	0	p_2004	0
NUM3	9.82993	4.25546	2.31	0.0224	0	p_2009	0
NUM4	-11.26882	4.25740	-2.65	0.0091	0	p_2011	0
NUM5	-20.43843	5.66723	-3.61	0.0004	0	p_2015	0
NUM1,1	-13.98842	5.63396	-2.48	0.0143	1	p_2015	0

Variance Estimate	31.71505
Std Error Estimate	5.631611
AIC	907.9051
SBC	931.6078
Number of Residuals	143

추가분석: 계단함수 및 펄스함수를 사용한 개입모형. 계단함수를 포함한 개입모형식 (5.7)을 사용하였을 때 퍼센트 적합오차인 PFE가 15%를 벗어난 시점(PFE)은 2004/04(40%), 2005/04(21%), 2007/02(−17%), 2009/12(19%), 2011/03(−23%), 2015/06(−16%)과 같다. 이 중에서 동일본 지진 발생으로 후쿠시마 원전사고가 발생한 2011년 3월과 메르스 전염병이 발생하였던 2015년 6월은 내국인 출국자수가 급감했던 시기이다. 개입모형식 (5.7)에 이러한 시기를 반영해 보기로 한다. 이제 위에서 열거한 시점에서 각 펄스함수를 추가하고, 또한 각 펄스함수에는 전이함수 $v(B)=\dfrac{w_0-w_1B}{1-\delta B}$를 사용한 개입모형을 적합해 보기로 한다. 5% 유의수준하에서 유의하지 않은 모수에 해당하는 항을 제거한 후 최종적으로 추정된 모형식은 [표 5.3]으로부터 다음과 같다.

$$
\begin{aligned}
(1-B)(1-B^{12})z_t = & -18.84040(1-B)(1-B^{12})S_{2008,t}+21.48363P_{2004,t}+9.82993P_{2009,t} \\
& -11.26882P_{2011,t}+(-20.43843+13.98842B)P_{2015,t} \\
& +(1-0.35386B)(1-0.60782B^{12})\varepsilon_t,
\end{aligned} \tag{5.8}
$$

여기서 $S_{2008,t}=\begin{cases} 0, & t<2008\text{년 }11\text{월}, \\ 1, & t\ge 2008\text{년 }11\text{월}, \end{cases}$ $P_{2004,t}=\begin{cases} 1, & t=2004\text{년 }4\text{월}, \\ 0, & t\ne 2004\text{년 }4\text{월}, \end{cases}$

$P_{2009,t}=\begin{cases} 1, & t=2009\text{년 }12\text{월}, \\ 0, & t\ne 2009\text{년 }12\text{월}, \end{cases}$ $P_{2011,t}=\begin{cases} 1, & t=2011\text{년 }3\text{월}, \\ 0, & t\ne 2011\text{년 }3\text{월}, \end{cases}$

$P_{2015,t}=\begin{cases} 1, & t=2015\text{년 }6\text{월}, \\ 0, & t\ne 2015\text{년 }6\text{월}, \end{cases}$ 그리고 $\hat{\sigma}_\varepsilon^2=31.71505$, $AIC=907.9051$,

$SBC=931.6078$.

모형의 진단. 계단함수 및 펄스함수를 사용한 개입 모형식 (5.8)을 적합한 후 잔차시계열 $\{\hat{\varepsilon}_t\}$의 평균 0에 대한 $T-$검정에서 $p-value=0.9039>0.05=\alpha$이므로 통계적으로 평균은 0으로 받아들일 수 있다. 잔차시계열에 대한 자기상관분석도인 [그림 5.10]의 SACF plot, SPACF plot, SIACF plot에서 각각 $\pm 2\cdot SE(\hat{\rho}_k(e))$, $\pm 2\cdot SE(\hat{\phi}_{kk}(e))$, $\pm 2\cdot SE(\hat{\rho}_k^{(I)}(e))$ 이내에 SACF, SPACF, SIACF가 존재한다. 또한 잔차시계열의 포트맨

토우 검정에 대한 $p-value$ 막대그래프를 보면 모든 시차에서 막대기둥이 세로축의 0.05 경계선 아래에 위치한다. 종합하여 판단하면 잔차시계열 $\{\hat{\varepsilon}_t\}$ 가 평균 0와 상수분산 σ_ε^2을 갖는 백색잡음이라는 설정에 위배되지 않는다.

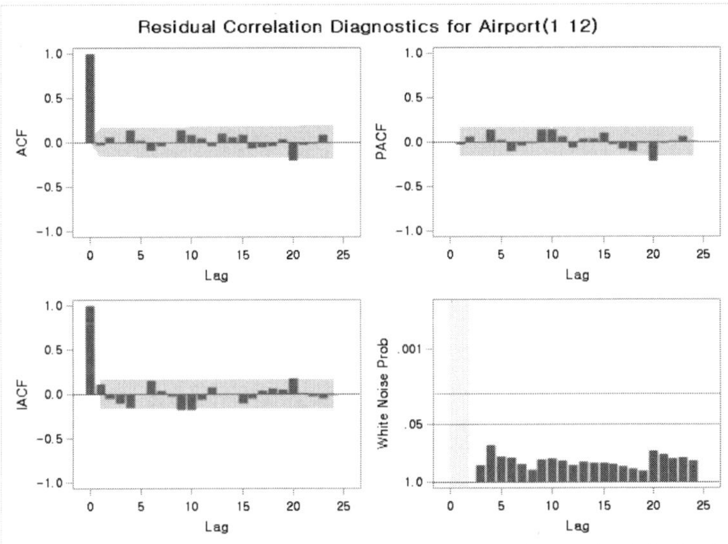

[그림 5.10] 계단함수 및 펄스함수를 사용한 개입모형 적합 후 잔차시계열에 대한 자기상관분석도: 내국인 공항 출국자수 시계열자료

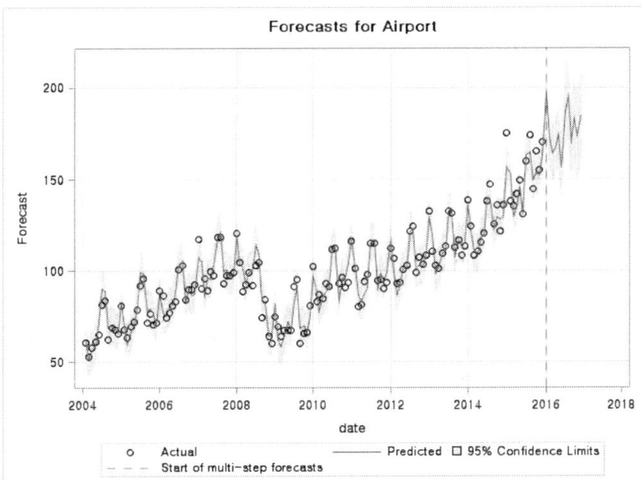

[그림 5.11] 계단함수 및 펄스함수를 사용한 개입모형에 의한 예측: 내국인 공항 출국자수 시계열자료

예측. 2008년 11월이 기준인 계단함수 및 4개의 펄스함수를 사용한 개입 모형식 (5.8)을 사용하여 적합기간(2003/01 ~ 2015/12)의 1-시차 후 예측치, 1년 예측기간(2016/01 ~ 2016/12)의 다-시차 후 예측치, 그리고 95% 신뢰수준하에서 예측구간을 그린 시계열 그림이 [그림 5.11]에 보여진다.

$ARIMA(0,1,1)(0,1,1)_{12}$를 사용하여 예측한 [그림 5.5]와 비교하면 2008년 후반부에 실제 관측치와 예측치의 차가 줄어들었음을 확인할 수 있다. 또한 [그림 5.6]에서 계단함수 및 4개의 펄스함수를 사용하였을 때의 퍼센트 적합오차를 나타내는 오른쪽 그림은 $ARIMA(0,1,1)(0,1,1)_{12}$를 사용하였을 때의 왼쪽 그림과 비교했을 때 잔차가 많이 줄어들었음을 확인할 수 있으며 $\hat{\sigma}_{\varepsilon}^2 = 31.71505$, $AIC = 907.9051$ 및 $SBC = 931.6078$의 값들은 이전 두 모형의 값보다 개선되었다. □

SAS program 5.1 **예제 5.1 개입모형에 의한 예측**

- SAS data set: 월별 내국인 공항 출국자수 시계열자료(mdeparturevehicle.sas7bdat)
- 시계열 기간: 2003/01 ~ 2015/12(월별)
- 시계열 변수: Airport

```
/* (1) Read airport passengers time series data */
data vehi; set tsa2016.mdeparturevehicle end=last nobs=n;
  Airport=Airport/10000;
  date=intnx('month','1JAN03'd,_n_-1);
  format date monyy.;
  s_2008=('01nov08'd <= date);
  p_2004=('01apr04'd <= date <'1may04'd);
  p_2009=('01dec09'd <= date <'1jan10'd);
  p_2011=('01mar11'd <= date <'1apr11'd);
  p_2015=('01jun15'd <= date <'1jul15'd);
  Airport1=Airport-lag(Airport);
  Airport12=Airport-lag12(Airport);
  Airport1_12=Airport1-lag12(Airport1);
  output;

/* (2) To generate missing values for predicting 12 months */
  if last then
    do i=1 to 12;
     Airport=.; t=n+i;
     date=intnx('month','1JAN03'd,t-1); format date monyy.;
     s_2008=('01nov08'd <= date);
     p_2004=('01apr04'd <= date <'1may04'd);
     p_2009=('01dec09'd <= date <'1jan10'd);
     p_2011=('01mar11'd <= date <'1apr11'd);
     p_2015=('01jun15'd <= date <'1jul15'd);
    output;
```

```
   end; run;
proc print; run;

/* (3) Figure 5.2 */
proc sgplot data=vehi; series x=date y=Airport;
  refline '1jan08'd '1jan09'd  / axis=x ;
  xaxis label='date' display=all VALUES=("01JAN03"d to "01JAN16"d by year) grid;
  yaxis label='airport departures' grid;run;

/*** ARIMA(0,1,1)(0,1,1)_12 model ***/

/*  (4) Figure 5.3,  Table 5.1, Figure 5.4 */
proc arima data=vehi; where date<'1jan16'd;
  identify var=Airport(1,12) ; run;
  estimate q=(1)(12) noint; run;
  forecast id=date interval=month lead=12 out=outfore ; run;

/* (5) p-value of T-test for residual mean zero */
proc univariate data=outfore noprint; var residual;
  output out=mean0_pvalue  probt=pvalue_mean0_residual ;  run;
proc print data=mean0_pvalue; run;

/* (6) Figure 5.6(left) */
data outfore; set outfore;
  pe=residual*100/Airport;
proc print data=outfore; run;

proc sgplot data=outfore;
  vbar date/ response=pe barwidth=0.3;
  xaxis label='date' display=all VALUES= ("01JAN03"d to "01JAN16"d by year)
      FITPOLICY=rotatethin  grid;
  yaxis values=(-30 to 50  by 10) label='percentage fitted error' grid; run;
/* (7) Figure 5.5 */
proc sgplot data=outfore;
  band Upper=U95 Lower=L95 x=date/ legendlabel="95% Confidence limits";
  scatter x=date y=Airport/ legendlabel="Actual"
        MARKERATTRS=(SYMBOL=Circle SIZE=8PX);
  series x=date y=FORECAST / legendlabel="Forecast"
        LINEATTRS=(PATTERN=1 color=black THICKNESS=1);
  refline '1jan08'd '1jan09'd '1dec15'd / axis=x ;
  xaxis label='date';
  yaxis label='airport departures'; run;

/* (8) 1st selection model: intervention model only s_2008 */

/* (9) Figure 5.7, Table 5.2, Figure 5.8  */
proc arima data=vehi;
  identify var=Airport(1,12) crosscorr=(s_2008(1,12)) outcov=outcov1 ; run;
  estimate input=(0$(1)/(1) s_2008) noint; run;
  estimate input=(s_2008) noint; run;
  estimate q=(1)(12) noint input=(s_2008); run;
  forecast id=date interval=month lead=12 out=outfore ; run;
```

```
/* (10) p-value of T-test for residual mean zero */
proc univariate data=outfore noprint; var residual;
  output out=mean0_pvalue  probt=pvalue_mean0_residual; run;
proc print data=mean0_pvalue; run;

/*  (11) Figure 5.9 */
proc sgplot data=outfore;
  band Upper=U95 Lower=L95 x=date/ legendlabel="95% Confidence limits";
  scatter x=date y=Airport/ legendlabel="Actual"
        MARKERATTRS=(SYMBOL=Circle SIZE=8PX);
  series x=date y=FORECAST/ legendlabel="Forecast"
       LINEATTRS=(PATTERN=1 color=black THICKNESS=1);
  refline '1jan08'd '1jan09'd '1dec15'd/ axis=x ;
  xaxis label='date';
  yaxis label='Airport departures'; run;

/* (12) 2nd selection model: intervention model s_2008 p_2004 p_2009 p_2011 p_2015 */
/* Table 5.3, Figure 5.10, Figure 5.11 */
proc arima data=vehi plots=forecast(forecast);
  identify var=Airport(1,12) crosscorr=( s_2008(1,12) p_2004 p_2009 p_2011 p_2015)
        outcov=outcov1; run;
  estimate input=(s_2008 p_2004 p_2009 p_2011 p_2015) noint; run;
  estimate q=(1)(12) noint input=(0$ s_2008 0$ p_2004 0$ p_2009 0$ p_2011
                        0$(1) p_2015); run;
  forecast id=date interval=month  lead=12 out=outfore ; run;

/* (13) p-value of T-test for residual mean zero */
proc univariate data=outfore noprint; var residual;
  output out=mean0_pvalue  probt=pvalue_mean0_residual ;  run;
proc print data=mean0_pvalue; run;

/* (14) Figure 5.6(right) */
data outfore; set outfore;
  pe=residual*100/Airport;
proc print data=outfore; run;

proc sgplot data=outfore;
  vbar date/ response=pe barwidth=0.3;
  xaxis label='date' display=all VALUES= ("01JAN03"d to "01JAN16"d by year)
      FITPOLICY=rotatethin grid;
  yaxis values=(-30 to 50  by 10) label='percentage fitted error' grid; run;
```

5장 | 연습문제

5.1 SAS data file인 mozonedata.sas7bdat는 Box and Tiao(1975)의 월 평균 오존(O_3)농도(단위: pphm) 시계열자료(1955/01 ~ 1972/12)이다. Box and Tiao(1975)가 이 자료에 대해 적용한 개입분석에서는 미국 LA시의 자동차 배기가스로 인한 심각한 대기오염을 방지하기 위한 조치로서 두 가지 법안이 오존농도로 측정되는 대기오염을 줄이는 데 영향력을 발휘했는지를 분석하였다. 첫 번째 법안은 1960년에 개통된 Golden State 고속도로와 휘발유에 포함된 오염원을 제한하는 것이었는데, 이 법안은 1960년 이후 지속적으로 영향을 미친다고 보아 다음과 같은 계단함수를 정의하였다.

$$S_{1960,t} = \begin{cases} 0, & t < 1960\text{년 } 1\text{월}, \\ 1, & t \geq 1960\text{년 } 1\text{월}. \end{cases}$$

두 번째 법안으로 1966년부터 판매되는 자동차에는 오존 발생량을 줄일 수 있는 새로운 엔진을 장착해야 하는 것이었는데, 여름철과 겨울철의 오존 발생량이 미치는 영향이 다르다고 보아 다음의 두 가지 계단함수를 정의하였다.

$$S_{\text{summer},t} = \begin{cases} 1, & t\text{는 } 1960\text{년 이후 } 6\text{월} \sim 10\text{월}, \\ 0, & t\text{는 그 외의 시간}, \end{cases}$$

$$S_{\text{winter},t} = \begin{cases} 1, & t\text{는 } 1960\text{년 이후 } 11\text{월} \sim 5\text{월}, \\ 0, & t\text{는 그 외의 시간}. \end{cases}$$

월 평균 오존(O_3)농도 시계열 $\{Z_t\}$에 대하여 위에서 정의한 계단함수들을 개입변수로 포함한 개입모형에 의해 개입의 효과를 분석하고 최종적으로 모형의 진단단계의 잔차분석을 통과한 예측모형에 의해 1-시차 후 예측치, 미래 12개월 동안의 다-시차 후 예측치, 그리고 95% 신뢰수준에서 예측구간을 나타낸 시계열그림을 그려라.

5.2 SAS data file인 전력판매량(melectricitysales.sas7bdat) 시계열자료(기간: 2000/01 ~ 2013/12)에 대해 연습문제 4.2에서 분석한 전이함수모형에 적절한 개입변수를 포함한 시계열모형에 의해 개입의 효과를 분석하고 최종적으로 모형의 진단단계의 잔차분석을 통과한 예측모형에 의해 1-시차 후 예측치, 미래 12개월 동안의 다-시차 후 예측치, 그리고 95% 신뢰수준에서 예측구간을 나타낸 시계열그림을 그려라.

5.3 예제 5.1, 연습문제 5.1 및 5.2처럼 개입모형에 의한 예측이 적절한 출력시계열자료를 찾아서 적절한 개입변수를 포함한 개입모형에 의해 개입의 효과를 분석하고 최종적으로 모형의 진단단계의 잔차분석을 통과한 예측모형에 의해 1-시차 후 예측치, 미래 12 시점 동안의 다-시차 후 예측치, 그리고 95% 신뢰수준에서 예측구간을 나타낸 시계열그림을 그려라.

5장 참고문헌

- 조신섭, 손영숙, 성병찬 (2016), 시계열분석, 제4판, 율곡출판사.
- 조신섭, 이정형 (2014), 경제시계열분석을 위한 SAS/ETS 사용법, 자유아카데미.
- Box, G. E. P. and Jenkins, G. M. (1976). *Time Series Analysis Forecasting and Control*, 2nd ed., Holden-Day.
- Box, G. E. P. and Tiao, G. C. (1975). Intervention analysis with applications to economic and environmental problems, *Journal of American Statistical Associations,* 70, 7-79
- SAS Institute Inc. (2008). *SAS/ETS 9.2 User's Guide*. Cary, NC, USA.
- Wei, W. W. S. (1990). *Time Series Analysis*, Addison Wesley.

6장

평활법에 의한 예측

6.1 평활법
6.2 평활모형
6.3 평활모형의 적합
6.4 예제
6.5 SAS program
연습문제
참고문헌

6.1 평활법

평활법에 의한 예측. 결정적 추세를 가지고 있는 시계열자료는 전체 시간대에서 추세가 확정적일 뿐만 아니라 전체 시간을 구간별로 나누어 어느 시간대별로 보아도 전체 시간대에서의 확정적 추세와 같은 추세를 가지고 있다. 만약 시계열을 생성하는 확률과정이 변화하여 시간대별로 추세가 달라지는데도 전체 시계열자료에 대하여 동일한 하나의 추세모형을 적합시켜 예측한다면 예측오차가 커질 것이다. 이러한 경우 모든 시계열자료에 동일한 가중치를 주는 것이 아니라 최근 확률과정의 변화를 반영하여 최근의 시계열자료일수록 가중치를 크게 주고 과거의 시계열자료일수록 가중치를 줄여주는 방식으로 시간 차에 따라 이미 관측된 시계열자료를 달리 처리하여 미래 예측을 하는 것이 합리적이다.

[그림 6.1]의 온라인 쇼핑몰의 분기별 On/Offline 매출액(단위: 조원) 시계열자료(기간: 2001/Q1 ~ 2013/Q4)는 대략 2004년 2사분기까지는 2차 곡선추세, 그리고 2009년 1사분기를 기준 시점으로 완만하게 상승하는 직선추세가 좀 더 가파르게 상승하는 직선추세로 변하는 것을 볼 수 있다. [그림 6.2]의 월별 출생자수(단위: 명) 시계열자료(기간: 2000/01 ~ 2014/12)는 대략 2002년까지는 가파르게 출생자수가 감소하다가 그 이후로는 전체적으로 매우 완만한 증가추세와 감소추세가 반복되고 가장 최근은 미세한 감소추세가 보인다. 두 시계열자료들은 하나의 추세로 고정되지 않고 시간대별로 추세가 달라짐을 볼 수 있다. 이러한 경우 마지막 관측 시점 이후를 예측하기 위해서는 최근의 시계열자료에 보다 큰 가중치를 주고 과거의 자료일수록 점점 더 지수적으로 줄어드는 가중치를 부여하는 방법으로 주어진 시계열자료를 활용하는 예측법이 평활법(smoothing method)이다.

평활법에 의한 예측은 시계열자료를 생성하는 확률과정이 변화하는 경우에 유용한 예측법이다. 다른 시계열예측법과는 달리 평활법에 의한 예측은 통계 전문가의 판단을 요구하지 않는 자동화 처리 방법으로 대규모 시계열자료의 예측이 가능할 뿐 아니라 예측의 갱신이 쉽게 이루어지는 장점이 있다. 그러나 평활모형 자체가 서로 독립인 자료를 다루는 추세모형이어서 시계열자료를 적합시킨 후 수행하는 대부분의 잔차분석에서 잔차들에 자기상관관계가 남아있는 경우가 많다. 여러 가지 평활법에 대한 설명은 Ledolter(1983), Gardner(1985), Chatfield(1978), Bowerman and O'Connell(1979)에 잘 소개되어 있다.

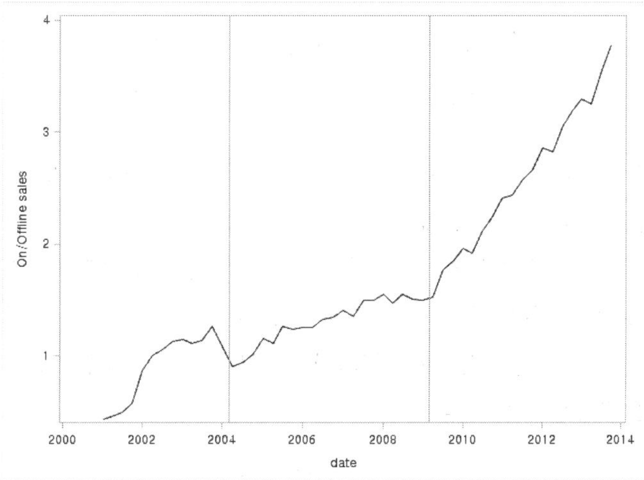

[그림 6.1] 온라인 쇼핑몰의 On/Offline 매출액 시계열자료

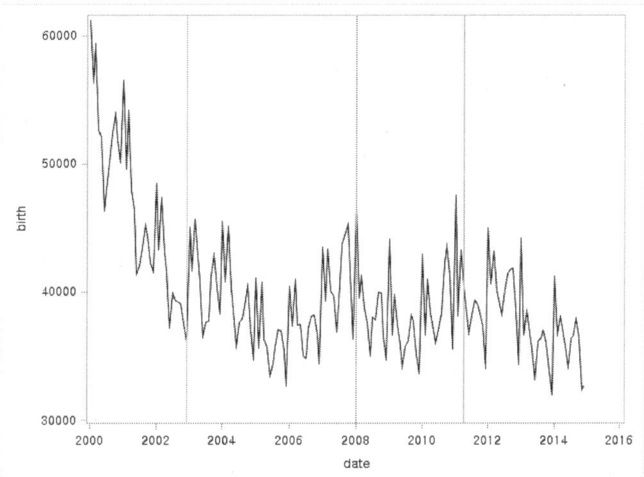

[그림 6.2] 출생자수 시계열자료

6.2 평활모형

시계열 $\{Z_t \mid t=1,2,\ldots,n\}$이 주어졌을 때 가법평활모형 및 승법평활모형은 다음과 같이 정의된다. 일반적으로 시계열의 변동폭이 일정하면 가법평활모형을 적용하고 시계열의 변동폭이 증가하는 경우에는 승법평활모형을 적용한다.

$$\text{가법평활모형:}\ Z_t = \mu_t + \beta_t t + s_p(t) + \varepsilon_t\,,$$

$$\text{승법평활모형:}\ Z_t = (\mu_t + \beta_t t) s_p(t) + \varepsilon_t\,,$$

여기서 μ_t 는 시간에 따라 변하는 평균 수준, β_t 는 시간에 따라 변하는 기울기, $s_p(t)$ 는 계절주기 p 를 갖으며 시간에 따라 변하는 계절성분, ε_t 는 랜덤 오차항이다. 위의 평활모형식에서 직선 추세항이 없다면 $\beta_t = 0$ 으로 놓고, 혹은 계절성분이 없다면 가법평활모형의 경우에는 $s_p(t) = 0$ 으로 승법평활모형의 경우에는 $s_p(t) = 1$ 로 놓는다.

각 평활모형에 따라 평활식에서 사용되는 시간 t 에서의 평활 상태(smoothing state) L_t, T_t, S_{t-j}는 다음과 같이 정의된다.

$$\begin{cases} L_t:\ \text{평균 수준}\ \mu_t\text{를 추정하는 평활 수준.} \\ T_t:\ \text{직선 추세성분의 기울기}\ \beta_t\text{를 추정하는 평활 추세.} \\ S_{t-j},\ j=0,1,2,\ldots,p-1:\ \text{계절성분}\ s_p(t)\text{를 추정하는 평활 계절성분.} \end{cases}$$

또한 각 평활모형에 따라 사용되는 평활 가중치 α, γ, δ, ϕ 는 0과 1 사이의 실수값으로 다음과 같다.

$$\begin{cases} \alpha:\ \text{수준 평활 가중치.} \\ \gamma:\ \text{추세 평활 가중치.} \\ \delta:\ \text{계절 평활 가중치.} \\ \phi:\ \text{추세 감쇠 가중치.} \end{cases}$$

평활법에서는 시간에 따라 변하는 성분들인 μ_t, β_t, $s_p(t)$의 시간 t에서 평활 상태인 $L_t, T_t, S_{t-j} (j=0,1,2,\ldots,p-1)$를 추정한다. 이러한 평활 상태는 초깃값으로 시작하여 아래에 소개할 각 평활식을 사용해 새로운 자료가 하나씩 추가되어 관측될 때마다 평활식에 의해 갱신되고 맨 마지막의 평활 상태가 예측을 위해 사용된다.

아래에서 소개할 8개 평활식은 지수평활법 혹은 Winters 방법이다. 각 평활식에서 평활 상태의 첫 번째 항은 새로운 시점이 도래해 새로운 관측값의 정보를 활용해 조정된 값을 나타내는 항이고 두 번째 항은 직전 시점까지 관측값을 활용해 평활한 값을 나타내는 항이다. 따라서 평활 가중치 α, γ, δ, ϕ가 1에 가까운 큰 값이면 각 평활 상태는 평활 효과가 작아 최근의 관측값에 의해 크게 영향을 받으므로 시계열의 최근 변화에 민감하게 반응을 나타낸다. 각 평활법의 평활모형, 평활식, 그리고 시점 t 에서 l-시차 후 예측식 $\hat{Z}_t(l)$은 다음과 같이 정의된다.

단순지수평활. 단순지수평활(simple exponential smoothing)은 시계열자료의 평균수준(level)이 시간대에 따라 변화하는 상황에 적절한 평활법이다.

$$\begin{cases} \text{평활모형}: & Z_t = \mu_t + \varepsilon_t. \\ \text{평활식} \quad : & L_t = \alpha Z_t + (1-\alpha)L_{t-1}. \\ \text{예측식} \quad : & \hat{Z}_t(l) = L_t. \end{cases}$$

시계열 $\{Z_t \mid t=1,2,\ldots,n\}$이 주어졌을 때 평활식 L_t의 순환식을 이용하여 예측식 $\hat{Z}_n(l)$를 다음과 같이 풀어쓸 수 있다.

$$\hat{Z}_n(l) = L_n = \alpha Z_n + \alpha(1-\alpha)Z_{n-1} + \alpha(1-\alpha)^2 Z_{n-2} + \cdots + \alpha(1-\alpha)^{n-1}Z_1 + \alpha(1-\alpha)^n L_0. \quad \textbf{(6.1)}$$

즉, $l-$시차 후 예측을 할 때 가장 최근 자료 Z_n에 가장 큰 수준 평활 가중치 α, $0<\alpha<1$,를 주고 Z_{n-1}, Z_{n-2},...와 같이 과거 자료로 갈수록 평활 가중치는 $\alpha(1-\alpha)$, $\alpha(1-\alpha)^2$, $\alpha(1-\alpha)^3$,...와 같이 지수적으로 감소하는 평활 가중치를 준다. 이때 수준 평활 가중치 α가 1에 가까운 값일수록 과거 자료보다는 최근 자료를 주로 활용하여 예측에 사용하는 셈이 된다. 일반적으로 평활법에 의한 예측에서는 시계열자료를 생성하는 확률과정이 최근에 급격하게 변화한 경우라면 평활 가중치 α의 값으로 큰 값을 주고 반대의 경우라면 α의 값으로 작은 값을 줌으로써 과거 시계열자료의 평활에 의해 예측을 하게 된다.

이중지수평활. 이중지수평활(double exponential smoothing) 혹은 브라운 지수평활(Brown exponential smoothing)은 시계열자료의 직선 추세성분이 시간대에 따라 변화하는 상황에 적절한 평활법이다.

$$\begin{cases} \text{평활모형}: & Z_t = \mu_t + \beta_t t + \varepsilon_t. \\ \text{평활식} \quad : & \begin{cases} L_t = \alpha Z_t + (1-\alpha)L_{t-1}, \\ T_t = \alpha(L_t - L_{t-1}) + (1-\alpha)T_{t-1}. \end{cases} \\ \text{예측식} \quad : & \hat{Z}_t(l) = L_t + ((l-1) + 1/\alpha)T_t. \end{cases}$$

또한 예측식 $\hat{Z}_t(l)$은 단순지수평활을 연속적으로 두 번 적용하여 다음과 같이 표현할 수도 있다.

$$\text{예측식}\ :\ \begin{cases} \hat{Z}_t(l) = (2+\alpha l/(1-\alpha))S_t^{[1]} - (1+\alpha l/(1-\alpha))S_t^{[2]}, \\ S_t^{[1]} = \alpha Z_t + (1-\alpha)S_{t-1}^{[1]}, \\ S_t^{[2]} = \alpha S_t^{[1]} + (1-\alpha)S_{t-1}^{[2]}. \end{cases}$$

위의 예측식 $\hat{Z}_t(l)$ 에서 첫 번째 단순지수평활 $S_t^{[1]}$은 원 시계열 $\{Z_t\}$ 에 대해 이루어지고 두 번째 단순지수평활 $S_t^{[2]}$은 첫 번째 단순지수평활 시계열 $\{S_t^{[1]}\}$ 에 대해 이루어지므로 이중지수평활이라고 한다.

선형지수평활. 선형지수평활(linear exponential smoothing) 혹은 홀트 지수평활(Holt exponential smoothing)은 시계열자료의 직선 추세성분이 시간대에 따라 변화하는 상황에 적절한 평활법으로 위에서 소개한 이중지수평활과 같은 역할을 한다.

$$\begin{cases} \text{평활모형}:\ Z_t = \mu_t + \beta_t t + \varepsilon_t. \\ \text{평활식}\ :\ \begin{cases} L_t = \alpha Z_t + (1-\alpha)(L_{t-1} + T_{t-1}), \\ T_t = \gamma(L_t - L_{t-1}) + (1-\gamma)T_{t-1}. \end{cases} \\ \text{예측식}\ :\ \hat{Z}_t(l) = L_t + lT_t. \end{cases}$$

감쇠-추세 선형지수평활. 감쇠-추세 지수평활(damped-trend linear exponential smoothing)은 시계열자료의 직선 추세성분이 시간대에 따라 감쇠하며 변화하는 상황에 적절한 평활법이다.

$$\begin{cases} \text{평활모형}:\ Z_t = \mu_t + \beta_t t + \varepsilon_t. \\ \text{평활식}\ :\ \begin{cases} L_t = \alpha Z_t + (1-\alpha)(L_{t-1} + \phi T_{t-1}), \\ T_t = \gamma(L_t - L_{t-1}) + (1-\gamma)\phi T_{t-1}. \end{cases} \\ \text{예측식}\ :\ \hat{Z}_t(l) = L_t + \sum_{i=1}^{l} \phi^i T_t. \end{cases}$$

가법계절지수평활. 가법계절지수평활(additive seasonal exponential smoothing)은 시계열자료의 평균 수준 및 계절성분이 시간대에 따라 변화하며 시계열의 변동 폭이 일정한 경우에 적절한 평활법이다.

$$\begin{cases} \text{평활모형}: & Z_t = \mu_t + s_p(t) + \varepsilon_t. \\ \text{평활식} & : \begin{cases} L_t = \alpha(Z_t - S_{t-p}) + (1-\alpha)L_{t-1}, \\ S_t = \delta(Z_t - L_t) + (1-\delta)S_{t-p}. \end{cases} \\ \text{예측식} & : \hat{Z}_t(l) = L_t + S_{t-p+l}. \end{cases}$$

승법계절지수평활. 승법계절지수평활(multiplicative seasonal exponential smoothing)은 시계열자료의 평균 수준 및 계절성분이 시간대에 따라 변화하며 시계열의 변동 폭이 증가하는 경우에 적절한 평활법이다.

$$\begin{cases} \text{평활모형}: & Z_t = \mu_t\, s_p(t) + \varepsilon_t. \\ \text{평활식} & : \begin{cases} L_t = \alpha(Z_t / S_{t-p}) + (1-\alpha)L_{t-1}, \\ S_t = \delta(Z_t / L_t) + (1-\delta)S_{t-p}. \end{cases} \\ \text{예측식} & : \hat{Z}_t(l) = L_t\, S_{t-p+l}. \end{cases}$$

Winters-가법평활. Winters-가법평활은 시계열자료의 직선 추세성분 및 계절성분이 시간대에 따라 변화하며 시계열의 변동 폭이 일정한 경우에 적절한 평활법이다.

$$\begin{cases} \text{평활모형}: & Z_t = \mu_t + \beta_t t + s_p(t) + \varepsilon_t. \\ \text{평활식} & : \begin{cases} L_t = \alpha(Z_t - S_{t-p}) + (1-\alpha)(L_{t-1} + T_{t-1}), \\ T_t = \gamma(L_t - L_{t-1}) + (1-\gamma)T_{t-1}, \\ S_t = \delta(Z_t - L_t) + (1-\delta)S_{t-p}. \end{cases} \\ \text{예측식} & : \hat{Z}_t(l) = L_t + lT_t + S_{t-p+l}. \end{cases}$$

Winters-승법평활. Winters-승법평활은 시계열자료의 직선 추세성분 및 계절성분이 시간대에 따라 변화하며 시계열의 변동 폭이 증가하는 경우에 적절한 평활법이다.

$$\begin{cases} \text{평활모형}: & Z_t = (\mu_t + \beta_t t) s_p(t) + \varepsilon_t. \\ \text{평활식} \quad : & \begin{cases} L_t = \alpha(Z_t / S_{t-p}) + (1-\alpha)(L_{t-1} + T_{t-1}), \\ T_t = \gamma(L_t - L_{t-1}) + (1-\gamma) T_{t-1}, \\ S_t = \delta(Z_t / L_t) + (1-\delta) S_{t-p}. \end{cases} \\ \text{예측식} \quad : & \hat{Z}_t(l) = (L_t + l T_t) S_{t-p+l}. \end{cases}$$

6.3 평활모형의 적합

평활법에 의한 예측을 하려고 할 때는 초기 평활값과 평활 가중치가 명시되어야 한다. 단순지수평활의 예를 들면, 시계열 $\{Z_t \mid t=1,2,\ldots,n\}$가 관측되었을 때 예측식 (6.1)의 $\hat{Z}_n(l)$를 사용하려 한다면 α 와 L_0 가 명시되어야 한다. 여기서 α 는 평활 가중치이고 L_0 는 초기 평활값이다.

초기 평활값의 선택. 평활법에 의한 예측을 위해서는 각 평활식에서 초기 평활값으로 L_0, T_0, 혹은 S_0을 필요로 한다. 지수평활법에서는 시계열자료의 초반부 몇 개의 시계열자료에 직선추세 회귀모형을 적합시켜 추정된 모수를 초기 수준 평활값 L_0 및 초기 추세 평활값 T_0로 사용할 수 있다. 계절주기 p를 갖는 계절지수평활에서는 소수 개의 계절주기 사이클을 완벽하게 포함하는 초반부 시계열자료에 상수항과 $s-1$개의 가변수를 갖는 회귀모형을 적합시켜 추정된 회귀모수를 초기 수준 평활값 L_0 및 초기 계절성분 평활값 S_0로 사용할 수 있다. Winters 방법에서는 소수 개의 계절주기 사이클을 완벽하게 포함하는 초반부 시계열자료에 직선추세 회귀모형을 적합시켜 추정된 모수를 초기 수준 평활값 L_0 및 초기 추세 평활값 T_0로 사용할 수 있으며, 계절성분 초기 평활값으로는 처음 몇 개의 계절에서의 자료값을 평균하여 사용할 수 있다. 예를 들어 월별 자료라면 처음 5년간의 1월 자료의 평균을 1월 계절성분의 초기 평활값으로 사용할 수 있다.

평활 가중치의 선택. 다음과 같은 1-시차 후 예측오차의 제곱합

$$SSE(\alpha, \gamma, \delta, \phi) = \sum_{t=2}^{n} \hat{e}_{t-1}^2(1) = \sum_{t=2}^{n} (Z_t - \hat{Z}_{t-1}(1))^2$$

을 최소로 해 주는 최적(optimal) 평활 가중치 $\hat{\alpha}$, $\hat{\gamma}$, $\hat{\delta}$, $\hat{\phi}$ 값을 평활 가중치로 사용한다.

평활모형의 적합. 평활법에 의한 예측을 위해서는 먼저 시계열그림으로부터 평균 수준, 직선 추세성분, 혹은 계절성분이 시간대에 따라 변화하는지를 파악해야 한다. 이에 따라 6.2절에서 소개한 8가지 평활법이 선택되어 평활모형의 적합이 이루어진다.

SAS/ETS에서 평활법에 의한 예측은 ESM procedure 및 FORECAST procedure에서 가능하다. ESM procedure는 초기 평활값 및 평활 가중치가 자동적으로 최적화되어 예측이 이루어진다. 이에 반해 FORECAST procedure에서는 분석자가 초기 평활값 및 평활 가중치를 줄 수 있다. 보다 자동적인 방법은 ESM procedure를 사용하여 8가지 평활법을 모두 적용해 보고 SSE와 MAPE를 최소로 해 주는 평활법을 선택하는 방법이다. 다음 예제는 평활법에 의한 예측을 ESM procedure를 사용하여 수행하였다.

6.4 예제

예제 6.1 Winters-승법평활법에 의한 예측

[그림 6.1]의 온라인 쇼핑몰의 분기별 On/Offline 매출액(단위: 조 원) 시계열자료(기간: 2001/Q1 ~ 2013/Q4)에 대하여 평활법에 의해 2014년 1년을 예측해 보기로 하자.

[표 6.1]은 6.2절에서 소개한 8가지 평활법을 각각 적용하였을 때 1-시차 후 예측오차의 제곱합인 SSE의 최솟값과 MAPE 값을 보여 준다. On/Offline 매출액 시계열자료는 초반부에는 곡선 추세이지만 전체적으로는 직선 추세가 증가하며 변하는 흐름을 보이므로 이중지수평활 혹은 선형지수평활이 적절한 평활법일 것 같다. 또한 시계열그림, SACF 및 SPACF의 검토, 그리고 단위근검정을 통해서 On/Offline 매출액 시계열자료는 계절성분이 없음이 분명하다(참고: 연습문제 2.6). 그러나 [표 6.1]을 보면 적합기간 동안 최소 SSE 값 및 MAPE 값을 주는 평활법은 계절성분이 있는 경우 적용될 수 있는 Winters-승법평활모형이다. 이때 MAPE=5.09138의 의미는 적합기간 동안 실제 관측치 대비 평균 5.09138%의 1-시차 후 예측오차가 존재한다는 의미이다.

[표 6.1]에서 '2014-P'열은 각 평활모형에 의한 2014년 4 사분기 동안 예측치의 합을 나타내고 '2014-PE'열은 같은 기간 동안의 실제 관측치 합인 16.6239조 원과 예측치 합(2014-P열)의 차이인 1년간의 예측오차를 나타낸 열이다. '2014-PE'열에서 Winters-승법

[표 6.1] 여러 평활법의 적합결과: On/Offline 매출액 시계열자료

지수평활법	SSE	MAPE	2014-P	2014-PE
단순지수평활	0.76936	6.25986	15.1365	1.4874
이중지수평활	0.59110	6.47144	16.7521	-0.1282
선형지수평활	0.53575	5.52785	16.3998	0.2241
감쇠-추세 선형지수평활	0.53605	5.53104	16.3969	0.2270
가법계절지수평활	0.68215	5.89017	15.0123	1.6116
승법계절지수평활	0.69900	6.23246	15.0189	1.6050
Winters-가법평활	0.38953	5.23942	16.3164	0.3075
Winters-승법평활	0.38669	5.09138	16.7414	-0.1175

[표 6.2] Winters-승법평활법에 대한 평활 가중치의 추정결과: On/Offline 매출액 시계열자료

Winters Method (Multiplicative) Parameter Estimates				
Parameter	Estimate	Standard Error	t Value	Approx Pr > |t|
Level Weight	0.86728	0.06613	13.12	<.0001
Trend Weight	0.44415	0.13203	3.36	0.0015
Seasonal Weight	0.99900	0.57819	1.73	0.0903

평활모형의 예측오차가 -0.1175조 원으로 가장 작다. 그 다음으로는 이중지수평활모형의 예측오차가 -0.1282조 원으로 작다.

[표 6.2]는 Winters-승법평활법을 적용하였을 때 1-시차 후 예측오차의 제곱합인 SSE를 최소로 해 주는 최적 평활 가중치와 각 평활 가중치에 대한 유의성검정의 $p-value$를 보여준다. [표 6.2]의 추정된 최적 평활 가중치를 사용하면 Winters-승법 평활식을 식 (6.2)와 같이 정의할 수 있다. 이 추정 평활식의 세 번째 식인 계절성분의 평활상태 S_t에서 두 번째 항인 과거 계절성분에 대한 평활은 거의 이루어지지 않고 현재 자료 정보를 이용하는 첫 번째 항에서 계산식 $S_t \approx Z_t/L_t$으로부터 자료 수정만 이루어지는 셈이다. 즉, Winters-승법 평활식이 실질적으로는 선형지수평활법의 수정식인 셈이다.

$$\text{Winters-승법평활식}: \begin{cases} L_t = 0.86728(Z_t/S_{t-4}) + 0.13272(L_{t-1}+T_{t-1}), \\ T_t = 0.44415(L_t - L_{t-1}) + 0.55585\,T_{t-1}, \\ S_t = 0.999(Z_t/L_t) + 0.001 S_{t-4}. \end{cases} \tag{6.2}$$

[그림 6.3]은 Winters-승법평활모형 적합 후 잔차의 자기상관분석도를 나타낸다. 잔차시

계열에 대한 SACF plot, SPACF plot 및 SIACF plot에서 각각 $\pm 2 \cdot SE(\hat{\rho}_k(e))$, $\pm 2 \cdot SE(\hat{\phi}_{kk}(e))$, $\pm 2 \cdot SE(\hat{\rho}_k^{(I)}(e))$ 이내에 대체로 SACF, SPACF, SIACF가 존재한다. 그러나 잔차시계열의 포트맨토우 검정에 대한 $p-value$ 막대그래프를 보면 모든 시차에서 막대기둥이 세로축의 0.05 경계선 위에 위치한다. 즉, 잔차들 간에 자기상관관계가 존재한다.

[그림 6.4]는 Winters-승법평활모형에 의해 2001/Q1 ~ 2013/Q4의 적합기간 동안 1-시차 후 예측치, 그 이후 2014년 1년 예측기간 동안의 예측치, 그리고 95% 신뢰수준하에서 예측구간을 나타낸 시계열그림이다. □

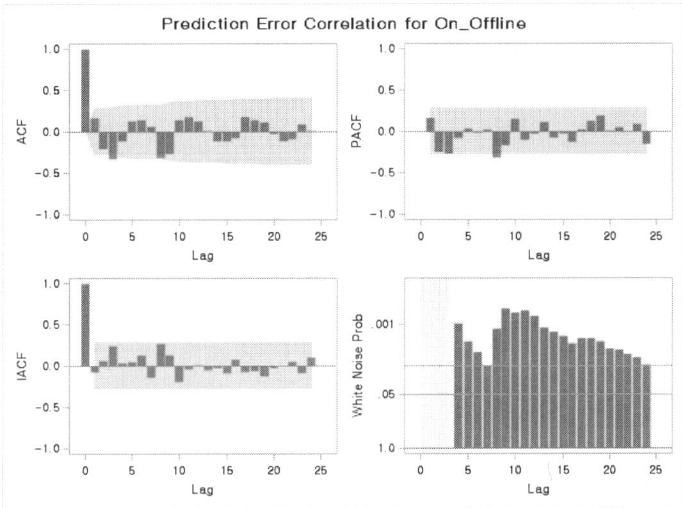

[그림 6.3] Winters-승법평활모형 적합 후 잔차의 자기상관분석도: On/Offline 매출액 시계열자료

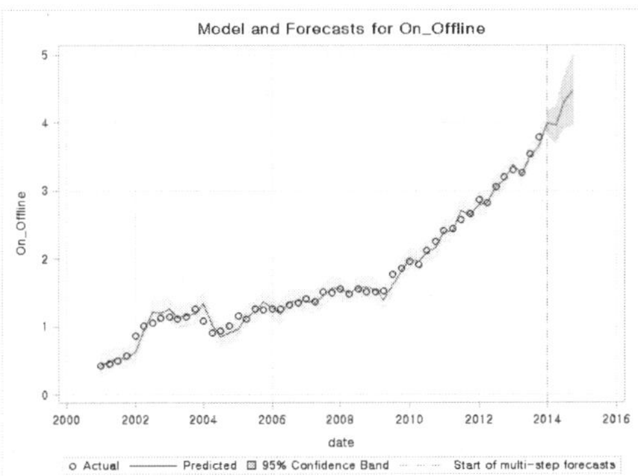

[그림 6.4] Winters-승법평활모형에 의한 예측: On/Offline 매출액 시계열자료

SAS program 6.1 **예제 6.1 Winters-승법평활법에 의한 예측**

- SAS data set: On/Offline 매출액 시계열자료(Qonlineshoppingmallsales.sas7bdat)
- 시계열 기간: 2001/Q1 ~ 2014/Q4(분기별)
- 시계열 변수: On_Offline

```
/* (1) Read on/offline shopping mall time series data */
data shopping; set Tsa2016.Qonlineshoppingmallsales;
keep date  On_Offline;
date=intnx('qtr','1JAN01'd,_n_-1);
format date yyqc4.;
On_Offline=On_Offline/1000000;
proc print;  run;

/* (2) Select only data for fitting model */
data shopping; set shopping; where date<'1jan14'd; run;

/* (3) Figure 6.1 */
proc sgplot data=shopping;
  series x=date y=On_Offline/
        LINEATTRS=(PATTERN=1 color=black THICKNESS=1);
  yaxis label="On/Offline sales" ;
  refline '1mar04'd '1mar09'd/ axis=x; run;

/* (4) simple exponential smoothing */
proc esm data=shopping lead=4 plot=(corr modelforecastsonly)
         print=(estimates forecasts statistics) outstat=stat1;
  id date interval=qtr;
  forecast On_Offline/ model=simple; run;

/* (5) double exponential smoothing */
proc esm data=shopping lead=4 plot=(corr modelforecastsonly)
         print=(estimates forecasts statistics) outstat=stat2;
  id date interval=qtr;
  forecast On_Offline/ model=double; run;

/* (6) linear exponential smoothing */
proc esm data=shopping  lead=4 plot=(corr modelforecastsonly)
         print=(estimates forecasts statistics) outstat=stat3;
  id date interval=qtr;
  forecast On_Offline/ model=linear; run;

/* (7) damped-trend linear exponential smoothing */
proc esm data=shopping lead=4 plot=(corr modelforecastsonly)
         print=(estimates forecasts statistics) outstat=stat4;
  id date interval=qtr;
  forecast On_Offline/model=damptrend; run;

/* (8) additive seasonal exponential smoothing */
proc esm data=shopping  lead=4 plot=(corr modelforecastsonly)
```

```
        print=(estimates forecasts statistics) outstat=stat5;
  id date interval=qtr;
  forecast On_Offline/model=addseasonal; run;

/* (9) multiplicative seasonal exponential smoothing */
proc esm data=shopping lead=4 plot=(corr modelforecastsonly)
        print=(estimates forecasts statistics) outstat=stat6;
  id date interval=qtr;
  forecast On_Offline/model=multseasonal; run;

/* (10) Winters-additive exponential smoothing */
proc esm data=shopping lead=4 plot=(corr modelforecastsonly)
        print=(estimates forecasts statistics) outstat=stat7;
  id date interval=qtr;
  forecast On_Offline /model=addwinters; run;

/* (11) Winters-multiplicative exponential smoothing */
/*  Table 6.2, Figure 6.3, Figure 6.4 */
proc esm data=shopping lead=4 plot=(corr modelforecastsonly)
        print=(estimates forecasts statistics) outstat=stat8 ;
  id date interval=qtr;
  forecast On_Offline/model=winters; run;

/* (12) SSE & MAPE of Table 6.1 */
data stat;  set stat1-stat8;
  keep sse mape;
proc print data=stat; run;
```

예제 6.2 가법계절지수 평활법에 의한 예측

[그림 6.2]의 월별 출생자수(단위: 명) 시계열자료(기간: 2000/01 ~ 2014/12)에 대하여 평활법에 의해 2015년 1년을 예측해 보기로 하자. 출생자수 시계열자료는 시간대별로 추세가 변하며 시계열그림, SACF 및 SPACF의 검토, 그리고 단위근검정을 통해서 계절성분이 있음이 입증된다(참고: 연습문제 2.7).

[표 6.3]은 6.2절에서 소개한 8가지 평활법을 각각 적용하였을 때 1시차 후 예측오차의 제곱합인 SSE의 최솟값과 MAPE 값을 보여 준다. 적합기간 동안 최소 SSE값을 주는 평활법은 Winters-승법평활법이며 최소 MAPE 값을 주는 평활법은 Winters-가법평활법이다. 이때 MAPE=2.45195의 의미는 적합기간동안 실제 관측값 대비 평균 2.45195%의 1-시차 후 예측오차가 존재한다는 의미이다.

한편 2016년 2월 현재 통계청의 발표에 의하면 2015년 우리나라 총 출생자수는 438,700명으로 집계되었다. [표 6.3]에서 '2015-P'열은 2015년 1년, 즉 12개월 동안 각 평활모형에 의한 예측치의 합을 나타내고 '2015-PE'열은 같은 기간 동안 실제 관측치 합인 438,700명과 1년 동안 예측치 합(2015-P열)의 차이인 1년간의 예측오차를 나타낸 열이다. '2015-PE'열에서 가법계절지수평활법의 예측오차가 3,717명으로 가장 작다.

예측시점인 2014년 12월에 2015년의 미래는 알 수 없다, 따라서 8개 평활법 중 예측을 위한 평활법으로 선택해야 한다면 SSE와 MAPE 의미에서 약간의 우열은 있지만 가법계절지수평활법, 승법지수평활법, Winters-가법평활법, Winters-승법평활법을 고려할 수 있다. 적합기간에서 SSE와 MAPE를 모두 고려할 때 다른 계절 평활법에 비해 그리 나쁘지 않으며 예측기간에서 예측오차가 가장 작은 가법계절지수 평활법의 결과를 소개해 보기로 한다.

[표 6.4]는 가법계절지수 평활법을 적용하였을 때 1-시차 후 예측오차의 제곱합인 SSE를 최소로 해 주는 최적 평활 가중치와 각 평활 가중치에 대한 유의성검정의 $p-value$ 값을 보여준다. [표 6.4]의 추정된 최적 평활 가중치를 사용하면 가법계절지수 평활식을 식 (6.3)과 같이 정의할 수 있다. 이 추정 평활식의 두 번째 식인 계절성분의 평활상태 S_t에서 두 번째 항인 과거 계절성분에 대한 평활은 거의 이루어지지 않고 현재 시점에서 관측자료 정보만 활용하여 계산식 $S_t \approx Z_t - L_t$ 로부터 자료 조정만 이루어지는 셈이다. 즉, 계절지수평활은 실질적으로는 최근의 계절성분을 그대로 활용하고 평활은 수준 평활만 이루어지는 셈이다. 수준 평활도 최근의 자료에 가중치를 0.82028과 같이 크게 줌으로써 시계열의 최근 변화에 민감하게 반응하며 평활의 효과는 작은 편이다.

[표 6.3] 여러 평활법의 적합결과: 출생자수 시계열자료

지수평활법	SSE	MAPE	2015-P	2015-PE
단순지수평활	1872751122.00	6.32770	412063	26637
이중지수평활	2006306872.67	6.33269	397327	41373
선형지수평활	1852403921.46	6.16920	403754	34946
감쇠-추세 선형지수평활	1838321927.98	6.16825	409323	29377
가법계절지수평활	282682785.25	2.49695	434983	3717
승법계절지수평활	278748148.88	2.49579	431477	7223
Winters-가법평활	284939842.03	2.45195	426797	11903
Winters-승법평활	276342871.07	2.49619	425863	12837

[표 6.4] 가법계절지수 평활법에 대한 평활 가중치의 추정결과: 출생자수 시계열자료

Seasonal Exponential Smoothing Parameter Estimates				
Parameter	Estimate	Standard Error	t Value	Approx Pr > |t|
Level Weight	0.82028	0.04785	17.14	<.0001
Seasonal Weight	0.99900	0.29446	3.39	0.0009

$$\text{가법계절지수 평활식}: \begin{cases} L_t = 0.82028(Z_t - S_{t-12}) + 0.17972L_{t-1}, \\ S_t = 0.999(Z_t - L_t) + 0.001S_{t-12}. \end{cases} \tag{6.3}$$

[그림 6.5]는 가법계절지수 평활법을 적합한 후 잔차의 자기상관분석도를 나타낸다. 잔차시계열에 대한 SACF plot, SPACF plot 및 SIACF plot에서 각각 $\pm 2 \cdot SE(\hat{\rho}_k(e))$, $\pm 2 \cdot SE(\hat{\phi}_{kk}(e))$, $\pm 2 \cdot SE(\hat{\rho}_k^{(I)}(e))$ 이내에 대체로 SACF, SPACF, SIACF가 존재하나 경계선을 약간 벗어난 시차도 존재한다. 잔차시계열의 포트맨토우 검정에 대한 $p-value$ 막대그래프를 보면 시차 $K=4 \sim 8$ 에서 막대기둥이 세로축의 0.05 경계선 위에 위치한다. 즉, 잔차들간에 자기상관관계가 존재한다.

[그림 6.6]은 가법계절지수 평활모형을 사용하여 2000/01 ~ 2014/12의 적합기간 동안 1-시차 후 예측치, 그 이후 2015년 1년 예측기간 동안의 예측치, 그리고 95% 신뢰수준하에서 예측구간을 나타낸 시계열그림이다. □

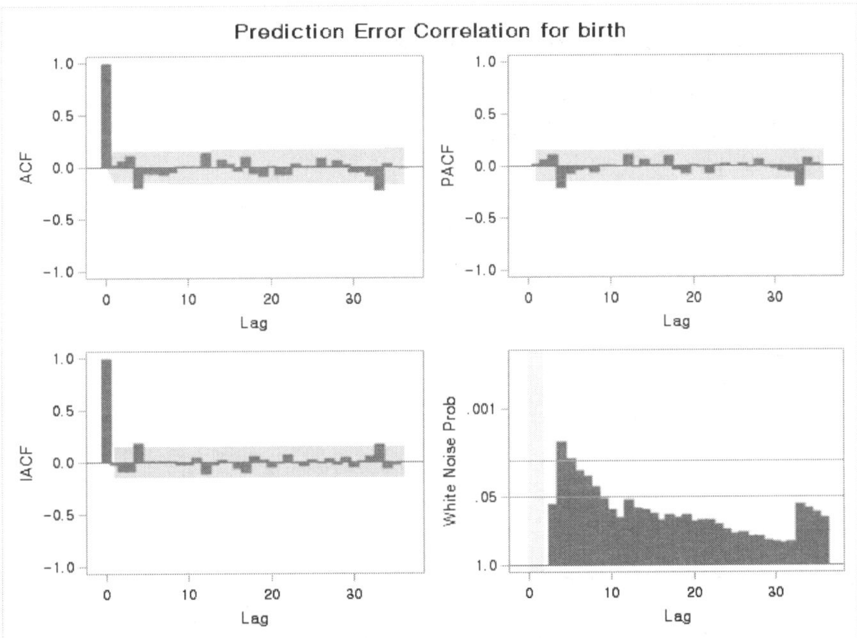

[그림 6.5] 가법계절지수 평활모형 적합 후 잔차의 자기상관분석도: 출생자수 시계열자료

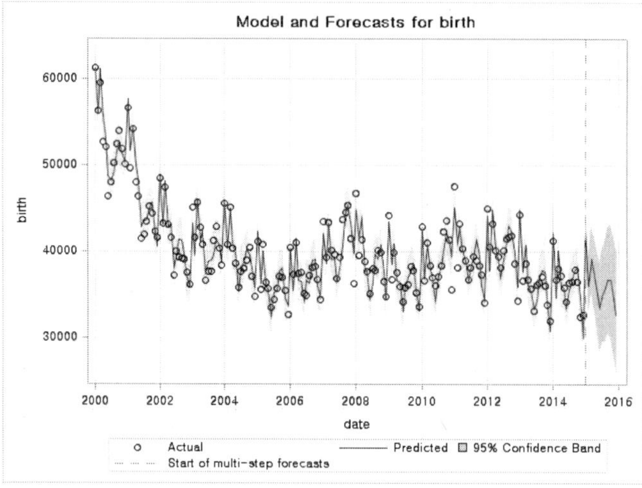

[그림 6.6] 가법계절지수 평활모형에 의한 예측: 출생자수 시계열자료

SAS program 6.2 **예제 6.2 가법계절지수 평활법에 의한 예측**

- SAS data set: 출생자수 시계열자료(Mdemographictrend.sas7bdat)
- 시계열 기간: 2000/01 ~ 2014/12(월별)
- 시계열 변수: birth

```
/* (1) Read birth time series data */
data demo; set Tsa2016.Mdemographictrend;
  keep date birth;
  date=intnx('month','1JAN00'd,_n_-1);
  format date monyy.;
proc print; run;

/* (2) Figure 6.2 */
proc sgplot data=demo;
  series x=date y=birth/ LINEATTRS=(PATTERN=1 color=black THICKNESS=1);
  refline '1dec02'd '1jan08'd '1apr11'd/ axis=x; run;

/* (3) simple exponential smoothing */
proc esm data=demo lead=12 plot=(corr modelforecastsonly)
         print=(estimates forecasts statistics) outstat=stat1;
  id date interval=month;
  forecast birth /model=simple; run;

/* (4) double exponential smoothing */
proc esm data=demo lead=12 plot=(corr modelforecastsonly)
         print=(estimates forecasts statistics) outstat=stat2;
  id date interval=month;
```

```
  forecast birth /model=double; run;

/* (5) linear exponential smoothing */
proc esm data=demo lead=12 plot=(corr modelforecastsonly)
        print=(estimates forecasts statistics) outstat=stat3;
  id date interval=month;
  forecast birth /model=linear; run;

/* (6) damped-trend linear exponential smoothing */
proc esm data=demo lead=12 plot=(corr modelforecastsonly)
        print=(estimates forecasts statistics) outstat=stat4;
  id date interval=month;
  forecast birth /model=damptrend; run;

/* (7) additive seasonal exponential smoothing */
/*  Table 6.4, Figure 6.5, Figure 6.6 */
proc esm data=demo lead=12 plot=(corr modelforecastsonly)
        print=(estimates forecasts statistics) outstat=stat5;
  id date interval=month;
  forecast birth /model=addseasonal; run;

/* (8) multiplicative seasonal exponential smoothing */
proc esm data=demo lead=12 plot=(corr modelforecastsonly)
        print=(estimates forecasts statistics) outstat=stat6;
  id date interval=month;
  forecast birth /model=multseasonal; run;

/* (9) Winters-additive exponential smoothing */
proc esm data=demo lead=12 plot=(corr modelforecastsonly)
        print=(estimates forecasts statistics) outstat=stat7;
  id date interval=month;
  forecast birth /model=addwinters; run;

/* (10) Winters-multiplicative exponential smoothing */
proc esm data=demo lead=12 plot=(corr modelforecastsonly)
        print=(estimates forecasts statistics) outstat=stat8;
  id date interval=month;
  forecast birth /model=winters; run;

/* (11) SSE & MAPE of Table 6.3 */
data stat;  set stat1-stat8;
keep sse mape;
proc print data=stat; run;
```

6.5 SAS 프로그램

PROC ESM 사용법. SAS/ETS의 PROC ESM은 지수평활법 및 Winters 방법에 의한 시계열예측을 다룬다. ESM procedure의 기본 형식은 [표 6.5]와 같다. [표 6.6]은 PROC ESM statement에서

사용 가능한 여러 옵션을 설명한다. [표 6.7]의 ID statement는 입출력 데이터세트의 각 관측치를 식별해 주며 [표 6.8]의 FORECAST statement는 예측과 관련한 여러 옵션을 설명한다.

ESM procedure에는 많은 사용 가능한 옵션이 있으나 이 절에서는 지면 관계상 본문 및 예제를 이해하는 데 어려움이 없을 정도의 옵션만 선택적으로 소개하였다. 더 자세한 옵션에 대해서는 SAS Institute Inc. (2012)의 SAS/ETS를 참고한다. PROC ESM의 사용 예는 SAS program 6.1~6.2를 참조한다.

[표 6.5] ESM procedure 형식

```
PROC ESM options ;
   ID variable INTERVAL=interval options ;
   FORECAST variable-list / options ;
```

[표 6.6] PROC ESM statement 형식

형식	▪ PROC ESM *options* ;
선택 인수	▪ DATA=*SAS-data-set* → 평활법 분석 대상이 되는 변수들이 들어 있는 데이터 세트(*SAS-data-set*)를 명시한다. default는 가장 최근에 생성된 데이터세트이다. ▪ BACK=*n* → 다-시차 후 예측이 시작되는 맨 마지막 자료 이전 자료 수(*n*)를 명시한다. default는 BACK=0이다. 따라서 default에 의해서는 맨 마지막 자료부터 다-시차 후 예측이 시작된다. 만약 BACK=3이면 마지막에서 3번째 자료로부터 다-시차 후 예측이 시작된다. ▪ LEAD=*n* → 생성되어야 할 다-시차 예측치의 시차 수(*n*)를 명시한다. ▪ NOOUTALL → OUT= 및 OUTFOR=에 명시된 데이터 세트(*SAS-data-set*)에 적합기간의 1-시차 후 예측치는 저장하지 않으며 오직 예측기간의 다-시차 후 예측치만 저장한다.
	▪ OUT=*SAS-data-set* → FORECAST statement에 명시된 변수들의 예측치들이 OUT=에 명시된 데이터 세트(*SAS-data-set*)에 저장된다. ▪ OUTEST=*SAS-data-set* → 평활모형의 추정 결과들이 OUTEST=에 명시된 데이터세트(*SAS-data-set*)에 저장된다. ▪ OUTFOR=*SAS-data-set* → FORECAST statement에 명시된 변수들의 예측 결과(관측치, 예측치, 구간예측의 상한, 구간예측의 하한, 예측오차 및 예측 표준오차)들이 OUTFOR=에 명시된 데이터세트 (*SAS-data- set*)에 저장된다. ▪ OUTSTAT=*SAS-data-set* → 평활모형의 추정과 관련한 통계치들이 OUTSTAT=에 명시된 데이터세트(*SAS-data-set*)에 저장된다.
	▪ PLOT=*option* ∣ (*options*) (예1) plot=CORR

[표 6.6] PROC ESM statement 형식(이어서 계속)

형식	▪ PROC ESM *options* ;
선택 인수	(예2) plot=(CORR MODELFORECASTSONLY) → 아래와 같은 options를 명시함으로써 다양한 plots를 생성할 수 있다. default는 어떤 plot도 생성하지 않는다.
	▪ *option* 혹은 *(options)* - CORR → 예측오차의 SACF, SPACF, SIACF, 백색잡음검정의 p-value 막대그래프를 하나의 패널 plot으로 생성한다. - ERRORS → 예측오차의 시계열그림 - ACF → 예측오차의 SACF plot - PACF → 예측오차의 SPACF plot - IACF → 예측오차의 SIACF plot - WN → 예측오차에 대한 백색잡음검정의 p-value 막대그래프 - MODELS → 적합기간의 관측치, 1-시차 후 예측치 및 예측구간 plot - FORECASTS → 적합기간의 관측치, 예측기간의 다-시차 후 예측치 및 예측구간의 plot - MODELFORECASTSONLY → 적합기간의 관측치, 1-시차 후 예측치, 그리고 예측구간과 예측기간의 다-시차 후 예측치 및 예측구간의 plot - FORECASTONLY → 예측기간에 다-시차 후 예측치 및 예측구간의 plot - LEVELS → 평활수준의 plot - SEASONS → 평활계절성분의 plot - TRENDS → 평활추세(기울기)성분의 plot - ALL → 위 옵션 모두를 명시한 것과 같다.
	▪ PRINT=*option* | *(options)* → 원하는 printout에 해당하는 *option* 혹은 *(options)*를 명시한다. default는 어떤 printout도 생성하지 않는다. 아래와 같은 options를 명시함으로써 다양한 printout을 생성할 수 있다 ▪ *option* 혹은 *(options)* - ESTIMATES → 모수추정치의 printout - FORECASTS → 예측치의 printout - STATISTICS → 적합 통계치의 printout
	▪ SEASONALITY=*number* → 계절주기의 길이(*number*)를 명시한다. default는 1(즉, 계절성이 없음) 혹은 ID문의 INTERVAL=에 명시된 길이를 의미한다. 예를 들면 INTERVAL=MONTH는 SEASONALITY=12를 의미한다.

[표 6.7] ID statement 형식

형식	▪ ID *variable INTERVAL=interval options* ;
선택 인수	▪ ID *variable* → 입출력 데이터세트에서 관측치들을 식별해 줄 변수(*variable*)를 명시한다. ▪ INTERVAL=*interval* → 입력시계열의 관측된 시간 길이(interval)을 명시한다. 사용 가능한 interval은 YEAR, SEMIYEAR, QTR, MONTH, SEMIMONTH, TENDAY, WEEK, WEEKDAY, DAY, HOUR, MINUTE, SECOND 등이 있다.

[표 6.7] ID statement 형식(이어서 계속)

형식	▪ ID *variable INTERVAL=interval options* ;
선택 인수	▪ START=*date* ǀ *datetime* → 분석 대상이 되는 데이터세트의 시작 시간을 명시한다. (예) START='1jan2012'D ▪ END=*date* ǀ *datetime* → 분석 대상이 되는 데이터세트의 마지막 시간을 명시한다. (예) END='1aug2016'D

[표 6.8] FORECAST statement 형식

형식	▪ FORECAST *variable-list / options* ;
필수 인수	▪ *variable-list* → 평활법에 의해 예측하고자 하는 변수이름을 하나 이상 명시한다.
선택 인수	▪ ALPHA=*alpha* → 구간예측의 신뢰수준이 $1-\alpha$가 되는 α의 값을 0과 1 사이의 값으로 준다. default는 ALPHA=0.05이다. 따라서 default에 의해서는 95% 신뢰수준에서 구간예측을 생성한다. ▪ MODEL=*model-name* → 예측에 사용되는 지수평활법의 모형 이름을 명시한다. 옵션 MODEL=NONE이 명시된다면 OUT=*SAS-data-set* 에 결측치들이 추가된다. (아래 model-name 표 참조) ▪ TRANSFORM=*option* → 시계열에 적용되는 변환을 명시한다. (아래 option 표 참조)

model-name	모델 설명
NONE	no forecast
SIMPLE	simple(single) exponential smoothing(default)
DOUBLE	double(Brown) exponential smoothing
LINEAR	linear(Holt) exponential smoothing
DAMPTREND	damped trend exponential smoothing
ADDSEASONAL 혹은 SEASONAL	additive seasonal exponential smoothing
MULTSEASONAL	multiplicative seasonal exponential smoothing
ADDWINTERS	Winters additive method
WINTERS	Winters multiplicative method

option	변환
NONE	no
LOG	logarithm
SQRT	square-root
LOGISTIC	logistic
BOXCOX(n)	Box-Cox with parameter n

6장 연습문제

6.1 국가통계포털 등 공공기관에서 작성한 시계열자료 중에서 시계열의 평균 수준이 시간대에 따라 변하는 시계열자료에 대하여 6.2절에서 소개한 8가지 평활법을 적용한 후 아래에 답하여라.

(1) 각 평활법에 대한 SSE와 MAPE를 표로 작성하여 비교하여라.

(2) 적합기간 동안의 SSE와 MAPE의 기준하에서 하나의 평활법을 택하고 이 평활법을 적합시켰을 때 최적 평활가중치의 추정결과를 표로 제시하여라.

(3) (2)의 추정결과로부터 추정된 평활식을 정의하여라.

(4) (3)의 평활식을 적합시킨 후 잔차시계열에 대한 자기상관분석도를 제시하고 잔차분석 결과를 설명하여라.

(5) (3)의 평활식을 적합시킨 후 적합기간 동안 관측치, 1-시차 후 예측치, 그리고 95% 신뢰수준하에서 1-시차 후 예측구간을 그려라. 또한 향후 원하는 기간만큼의 예측치, 그리고 95% 신뢰수준하에서 예측구간을 함께 나타낸 시계열그림을 그려라. 만약 로그변환하였다면 원시계열로 변환한 시계열그림을 그려라.

6.2 국가통계포털 등 공공기관에서 작성한 시계열자료 중에서 시계열의 추세성분이 시간대에 따라 변하는 시계열자료에 대하여 6.2절에서 논의한 8가지 평활법을 적용한 후 연습문제 6.1의 (1)~(5)를 수행하여라.

6.3 국가통계포털 등 공공기관에서 작성한 시계열자료 중에서 시계열의 계절성분이 시간대에 따라 변하는 시계열자료에 대하여 6.2절에서 논의한 8가지 평활법을 적용한 후 연습문제 6.1의 (1)~(5)를 수행하여라.

6.4 국가통계포털 등 공공기관에서 작성한 시계열자료 중에서 시계열의 추세성분 및 계절성분이 시간대에 따라 변하는 시계열자료에 대하여 6.2절에서 논의한 8가지 평활법을 적용한 후 연습문제 6.1의 (1)~(5)를 수행하여라.

6장 참고문헌

- 조신섭, 손영숙, 성병찬 (2016), 시계열분석, 제4판, 율곡출판사.
- 조신섭, 이정형 (2014), 경제시계열분석을 위한 SAS/ETS 사용법, 자유아카데미.
- Abraham, B. and Ledolter, J. (1983). *Statistical Methods for Forecasting*, John Wiley & Sons.
- Bowerman, B. L. and O'Connell, R. T. (1979). *Time Series and Forecasting: An Applied Approach*, North Scituate, Massachusetts: Duxbury Press.
- Chatfield, C. (1978), The Holt-Winters Forecasting Procedure, *Applied statistics*, 27, 264-279.
- Gardner, E. S. (1985). Exponential Smoothing: The State of the Art, *Journal of Forecasting*, 4, 1-38.
- SAS Institute Inc. (2012). *SAS/ETS 12.1 User's Guide*. Cary, NC, USA.

7장

벡터시계열모형에 의한 예측

7.1 다변량시계열
7.2 교차상관행렬
7.3 벡터시계열모형
7.4 모형의 식별
7.5 모형의 추정
7.6 모형의 진단
7.7 예제
7.8 SAS 프로그램
연습문제
참고문헌

7.1 다변량시계열

다변량시계열. 국내외적으로 서로 밀접하게 연동되어 움직이는 글로벌 경제 환경하에서 생산되는 많은 경제시계열들은 현재 및 과거 시점의 다른 경제시계열들과 서로 관련되어 있는 경우가 흔하다. 7장에서는 여러 시계열들 간의 쌍방향 연관관계를 수용하는 모형으로서 벡터자기회귀이동평균(vector autoregressive moving average: VARMA)모형을 소개한다. VARMA모형은 2장의 일변량시계열에 적용하였던 ARMA모형의 다변량시계열 버전으로서 벡터자기회귀(vector autoregressive: VAR)모형과 벡터이동평균(vector moving average: VMA)모형을 포함한다.

다변량시계열(multivariate time series)은 두 개 이상의 일변량시계열(univariate time series)을 벡터로 표시하여 나타낸다. 예를 들면 l -차원 다변량시계열 $\{\boldsymbol{Z}_t\}$에서

$$\boldsymbol{Z}_t=(Z_{1,t},\ Z_{2,t},\ \ldots\ ,\ Z_{l,t})'$$

는 l 개의 일변량시계열 $\{Z_{1,t}\}, \{Z_{2,t}\}, \ldots , \{Z_{l,t}\}$로 구성된 다변량시계열벡터이다.

다변량시계열의 정상성. 1.3절에서 일변량정상시계열의 성질에 대하여 설명하였다. 일변량정상시계열은 시계열의 평균과 분산이 일정하고 공분산이 시간에 종속되지 않는다. 이와 비슷하게 l -차원 다변량시계열 $\boldsymbol{Z}_t=(Z_{1,t},\ Z_{2,t},\ \ldots\ ,\ Z_{l,t})'$의 제1차 및 제2차 적률이 시간 불변(time invariant)이라면 $\boldsymbol{Z}_t$ 는 약 정상(weakly stationary) 혹은 간단히 정상(stationary) 다변량시계열이라고 정의한다. 특히 정상 다변량시계열의 평균벡터와 공분산행렬은 시간에 대해 상수이다. 이제 정상 다변량시계열 $\boldsymbol{Z}_t$ 의 평균벡터와 공분산행렬을 다음과 같이 정의하자.

$$\boldsymbol{\mu}=E(\boldsymbol{Z}_t),\qquad \boldsymbol{\Gamma}_0=E(\boldsymbol{Z}_t-\boldsymbol{\mu})(\boldsymbol{Z}_t-\boldsymbol{\mu})'],$$

여기서 $\boldsymbol{\mu}=(\mu_1,\mu_2,\ \ldots,\mu_l)'$, $\mu_i=E(Z_{i,t})$, $i=1,2,\ldots,l$, 그리고 공분산행렬 $\boldsymbol{\Gamma}_0=[\Gamma_{ij}(0)]$는 $l\times l$ 행렬로서 i 번째 대각선 원소는 $Var(Z_{i,t})$이고 (i,j)번째 비대각선 원소는 $Cov(Z_{i,t},Z_{j,t})$이다.

7.2 교차상관행렬

교차상관행렬. 정상 다변량시계열 $\boldsymbol{Z}_t$ 의 k -시차 교차상관행렬(cross correlation matrix: CCM) $\boldsymbol{\rho}_k$는 다음과 같이 정의된다.

$$\boldsymbol{\rho_k} = [\rho_{ij}(k)] = \boldsymbol{D}_{l\times l}^{-1/2}\boldsymbol{\Gamma_k}\boldsymbol{D}_{l\times l}^{-1/2}, \quad i,j=1,\ 2,\ \ldots,\ l, \quad k=0,\ 1,\ 2,\ldots \tag{7.1}$$

여기서 $\boldsymbol{\Gamma}_k = [\Gamma_{ij}(k)] = E[(\boldsymbol{Z}_t - \boldsymbol{\mu})(\boldsymbol{Z}_{t-k} - \boldsymbol{\mu})']$는 $l\times l$ 행렬로서 k -시차 교차공분산행렬(cross covariance matrix)이고, $\boldsymbol{D}_{l\times l} = diag\{\Gamma_{ii}(0)\}$는 i 번째 대각선 원소가 $\{Z_{i,t}\}$의 분산으로 구성된 $l\times l$ 대각행렬이다. 따라서 CCM $\boldsymbol{\rho}_k$ 의 (i,j) 번째 비대각선 원소는 $Corr(Z_{i,t}, Z_{j,t-k})$로서 다음과 같이 정의된다.

$$\rho_{ij}(k) = \frac{\Gamma_{ij}(k)}{\sqrt{\Gamma_{ii}(0)\Gamma_{jj}(0)}} = \frac{Cov(Z_{i,t}, Z_{j,t-k})}{std(Z_{i,t})std(Z_{j,t})}, \quad i,j=1,2,\ldots,l, \quad k=0,1,2,\ldots \tag{7.2}$$

두 정상시계열 $\{Z_{i,t}\}$와 $\{Z_{j,t}\}$ 간의 선형종속관계를 측정하는 CCM의 식 (7.1)에서 각 원소인 식 (7.2)는 다음의 역할을 한다.

(i) 대각원소 $\{\rho_{ii}(k)\,|\,k=1,2,\ldots\}$ 는 $\{Z_{i,t}\}$의 자기상관함수이다.

(ii) 비대각원소 $\rho_{ij}(0)$ 는 $\{Z_{i,t}\}$와 $\{Z_{j,t}\}$ 간의 동시간에서의 선형상관관계 측도로서 $\rho_{ij}(0) = \rho_{ji}(0)$, $-1 \le \rho_{ij}(0) \le 1$, 그리고 $\rho_{ii}(0) = 1$이다.

(iii) 비대각원소 $\{\rho_{ij}(k)\,|\,k=1,2,\ldots\}$ 는 $\{Z_{i,t}\}$가 과거값 $\{Z_{j,t-k}\}$에 종속되는 선형상관관계의 측도이다. 반대로 비대각원소 $\{\rho_{ji}(k)|k=1,2,\ldots\}$는 $\{Z_{jt}\}$가 과거값 $\{Z_{i,t-k}\}$에 종속되는 선형상관관계의 측도이다.

선형종속관계. 두 정상시계열 $\{Z_{i,t}\}$와 $\{Z_{j,t}\}$ 간의 선형종속관계를 요약하면 다음과 같다.

(1) 모든 $k \ge 0$ 에 대하여 $\rho_{ij}(k) = \rho_{ji}(k) = 0$ 이라면 $\{Z_{i,t}\}$와 $\{Z_{j,t}\}$ 간에 어떤 동행, 선행 혹은 후행의 선형관계도 존재하지 않는다.

(2) 모든 $k_1 \ge 0$에 대하여 $\rho_{ij}(k_1) = 0$이지만 $\rho_{ji}(k_2) \ne 0$ 인 양수 k_2가 존재한다면, $\{Z_{i,t}\}$로부터 $\{Z_{j,t}\}$로의 한쪽 방향으로만 선형종속관계가 존재한다. 즉, $\{Z_{i,t}\}$는 $\{Z_{j,t}\}$의 과거값에 종속되지 않지만 $\{Z_{j,t}\}$는 $\{Z_{i,t}\}$의 과거값에 종속되므로 $\{Z_{i,t}\}$는 $\{Z_{j,t}\}$를 선행하고 $\{Z_{j,t}\}$는 $\{Z_{i,t}\}$를 후행한다. 이러한 경우 $\{Z_{j,t}\}$를 출력시계열로 하고 $\{Z_{i,t}\}$는 입력시계열로 하는 전이함수모형의 적합을 시도해 볼 수 있다.

(3) $\rho_{ij}(k_1) \ne 0$인 양수 k_1 이 존재하고 $\rho_{ji}(k_2) \ne 0$ 인 양수 k_2가 존재한다면, $\{Z_{i,t}\}$와 $\{Z_{j,t}\}$ 간에 쌍방향으로의 선형종속관계가 존재한다. 즉, $\{Z_{i,t}\}$는 $\{Z_{j,t}\}$의 과거값에 종속되며, $\{Z_{j,t}\}$도 $\{Z_{i,t}\}$의 과거값에 종속된다. 이러한 경우 *VARMA* 모형의 적합을 시도해 볼 수 있다.

표본교차상관행렬. 표본다변량시계열 $\{Z_t|t=1,2,...\}=\{(Z_{1,t}, Z_{2,t}, ..., Z_{l,t})'|t=1,2,...\}$이 관측되었다면 k-시차 CCM $\boldsymbol{\rho}_k$ 의 추정량으로서 k-시차 표본교차상관행렬(sample cross correlation matrix: SCCM) $\hat{\boldsymbol{\rho}}_k$ 가 사용되며 k -시차 SCCM은 다음과 같이 정의된다.

$$\hat{\boldsymbol{\rho}}_k=[\hat{\rho}_{ij}(k)]=\hat{\boldsymbol{D}}_{l\times l}^{-1/2}\hat{\boldsymbol{\Gamma}}_k\hat{\boldsymbol{D}}_{l\times l}^{-1/2},\ i,j=1,2,...,l,\quad k=0,1,2,\ ...$$

여기서 $\overline{\boldsymbol{Z}}=\frac{1}{n}\sum_{t=1}^{n}\boldsymbol{Z}_t$ 이라고 할 때 $\hat{\boldsymbol{\Gamma}}_k=[\hat{\Gamma}_{ij}(k)]=\frac{1}{n}\sum_{t=k+1}^{n}(\boldsymbol{Z}_t-\overline{\boldsymbol{Z}})(\boldsymbol{Z}_{t-k}-\overline{\boldsymbol{Z}})'$, $k=0,1,2,...$,는 k -시차 표본교차공분산행렬이고, $\hat{\boldsymbol{D}}_{l\times l}=diag\{\hat{\Gamma}_{ii}(0)\}$ 는 i 번째 대각선 원소가 $\{Z_{i,t}\}$의 표본분산으로 구성된 $l\times l$ 대각행렬이다.

k-시차 SCCM $\hat{\boldsymbol{\rho}}_k=[\hat{\rho}_{ij}(k)]$의 점근 공분산행렬은 매우 복잡하지만 가장 간단한 형태의 유용한 식은 특별한 경우로서, 즉 $\{\boldsymbol{Z}_t\}$가 백색잡음 시계열벡터이고 양정치 공분산행렬 Σ_z을 갖는다면 다음이 성립한다(Bartlett (1955)).

$$Var[\hat{\rho}_{ij}(k)]\simeq\begin{cases}1/(n-k), \\ 1/n,\ \text{대표본에서.}\end{cases}$$

SAS/ETS에서 제공하는 SCCM의 Schematic Representation 표에서는 $\hat{\rho}_{ij}(k)$의 표준오차의 2배수 범위인 $\pm 2\cdot SE(\hat{\rho}_{ij}(k))=\pm 2/\sqrt{n}$ 를 벗어나는 양의 $\hat{\rho}_{ij}(k)$에 대해서는 plus 기호인 (+)로, 음의 $\hat{\rho}_{ij}(k)$에 대해서는 minus 기호인 (−)로 표시하며, 다음과 같은 가설

$$H_0:\ \rho_{ij}(k)=0.\quad \text{vs.}\quad H_1\ :\ \rho_{ij}(k)\neq 0$$

에 대한 5% 유의수준 검정에서 $H_1:\rho_{ij}(k)\neq 0$ 의 증거로 간주한다. 한편, 표준오차의 2배수 범위 이내인 $\hat{\rho}_{ij}(k)$에 대해서는 period 기호인 (·)로 표시한다.

7.3 벡터시계열모형

이 절에서는 일변량시계열모형인 ARMA모형의 다변량 버전인 VARMA모형을 소개하기로 한다. 먼저 $\boldsymbol{Z}_t=(Z_{1,t}, Z_{2,t}, ..., Z_{l,t})'$ 및 $\boldsymbol{\varepsilon}_t=(\varepsilon_{1,t}, \varepsilon_{2,t}, ..., \varepsilon_{l,t})'$라고 하자. 그리고 랜덤오차 벡터 $\{\boldsymbol{\varepsilon}_t\}$ 는 평균으로 $l\times 1$ 영(zero) 벡터와 공분산행렬로서 $l\times l$ 행렬인 Σ_ε 를 갖는 서로 독립인 랜덤벡터 열로서 다변량정규분포를 따른다고 가정한다. 즉, $\{\boldsymbol{\varepsilon}_t\}$ 는 다변량 백색잡음과정이다. 이때 Σ_ε 는 양정치행렬

(positive definite matrix)이어야 한다.

VAR모형. 실제 자료분석에서 가장 유용하게 사용되는 다변량시계열모형은 벡터자기회귀(vector autoregressive: VAR)모형이다. 시점 t 에서 l -차원 다변량시계열 $\boldsymbol{Z}_t=(Z_{1,t}, Z_{2,t}, \ldots, Z_{l,t})'$ 가 과거 p 개의 다변량시계열 $\boldsymbol{Z}_{t-1}, \boldsymbol{Z}_{t-2}, \ldots, \boldsymbol{Z}_{t-p}$ 위에서 회귀하는 $p-$차 벡터자기회귀모형을 $VAR(p)$ 모형이라고 하고 다음과 같이 정의한다.

$$\boldsymbol{Z}_t=\boldsymbol{\delta}_0+\boldsymbol{\Phi}_1\boldsymbol{Z}_{t-1}+\boldsymbol{\Phi}_2\boldsymbol{Z}_{t-2}+\cdots+\boldsymbol{\Phi}_p\boldsymbol{Z}_{t-p}+\boldsymbol{\varepsilon}_t\,,. \tag{7.3}$$

혹은 식 (7.3)을 후진작용소를 사용하여 표현하면

$$\boldsymbol{\Phi}(B)\boldsymbol{Z}_t=\boldsymbol{\delta}_0+\boldsymbol{\varepsilon}_t\,,$$

여기서 $\boldsymbol{\delta}_0=(\delta_{10}, \delta_{20}, \ldots, \delta_{l0})'$는 $l\times 1$ 상수 벡터, $\boldsymbol{\Phi}_i$는 $l\times l$ 행렬, 그리고

$$\boldsymbol{\Phi}(B)=I-\boldsymbol{\Phi}_1B-\boldsymbol{\Phi}_2B^2-\cdots-\boldsymbol{\Phi}_pB^p$$

는 후진작용소 B를 사용한 행렬 다항식이다.

$VAR(p)$ 확률과정의 정상성 조건은 $|\boldsymbol{\Phi}(B)|=0$ 의 모든 근들이 단위원 밖에 존재하는 것이다. 이러한 정상성의 조건하에서 $VAR(p)$ 확률과정의 평균은 다음과 같이 정의된다.

$$\boldsymbol{\mu}=E(\boldsymbol{Z}_t)=(\boldsymbol{I}-\boldsymbol{\Phi}_1-\boldsymbol{\Phi}_2-\cdots-\boldsymbol{\Phi}_p)^{-1}\boldsymbol{\delta}_0\,.$$

$VAR(p)$ 확률과정의 CCM은 일변량 $AR(p)$ 확률과정의 Yule-Walker 방정식의 다변량 버전의 형태로서 다음과 같이 정의된다.

$$\boldsymbol{\rho}_k=\boldsymbol{r}_1\boldsymbol{\rho}_{k-1}+\boldsymbol{r}_2\boldsymbol{\rho}_{k-2}+\cdots+\boldsymbol{r}_p\boldsymbol{\rho}_{k-p}, \qquad k>0,$$

여기서 $\boldsymbol{r}_j=\boldsymbol{D}^{-1/2}\boldsymbol{\Phi}_j\boldsymbol{D}^{1/2}$이다.

2장에서 부분자기상관함수(partial autocorrelation function: PACF)의 절단형태가 $AR(p)$ 모형의 차수 p 를 결정하는 데 도움이 된다는 것을 설명하였다. Tiao and Box(1981)가 일변량 시계열모형에 대한 PACF를 다변량시계열모형에 대해서도 비슷한 논리로 확장시킨 부분자기회귀행렬(partial autoregression matrix: PAM)이 있다. 이에 대한 자세한 설명은 조신섭 외(2016)의 15.2.1절을 참조한다. $VAR(p)$ 확률과정에 대한 $k-$시차 PAM인 $\boldsymbol{P}_k$ 는 $l\times l$ 행렬로서 다음과 같다.

$$\boldsymbol{P}_k=\begin{cases}\boldsymbol{\Phi}_p, & k=p,\\ 0, & k>p.\end{cases} \tag{7.4}$$

따라서 $VAR(p)$ 확률과정에서 식 (7.4)와 같은 PAM의 절단형태를 이용한다면 PAM의 추정량으로 사용될 수 있는 표본부분자기회귀행렬(sample partial autoregression matrix: SPAM)이 $VAR(p)$ 모형의 차수 p 의 식별에 이용될 수 있다.

식 (7.3)에서 $p=1$인 경우의 $VAR(1)$ 모형은 다음과 같다.

$$\boldsymbol{Z}_t = \boldsymbol{\delta}_0 + \boldsymbol{\Phi}_1 \boldsymbol{Z}_{t-1} + \boldsymbol{\varepsilon}_t. \tag{7.5}$$

$VAR(1)$ 모형의 정상성의 조건 $|\Phi(B)| = |I - \Phi_1(B)| = 0$의 모든 근들이 단위원 밖에 존재하는 것인데 즉, $l \times l$ 행렬 $\boldsymbol{\Phi}_1$ 의 모든 고윳값들의 절댓값이 1보다 작아야 한다.

이제 VAR 모형의 이해를 돕기 위해서 가장 간단한 경우로 식 (7.5)에서 $l=2$인 $\boldsymbol{Z}_t = (Z_{1,t}, Z_{2,t})'$ 및 $\boldsymbol{\varepsilon}_t = (\varepsilon_{1,t}, \varepsilon_{2,t})'$라고 하고 $VAR(1)$ 모형을 다음과 같이 일변량 모형식으로 풀어서 생각해 보자.

$$\begin{cases} Z_{1,t} = \delta_{10} + \Phi_{11} Z_{1,t-1} + \Phi_{12} Z_{2,t-1} + \varepsilon_{1,t}, \\ Z_{2,t} = \delta_{20} + \Phi_{21} Z_{1,t-1} + \Phi_{22} Z_{2,t-1} + \varepsilon_{2,t}. \end{cases} \tag{7.6}$$

식 (7.6)의 $VAR(1)$ 확률과정에서 현재 관측치 $\boldsymbol{Z}_t = (Z_{1,t}, Z_{2,t})'$는 직전 시점의 관측치 $\boldsymbol{Z}_{t-1} = (Z_{1,t-1}, Z_{2,t-1})'$과 현재 시점의 백색잡음 $\boldsymbol{\varepsilon}_t = (\varepsilon_{1,t}, \varepsilon_{2,t})'$에만 종속되며 모수행렬 $\boldsymbol{\Phi}_1$ 에 따라 다음과 같은 종속관계로 요약될 수 있다.

(1) $\Phi_{12}=0$ ($\Phi_{21}=0$)이라면 $\{Z_{1,t}\}$ ($\{Z_{2,t}\}$)는 $\{Z_{2,t}\}$ ($\{Z_{1,t}\}$)에 종속되지 않는다.

(2) $\Phi_{12}=0$ ($\Phi_{21}=0$)이고 $\Phi_{21}\neq 0$ ($\Phi_{12}\neq 0$)라면 $\{Z_{1,t}\}$ ($\{Z_{2,t}\}$)로부터 $\{Z_{2,t}\}$ ($\{Z_{1,t}\}$)으로의 한쪽 방향으로만 종속관계가 존재한다.

(3) $\Phi_{12}\neq 0$ 이고 $\Phi_{21}\neq 0$ 이라면 $\{Z_{2,t}\}$ 로부터 $\{Z_{1,t}\}$ 로, 그리고 $\{Z_{1,t}\}$ 로부터 $\{Z_{2,t}\}$ 로의 쌍방향 종속관계가 존재한다.

(4) $\Phi_{12}=\Phi_{21}=0$ 이라면 두 시계열 $\{Z_{1,t}\}$ 과 $\{Z_{2,t}\}$ 는 서로 연관성이 없다.

VMA모형. q-차 벡터이동평균(vector moving average: VMA)모형을 $VMA(q)$ 모형이라고 하고 다음과 같이 정의한다.

$$\boldsymbol{Z}_t = \boldsymbol{\mu} + \boldsymbol{\varepsilon}_t - \boldsymbol{\Theta}_1 \boldsymbol{\varepsilon}_{t-1} - \boldsymbol{\Theta}_1 \boldsymbol{\varepsilon}_{t-2} - \cdots - \boldsymbol{\Theta}_q \boldsymbol{\varepsilon}_{t-q}, \tag{7.7}$$

혹은 식 (7.7)을 후진작용소를 사용하여 표현하면

$$\boldsymbol{Z}_t = \boldsymbol{\mu} + \boldsymbol{\Theta}(B) \boldsymbol{\varepsilon}_t,$$

여기서 $\boldsymbol{\mu}=(\mu_1,\mu_2,\ldots,\mu_l)'$는 $l\times 1$ 벡터, $\boldsymbol{\Theta}_i$는 $l\times l$ 행렬, 그리고

$$\boldsymbol{\Theta}(B)=I-\boldsymbol{\Theta}_1 B-\boldsymbol{\Theta}_2 B^2-\cdots-\boldsymbol{\Theta}_q B^q$$

는 후진작용소 B를 사용한 행렬 다항식이다.

$VMA(q)$ 확률과정은 항상 정상성을 만족하며 $|\boldsymbol{\Theta}(B)|=0$ 의 근들이 단위원 밖에 존재하면 가역성을 갖는다. $VMA(q)$ 확률과정의 평균은

$$E(\boldsymbol{Z}_t)=\boldsymbol{\mu}$$

이고, CCM은 다음과 같이 정의된다.

$$\boldsymbol{\rho}_k=\mathbf{0}, \qquad k>q. \tag{7.8}$$

따라서 $VMA(q)$ 확률과정에서 식 (7.8)과 같은 CCM의 절단형태를 이용한다면 CCM의 추정량인 SCCM이 $VMA(q)$ 모형의 차수 q 의 식별에 유용하게 사용될 수 있다.

식 (7.7)에서 $q=1$ 인 경우의 $VMA(1)$ 모형은 다음과 같다.

$$\boldsymbol{Z}_t=\boldsymbol{\mu}+\boldsymbol{\varepsilon}_t-\boldsymbol{\Theta}_1\boldsymbol{\varepsilon}_{t-1}. \tag{7.9}$$

이제 VMA 모형의 이해를 돕기 위해서 가장 간단한 경우로 식 (7.9)에서 $l=2$ 인 $\boldsymbol{Z}_t=(Z_{1,t},Z_{2,t})'$ 및 $\boldsymbol{\varepsilon}_t=(\varepsilon_{1,t},\varepsilon_{2,t})'$로 놓고 $VMA(1)$ 모형을 다음과 같이 일변량 모형식으로 풀어서 생각해 보자.

$$\begin{cases} Z_{1,t}=\mu_1+\varepsilon_{1,t}-\Theta_{11}\varepsilon_{1,t-1}-\Theta_{12}\varepsilon_{2,t-1}, \\ Z_{2,t}=\mu_2+\varepsilon_{2,t}-\Theta_{21}\varepsilon_{1,t-1}-\Theta_{22}\varepsilon_{2,t-1}. \end{cases} \tag{7.10}$$

식 (7.10)의 $VMA(1)$ 확률과정에서 현재 관측치 $\boldsymbol{Z}_t=(Z_{1,t},Z_{2,t})'$는 오직 현재 시점과 직전 시점에서의 백색잡음에만 종속되며 모수행렬 $\boldsymbol{\Theta}_1$ 에 따라 다음과 같은 종속관계로 요약될 수 있다.

(1) $\Theta_{12}=0$ ($\Theta_{21}=0$)이라면 $\{Z_{1,t}\}$ ($\{Z_{2,t}\}$)는 $\{Z_{2,t}\}$ ($\{Z_{1,t}\}$)에 종속되지 않는다.
(2) $\Theta_{12}=0$ ($\Theta_{21}=0$)이고 $\Theta_{21}\neq 0$ ($\Theta_{12}\neq 0$)라면 $\{Z_{1,t}\}$ ($\{Z_{2,t}\}$)로부터 $\{Z_{2,t}\}$ ($\{Z_{1,t}\}$)으로 한 쪽 방향으로만 종속관계가 존재한다.
(3) $\Theta_{12}\neq 0$ 이고 $\Theta_{21}\neq 0$ 이라면 $\{Z_{2,t}\}$ 로부터 $\{Z_{1,t}\}$로, 그리고 $\{Z_{1,t}\}$로부터 $\{Z_{2,t}\}$로의 쌍방향 종속관계가 존재한다.
(4) $\Theta_{12}=\Theta_{21}=0$이라면 두 시계열 $\{Z_{1,t}\}$ 과 $\{Z_{2,t}\}$는 서로 연관성이 없다.

VARMA모형. 일변량 $ARMA(p,q)$ 모형을 일변량 $AR(p)$ 모형과 일변량 $MA(q)$ 모형을 결합하여 구성할 수 있는 것처럼 벡터자기회귀이동평균(vector autoregressive moving average: VARMA)모형인 $VARMA(p,q)$ 모형은 $VAR(p)$ 모형식 (7.3)과 $VMA(q)$ 모형식 (7.7)을 결합하여 다음과 같이 정의된다. 이때 $VARMA(p,0)$ 모형은 $VAR(p)$ 모형과 같고 $VARMA(0,q)$ 모형은 $VMA(q)$ 모형과 같다.

$$\boldsymbol{Z}_t = \delta_0 + \boldsymbol{\Phi}_1 \boldsymbol{Z}_{t-1} + \boldsymbol{\Phi}_2 \boldsymbol{Z}_{t-2} + \cdots + \boldsymbol{\Phi}_p \boldsymbol{Z}_{t-p} + \boldsymbol{\varepsilon}_t - \boldsymbol{\Theta}_1 \boldsymbol{\varepsilon}_{t-1} - \boldsymbol{\Theta}_1 \boldsymbol{\varepsilon}_{t-2} - \cdots - \boldsymbol{\Theta}_q \boldsymbol{\varepsilon}_{t-q},$$

혹은 후진작용소를 사용하여 표현하면 다음과 같다.

$$\boldsymbol{\Phi}(B)\boldsymbol{Z}_t = \delta_0 + \boldsymbol{\Theta}(B)\boldsymbol{\varepsilon}_t .$$

일변량 $ARMA$ 모형과는 달리 $VARMA$ 은 식별가능성(identifiability)의 문제가 발생한다. 즉, $VARMA$ 모형이 유일하게 결정되지 않을 수 있다. 이에 대한 간단한 예는 조신섭 외 (2016)의 15.2.3절을 참조하기 바란다.

실제 다변량시계열자료에 대한 $VARMA(p,q)$ 모형의 적합문제를 다룰 때 많은 경우 VAR 모형 혹은 VMA 모형의 적합으로로도 충분하며 $VARMA(p,q)$ 모형을 사용하는 경우는 $p, q=1$ 혹은 2 정도의 낮은 차수에서만 사용하는 편이 좋다.

7.4 모형의 식별

최소정보기준. 여러 경쟁 후보 시계열모형 중에서 주어진 시계열자료에 가장 적합한 하나의 모형을 선택하고자 할 때 널리 쓰는 기준으로서 일변량시계열모형에 대하여 사용할 수 있는 정보기준인 AIC 및 SBC 등을 1.6절에서 소개하였다. 이제 다변량시계열모형에 대하여 정의된 정보기준으로 AIC(Akaike information criterion), AICC(AIC corrected), FPE(final prediction error), HQC(Hannan-Quinn criterion), 때때로 BIC(Bayesian information criterion)라고도 하는 SBC(Schwarz Bayesian criterion)가 있으며 다음과 같이 정의된다.

$$AIC = \log(|\widehat{\Sigma}_\varepsilon|) + 2m/n,$$

$$AICC = \log(|\widehat{\Sigma}_\varepsilon|) + 2m/(n - m/l),$$

$$FPE = \left(\frac{n + m/l}{n - m/l}\right)^l |\widehat{\Sigma}_\varepsilon|,$$

$$HQC = \log(|\widehat{\Sigma}_\varepsilon|) + 2m\log(\log(n))/n,$$

$$SBC = \log(|\widehat{\Sigma_\varepsilon}|) + m\log(n)/n,$$

여기서 m은 모형에 포함된 모수의 수, l 은 다변량시계열을 구성하는 일변량시계열의 개수, n 은 모수추정에 사용된 시계열자료의 크기, 그리고 $\widehat{\Sigma_\varepsilon}$ 은 다변량 백색잡음과정의 공분산행렬인 Σ_ε 의 최우추정치이다.

여러 경쟁모형에 대하여 계산된 위의 정보기준값들 중에서 최소 정보기준값을 갖는 모형을 택한다. 실제 시계열 자료분석에서는 위에서 정의된 정보기준들이 모두 동시에 최솟값을 주는 모형을 찾기는 어려우므로 한두 개의 정보기준을 참조하여 모형을 선택한다.

모형식별 절차. 정상 다변량시계열자료를 대상으로 적합시킬 수 있는 $VARMA(p,q)$ 모형의 차수 p,q를 식별하기 위해서 다음과 같은 절차에 의해서 진행한다.

STEP 1: 각 일변량시계열자료가 백색잡음 혹은 비정상시계열이라면 $VARMA(p,q)$ 모형에 의한 예측은 적절하지 않다. 만약 비정상시계열이라면 정상시계열로 변환한 후 STEP 2를 진행한다.

STEP 2: 정상 시계열벡터가 $VARMA(p,q)$ 모형에 의한 적합이 타당한지를 검토한다. SAS/ETS에서 제공하는 CCM의 Schematic Representation 표에서는 $\hat{\rho}_{ij}(k)\,(i \neq j)$의 표준오차의 2배수 범위에 대해서 표시하는 plus 기호인 (+) 혹은 minus 기호인 (−)로 표시되는 시차 $k\,(>0)$가 존재해야 한다. 또한 두 시계열 간의 Granger 인과관계검정에서 쌍방향으로의 선형종속관계가 존재해야 한다.

STEP 3: SPAM의 0으로의 절단 직전 시점이 r이라면 $VAR(r)$ 모형을, SCCM의 0으로의 절단 직전 시점이 s라면 $VMA(s)$ 모형을 잠정적으로 식별할 수 있으므로 $VARMA(p,q)$, $(0 \le p \le r,\ \ 0 \le q \le s)$ 모형을 경쟁시켜 최소 AICC 값을 주는 모형을 선택한다.

STEP 4: 경쟁 모형들에 대한 모수의 유의성검정에서 유의하지 않는 모수에 대응하는 항을 제거한 축소된 모형으로 최종 식별한다.

7.5 모형의 추정

VAR모형에 대한 모수추정을 위해서는 최소제곱(least square: LS)추정법 혹은 최우(maximum likelihood: ML)추정법을 사용할 수 있다. 이 두 추정방법은 대표본에서는 같은 결과를 준다. 특히

몇 가지 정규조건(regularity condition)하에서는 추정량들은 점근정규분포를 따른다.

*VMA*모형 및 *VARMA*모형에 대한 모수추정은 *VAR*모형에 대한 모수추정에 비해 훨씬 복잡하다. ML추정법을 사용할 때 두 가지 방법이 있는데, 그 중에서 조건부 ML추정법은 관측 불가능한 $\boldsymbol{\varepsilon}_t$ 에 대하여 $\boldsymbol{\varepsilon}_t = 0\,(t \le 0)$ 으로 놓으며, 정확한 ML추정법은 관측 불가능한 $\boldsymbol{\varepsilon}_t$ 를 모수로 처리하는 차이점이 있다. 조건부 ML추정법에서 조건부 우도함수는 모수들의 비선형함수이므로 반복에 의한 수치적 최적화방법을 사용하여 모수추정이 이루어지는 데 수렴하지 않는 경우가 종종 발생한다. 정확한 ML추정법의 알고리즘은 조건부 ML추정법보다 더 복잡하며 일반적으로 수렴하는 속도도 느린 편이다. *VARMA*모형에서 모수추정에 대한 참고문헌은 Wei(1990)의 14.6절을 참조한다.

7.6 모형의 진단

잔차시계열벡터에 대한 CCM의 유의성검정. 일변량시계열모형의 적합 후 모형의 진단 단계에서 잔차시계열에 대한 SACF plot, SPACF plot, SIACF plot에서 각각 $\pm 2 \cdot SE(\hat{\rho}_k(e))$, $\pm 2 \cdot SE(\hat{\phi}_{kk}(e))$, $\pm 2 \cdot SE(\hat{\rho}_k^{(I)}(e))$ 이내에 SACF, SPACF, SIACF가 존재한다면 잔차시계열이 백색잡음과정이라는 판단을 내렸었다. 이와 비슷하게 벡터시계열모형을 적합한 후 얻어지는 잔차시계열벡터에 대한 CCM의 유의성검정결과가 SAS/ETS에서는 Schematic Representation에 의해 표현된다. 잔차시계열벡터가 백색잡음과정이라면 시차 1 이상에서 자기상관관계 및 교차상관관계가 전혀 없어야 한다. 따라서 가장 이상적인 Schematic Representation의 형태는 시차 1 이상의 모든 위치에서 자기상관계수 및 교차상관계수가 표준오차의 2배수 이내를 나타내는 "·"의 부호로 표현된 경우이다.

다변량 포트맨토우 검정. 일변량시계열모형의 적합 후 모형의 진단단계에서 사용된 Ljung and Box(1978)의 포트맨토우 검정통계량 식 (1.6)은 벡터시계열모형의 진단을 위한 다변량 포트맨토우 검정통계량으로 확장된다. 아래와 같은 가설을 설정했을 때 귀무가설 H_0 의 의미는 잔차시계열들은 자기상관관계 및 교차상관관계가 존재하지 않는다는 의미와 동일하다.

$$H_0 \;:\; \boldsymbol{\rho}_1(\boldsymbol{e}) = \boldsymbol{\rho}_2(\boldsymbol{e}) = \cdots = \boldsymbol{\rho}_K(\boldsymbol{e}) = 0 \quad \text{vs.} \quad H_1 \;:\; H_0\text{가 사실이 아니다,} \tag{7.11}$$

여기서 $\boldsymbol{\rho}_k(\boldsymbol{e})$, $k=1,2,\ldots,K$,는 잔차시계열벡터 $\{\boldsymbol{e}_t\}$ 의 k-시차 CCM이다. 가설 (7.11)을 검정하기 위한 Hosking(1980)의 다변량 포트맨토우 검정통계량은 다음과 같이 정의된다.

$$Q(K) = n^2 \sum_{k=1}^{K} (n-k)^{-1} tr\left\{\hat{\boldsymbol{\rho}}_k(\boldsymbol{e}) \hat{\Sigma}_\varepsilon^{-1} [\hat{\boldsymbol{\rho}}_k(\boldsymbol{e})]'\right\} , \tag{7.12}$$

여기서 $\hat{\boldsymbol{\rho}}_k(\boldsymbol{e})$ 는 잔차시계열벡터 $\{\boldsymbol{e}_t\}$의 k-시차 SCCM, $\hat{\Sigma}_\varepsilon$ 는 다변량백색잡음과정의 공분산행렬인 Σ_ε 의 추정량, n은 시계열자료의 크기, 그리고 K는 적절한 시차이다. 검정규칙은 $Q(K) > \chi_\alpha^2(l^2(K-p-q))$이면 H_0는 기각된다. 여기서 $\chi_\alpha^2(l^2(K-p-q))$는 자유도가 $l^2(K-p-q)$ 인 χ^2분포의 $100(1-\alpha)$ 백분위수, p 및 q는 $VARMA(p,q)$ 모형의 차수, 그리고 l 은 다변량시계열을 구성하는 일변량시계열의 개수, 즉 시계열벡터의 차원 수에 해당한다.

일변량시계열모형에 대한 진단. SAS/ETS에서는 다변량시계열자료를 구성하고 있는 각 일변량시계열자료에 대해서도 진단할 수 있도록 다음과 같은 결과를 제공한다.

(1) Durbin-Watson(DW) 통계량: 일변량잔차시계열에 1-시차 자기상관관계 존재여부를 검정하기 위한 DW 검정통계량을 제공한다. 이때 $p-value$를 함께 제공하지 않기 때문에 결과해석에 편리하지 않다.

(2) Jarque-Bera 정규성검정: 정규성검정에 대해 설정된 가설은 다음과 같다.

H_0 : 잔차시계열이 정규분포를 따른다.

vs.

H_1 : H_0 가 사실이 아니다.

(3) 이분산(heteroskedasticity)검정: 이분산검정에 대해 설정된 가설은 다음과 같다.

H_0 : 잔차시계열은 동분산을 갖는다.

vs.

H_1 : H_0 가 사실이 아니다.

(4) AR 잔차검정: 잔차시계열이 AR 확률과정을 따르는지의 여부에 대한 검정으로서 가설은 다음과 같다.

H_0 : 잔차시계열은 AR 확률과정을 따르지 않는다.

vs.

H_1 : 잔차시계열이 AR 확률과정을 따른다.

7.7 예제

예제 7.1 벡터시계열모형에 의한 예측

[그림 7.1]은 국내 금융시장에서의 대출금리(loan rate, 단위: %), 콜금리(익일물)(call rate, 단위: %), 국채수익률(3년)(government rate, 단위: %) 시계열자료(기간: 2005/01 ~ 2015/08)의 시계열그림을 보여 준다. 이 3개의 시계열자료, 즉 $\{z_{1,t}\}=\{loan_t\}$, $\{z_{2,t}\}=\{call_t\}$, $\{z_{3,t}\}=\{government_t\}$로 구성된 벡터시계열자료 $\{\boldsymbol{z}_t\}=\{(z_{1,t}, z_{2,t}, z_{3,t})'\}$에 대해 벡터시계열모형에 의한 예측을 수행해 보기로 한다.

정상시계열로의 변환. 벡터시계열모형화의 첫 단계는 각 일변량시계열을 모두 정상시계열로 변환하는 것이다. 따라서 각 일변량시계열에 대한 정상성 여부를 검토해 보기로 한다. 대출금리 시계열자료의 자기상관분석도인 [그림 7.2]의 SACF plot에서는 1에 가까운 값이 서서히 감소하며 SPACF 및 SIACF plot에서는 시차 1에서만 유의미한 값을 갖는 형태로 이러한 형태는 비정상시계열의 특징이다. 즉, 자기상관분석도로 본 대출금리 시계열자료는 1차 차이 계산을 필요로 하는 비정상시계열이다. 다음으로 단위근검정을 수행해서 비정상시계열임을 확인해 보기로 한다. 1차 차분 시계열에 대한 자기상관분석도인 [그림 7.3]으로부터 식 (2.28)의 c_t 및 p의 정보를 얻는다. 1차 차분 시계열의 평균 0에 대한 $T-$검정에서 $p-value=0.22034>0.05=\alpha$ 이다. 즉, 1차 차분 시계열은 통계적으로 평균 0을 갖는다.

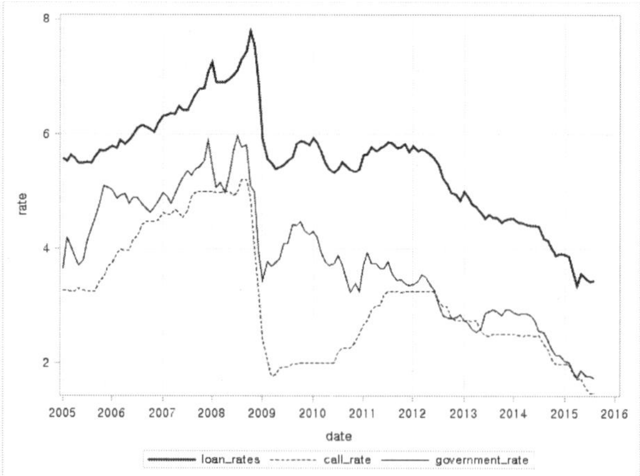

[그림 7.1] 대출금리, 콜금리, 국채수익률 시계열자료

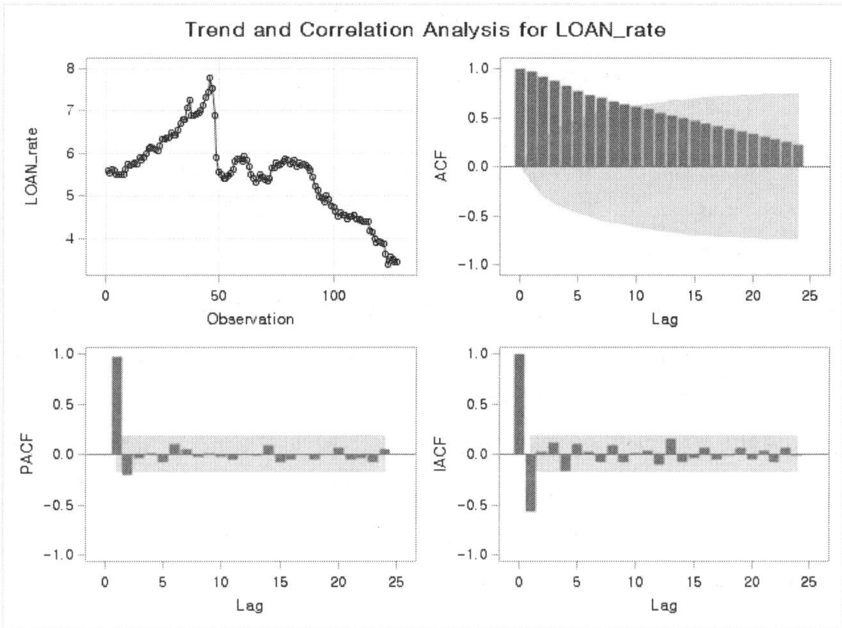

[그림 7.2] 자기상관분석도: 대출금리 시계열자료

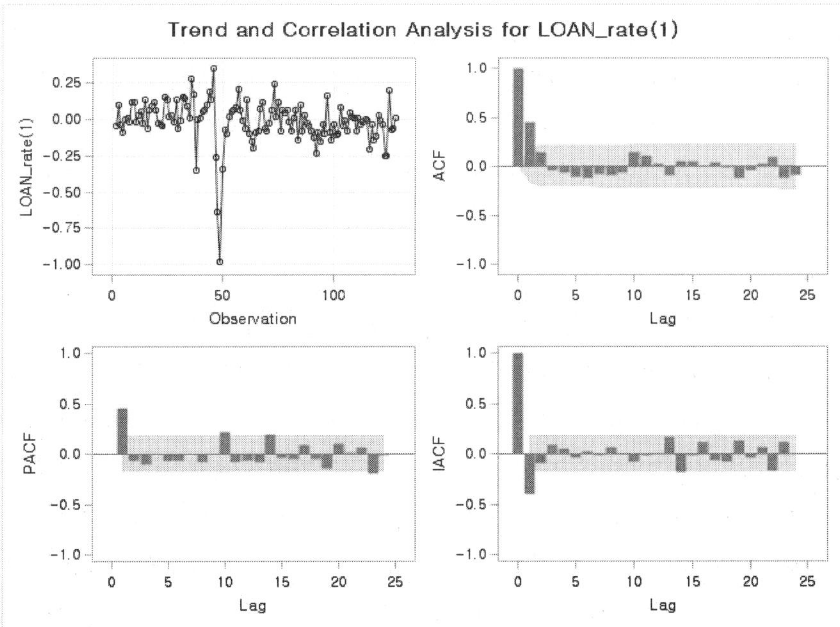

[그림 7.3] 1차 차분 시계열에 대한 자기상관분석도: 대출금리 시계열자료

[표 7.1] ADF 단위근검정: 대출금리 시계열자료

Augmented Dickey-Fuller Unit Root Tests							
Type	Lags	Rho	Pr < Rho	Tau	Pr < Tau	F	Pr > F
Zero Mean	1	-0.4170	0.5869	-0.82	0.3600		
Single Mean	1	-2.2841	0.7417	-0.71	0.8392	0.51	0.9507
Trend	1	-11.0823	0.3501	-2.48	0.3390	3.95	0.3878

또한 SPACF plot 및 SIACF plot으로부터 $p=1$로 놓는다. 이에 따라 ADF 단위근검정결과인 [표 7.1]에서 Type=Zero Mean, Lags=1, 그리고 Tau 통계량을 선택했을 때 $p-value=0.3600>0.05=\alpha$이다. 따라서 가설 설정 (2.26)에서 귀무가설 H_0를 기각하지 못하므로 대출금리 시계열자료는 단위근을 갖는 비정상시계열이라 판단되며 1차 차분을 필요로 한다. 콜금리 및 국채수익률 시계열자료도 대출금리 시계열자료와 비슷하게 1차 차분을 필요로 하는 비정상시계열임을 확인할 수 있다. 지면 관계상 이들 시계열자료에 대한 자기상관분석도와 단위근검정결과는 생략한다(참고: 연습문제 2.8).

쌍방향 선형종속관계(교차상관분석). 이제 다변량시계열자료가 벡터시계열모형에 의한 적합이 가능한지를 검토해 보기로 하자. [표 7.2]는 1차 차분한 정상시계열 $\{(1-B)loan_t\}$, $\{(1-B)call_t\}$, $\{(1-B)government_t\}$ 간의 SCCM이고 [표 7.3]은 각 정상시계열 간의 교차상관관계 존재 여부에 대한 유의성검정결과를 보여 준다. 이를테면 [표 7.3]에서 Variable이 CALL_rate이고 Lag가 2인 경우 교차상관계수의 Schematic Representation은 "++."이다. 첫 번째 + 기호가 의미하는 바는 [표 7.2]에서 Lag=2인 경우 $\hat{\rho}_{loan,\,call}(2)=0.51057$의 값은 $+2\cdot SE(\hat{\rho}_{loan,call}(2))$보다 큰 값으로 $\{(1-B)loan_t\}$과 $\{(1-B)call_{t-2}\}$ 간에 선형종속관계가 존재한다고 볼 수 있다. 두 번째 + 기호가 의미하는 바는 [표 7.2]에서 Lag=2인 경우 $\hat{\rho}_{call,call}(2)=0.49793$의 값은 $+2\cdot SE(\hat{\rho}_{call,call}(2))$ 보다 큰 값으로 $\{(1-B)call_t\}$은 2-시차 자기상관관계가 존재한다고 볼 수 있다. 세 번째 . 기호가 의미하는 바는 [표 7.2]에서 Lag=2인 경우 $\hat{\rho}_{government,\,call}(2)=0.08117$의 값은 $\pm 2\cdot SE(\hat{\rho}_{government,\,call}(2))$ 이내의 값이므로 $\{(1-B)government_t\}$과 $\{(1-B)call_{t-2}\}$는 선형종속관계가 존재한다고 볼 수 없다. [표 7.3]에서 Variable이 LOAN_rate이고 Lag가 3인 경우 교차상관계수의 Schematic Representation은 "..−"이다. 세 번째 − 기호가 의미하는 바는 [표 7.2]에서 Lag가 3인 경우 $\hat{\rho}_{government,\,loan}(3)=-0.19506$의 값은 $-2\cdot SE(\hat{\rho}_{government,loan}(3))$ 보다 작은 값으로 $\{(1-B)government_t\}$과 $\{(1-B)loan_{t-3}\}$ 간에 선형종속관계가 존재한다고 볼 수 있다.

[표 7.2] SCCM: 대출금리, 콜금리, 국채수익률 시계열자료

Cross Correlations of Dependent Series				
Lag	Variable	LOAN_rate	CALL_rate	Government_rate
0	LOAN_rate	1.00000	0.66806	0.39172
	CALL_rate	0.66806	1.00000	0.40092
	Government_rate	0.39172	0.40092	1.00000
1	LOAN_rate	0.45310	0.34280	0.04457
	CALL_rate	0.66660	0.72144	0.27281
	Government_rate	0.60991	0.47662	0.21791
2	LOAN_rate	0.15249	0.15212	-0.17858
	CALL_rate	0.51057	0.49793	0.08117
	Government_rate	0.30378	0.41278	0.11792
3	LOAN_rate	-0.03982	-0.04683	-0.19506
	CALL_rate	0.24192	0.22852	-0.05946
	Government_rate	0.30251	0.33938	0.00076
4	LOAN_rate	-0.07109	-0.16601	-0.13178
	CALL_rate	0.08007	0.07793	-0.08847
	Government_rate	0.16131	0.02650	-0.19078
5	LOAN_rate	-0.10287	-0.15867	-0.10113
	CALL_rate	0.01700	-0.02235	-0.14580
	Government_rate	-0.00055	-0.07994	-0.10229

[표 7.3] CCM의 유의성검정:
대출금리, 콜금리, 국채수익률 시계열자료

Schematic Representation of Cross Correlations						
Variable/Lag	0	1	2	3	4	5
LOAN_rate	+++	++.	..-	..-	...	...
CALL_rate	+++	+++	++.	++.	...	...
Government_rate	+++	+++	++.	++.	..-	...
+ is > 2*std error, - is < -2*std error, . is between						

교차상관계수의 Schematic Representation에서 각 시계열이 다른 시계열과 유의한 교차상관관계가 존재하는 양의 시차가 존재한다면 벡터시계열모형에 의한 분석을 시도해 볼 만하다. 예를 들면 [표 7.3]에서 Variable 이 LOAN_rate인 경우 CALL_rate와의 교차상관관계를 나타내는 두 번째 부호를 보면 유의한 양의 시차 1이 존재한다. Government_rate와의 교차상관관계를 나타내는 세 번째 부호를 보면 유의한 양의 시차로서 2, 3이 존재한다. 즉, 콜금리(CALL_rate), 국채수익률(Government_rate)은 대출금리(LOAN_rate)의 과거값에 의해 설명될 수 있다. Variable이 Loan_rate인 경우, 자기상관관계를 나타내는 첫 번째 부호를 보면 유의한 양의 시차 1이 존재한다. 즉, 대출금리(LOAN_rate)는 자신의 과거값에 의해 설명될 수 있다. Variable이 CALL_rate 및 Government_rate인 경우도 비슷하게 해석할 수 있다.

쌍방향 선형종속관계(Granger 인과관계검정). 다변량시계열자료가 벡터시계열모형에 의한 분석이 가능한지를 검토해 보는 또 다른 방법으로서 4.3절에서 설명하였던 Granger 인과관계 검정을 수행해 보기로 하자. [표 7.4]는 1차 차분한 각 정상시계열에 대한 Granger 인과관계 검정결과를 보여 준다. Granger 인과관계검정을 위한 모형식 (4.4) 및 (4.5)에서 자기회귀식의 차수는 최소 AICC 값을 주면서 추정된 모수가 유의한 경우로서 시차 2를 선택하였다. [표 7.4]에서 TEST 1, TEST 2, TEST 3에 대한 가설설정은 아래와 같이 정의된다.

$$\text{TEST 1:}\begin{cases} H_{10}:\{loan_t\} \nleftarrow \{\{call_t\},\{government_t\}\}, \\ H_{11}:\{loan_t\} \leftarrow \{\{call_t\},\{government_t\}\}. \end{cases}$$

$$\text{TEST 2:}\begin{cases} H_{20}:\{call_t\} \nleftarrow \{\{loan_t\},\{government_t\}\}, \\ H_{21}:\{call_t\} \leftarrow \{\{loan_t\},\{government_t\}\}. \end{cases}$$

$$\text{TEST 3:}\begin{cases} H_{30}:\{government_t\} \nleftarrow \{\{loan_t\}\{call_t\}\}, \\ H_{31}:\{government_t\} \leftarrow \{\{loan_t\},\{call_t\}\}. \end{cases}$$

TEST 1, TEST 2, TEST 3에 대해 모두 $p-value < 0.01 = \alpha$ 이므로 1% 유의수준하에서 각 시계열자료는 각각 자신 및 다른 두 개 시계열의 과거값에 의해 설명될 수 있으므로 주어진 다변량시계열자료는 벡터시계열모형에 의해 분석이 가능하다고 판단된다.

[표 7.4] Granger 인과관계검정에 대한 $p-value$:
대출금리, 콜금리, 국채수익률 시계열자료

Granger-Causality Wald Test			
Test	DF	Chi-Square	Pr > ChiSq
1	4	117.56	<.0001
2	4	56.41	<.0001
3	4	23.01	0.0001

Test 1: Group 1 Variables:	LOAN_rate
Group 2 Variables:	CALL_rate Government_rate

Test 2: Group 1 Variables:	CALL_rate
Group 2 Variables:	LOAN_rate Government_rate

Test 3: Group 1 Variables:	Government_rate
Group 2 Variables:	LOAN_rate CALL_rate

벡터시계열모형의 식별. [표 7.5]는 1차 차분한 정상시계열 $\{(1-B)loan_t\}$, $\{(1-B)call_t\}$, $\{(1-B)government_t\}$ 간의 SPAM이고 [표 7.6]은 각 정상시계열 간의 부분자기회귀관계 존재 여부에 대한 유의성검정결과를 보여 준다. 이 표들은 VAR 모형의 식별에 도움을 준다. [표 7.5] 및 [표 7.6]의 해석은 [표 7.2] 및 [표 7.3]의 해석과 유사하다.

7.4절의 벡터시계열모형 식별 절차에 따라 벡터시계열모형을 식별해 보기로 하자. [표 7.3]에서 SCCM의 0으로의 절단 직전 시점이 $s=4$ 이므로 $VMA(4)$ 모형을 식별한다. 또한 [표 7.6]에서 SPAM의 0으로의 절단 직전 시점이 $r=4$ 이므로 $VAR(4)$ 모형을 식별한다. 따라서 이 두 모형을 포함하는 $VARMA(p,q)$, $(0 \le p \le r=4,\ \ 0 \le q \le s=4)$ 모형을 경쟁시켰을 때 [표 7.7]의 MINIC(minimum information criterion)표로부터 최소 $AICC=-12.78125$ 값을 주는 $VAR(2)$ 모형이 선택되었다. 이때 모수 유의성검정에서 상수항은 유의하지 않으므로 상수항이 없는 $VAR(2)$ 모형으로 식별하였다.

[표 7.5] SPAM: 대출금리, 콜금리, 국채수익률 시계열자료

Partial Autoregression				
Lag	Variable	LOAN_rate	CALL_rate	Government_rate
1	LOAN_rate	-0.07994	0.53626	0.31913
	CALL_rate	-0.32047	0.82165	0.21039
	Government_rate	-0.37790	0.50650	0.17170
2	LOAN_rate	-0.13290	0.22899	0.02702
	CALL_rate	-0.15042	0.24376	0.22538
	Government_rate	-0.44655	0.19061	0.17568
3	LOAN_rate	-0.05167	-0.04059	0.10096
	CALL_rate	-0.11708	0.01979	0.14212
	Government_rate	-0.23197	0.12802	0.09967
4	LOAN_rate	0.05798	0.00343	0.01399
	CALL_rate	-0.06263	0.11726	-0.12838
	Government_rate	0.01779	0.07704	-0.26084
5	LOAN_rate	0.02144	0.05638	0.05662
	CALL_rate	0.06171	-0.01014	0.01624
	Government_rate	0.10579	-0.32544	-0.01419

[표 7.6] PAM의 유의성검정: 대출금리, 콜금리, 국채수익률 시계열자료

Schematic Representation of Partial Autoregression					
Variable/Lag	1	2	3	4	5
LOAN_rate	.++	...	...	...	...
CALL_rate	-++	.++	..+	..-	...
Government_rate	-+.	-..	...	..-	...
+ is > 2*std error, - is < -2*std error, . is between					

[표 7.7] MINIC: 대출금리, 콜금리, 국채수익률 시계열자료

Minimum Information Criterion Based on AICC					
Lag	MA 0	MA 1	MA 2	MA 3	MA 4
AR 0	-11.42254	-11.64342	-11.91332	-12.17719	-12.39851
AR 1	-12.68182	-12.63555	-12.66835	-12.63002	-12.60484
AR 2	-12.78125	-12.68903	-12.65497	-12.61501	-12.5105
AR 3	-12.69562	-12.73303	-12.61024	-12.45955	-12.38154
AR 4	-12.64599	-12.63923	-12.53898	-12.41636	-12.23469

벡터시계열모형의 추정. 상수항이 없는 $VAR(2)$ 모형의 추정결과를 보여 주는 [표 7.8]로부터 추정된 $VAR(2)$ 모형은 식 (7.13)과 같다. 이때 괄호 안의 수치는 모수 유의성검정에 대한 $p-value$ 이다.

$$\begin{pmatrix} \nabla loan_t \\ \nabla call_t \\ \nabla government_t \end{pmatrix} = \begin{pmatrix} \begin{matrix} -0.12737 \\ (0.1844) \end{matrix} & \begin{matrix} 0.42735 \\ (0.0001) \end{matrix} & \begin{matrix} 0.32817 \\ (0.0001) \end{matrix} \\ \begin{matrix} -0.51404 \\ (0.0001) \end{matrix} & \begin{matrix} 0.66954 \\ (0.0001) \end{matrix} & \begin{matrix} 0.23909 \\ (0.0001) \end{matrix} \\ \begin{matrix} -0.38749 \\ (0.0253) \end{matrix} & \begin{matrix} 0.42655 \\ (0.0135) \end{matrix} & \begin{matrix} 0.17122 \\ (0.0662) \end{matrix} \end{pmatrix} \cdot \begin{pmatrix} \nabla loan_{t-1} \\ \nabla call_{t-1} \\ \nabla government_{t-1} \end{pmatrix}$$

$$+ \begin{pmatrix} \begin{matrix} -0.12558 \\ (0.1408) \end{matrix} & \begin{matrix} 0.22695 \\ (0.0445) \end{matrix} & \begin{matrix} 0.02744 \\ (0.6366) \end{matrix} \\ \begin{matrix} -0.14116 \\ (0.0758) \end{matrix} & \begin{matrix} 0.24229 \\ (0.0214) \end{matrix} & \begin{matrix} 0.22684 \\ (0.0001) \end{matrix} \\ \begin{matrix} -0.42359 \\ (0.0062) \end{matrix} & \begin{matrix} 0.18100 \\ (0.3681) \end{matrix} & \begin{matrix} 0.17704 \\ (0.0909) \end{matrix} \end{pmatrix} \cdot \begin{pmatrix} \nabla loan_{t-2} \\ \nabla call_{t-2} \\ \nabla government_{t-2} \end{pmatrix}, \qquad (7.13)$$

여기서 $\nabla = 1-B$, $\widehat{\Sigma}_{\varepsilon} = \begin{pmatrix} 0.00999 & 0.00207 & 0.00475 \\ 0.00207 & 0.00865 & 0.00308 \\ 0.00475 & 0.00308 & 0.03213 \end{pmatrix}$, $AIC = -12.7958$,

$SBC = -12.3885$.

벡터시계열모형에서는 어느 모수 하나가 유의하지 않다고 해당하는 시계열변수를 제거할 수는 없다. 다만 모수 벡터 혹은 모수 행렬 전체가 유의하지 않다면 상응하는 시계열변수 혹은 시계열벡터를 제거할 수 있다. 예를 들면 식 (7.13)의 등호 오른쪽 첫 번째 모수행렬의 9개 모수 전체의 $p-value$ 가 유의수준 5%보다 더 크다면 5% 유의수준하에서 시점 $t-1$ 에서의 시계열벡터를 제거하고 시점 $t-2$ 에서의 시계열벡터만 갖는 VAR

모형을 재적합해야 할 것이다. 각 시계열변수는 다른 두 개의 시계열변수에 의해 설명될 수 있는지의 관점에서 모수 유의성검정 결과에 따라 시계열벡터의 제거가 이루어져야 한다.

[표 7.8] $VAR(2)$ 모수추정결과: 대출금리, 콜금리, 국채수익률 시계열자료

Model Parameter Estimates						
Equation	Parameter	Estimate	Standard Error	t Value	Pr > |t|	Variable
LOAN_rate	AR1_1_1	-0.12737	0.09541	-1.33	0.1844	LOAN_rate(t-1)
	AR1_1_2	0.42735	0.09489	4.50	0.0001	CALL_rate(t-1)
	AR1_1_3	0.32817	0.05150	6.37	0.0001	Government_rate(t-1)
	AR2_1_1	-0.12558	0.08471	-1.48	0.1408	LOAN_rate(t-2)
	AR2_1_2	0.22695	0.11173	2.03	0.0445	CALL_rate(t-2)
	AR2_1_3	0.02744	0.05792	0.47	0.6366	Government_rate(t-2)
CALL_rate	AR1_2_1	-0.51404	0.08875	-5.79	0.0001	LOAN_rate(t-1)
	AR1_2_2	0.66954	0.08827	7.59	0.0001	CALL_rate(t-1)
	AR1_2_3	0.23909	0.04790	4.99	0.0001	Government_rate(t-1)
	AR2_2_1	-0.14116	0.07880	-1.79	0.0758	LOAN_rate(t-2)
	AR2_2_2	0.24229	0.10394	2.33	0.0214	CALL_rate(t-2)
	AR2_2_3	0.22684	0.05388	4.21	0.0001	Government_rate(t-2)
Government_rate	AR1_3_1	-0.38749	0.17108	-2.26	0.0253	LOAN_rate(t-1)
	AR1_3_2	0.42655	0.17014	2.51	0.0135	CALL_rate(t-1)
	AR1_3_3	0.17122	0.09234	1.85	0.0662	Government_rate(t-1)
	AR2_3_1	-0.42359	0.15189	-2.79	0.0062	LOAN_rate(t-2)
	AR2_3_2	0.18100	0.20035	0.90	0.3681	CALL_rate(t-2)
	AR2_3_3	0.17704	0.10385	1.70	0.0909	Government_rate(t-2)

Covariances of Innovations			
Variable	LOAN_rate	CALL_rate	Government_rate
LOAN_rate	0.00999	0.00207	0.00475
CALL_rate	0.00207	0.00865	0.00308
Government_rate	0.00475	0.00308	0.03213

벡터시계열모형의 진단. 추정된 $VAR(2)$ 모형식 (7.13)을 적합시킨 후 얻어지는 잔차시계열에 대해 벡터시계열모형의 진단 단계를 수행해 보자. [표 7.9]는 $VAR(2)$ 모형을 적합한 후 잔차시계열에 대한 SCCM을 나타낸다. CCM의 유의성검정결과는 [표 7.10]의 Schematic Representation에 의해 표현된다. 각 시계열변수에 대해 시차 1 이상에서 자기상관관계 및 교차상관관계가 전혀 없어야 한다. 따라서 가장 이상적인 Schematic Representation의 형태는 Lag 1 이상의 모든 위치에서 " · "의 부호로 표현된 경우이다. [표 7.10]을 보면

국채 수익률 잔차의 경우 시차 3에서 콜금리 잔차와의 유의한 양의 교차상관관계가 남아 있으며 시차 4에서 유의한 음의 자기상관관계 및 콜금리 잔차와의 유의한 음의 교차상관관계가 남아 있음을 볼 수 있다.

[표 7.9] $VAR(2)$ 모형 적합 후 잔차시계열벡터에 대한 SCCM: 대출금리, 콜금리, 국채수익률 시계열자료

Cross Correlations of Residuals				
Lag	Variable	LOAN_rate	CALL_rate	Government_rate
0	LOAN_rate	1.00000	0.22278	0.26487
	CALL_rate	0.22278	1.00000	0.18502
	Government_rate	0.26487	0.18502	1.00000
1	LOAN_rate	0.00703	-0.00462	-0.01940
	CALL_rate	-0.04055	-0.07460	-0.04740
	Government_rate	-0.02981	-0.05559	-0.05019
2	LOAN_rate	-0.02656	-0.07119	-0.02651
	CALL_rate	-0.00641	0.04141	0.03252
	Government_rate	0.00077	-0.00015	0.03382
3	LOAN_rate	-0.04229	0.03983	0.03774
	CALL_rate	-0.07138	-0.03401	0.07531
	Government_rate	0.16096	0.18017	0.08882
4	LOAN_rate	0.00290	-0.16475	0.02155
	CALL_rate	-0.03763	0.04933	0.10119
	Government_rate	-0.00903	-0.23236	-0.20731
5	LOAN_rate	0.11495	0.03824	0.01725
	CALL_rate	0.08044	-0.08047	-0.01755
	Government_rate	0.10990	0.03160	0.01852

[표 7.10] 잔차시계열벡터에 대한 CCM의 유의성검정: 대출금리, 콜금리, 국채수익률 시계열자료

Schematic Representation of Cross Correlations of Residuals						
Variable/Lag	0	1	2	3	4	5
LOAN_rate	+++	...	...	...	...	...
CALL_rate	+++	...	...	...	...	...
Government_rate	+++	...	...	.+.	.--	...
+ is > 2*std error, - is < -2*std error, . is between						

[표 7.11] 잔차시계열벡터에 대한 다변량 포트맨토우 검정: 대출금리, 콜금리, 국채수익률 시계열자료

Portmanteau Test for Cross Correlations of Residuals			
Up To Lag	DF	Chi-Square	Pr > ChiSq
3	9	12.67	0.1780
4	18	31.42	0.0257
5	27	35.95	0.1164

[표 7.11]은 잔차시계열벡터에 대한 다변량 포트맨토우 검정의 결과를 보여 주고 있다. 예를 들면 가설 (7.11)에 대하여 식 (7.12)로부터 $K=5$일 때 $Q(5)=35.95$이고 $p-value=0.1164>\alpha=0.05$이므로 귀무가설 H_0 는 기각되지 못하여 잔차시계열벡터는 자기상관관계 및 교차상관관계가 존재하지 않는다고 볼 수 있다.

$VAR(2)$ 모형의 추정식 (7.13)에서 등호 오른편의 추정된 모수행렬과 시계열벡터의 곱셈식을 전개해 보면 3개의 일변량 모형식으로 표현이 된다. [표 7.12]는 $VAR(2)$ 모형을 구성하는 각 일변량 모형별로 모형의 유의성검정결과를 보여 준다. 각 일변량모형에 대한 모형적합성검정에서 $p-value<0.0001$이므로 일변량모형들은 모두 유의하나 국채수익률의 경우 모형의 설명력이 $R^2=0.2136$ 로서 낮은 편이다.

[표 7.13]은 각 일변량모형을 적합한 후 잔차시계열에 대한 1차 자기상관관계 검정(Durbin Watson), 정규성검정(Normality), 이분산검정(ARCH) 결과를 보여 준다. Durbin-Watson 검정은 $p-value$ 가 제시되지 않아 1차 자기상관관계 검정의 판단에 유용하지 않다. 대신에 [표 7.14]에서 잔차시계열이 $AR(1)$ 모형에 적합한지에 관한 검정으로 대체할 수 있다. 콜금리의 경우 잔차의 정규성검정에서 $p-value=0.0068<\alpha=0.05$이므로 잔차는 정규분포를 따른다는 귀무가설은 기각된다. 벡터시계열모형에서 랜덤오차 벡터인 $\{\varepsilon_t\}$가 다변량정규분포를 갖는다는 가정하에서 최우추정, 혹은 모형에 대한 유의성검정 등이 가능하다는 점에서 잔차의 정규성검정이 필요하다.

[표 7.12] 일변량모형의 적합: 대출금리, 콜금리, 국채수익률 시계열자료

Univariate Model ANOVA Diagnostics				
Variable	R-Square	Standard Deviation	F Value	Pr > F
LOAN_rate	0.6010	0.09996	35.84	<.0001
CALL_rate	0.6752	0.09299	49.47	<.0001
Government_rate	0.2136	0.17925	6.46	<.0001

[표 7.13] 잔차시계열의 1차 자기상관관계 검정, 정규성검정, 이분산검정:
대출금리, 콜금리, 국채수익률 시계열자료

Univariate Model White Noise Diagnostics					
	Durbin	Normality		ARCH	
Variable	Watson	Chi-Square	Pr > ChiSq	F Value	Pr > F
LOAN_rate	1.98171	4.17	0.1241	6.32	0.0132
CALL_rate	2.14039	9.97	0.0068	2.40	0.1236
Government_rate	2.08726	2.62	0.2704	10.90	0.0013

[표 7.14] 잔차시계열의 자기회귀모형 적합성에 대한 검정:
대출금리, 콜금리, 국채수익률 시계열자료

Univariate Model AR Diagnostics								
	AR1		AR2		AR3		AR4	
Variable	F Value	Pr > F	F Value	Pr > F	F Value	Pr > F	F Value	Pr > F
LOAN_rate	0.00	0.9730	0.06	0.9433	0.12	0.9455	0.09	0.9849
CALL_rate	0.74	0.3919	0.42	0.6586	0.30	0.8229	0.28	0.8901
Government_rate	0.44	0.5072	0.27	0.7650	0.47	0.7071	1.98	0.1018

대출금리와 국채 수익률의 경우 이분산검정에서 각각 $p-value=0.0132<\alpha=0.05$ 및 $p-value=0.0013<\alpha=0.05$로서 잔차는 동분산을 갖는다는 귀무가설은 기각된다. 벡터시계열모형에서 랜덤오차 벡터인 $\{\boldsymbol{\varepsilon}_t\}$ 의 각 원소가 동분산을 갖는다는 가정하에서 출발하므로 각 시계열이 동분산을 갖도록 변환하거나 혹은 이분산모형을 적합시킬 필요가 있다.

[표 7.14]는 각 일변량잔차시계열이 $AR(p)$, $p=1,2,3,4$, 확률과정을 따르는지에 대한 검정 결과를 보여 준다. 벡터시계열모형에서 오차벡터는 자기상관 및 교차상관이 없다는 가정하에서 출발하므로 일변량잔차시계열 역시 자기상관관계가 없다는 귀무가설을 받아들여야 한다. 검정결과는 모든 일변량 시계열자료에 대하여 $p-value>\alpha=0.05$ 이므로 각 일변량잔차시계열이 $AR(p)$, $p=1,2,3,4$, 확률과정을 따르지 않는다는 귀무가설을 기각할 수 없다.

벡터시계열모형에 의한 예측. 추정된 $VAR(2)$ 모형식 (7.13)을 적합시킨 후 얻은 잔차시계열에 대해 벡터시계열모형의 진단 단계를 수행한 결과 모든 기준을 완벽하게 통과하지는 못하여 더 개선할 필요가 있다. 이제 $VAR(2)$ 모형식 (7.13)을 사용하여 적합기간(2005/01~2015/08)의 1-시차 후 예측치와 예측기간(2015/09~2016/08)의 다-시차 후 예측치, 그리고 95% 신뢰수준하에서 예측구간을 그린 각 일변량 시계열그림이 [그림 7.4], [그림 7.5], [그림 7.6]에 나와 있다. □

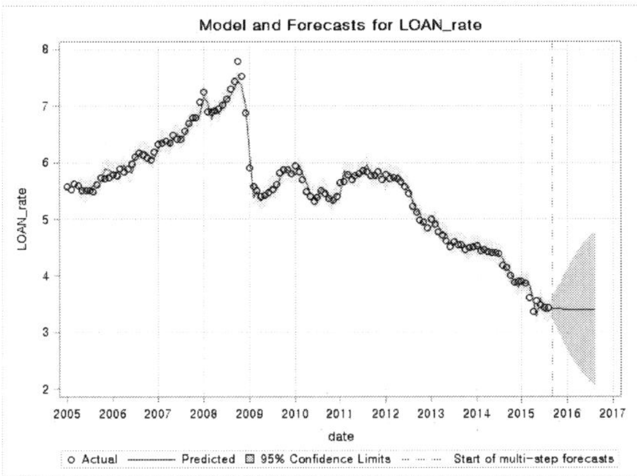

[그림 7.4] $VAR(2)$ 모형에 의한 예측: 대출금리 시계열자료

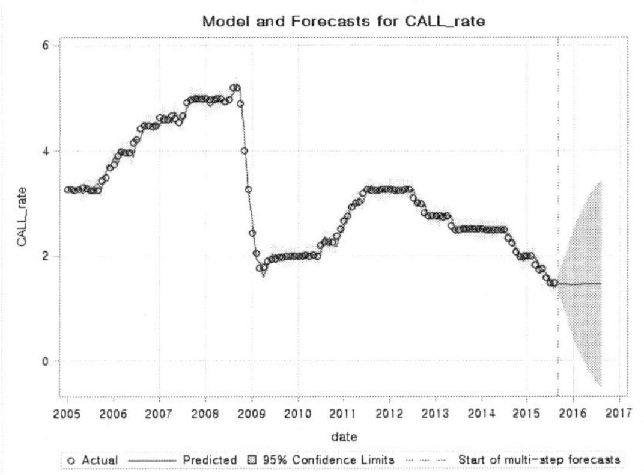

[그림 7.5] $VAR(2)$ 모형에 의한 예측: 콜금리 시계열자료

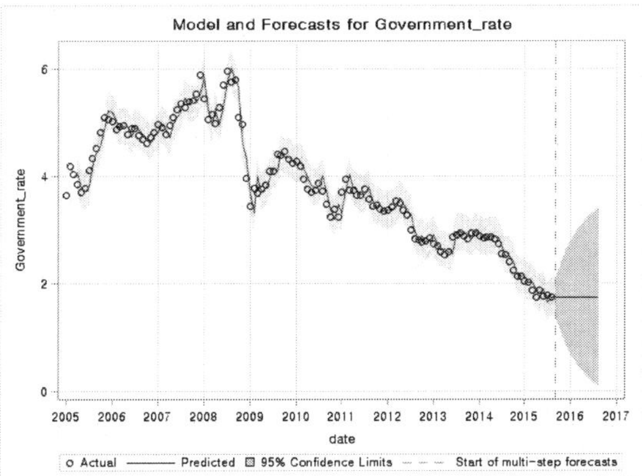

[그림 7.6] $VAR(2)$ 모형에 의한 예측: 국채수익률 시계열자료

SAS program 7.1 **예제 7.1 벡터시계열모형에 의한 예측**

- SAS data set: 국내 금융시장에서의 ① 대출금리 ② 콜금리 ③ 국채수익률(mcurrency.sas7bdat)
- 시계열기간: 2005/01 ~ 2015/08(월별)
- 시계열변수: ① loan_rate ② call_rate ③ government_rate

```
/* (1) Read currency time series data */
data currency; set Tsa2016.mcurrency;
  date=intnx('month','1JAN05'd,_n_-1);
  format date monyy.;
  dloan_rate=loan_rate-lag(loan_rate);
proc print data=currency; run;

/* (2) Figure 7.1 */
proc sgplot data=currency;
  series x=date y=loan_rate/ LINEATTRS=(PATTERN=1 color=black THICKNESS=2)
        legendlabel='loan_rates';
  series x=date y=call_rate/ LINEATTRS=(PATTERN=3 color=black THICKNESS=1)
        legendlabel='call_rate';
  series x=date y=government_rate/
         LINEATTRS=(PATTERN=1 color=black THICKNESS=1)
         legendlabel='government_rate';
  xaxis label='date' grid; yaxis label='rate' grid; run;

 /* (3)  p-value of T-test for zero mean of 1-st differenced loan series */
proc univariate data=currency noprint; var  dloan_rate;
  output out=mean0_pvalue  probt=pvalue_mean0_dloan;  run;
proc print data=mean0_pvalue; run;
proc arima data=currency;

/* (4) Figure 7.2 & Table 7.1 */
  identify var=loan_rate stationarity=(adf=(1)); run;

/* (5) Figure 7.3 */
  identify var=loan_rate(1); run;

/* (6) Table 7.2 ~ Table 7.15  Figure 7.4 ~ Figure 7.6 */
proc varmax data=currency plot=forecasts(forecasts);
  id date interval=month;
  model loan_rate call_rate government_rate/ noint minic=(type=aicc p=4 q=4)
       dif=(loan_rate(1) call_rate(1) government_rate(1)) lagmax=5
       print=(corry diagnose estimates parcoef(5) );
  causal group1=(loan_rate) group2=(call_rate government_rate);
  causal group1=(call_rate) group2=(loan_rate government_rate) ;
  causal group1=(government_rate) group2=(loan_rate call_rate) ;
  output  lead=12 out=outfore; run;
proc print data=outfore; run;
```

7.8 SAS 프로그램

PROC VARMAX 사용법. SAS/ETS의 PROC VARMAX는 벡터시계열모형인 VARMA모형에 의한 시계열예측뿐만 아니라 8장에서 소개할 벡터오차수정모형에 의한 시계열예측을 다룬다. 7.8절에서는 VARMA모형에 의한 예측에 필요한 PROC VARMAX 사용법 위주로 설명한다. VARMAX procedure의 기본 형식은 [표 7.15]와 같다. [표 7.16]은 PROC VARMAX statement에서 사용 가능한 여러 옵션을 설명한다. [표 7.17]의 CAUSAL statement는 종속변수들에 *VAR* 모형을 적합시켜 Granger 인과관계검정을 수행한다. [표 7.18]의 ID statement는 입출력 데이터세트의 각 관측치를 식별해 주며 [표 7.19]의 MODEL statement는 VARMAX 모형을 명시한다. [표 7.20]의 OUTPUT statement는 예측치에 관한 출력 옵션을 설명한다.

이 절에서는 지면 관계상 본문 및 예제를 이해하는 데 어려움이 없을 정도의 옵션만 선택적으로 소개하였다. 더 자세한 옵션에 대해서는 SAS Institute Inc. (2012)의 SAS/ETS를 참고한다. PROC VARMAX의 사용 예는 SAS program 7.1을 참조한다.

[표 7.15] VARMAX procedure 형식

```
PROC VARMAX options ;
   CAUSAL group1=(variables) group2=(variables) ;
   ID variable INTERVAL=value ;
   MODEL dependents /options ;
   OUTPUT options ;
```

[표 7.16] PROC VARMAX statement 형식

형식	• PROC VARMAX *options* ;
선택 인수	• DATA=*SAS-data-set* → VARMA모형 분석 대상이 되는 변수들이 저장되어 있는 데이터세트(*SAS-data-set*)를 명시한다. default는 가장 최근에 생성된 데이터세트이다. • OUTEST=*SAS-data-set* → 모수 추정치들을 저장할 데이터세트(*SAS-data-set*)를 명시한다. • COVOUT 혹은 OUTCOV → OUTEST=에 명시한 데이터세트(*SAS-data-set*)에 모수추정치들의 공분산행렬을 저장한다. • OUTSTAT=*SAS-data-set* → 잔차분석 결과들이 OUTSTAT=에 명시된 데이터세트(*SAS-data-set*)에 저장된다.
	• PLOTS*<(global-plot-options)><=plot-request-options<(options)>* *<,,, plot-request-options<(options)>* (예1) plots=none (예2) plots=all

[표 7.16] PROC VARMAX statement 형식(이어서 계속)

<table>
<tr><th>형식</th><th>▪ PROC VARMAX options ;</th></tr>
<tr><td rowspan="4">선택
인수</td><td>(예3) plots(unpack)=residual(residual normal)
(예4) plots=(forecasts model)
→ 아래와 같은 options을 명시함으로써 다양한 plots를 생성할 수 있다.</td></tr>
<tr><td>▪ global-plot-options
- UNPACK → plots를 패널로 묶지 않고 개별 plots로 생성한다.</td></tr>
<tr><td>▪ plot-request-options
- ALL → 모든 plots를 생성한다.
- NONE → 어떤 plots도 생성하지 않는다.
- MODEL → MODEL statement의 종속변수 목록에 있는 종속변수들의 적합기간의 관측치, 1-시차 후 예측치, 예측구간의 plot
- FORECAST(forecasts-plot-options) → 시계열예측 plots를 생성한다.
forecasts-plot-options 는 아래를 참고한다.
- RESIDUAL(residual-plot-options) → 예측오차와 관련된 plots를 생성한다.
residual-plot-options 는 아래를 참고한다.
- IMPULSE(impulse-plot-options) → 충격반응함수의 plots를 생성한다.
impulse-plot-options 는 아래를 참고한다.</td></tr>
<tr><td>▪ FORECASTS(forecasts-plot-options)의 forecasts-plot-options
- ALL → FORECAST plot과 FORECASTONLY plot을 생성한다(default).
- FORECASTS → 적합기간의 관측치, 1-시차 후 예측치, 예측구간과 예측기간의 다-시차 후 예측치 및 예측구간의 plot
- FORECASTSONLY → 예측기간의 다-시차 후 예측치 및 예측구간의 plot
▪ RESIDUAL(residual-plot-options)의 residual-plot-options
- ALL → 예측오차 분석과 관련된 모든 plots를 생성한다(default).
- RESIDUAL → 예측오차 plot을 생성한다.
- DIAGNOSTIC → 예측오차가 백색잡음인지를 평가하는 데 도움이 되는 plots의 패널을 생성한다. 즉, 예측오차의 SACF plot, SPACF plot, SIACF plot, 그리고 백색잡음검정에서 $p-value$의 막대그래프와 같은 4개 plots로 구성된 패널을 생성한다.
- NORMAL → 예측오차가 정규분포를 따르는지를 평가하는 데 도움이 되는 plots의 패널을 생성한다. 즉, 정규곡선이 겹쳐 그려진 예측오차의 분포 plot 및 예측오차의 정규분위수그림을 생성한다.
▪ IMPULSE(impulse-plot-options)의 impulse-plot-options
- ALL → 모든 impulse plots를 생성한다(default).
- SIMPLE → 간단한 impulse plot을 생성한다.</td></tr>
</table>

[표 7.17] CAUSAL statement 형식

형식	▪ CAUSAL *group1=(variables) group2=(variables)* ;
선택 인수	CAUSAL statement는 MODEL statement에서 P=에 명시된 자기회귀 차수를 사용한 VAR 모형을 적합시켜 Granger 인과관계검정을 수행한다. 따라서 CAUSAL statement는 MODEL statement 다음에 위치하며 2개 이상 사용 가능하다. GROUP1= 및 GROUP2=에 명시된 변수들은 MODEL statement에 정의되어야 한다. 만약 MODEL statement에서 P=0으로 명시되어 있다면 Granger 인과관계검정은 적용할 수 없다. (예) PROC VARMAX DATA=SAMPLE; MODEL Z1-Z5 / P=1; CAUSAL GROUP1=(Z1) GROUP2=(Z2-Z5); CAUSAL GROUP1=(Z2) GROUP2=(Z1 Z3-Z4); CAUSAL GROUP1=(Z3 Z4) GROUP2=(Z1 Z2); RUN;

[표 7.18] ID statement 형식

형식	▪ ID *variable INTERVAL=value* ;
선택 인수	▪ ID *variable* → 입출력 데이터세트에서 관측치들을 식별해 줄 변수(*variable*)를 명시한다. ▪ INTERVAL=*value* → 입력시계열이 관측된 시간 길이(value)를 명시한다. 사용 가능한 interval은 YEAR, SEMIYEAR, QTR, MONTH, SEMIMONTH, TENDAY, WEEK, WEEKDAY, DAY, HOUR, MINUTE, SECOND 등이 있다.

[표 7.19] MODEL statement 형식

형식	▪ MODEL *dependents / options ;*
필수 인수	▪ *dependents* → VARMA모형 분석 대상이 되는 종속 시계열변수를 명시한다. (예1) MODEL Y1 Y2 Y3; (예2) MODEL Y1-Y3;
선택 인수	▪ DIF(*variable(number-list)<...variable(number-list)>*) 혹은 DIF=(*variable(number-list)<...variable(number-list)>*) → 시계열변수에 적용해야 할 차이 계산을 명시한다. (예) MODEL Z1-Z3 / P=1 DIF=(Z1(1,4) Z2(1) Z3(2)); → 시계열자료 $\{z1_t\}$ 에 대해서는 $(1-B)(1-B^4)z1_t$, 시계열자료 $\{z2_t\}$ 에 대해서는 $(1-B)z2_t$, 그리고 시계열자료 $\{z3_t\}$ 에 대해서는 $(1-B^2)z3_t$ 와 같이 차이 계산을 할 것을 의미한다. ▪ DIFY(*number-list*) 혹은 DIFY=(*number-list*) → 모든 시계열변수에 적용해야 할 차이 계산을 명시한다. (예) MODEL Z1 Z2 / P=2 DIFY=(1 3); → 시계열자료 $\{z1_t\}$ 및 $\{z2_t\}$ 에 대해서 모두 $(1-B)(1-B^3)z1_t$ 및 $(1-B)(1-B^3)z2_t$ 와 같이 차이 계산을 할 것을 의미한다. ▪ NOINT → 상수항이 없는 모형이다. ▪ NSEASON=*number* → (*number* -1)개의 계절 가변수가 설명변수로 추가된다. 만약 NOINT 옵션을 사용되었다면 NSEASON= 옵션은 적용될 수 없다. (예) MODEL Z1 Z2 / P=1 NSEASON=4; ▪ TREND=*value* → 모형에 결정적 추세를 표현하는 시간의 차수를 명시한다. TREND=LINEAR은 시간의 선형함수를 TREND=QUAD는 시간의 선형 및 2차 추세함수를 포함한다. (예) MODEL Z1 Z2 / P=1 TREND=LINEAR;
	▪ METHOD=*value* → 모수추정방법을 명시한다. METHOD=LS은 최소제곱추정을 의미하며 METHOD=ML은 최우추정을 의미한다. 만약 Q= 옵션을 사용하면 METHOD=에 관계없이 최우추정이 default이다.
	❖ Printing control options ▪ LAGMAX=*number* → PRINT=(*options*)에 따른 printout에 나타낼 최대 시차의 수(*number*)이다. 또한 이 옵션은 잔차의 교차공분산 및 교차상관계수의 printout에도 적용된다. default는 LAGMAX=min(12,n-2)이다. 여기서 n은 관측치 수이다. (예) MODEL Z1 Z2 / P=1 LAGMAX=6; ▪ NOPRINT → 모든 printout을 생성하지 않는다. ▪ PRINTALL → 모든 printout을 생성한다. ▪ PRINTFORM=*value* → print format을 명시한다. (예) PRINTFORM=BOTH → MATRIX 및 UNIVARIATE를 둘 다 적용 PRINTFORM=MATRIX → 행렬형식으로 프린트(default) PRINTFORM=UNIVARIATE → 변수별로 프린트

[표 7.19] MODEL statement 형식(이어서 계속)

형식	▪ MODEL *dependents / options ;*
선택 인수	▪ PRINT=(*options*) → 다양한 printout을 나타내는 아래의 *options*를 명시한다. 아래에서 *number*는 프린트할 시차의 수이다. *number*를 명시하지 않은 경우는 default로 LAGMAX=에 명시된 시차의 수이다. ▪ *options* - CORRB → 모수추정치의 상관계수추정치 - COVB → 모수추정치의 공분산추정치 - CORRY 혹은 CORRY(*number*) → 종속변수의 교차상관행렬, - COVY 혹은 COVY(*number*) → 종속변수의 교차공분산행렬, - DECOMPOSE 혹은 DECOMPOSE(*number*) → 예측오차 공분산의 분해, - DIAGNOSE → 잔차분석 결과 - ESTIMATES → 모수추정치 및 모수 유의성검정의 Schematic Representation - IMPULSE 혹은 IMPULSE(*number*) → 충격반응함수. - PARCOEF 혹은 PARCOEF(*number*) → 부분자기회귀계수행렬, - PCORR 혹은 PCORR(*number*) → 부분상관행렬,
	❖ Lag Specification Options ▪ P=*number* 혹은 P=(*number-list*) → $VAR(p)$ 모형의 차수 p를 명시한다. P=3은 P=(1,2,3)과 동일하며 default는 P=0이다. ▪ Q=*number* 혹은 Q=(*number-list*) → $VMA(q)$ 모형의 차수 q를 명시한다. Q=3은 Q=(1,2,3)과 동일하며 default는 Q=0이다. (예1) MODEL Z1 Z2 / P=3; (예2) MODEL Z1 Z2 / P=(1, 3); (예3) MODEL Z1-Z3 / Q=(2); (예4) MODEL Z1-Z3 / P=2 Q=1;
	❖ Tentative Order Selection Options ▪ MINIC 혹은 MINIC=(TYPE=*value* P=*number* Q=*number*) → $VARMA(p,q)$ 의 잠정적인 p, q 식별을 위한 정보기준값을 제공한다. MINIC=옵션이 명시되지 않는다면 모든 TYPE의 정보기준값이 제공된다. 아래는 MINIC=의 옵션들이다. ▪ TYPE=*value* → 정보기준을 명시한다. (예) TYPE=AIC; Akaike information criterion TYPE=AICC; 수정된 Akaike information criterion(default) TYPE=FPE; final prediction criterion TYPE=HQC; Hannan-Quinn criterion TYPE=SBC; Schwarz Bayesian criterion ▪ P=*number* 혹은 P=(p_{min} : p_{max}) → MINIC=에서 식별하는 $VARMA(p,q)$ 모형에 대한 p 값의 범위이다. P=3은 P=(0:3)과 같다. default는 P=(0:5)이다. ▪ Q=*number* 혹은 Q=(q_{min} : q_{max}) → MINIC=에서 식별하는 $VARMA(p,q)$ 모형에 대한 q 값의 범위이다. Q=3은 Q=(0:3)과 같다. default는 Q=(0:5)이다.

[표 7.20] OUTPUT statement 형식

형식	▪ OUTPUT *options* ;
선택 인수	▪ ALPHA=*alpha* → 구간예측의 신뢰수준이 $1-\alpha$가 되는 α의 값을 0과 1 사이의 값으로 준다. default는 ALPHA=0.05이다. 따라서 default에 의해서는 95% 신뢰수준의 예측구간을 생성한다. ▪ BACK=*n* → 다-시차 후 예측이 시작되는 맨 마지막 자료 이전 자료 수(*n*)를 명시한다. default는 BACK=0이다. 따라서 default에 의해서는 맨 마지막 자료부터 다-시차 후 예측이 시작된다. 만약 BACK=3이면 마지막에서 3번째 이전 자료로부터 다-시차 후 예측이 시작된다. *n*은 자료 수(모형에 있는 시차 변수의 수)보다 작거나 같아야 한다. ▪ LEAD=*number* → 생성되어야 할 다-시차 예측치의 시차 수(*number*)를 명시한다. default는 LEAD=12이다. ▪ NOPRINT → 예측치 관련 어떤 printout도 제공하지 않는다. ▪ OUT=*SAS-data-set* → 데이터세트(*SAS-data-set*)에 예측치를 저장한다.

7장 연습문제

7.1 SAS data file인 yadvertisingsales.sas7bdat는 Wei (1990)의 연간 광고비(단위: $1,000) 및 매출액(단위: $1,000) 시계열자료(1907-1960)이다.

(1) 위 시계열자료에 대해 벡터시계열모형에 의한 적합이 타당한지 검토하여라.

(2) (1)에서 벡터시계열모형에 의한 적합이 타당하다면 적절한 벡터시계열모형에 의하여 향후 10년을 예측하여라.

7.2 적절한 다변량시계열자료를 찾아서 벡터시계열모형에 의한 예측을 수행하여라.

7장 참고문헌

- 조신섭, 손영숙, 성병찬 (2016), 시계열분석, 제4판, 율곡출판사.
- 조신섭, 이정형 (2014), 경제시계열분석을 위한 SAS/ETS 사용법, 자유아카데미.
- Bartlett, M. S. (1955), *Stochastic Process*, Cambridge University Press, Cambridge.
- Hosking, J. R. M. (1980). The multivariate portmanteau statistics, *Journal of Amercan Statistical Association*, 77, 602-607.
- Ljung, G. M. and Box, G. E. P. (1978). On a measure of lack of fit in time series models, *Biometrika*, 65, 297-303.
- Ruey S. Tsay (2010). *Analysis of Financial Time Series*, Wiley.
- SAS Institute Inc. (2012). *SAS/ETS 12.1 User's Guide*. Cary, NC, USA.
- Tiao, G. C. and Box, G. E. P. (1981). Modeling multiple time series with applications, *Journal of Amercan Statistical Association*, 76, 802-816.
- Wei, W. W. S. (1990). *Time Series Analysis*, Addison Wesley.

8 장

벡터오차수정모형에 의한 예측

8.1 허위회귀
8.2 공적분
8.3 벡터오차수정모형
8.4 공적분검정
8.5 벡터오차수정모형의 적합
8.6 예제
8.7 SAS 프로그램
연습문제
참고문헌

공적분과 오차수정모형. 대부분의 시계열분석법은 시계열의 평균과 공분산이 시간에 관계없이 일정한 정상시계열을 대상으로 모형화한다. 따라서 이미 앞에서 소개한 ARIMA모형, 자기회귀오차모형, 혹은 VARMA모형에 의한 분석법에서는 비정상시계열자료인 경우 비정상성의 원인에 따라 차분하거나, 결정적 추세항을 포함하거나 혹은 로그 변환 등을 통하여 비정상시계열을 정상시계열로 변환 후에 모형식별을 수행하였다. 흔히 두 개 이상의 비정상시계열을 회귀모형화하면 마치 유의한 회귀모형인듯 하지만 실제로는 허위 결과인 허위회귀 현상이 발견된다. 그러나 비정상시계열의 어떤 선형결합은 정상성을 만족시킨다. 이러한 관계를 갖는 비정상시계열은 장기균형 관계에 있으며 공적분(cointegration)되어 있다고 한다. 이때 비정상시계열의 장기균형 관계로부터 발생하는 오차항을 모형에 포함시킨 모형이 오차수정모형이다. 8장에서는 비정상시계열의 장기균형 관계로부터 발생하는 오차항을 VAR 모형에 포함시킨 모형인 벡터오차수정모형(vector error correction model: VECM)에 의한 예측절차를 소개한다.

적분. ARIMA(autoregressive integrated moving average)모형에서 "I"는 "integrated ", 즉 "적분된(누적된)"의 의미이다. 비정상시계열 $\{Z_t\}$ 가 $ARIMA(p,1,q)$ 확률과정을 따르는 경우 1차 차분 시계열 $\{W_t=(1-B)Z_t\}$ 는 정상시계열이 된다. 이때 비정상시계열인 $\{Z_t\}$ 는

$$Z_t=(1-B)^{-1}W_t=(1+B+B^2+B^3+\cdots)W_t=\sum_{j=0}^{\infty}W_{t-j}$$

와 같이 표현되므로 비정상시계열인 $\{Z_t\}$ 는 정상시계열 $\{W_t\}$ 의 적분(누적) 결과이다. d 차 차분 시계열이 정상시계열이 되는 비정상시계열을 $I(d)$ 시계열로 나타낸다면 1차 차분 시계열이 정상시계열이 되는 비정상시계열은 $I(1)$ 시계열로, 그리고 차분 없는 정상시계열은 $I(0)$ 시계열로 나타낼 수 있다.

8.1 허위회귀

비정상시계열을 회귀분석하는 경우 발생하는 허위회귀 현상에 관해서 Granger and Newbold(1974)가 처음 언급하였다. 허위회귀 현상을 설명하기 위하여 모형식 (8.1) 및 (8.2)로부터 각각 크기 $n=300$ 인 랜덤워크 시계열자료를 독립적으로 생성한다. 이때 각 모형식에서 $\{\varepsilon_{1,t}\}$ 과 $\{\varepsilon_{2,t}\}$ 는 서로 독립인 $N(0,1)$ 백색잡음시계열이다.

$$\begin{cases} Z_{1,t} = Z_{1,t-1} + \varepsilon_{1,t}, \quad t = 1,2,\ldots,n, \\ Z_{2,t} = Z_{2,t-1} + \varepsilon_{2,t}, \quad t = 1,2,\ldots,n. \end{cases} \tag{8.1}$$

$$\begin{cases} Z_{1,t} = 0.3 + Z_{1,t-1} + \varepsilon_{1,t}, \quad t = 1,2,\ldots,n, \\ Z_{2,t} = 0.3 + Z_{2,t-1} + \varepsilon_{2,t}, \quad t = 1,2,\ldots,n. \end{cases} \tag{8.2}$$

2.5절에서 랜덤워크 확률모형에 관해서 설명하였다. 모형식 (8.1)은 표류항이 없는 랜덤워크 확률모형이고 모형식 (8.2)는 표류항을 갖는 랜덤워크 확률모형이다. 명백하게 각 시계열들은 단위근을 갖는 $I(1)$ 비정상시계열이다. [그림 8.1]과 [그림 8.2]는 각각 모형식 (8.1) 및 모형식 (8.2)에 의해 생성된 두 시계열자료 $\{z_{1,t}\}$ 과 $\{z_{2,t}\}$ 을 나타내는 시계열그림이다.

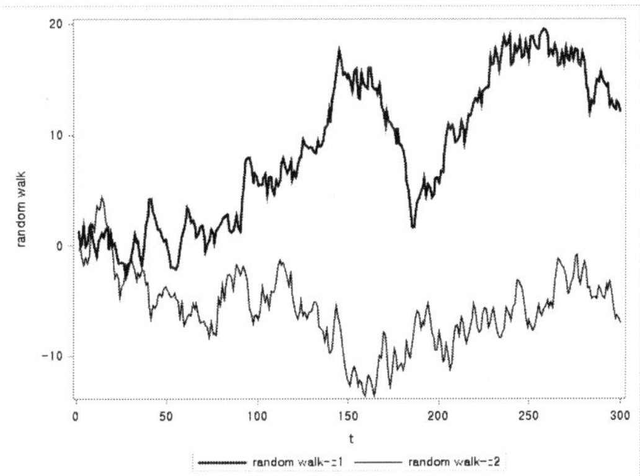

[그림 8.1] 표류항이 없는 랜덤워크 모의실험 시계열자료

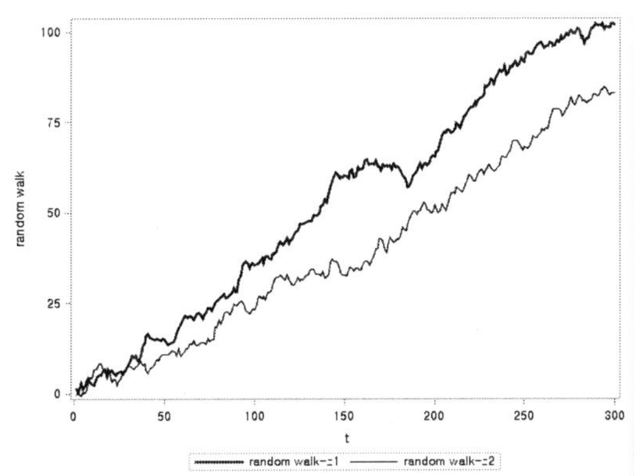

[그림 8.2] 표류항을 갖는 랜덤워크 모의실험 시계열자료

[표 8.1] 회귀모형 추정결과: 랜덤워크 모의실험 시계열자료

모형식	회귀계수 추정		모형유의성 F 검정	R^2	Durbin-Watson검정 ($p-value$)	
	$\hat{\alpha}$ ($p-value$)	$\hat{\beta}$ ($p-value$)	$p-value$		$H_1:\rho_1(e)>0$	$H_1:\rho_1(e)<0$
(8.1)	4.5838 (〈0.0001)	-0.7039 (〈0.0001)	〈0.0001	0.1315	〈0.0001	1.0000
(8.2)	4.6178 (〈0.0001)	1.2446 (〈0.0001)	〈0.0001	0.9682	〈0.0001	1.0000

이제 각 모형식에서 $Z_{1,t}$ 을 단순회귀모형의 종속변수로 $Z_{2,t}$ 를 설명변수로 하는 아래와 같은 회귀모형에 대한 회귀분석 결과가 [표 8.1]에 제시되었다.

$$Z_{1,t}=\alpha+\beta Z_{2,t}+a_t,\ t=1,2,...,n, \tag{8.3}$$

여기서 $\{a_t\}$ 는 평균 0, 분산 σ_a^2를 갖으며 서로 독립인 랜덤오차 열이다.

모형식 (8.1) 및 (8.2)에서 $\{\varepsilon_{1,t}\}$ 과 $\{\varepsilon_{2,t}\}$ 는 서로 독립이므로 시계열 $\{Z_{1,t}\}$ 과 $\{Z_{2,t}\}$ 의 관계도 서로 관련성이 없을 것으로 기대하게 된다. 그러나 [표 8.1]의 회귀모형 추정결과로부터 기울기 β 및 회귀모형은 매우 유의하다. 또한 모형식 (8.1)의 시계열자료에 대한 회귀모형은 매우 유의하나 R^2는 매우 낮은 이례적인 값을 보여 준다. 또한 두 모형식의 시계열자료들에 대한 회귀모형 적합 후 잔차들의 1차 양의 자기상관관계를 검정하는 Durbin-Watson 검정에서 $H_0:\rho_1(e)=0$ vs. $H_1:\rho_1(e)>0$ 에 대해 $p-value<0.0001$ 이므로 잔차들은 강한 양의 1차 자기상관관계를 갖는다. 이것은 회귀모형의 랜덤오차에 대한 가정을 위배한다. 위반된 가정하에서 얻어지는 유의한 회귀추정 결과는 허위이다. 이렇게 비정상시계열을 회귀분석하였을 때 얻어지는 가짜의 유의한 회귀를 허위회귀(spurious regression)라고 한다.

허위회귀를 피하기 위해서 보통 비정상시계열은 차분하여 정상시계열로 변환 후 각 시계열자료의 교차상관관계에 따라 4장의 전이함수모형 혹은 7장의 벡터시계열모형을 적용할 수 있다. 만약 비정상시계열 간에 공적분 관계가 있다면 벡터오차수정모형을 사용하여 공적분 관계를 표현할 수 있다.

SAS program 8.1 **[그림 8.1], [그림 8.2], [표 8.1]**

– 시계열자료: 식 (8.1) 및 식 (8.2)로부터 생성된 모의실험 시계열자료

```
/* (1) Simulate random walk time series data from eq. (8.1) when i=1 */
/* (2) Simulate random walk time series data from eq. (8.2) when i=2 */
```

```
%macro spurious;
%do i=1 %to 2 ;
  data rwdata;
    z11=0; z21=0; n=300; c=(&i-1)*0.3;
    do t=1 to  n;
       a1=rannor(20160519); z1=c+z11+a1;
       a2=rannor(20170519); z2=c+z21+a2;
    output;
       z11=z1; z21=z2;
    end; run;

/* (2) Figure 8.1 & Figure 8.2 */
proc sgplot data=rwdata;
  series x=t y=z1 / LINEATTRS=(PATTERN=1 color=black THICKNESS=2)
         legendlabel='random walk-z1';
  series x=t y=z2 / LINEATTRS=(PATTERN=1 color=black THICKNESS=1)
         legendlabel='random walk-z2';
  yaxis label='random walk'; run;

/* (3) Table 8.1 */
/* (4) To obtain p-value of F-test */
proc reg data=rwdata plots=none ;  model z1=z2 ;run;

/* (5) To obtain p-value of Durbin-Watson test */
proc autoreg data=rwdata dwprob
               plots(only)=(ACF PACF FITPLOT STANDARDRESIDUAL);
  model z1=z2; run;
%end;
%mend;

%spurious
```

8.2 공적분

비정상시계열을 회귀분석하는 경우라도 허위회귀 현상이 일어나지 않는 경우가 있다. 다음 모형식 (8.4)로부터 크기 $n=300$ 인 모의실험 자료를 생성한다. 이때 $\{\varepsilon_{1,t}\}$ 과 $\{\varepsilon_{2,t}\}$ 는 서로 독립인 $N(0,1)$ 백색잡음시계열이다.

$$\begin{cases} Z_{1,t}=0.2+Z_{1,t-1}+\varepsilon_{1,t}, & t=1,2,\ldots,n, \\ Z_{2,t}=10+0.9Z_{1,t}+\varepsilon_{2,t}, & t=1,2,\ldots,n. \end{cases} \tag{8.4}$$

[그림 8.3]은 모형식 (8.4)로부터 생성된 두 시계열자료 $\{z_{1,t}\}$ 과 $\{z_{2,t}\}$ 을 나타내는 시계열그림이다. 각 시계열들의 SACF, SPACF, 그리고 단위근검정을 검토해 보면 각 시계열자료는 단위

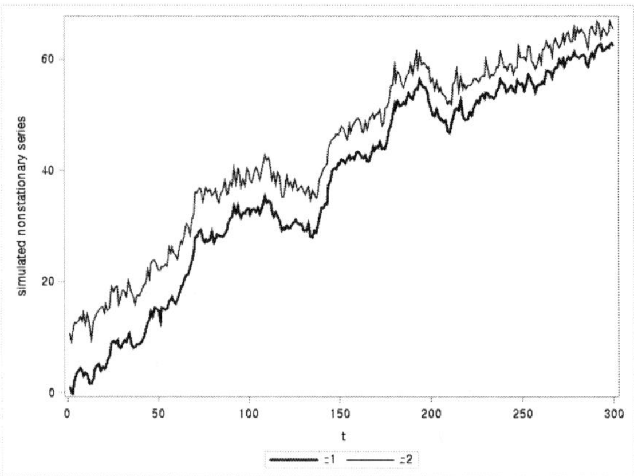

[그림 8.3] 공적분 관계를 갖는 비정상시계열자료

[표 8.2] 회귀모형 추정결과: 공적분 관계를 갖는 비정상 모의실험 시계열자료

회귀계수 추정		모형유의성 F 검정	R^2	Durbin-Watson 검정 ($p-value$)	
$\hat{\alpha}$ ($p-value$)	$\hat{\beta}$ ($p-value$)	$p-value$		$H_1 : \rho_1(e) > 0$	$H_1 : \rho_1(e) < 0$
−11.0328 (<0.0001)	1.1091 (<0.0001)	<0.0001	0.9964	0.2116	0.7884

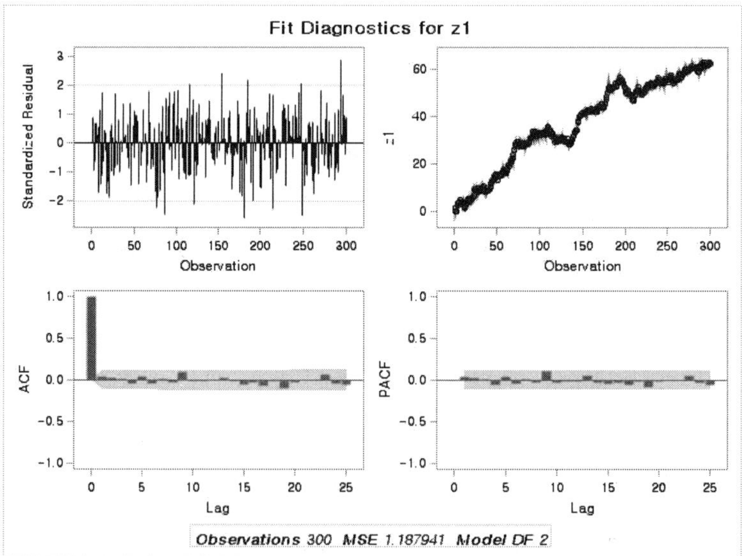

[그림 8.4] 회귀모형 적합 후 잔차시계열의 자기상관분석도:
공적분 관계를 갖는 비정상 모의실험 시계열자료

근을 갖는 $I(1)$ 비정상시계열이다. 이제 회귀모형식 (8.3)에 대한 회귀분석 결과가 [표 8.2]에 제시되었다.

[표 8.2]의 회귀모형 추정결과로부터 회귀모형은 매우 유의하다. 또한 잔차에 대한 1차 자기상관관계를 검정하는 Durbin-Watson 검정에서 잔차들은 1차 자기상관관계가 존재한다고 볼 수 없다. 또한 [그림 8.4]의 잔차시계열그림, 잔차의 SACF 및 SPACF를 보면 잔차는 백색잡음시계열로 판단하여도 무리가 없다. 즉, 회귀모형의 랜덤오차에 대한 가정을 만족한다. 따라서 8.1절에서 설명한 허위회귀 현상은 발생하지 않았다.

일반적으로 시계열 $\{Z_{1,t}\}$ 및 $\{Z_{2,t}\}$가 1차 차분을 했을 때 정상시계열이 되는 $I(1)$ 비정상시계열이라면 $U_t = Z_{1,t} - Z_{2,t}$의 관계에 있는 $\{U_t\}$도 $I(1)$ 비정상시계열이다. 그런데 어떤 특별한 선형결합인 경우, 예를 들면 [표 8.2]로부터 $W_t = 11.0328 + Z_{1,t} - 1.1091Z_{2,t}$의 선형결합 관계에 있는 잔차시계열 $\{W_t\}$는 $I(0)$ 정상시계열이다. 이러한 관계에 있는 $I(1)$ 비정상시계열인 $\{Z_{1,t}\}$ 및 $\{Z_{2,t}\}$는 서로 공적분(cointegration)되어 있다고 한다.

[그림 8.3]에서 공적분 관계에 있는 시계열자료인 $\{z_{1,t}\}$ 및 $\{z_{2,t}\}$는 함께 같은 방향으로 움직인다. 보통 공적분 관계에 있는 시계열들의 선형결합은 정상시계열이므로 평균이 일정하게 되어 두 시계열은 서로 다른 방향으로 흐트러지지 않고 묶어서 같은 방향을 향하여 함께 가게 되므로 같은 확률적 추세를 갖게 된다. 경제학적 관점에서 공적분 관계에 있는 시계열들은 장기균형(long-run equilibrium) 관계가 있다고 보며 정상시계열 $\{W_t\}$를 장기균형을 이루기 위한 불균형 오차로 간주한다.

일반적으로 공적분의 정의는 다음과 같다. l-차원 다변량시계열 $\boldsymbol{Z}_t = (Z_{1,t}, Z_{2,t}, \ldots, Z_{l,t})'$이 주어졌을 때 $\{Z_{i,t}\}$가 $I(d)$ 비정상시계열이고 $\boldsymbol{Z}_t$의 선형결합 $\boldsymbol{W}_t = \beta' \boldsymbol{Z}_t$ (β는 $l \times m$ 완전계수 (full rank) 행렬, $0 < m < l$)가 $I(h), h < d$이라면 l-차원 다변량시계열 $\boldsymbol{Z}_t$는 공적분되었다고 말한다. 이때 $\boldsymbol{W}_t = \beta' \boldsymbol{Z}_t$는 공적분 관계식 또는 장기균형 관계식이라고 한다. 실제 시계열자료분석에서는 대부분 $d=1, h=0$인 경우가 많아 특히 이 경우의 공적분에 관심을 갖는다.

SAS program 8.2 [그림 8.3], [표 8.2], [그림 8.4]

- 시계열자료: 식 (8.4)로부터 생성된 모의실험 시계열자료

```
/* (1) Simulate random walk time series data from eq. (8.4) when i=1 */
data rwdata;
  z11=0;  n=300;
  do t=1 to  n;
     a1=rannor(20160520); z1=0.2+z11+a1;
     a2=rannor(20160521); z2=10.0+0.9*z1+a2;
  output;
     z11=z1;
```

```
  end; run;

/* (2) Figure 8.3 */
proc sgplot data=rwdata;
  series x=t y=z1/ LINEATTRS=(PATTERN=1 color=black THICKNESS=2)
        legendlabel='z1' ;
  series x=t y=z2 / LINEATTRS=(PATTERN=1 color=black THICKNESS=1)
        legendlabel='z2';
  yaxis label='simulated nonstationary series'; run;

/* (3) Table 8.2 & Figure 8.4*/
/* (4) To obtain p-value of F-test */
proc reg data=rwdata plots=none;  model z1=z2 ;run;

/* (5) To obtain p-value of Durbin-Watson test */
proc autoreg data=rwdata dwprob
     plots(only)=(ACF PACF FITPLOT  STANDARDRESIDUAL);
  model z1=z2;   run;
```

8.3 벡터오차수정모형

공적분 관계에 있는 비정상시계열들은 벡터오차수정모형에 의해 모형화될 수 있다(Eagle and Granger(1987)). 이 절에서는 VAR모형에 장기균형 관계를 나타내는 공적분 관계식 $\boldsymbol{W}_t=\beta'\boldsymbol{Z}_t$ 를 고려한 벡터오차수정모형(vector error correction model: VECM)을 소개하기로 한다.

랜덤오차 벡터 $\{\boldsymbol{\varepsilon}_t\}$ 는 평균으로 $l\times 1$ 영(zero)벡터와 공분산행렬로서 $l\times l$ 행렬인 Σ_ε 를 갖는 서로 독립인 랜덤벡터 열로서 다변량정규분포를 따른다고 가정한다. 즉, $\{\boldsymbol{\varepsilon}_t\}$ 는 다변량 백색잡음 확률과정을 따른다. 이때 Σ_ε 는 양정치행렬(positive definite matrix)이어야 한다. p −시차 벡터오차수정모형, $VECM(p)$ 모형은 다음과 같이 정의된다.

$$\nabla \boldsymbol{Z}_t=\delta(t)+\boldsymbol{\alpha}\boldsymbol{\beta}'\boldsymbol{Z}_{t-1}+\sum_{i=1}^{p-1}\Phi_i\nabla \boldsymbol{Z}_{t-i}+\boldsymbol{\varepsilon}_t, \tag{8.5}$$

여기서 $\nabla=1-B$, $\boldsymbol{\alpha}$ 는 $l\times m$ 행렬, $\boldsymbol{\beta}$ 는 $l\times m$ 행렬, $\Phi_i=[\Phi_{ijk}]$ $(j,k=1,2,\ldots,l)$는 $l\times l$ 행렬, 그리고 $\delta(t)=\delta_0+\delta_1 t$ 는 결정적 추세항을 나타내며, δ_0 및 δ_1 은 $l\times 1$ 상수 벡터이다.

$\boldsymbol{W}_t=\beta'\boldsymbol{Z}_t=0$일 때 시계열들은 장기균형 관계에 있다고 보며 $\boldsymbol{W}_t\neq 0$인 경우는 단기적 불균형 상태에 있을 수 있으므로 불균형 오차인 $\beta'\boldsymbol{Z}_t-\boldsymbol{W}_t$ 를 조정계수인 $\boldsymbol{\alpha}$ 를 통하여 장기균형 관계로 복원시키는 역할을 한다. 이때 $l\times m$ 행렬 $\boldsymbol{\alpha}$ 를 오차수정계수(error correction coefficient) 행렬이라고 한다. $m\times 1$ 벡터인 $\boldsymbol{W}_t=\beta'\boldsymbol{Z}_t$ 는 m 개의 서로 독립인 정상시계열이 되는 선형결합식을 만든다.

$l \times m$ 행렬 $\boldsymbol{\beta}$ 의 각 열은 공적분벡터(cointegration vector) 혹은 장기모수(long-run parameter), m은 공적분계수(cointegration rank)이다. 이때 공적분벡터는 유일하지 않으므로 보통 $\boldsymbol{Z}_t$ 의 일부 시계열을 기준으로 정규화하여 나타낸다.

8.4 공적분검정

$l \times l$ 행렬 $\Pi = \boldsymbol{\alpha\beta}'$ 가 완전 계수행렬, 즉 $rank(\Pi) = l$ 이라면 $\boldsymbol{Z}_t$ 의 모든 시계열은 $I(0)$ 정상시계열이다. 만약 $rank(\Pi) = 0$ 이라면 $\Pi = 0$ 을 의미하며 공적분벡터가 존재하지 않으므로 $VECM$ 모형의 적합은 할 수 없다. 이 경우에는 $\boldsymbol{Z}_t$ 의 모든 시계열은 $I(1)$ 비정상시계열로서 차분 시계열에 대하여 VAR 모형의 적합을 시도해 볼 수 있다. 만약 $0 < rank(\Pi) = m < l$ 이라면 m 개의 정상이 되는 서로 독립인 선형결합식이 존재한다. 공적분검정은 $\Pi = \boldsymbol{\alpha\beta}'$ 의 선형 독립인 열의 수, 즉 공적분계수 m 의 값을 결정하는 검정으로 공적분계수 검정이라고도 한다. Johansen(1988)과 Johansen and Juselius(1990)은 축소계수회귀(reduced rank regression)를 사용하여 두 가지 공적분검정법인 Trace test 및 Maximum Eigenvalue test[5]를 제안하였다. 이러한 검정법에 대한 가설 설정은 다음과 같다.

$H_0 \ : \ m = m_0 .$ vs. $H_1 \ : \ m > m_0$, 여기서 $m = rank(\Pi)$은 공적분 관계식의 개수.

공적분검정에서는 p −시차 벡터오차수정모형, $VECM(p)$ 모형식 (8.5)에 포함된 결정적 추세항인 $\delta(t) = \delta_0 + \delta_1 t$의 형태에 따라 공적분검정통계량의 점근분포가 종속된다. 따라서 공적분검정을 위해서는 주어진 시계열자료에 적절한 모형으로서 다음과 같은 모형 중 하나를 선택하여야 한다.

Case 1: $\delta(t) = \delta_0 + \delta_1 t = 0$인 경우로서 다변량시계열벡터 $\boldsymbol{Z}_t$ 를 구성하는 시계열들은 표류항을 갖지 않는 $I(1)$ 비정상시계열이고 정상시계열 $\boldsymbol{W}_t = \boldsymbol{\beta}' \boldsymbol{Z}_t$ 의 평균은 0 이다. 가정된 $VECM(p)$ 모형은 다음과 같다.

$$\nabla \boldsymbol{Z}_t = \boldsymbol{\alpha\beta}' \boldsymbol{Z}_{t-1} + \sum_{i=1}^{p-1} \Phi_i \nabla \boldsymbol{Z}_{t-i} + \boldsymbol{\varepsilon}_t . \tag{8.6}$$

Case 2: $\delta_0 = \boldsymbol{\alpha\beta}_0$는 제한된 상수항이고 $\delta_1 = 0$인 경우로서 다변량시계열벡터 $\boldsymbol{Z}_t$를 구성하는 시계열들은 표류항을 갖지 않는 $I(1)$ 비정상시계열이고 정상시계열 $\boldsymbol{W}_t = \boldsymbol{\beta}' \boldsymbol{Z}_t$의 평균은 $-\boldsymbol{\beta}_0$이다. 가정된 $VECM(p)$ 모형은 다음과 같다.

5) 이들 검정법에 대해서는 SAS Institute Inc. (2012)에서 Chapter 30의 conintegration 부분을 참조한다.

$$\nabla Z_t = \alpha(\beta_0 + \beta' Z_{t-1}) + \sum_{i=1}^{p-1} \Phi_i \nabla Z_{t-i} + \varepsilon_t . \tag{8.7}$$

Case 3: δ_0 는 제한적이지 않고, $\delta_1 = 0$ 인 경우로서 다변량시계열벡터 Z_t 를 구성하는 시계열들은 표류항 δ_0 를 갖는 $I(1)$ 비정상시계열이고 정상시계열 $W_t = \beta' Z_t$ 의 평균은 0 이 아닌 상수벡터이다. 가정된 $VECM(p)$ 모형은 다음과 같다.

$$\nabla Z_t = \delta_0 + \alpha\beta' Z_{t-1} + \sum_{i=1}^{p-1} \Phi_i \nabla Z_{t-i} + \varepsilon_t . \tag{8.8}$$

Case 4: $\delta(t) = \delta_0 + \alpha\beta_1 t$ 는 $\delta_1 = \alpha\beta_1$ 으로 제한된 직선 추세항을 갖는 경우로서 다변량시계열벡터 Z_t 를 구성하는 시계열들은 표류항 δ_0 를 갖는 $I(1)$ 비정상시계열이고 $W_t = \beta' Z_t$ 는 직선 추세항 $\beta_1 t$ 를 갖는다. 가정된 $VECM(p)$ 모형은 다음과 같다.

$$\nabla Z_t = \delta_0 + \alpha(\beta' Z_{t-1} + \beta_1 t) + \sum_{i=1}^{p-1} \Phi_i \nabla Z_{t-i} + \varepsilon_t . \tag{8.9}$$

Case 5: $\delta(t) = \delta_0 + \delta_1 t$, $\delta_0 \neq 0$, $\delta_1 \neq 0$,인 경우로서 다변량시계열벡터 Z_t 를 구성하는 시계열들은 2차 추세항을 갖는 $I(1)$ 비정상시계열이고 $W_t = \beta' Z_t$ 는 직선 추세항을 갖는다. 가정된 $VECM(p)$ 모형은 모형식 (8.5)와 같이 정의된다.

Case 5는 실제 자료분석에서는 매우 드문 경우에 해당하며 대부분은 Case 1, Case 2, Case 3에 해당한다. SAS/ETS의 PROC VARMAX에서는 Case 1, Case 2, Case 3에 대한 공적분검정결과를 제공한다. 따라서 공적분검정을 위해서는 시계열그림을 보고 *VECM* 모형의 각 Case를 결정해야 한다. 표류항이 없는 $I(1)$ 비정상시계열은 Case 1 혹은 Case 2를 선택하고, 표류항을 갖는 $I(1)$ 비정상시계열은 Case 3를 선택한다. Case 1 및 Case 2의 구별은 $W_t = \beta' Z_t$ 가 평균으로 0 벡터를 갖는 경우는 Case 1을 그렇지 않은 경우는 Case 2를 선택해야 하나 $W_t = \beta' Z_t$ 의 평균을 구하는 것은 어려운 일이다. 따라서 Case 2를 적용한 *VECM* 모형에서 상수항 $\delta_0 = \alpha\beta_0$ 의 유의성검정에서 상수항이 유의하지 않으면 Case 1의 *VECM* 모형으로 식별한다.

예제 8.1 공적분검정-[그림 8.1] 표류항이 없는 랜덤워크 시계열자료

[그림 8.1]은 모형식 (8.1)로부터 생성된 시계열자료 $\{z_{1,t}\}$ 및 $\{z_{2,t}\}$ 을 나타내는 시계열 그림이다. 전형적으로 표류항이 없는 $I(1)$ 비정상시계열자료의 형태이다.

[표 8.3] Case 1의 공적분검정결과: 표류항이 없는 랜덤워크 시계열자료

Cointegration Rank Test Using Trace						
H0: Rank=r	H1: Rank>r	Eigenvalue	Trace	5% Critical Value	Drift in ECM	Drift in Process
0	0	0.0208	6.3534	12.21	NOINT	Constant
1	1	0.0002	0.0571	4.14		

[표 8.4] Case 3(위) 및 Case 2(아래)의 공적분검정결과:
표류항이 없는 랜덤워크 시계열자료

Cointegration Rank Test Using Trace						
H0: Rank=r	H1: Rank>r	Eigenvalue	Trace	5% Critical Value	Drift in ECM	Drift in Process
0	0	0.0309	11.5896	15.34	Constant	Linear
1	1	0.0074	2.2152	3.84		

Cointegration Rank Test Using Trace Under Restriction						
H0: Rank=r	H1: Rank>r	Eigenvalue	Trace	5% Critical Value	Drift in ECM	Drift in Process
0	0	0.0312	12.1289	19.99	Constant	Constant
1	1	0.0088	2.6383	9.13		

PROC VARMAX의 printout에서 Drift in ECM=NOINT 및 Drift in Process=Constant로 표시된 [표 8.3]은 Case 1의 공적분검정결과, Drift in ECM=Constant 및 Drift in Process=Linear로 표시된 [표 8.4]의 위쪽 표는 Case 3의 공적분검정결과, 그리고 Drift in ECM=Constant 및 Drift in Process=Constant로 표시된 [표 8.4]의 아랫쪽 표는 Case 2의 공적분검정결과를 보여 준다. 모든 공적분검정은 Johansen(1988)의 Trace test를 사용하였다.

두 시계열자료 $\{z_{1,t}\}$ 와 $\{z_{2,t}\}$ 는 표류항이 없는 $I(1)$ 시계열이므로 Case1 혹은 Case 2에 해당한다. 먼저 Case 1의 [표 8.3]에서 다음과 같은 가설

$$H_0 \ : \ m=0 \ . \ \text{vs.} \ H_1 \ : \ m>0 \ , \ \text{여기서} \ m=rank(\Pi)\text{은 공적분 관계식의 개수,} \tag{8.10}$$

에 대한 Tace 검정통계치 6.3534는 5% 유의수준하에서 기각값 12.21보다 작으므로 H_0 는 기각될 수 없다. Case 2에 해당하는 [표 8.3]의 아래쪽 표에서도 Tace 검정통계치 12.1289는 5% 유의수준하의 기각값 19.99보다 작으므로 H_0 는 기각될 수 없다. 즉, $m=rank(\Pi)=0$ 은 $\Pi=0$ 을 의미하며 두 시계열자료 $\{z_{1,t}\}$ 와 $\{z_{2,t}\}$ 는 공적분 관계에

있지 않다.

[그림 8.1]의 두 시계열자료는 다른 방향으로 움직이다 후반부에서 같은 방향을 향하여 가는 듯 보이지만 미래에 어느 방향으로 향할지 알 수 없다. 전체적으로는 같은 방향을 향하여 묶여 있지 않아 장기균형 상태에 있지 않다고 보인다. 이러한 시계열그림의 특성은 공적분검정결과와도 일치한다. □

SAS program 8.3 **예제 8.1 공적분검정-[그림 8.1] 표류항이 없는 랜덤워크 시계열자료**

– 시계열자료: 식 (8.1)로부터 생성된 모의실험 시계열자료

```
/* (1) Simulate random walk time series data from eq. (8.1) */
data rwdata;
  z11=0; z21=0; n=300; c=0;
  do t=1 to  n;
     a1=rannor(20160519); z1=c+z11+a1;
     a2=rannor(20170519); z2=c+z21+a2;
  output;
     z11=z1; z21=z2;
  end; run;

/* (2) Table 8.3 */
proc varmax data=rwdata;
  model z1 z2/ noint minic=(type=aicc p=3 q=0) cointtest=(johansen=(normalize=z1)); run;

/* (3) Table 8.4 */
proc varmax data=rwdata;
  model z1 z2/ minic=(type=aicc p=3 q=0) cointtest=(johansen=(normalize=z1)); run;
```

예제 8.2 공적분검정-[그림 8.2] 표류항을 갖는 랜덤워크 시계열자료

[그림 8.2]는 모형식 (8.2)로부터 생성된 시계열자료 $\{z_{1,t}\}$ 및 $\{z_{2,t}\}$ 를 나타내는 시계열 그림이다. 전형적으로 표류항을 갖는 $I(1)$ 비정상시계열자료의 형태이다. 따라서 Case 3의 공적분검정결과인 [표 8.5]의 위쪽 표를 사용한다. 가설 (8.10)에 대하여 Tace 검정통계치 5.7501은 5% 유의수준하에서 기각값 15.34보다 작으므로 H_0 는 기각될 수 없다. 즉, $m=rank(\Pi)=0$ 은 $\Pi=0$ 을 의미하며 두 시계열자료 $\{z_{1,t}\}$ 와 $\{z_{2,t}\}$ 는 공적분 관계에 있지 않다.

[그림 8.2]의 두 시계열자료는 같은 방향으로 움직이나 후반부로 갈수록 두 시계열 사이가 벌어지면서 미래에도 다른 방향을 향하여 움직일 것이라고 예상된다. 이러한 시계열그림의 특성은 공적분검정결과와도 일치한다. 반면 Case 2에 해당하는 [표 8.5]의 아래쪽 표에서는

Tace 검정통계치 57.1527은 5% 유의수준하에서 기각값 19.99보다 크므로 H_0 는 기각된다. 즉, Case 3와 Case 2의 공적분 결과가 다르다. 공적분검정은 각 시계열자료의 Case 모형에 종속되므로 Case 모형의 선택이 매우 중요하지만 실제 자료분석에서는 Case 선택이 명료하지 않을 때가 종종 있다. □

[표 8.5] Case 3(위) 및 Case 2(아래)의 공적분검정결과: 표류항을 갖는 랜덤워크 시계열자료

Cointegration Rank Test Using Trace

H0: Rank=r	H1: Rank>r	Eigenvalue	Trace	5% Critical Value	Drift in ECM	Drift in Process
0	0	0.0188	5.7501	15.34	Constant	Linear
1	1	0.0002	0.0700	3.84		

Cointegration Rank Test Using Trace Under Restriction

H0: Rank=r	H1: Rank>r	Eigenvalue	Trace	5% Critical Value	Drift in ECM	Drift in Process
0	0	0.1582	57.1527	19.99	Constant	Constant
1	1	0.0188	5.6629	9.13		

SAS program 8.4 **예제 8.2 공적분검정-[그림 8.2] 표류항을 갖는 랜덤워크 시계열자료**

– 시계열자료: 식 (8.2)로부터 생성된 모의실험 시계열자료

```
/* (1) Simulate random walk time series data from eq. (8.2) */
data rwdata;
  z11=0; z21=0; n=300; c=0.3;
  do t=1 to  n;
     a1=rannor(20160519); z1=c+z11+a1;
     a2=rannor(20170519); z2=c+z21+a2;
  output;
     z11=z1; z21=z2;
  end; run;

/* (2) Table 8.5 */
proc varmax data=rwdata;
  model z1 z2/ minic=(type=aicc p=3 q=0) cointtest=(johansen=(normalize=z1));
run;
```

예제 8.3 공적분검정-[그림 8.3]의 공적분 관계를 갖는 비정상시계열자료

[그림 8.3]은 모형식 (8.4)로부터 생성된 시계열자료 $\{z_{1,t}\}$ 및 $\{z_{2,t}\}$ 를 나타내는 시계열그림이다. 전형적으로 표류항을 갖는 $I(1)$ 비정상시계열자료의 형태이다. 따라서 Case 3의 공적분검정결과인 [표 8.6]의 위쪽 표를 분석한다. 예제 8.3에서는 예제 8.1 및 8.2의 공적분검정에서 사용되었던 Tace test 대신 Maximum Eigenvalue test를 수행해 보기로 한다.

[표 8.6] Case 3(위) 및 Case 2(아래)의 공적분검정결과: 공적분 관계를 갖는 비정상시계열자료

Cointegration Rank Test Using Maximum Eigenvalue				
H0: Rank=r	H1: Rank=r+1	Eigenvalue	Maximum	5% Critical Value
0	1	0.4818	196.5762	14.07
1	2	0.0084	2.5119	3.76

Cointegration Rank Test Using Maximum Eigenvalue Under Restriction				
H0: Rank=r	H1: Rank=r+1	Eigenvalue	Maximum	5% Critical Value
0	1	0.4819	196.6201	15.67
1	2	0.0507	15.5679	9.24

가설 (8.10)에 대하여 Maximum Eigenvalue 검정통계치 196.5762는 5% 유의수준하에서 기각값 14.07보다 크므로 H_0 는 기각된다. 즉, H_1 : $m>0$가 체택되므로 다음 단계로서 아래와 같은 가설

$$H_0 \ : \ m=1 \text{ . vs. } H_1 \ : \ m>1 \text{, 여기서 } m=rank(\Pi) \text{ 은 공적분 관계식의 개수,} \quad (8.11)$$

에 대한 검정을 수행한다. 이 경우 Maximum Eigenvalue 검정통계치 2.5119는 5% 유의수준하에서 기각값 3.76보다 작으므로 H_0 는 기각되지 않는다. 즉, $m=rank(\Pi)=1$ 로서 시계열자료 $\{z_{1,t}\}$ 와 $\{z_{2,t}\}$ 는 하나의 공적분 관계를 갖는다.

[그림 8.3]의 두 시계열자료는 일정한 간격을 가지며 서로 묶여서 같은 방향으로 움직인다. 이러한 시계열그림의 특성은 공적분검정결과와도 일치한다. 반면 Case 2에 해당하는 [표 8.6]의 아래쪽 표에서 같은 방법으로 수행한 공적분검정결과는 가설 (8.11)에서 H_0 가 기각된다. 즉, H_1 : $m>1$ 이 체택되어 $m=rank(\Pi)=2=l$ 이다. 이것의 의미는 $\{z_{1,t}\}$ 및 $\{z_{2,t}\}$ 가 $I(0)$ 정상시계열자료이다. 그러나 시계열자료 $\{z_{1,t}\}$ 및 $\{z_{2,t}\}$ 는 명백히 $I(1)$ 비정상시계열자료이다. 이렇게 Case 모형의 선택에 따라서 전혀 다른 공적분검정결과를 주므로 각 시계열에 대한 정확한 Case 모형의 선택이 필수이다. □

SAS program 8.5 **예제 8.3 공적분검정-[그림 8.3] 공적분 관계를 갖는 비정상시계열 자료**

– 시계열자료: 식 (8.4)로부터 생성된 모의실험 시계열자료

```
/* (1) Simulate random walk time series data from eq. (8.4) */
data rwdata;
  z11=0; n=300;

  do t=1 to  n;
     a1=rannor(20160520); z1=0.2+z11+a1;
     a2=rannor(20160521); z2=10.0+0.9*z1+a2;
  output;
     z11=z1; end; run;

/* (2) Table 8.6 */
proc varmax data=rwdata;
  model z1 z2/ minic=(type=aicc p=3 q=0)
        cointtest=(johansen=(type=max normalize=z1)); run;
```

8.5 벡터오차수정모형의 적합

모형의 식별. 다변량시계열벡터를 구성하는 각 시계열자료를 하나의 시계열그림에 겹쳐 그려보아 시계열들이 묶여서 한 방향으로 향하는 비정상시계열의 경우가 아니라면 벡터오차수정모형에 의한 예측은 적절하지 않다. 비정상다변량시계열자료를 대상으로 적합시킬 수 있는 벡터오차수정모형인 $VECM(p)$ 모형의 차수 p 를 식별하기 위해서 다음과 같은 절차에 의해서 진행한다.

STEP 1: 시계열자료들이 8.4절에서 소개된 Case 모형들 중에서 어느 경우에 해당하는지를 결정한 후 Johansen (1988)의 공적분검정인 Trace test 혹은 Maximum Eigenvalue test를 수행한다. 만약 공적분검정결과로서 $0 < rank(\Pi) = m < l$ 이라면 m 개의 정상이 되는 서로 독립인 선형결합식이 존재하므로 STEP 2를 진행하며 그렇지 않다면 $VECM(p)$ 모형에 의한 예측은 더 이상 진행하지 않는다.

STEP 2: $VECM(p)$, $0 \le p \le p_{max}$, 모형을 경쟁시켜 최소 AICC값을 주는 p 를 선택한다. 실제 자료분석에서 p_{max}가 고차인 경우 추정된 모수가 유의하지 않을 때가 많다. $p_{max} = 3$ 으로 놓으면 충분하다.

STEP 3: 모수의 유의성검정에서 유의하지 않는 모수에 대응하는 항을 제거한 축소된 모형으로 최종 식별한다.

모형의 추정. *VECM*모형에 대한 모수추정을 위해서는 최우(maximum likelihood: ML)추정법을 사용할 수 있으며 이에 대해서는 Tsay(2014)의 5.10절 혹은 SAS Institute Inc.(2012)에서 Chapter 30의 Etimation of Vector Error Correction Model 부분을 참조한다.

모형의 진단. *VECM*모형의 진단을 위해서는 7.6절을 적용한다.

8.6 예제

예제 8.4 벡터오차수정모형에 의한 예측–[그림 8.3]의 공적분 관계를 갖는 비정상시계열자료

[그림 8.3]의 $I(1)$ 비정상시계열자료 $\{z_{1,t}\}$ 및 $\{z_{2,t}\}$는 공적분 관계를 갖고 있음을 예제 8.3의 공적분검정에서 입증하였다. 시계열벡터 $\boldsymbol{Z}_t=(Z_{1,t}, Z_{2,t})$에 대하여 적합시켜야 할 *VECM*($p$) 모형은 Case 3 모형식 (8.8)이다.

공적분 관계식. $m=rank(\Pi)=1$ 이므로 [표 8.7]의 Variable 1인 열로부터 공적분 관계식 또는 장기균형 관계식은 다음과 같다.

$$\boldsymbol{W}_t=\beta'\boldsymbol{Z}_t=[1 \quad -1.11292]\begin{bmatrix} Z_{1,t} \\ Z_{2,t} \end{bmatrix}=Z_{1,t}-1.11292Z_{2,t}\,.$$

만약 적합시킬 *VECM*(p) 모형이 Case 2 모형식이라면 [표 8.8]을 사용해야 한다.

모형의 식별. [표 8.9]의 MINIC 표에서 최소 $AICC=-0.077963$을 주는 모형으로 모형식 (8.8)에서 $p=1$인 다음과 같은 *VECM*(1) 모형으로 식별한다.

$$\nabla\boldsymbol{Z}_t=\delta_0+\alpha\beta'\boldsymbol{Z}_{t-1}+\boldsymbol{\varepsilon}_t\,, \tag{8.12}$$

여기서 $\boldsymbol{Z}_t=(Z_{1,t}, Z_{2,t})'$이고 $\boldsymbol{\varepsilon}_t=(\varepsilon_{1,t}, \varepsilon_{2,t})'$이다.

[표 8.7] Case 3 모형의 장기모수 β 및 오차수정계수 α 의 추정치:
공적분 관계를 갖는 비정상시계열자료

Long-Run Parameter Beta Estimates		
Variable	1	2
z1	1.00000	1.00000
z2	-1.11292	-0.02634

Adjustment Coefficient Alpha Estimates		
Variable	1	2
z1	-0.03966	-0.00498
z2	0.82856	-0.00484

[표 8.8] Case 2 모형의 장기모수 β 및 오차수정계수 α 의 추정치:
공적분 관계를 갖는 비정상시계열자료

Long-Run Coefficient Beta Based on the Restricted Trend		
Variable	1	2
z1	1.00000	1.00000
z2	-1.11290	2.28502
1	11.18153	-265.07818

Adjustment Coefficient Alpha Based on the Restricted Trend		
Variable	1	2
z1	-0.04305	-0.00159
z2	0.82527	-0.00155

[표 8.9] MINIC:
공적분 관계를 갖는 비정상시계열자료

Minimum Information Criterion Based on AICC	
Lag	MA 0
AR 0	5.7728234
AR 1	-0.077963
AR 2	-0.058876
AR 3	-0.035727

모형의 추정. 식별된 $VECM(1)$ 모형식 (8.12)에 대해 추정된 $VECM(1)$ 모형은 [표 8.7]과 [표 8.10]으로부터 구할 수 있으며 다음과 같이 정의된다. 여기서 괄호 안의 수치는 모수 유의성검정에 대한 $p-value$ 이다.

$$\nabla \boldsymbol{Z}_t = \begin{bmatrix} -0.23929 \\ (0.6795) \\ \\ 9.46465 \\ (0.0001) \end{bmatrix} + \begin{bmatrix} -0.03966 \\ \\ 0.82856 \end{bmatrix} [1 \quad -1.11292]' \boldsymbol{Z}_{t-1}$$

$$= \begin{bmatrix} -0.23929 \\ (0.6795) \\ \\ 9.46465 \\ (0.0001) \end{bmatrix} + \begin{bmatrix} -0.03966 & 0.04414 \\ \\ 0.82856 & -0.92212 \end{bmatrix} \boldsymbol{Z}_{t-1}, \tag{8.13}$$

여기서 $\hat{\Sigma}_\varepsilon = \begin{bmatrix} 0.93654 & 0.86583 \\ 0.86583 & 1.75690 \end{bmatrix}$, $AIC = -0.08335$, $SBC = -0.03384$.

모형의 진단. $VECM(1)$ 모형식 (8.13)을 적합시킨 후 얻어지는 잔차시계열벡터에 대해 벡터오차수정모형의 진단 단계를 수행해 보자. [표 8.11]의 Schematic Representation 표는 $VECM(1)$ 모형을 적합한 후 잔차시계열벡터에 대한 CCM의 유의성검정결과를 나타낸다.

[표 8.10] $VECM(1)$ 모수추정결과: 공적분 관계를 갖는 비정상시계열자료

Type of Model	VECM(1)
Estimation Method	Maximum Likelihood Estimation
Cointegrated Rank	1

Model Parameter Estimates						
Equation	Parameter	Estimate	Standard Error	t Value	Pr > |t|	Variable
D_z1	CONST1	-0.23929	0.57853	-0.41	0.6795	1
	AR1_1_1	-0.03966	0.05140			z1(t-1)
	AR1_1_2	0.04414	0.05721			z2(t-1)
D_z2	CONST2	9.46465	0.79239	11.94	0.0001	1
	AR1_2_1	0.82856	0.07040			z1(t-1)
	AR1_2_2	-0.92212	0.07835			z2(t-1)

Covariances of Innovations		
Variable	z1	z2
z1	0.93654	0.86583
z2	0.86583	1.75690

[표 8.11] 잔차시계열벡터에 대한 CCM의 유의성검정(위) 및 다변량 포트맨토우 검정(아래):
공적분 관계를 갖는 비정상시계열자료

Schematic Representation of Cross Correlations of Residuals						
Variable/Lag	0	1	2	3	4	5
z1	++	..	..	..	..	..
z2	++	..	..	..	..	..
+ is > 2*std error, - is < -2*std error, . is between						

Portmanteau Test for Cross Correlations of Residuals			
Up To Lag	DF	Chi-Square	Pr > ChiSq
2	4	2.04	0.7277
3	8	5.13	0.7441
4	12	8.51	0.7439
5	16	9.94	0.8697

[표 8.12] 일변량 모형의 적합도: 공적분 관계를 갖는 비정상시계열자료

Univariate Model ANOVA Diagnostics				
Variable	R-Square	Standard Deviation	F Value	Pr > F
z1	0.0020	0.96775	0.29	0.7450
z2	0.3166	1.32548	68.56	<.0001

[표 8.13] 잔차의 1차 자기상관관계 검정, 정규성검정, 이분산검정:
공적분 관계를 갖는 비정상시계열자료

Univariate Model White Noise Diagnostics					
	Durbin	Normality		ARCH	
Variable	Watson	Chi-Square	Pr > ChiSq	F Value	Pr > F
z1	2.02089	0.25	0.8823	0.31	0.5805
z2	1.96973	1.39	0.4979	4.13	0.0431

[표 8.14] 잔차의 자기회귀모형 적합에 대한 검정:
공적분 관계를 갖는 비정상시계열자료

Univariate Model AR Diagnostics								
	AR1		AR2		AR3		AR4	
Variable	F Value	Pr > F	F Value	Pr > F	F Value	Pr > F	F Value	Pr > F
z1	0.07	0.7959	0.30	0.7398	0.75	0.5250	1.01	0.4029
z2	0.02	0.8835	0.72	0.4889	0.66	0.5768	0.54	0.7074

모형이 잘 적합된 경우라면 각 잔차시계열 변수에 대해 시차 1 이상에서 자기상관관계 및 교차상관관계가 전혀 없어야 한다. 즉, 주어진 적합모형은 Lag 1 이상의 모든 위치에서 "·"의 부호로 표현된 가장 이상적인 Schematic Representation의 형태를 보여 주고 있다.

[표 8.11]의 아래쪽 표는 잔차시계열벡터에 대한 다변량 포트맨토우 검정결과를 보여 주고 있다. 예를 들면 가설 (7.11)에 대하여 식 (7.12)로부터 $K=5$ 일 때 $Q(5)=9.94$ 이고 $p-value=$ $0.8697>\alpha=0.05$ 이므로 귀무가설 H_0 를 기각하지 못한다. 이상으로부터 잔차시계열벡터는 자기상관관계 및 교차상관관계가 존재하지 않는다고 볼 수 있다.

$VECM(1)$ 모형의 추정식 (8.13)에서 등호 오른편의 추정된 모수행렬과 시계열벡터의 곱셈식을 전개해 보면 $Z_{1,t}$ 및 $Z_{2,t}$ 에 관한 두 개의 일변량 모형식으로 표현이 된다. [표 8.12]는 $VECM(1)$ 모형을 구성하는 각 일변량 모형적합에 대한 유의성검정결과를 보여 준다. $Z_{1,t}$ 에 관한 일변량 모형은 유의하지 않으며 $Z_{2,t}$ 에 관한 일변량 모형은 매우 유의하다. 그러나 이 경우도 모형의 설명력이 $R^2=0.3166$ 으로 낮은 편이다.

[표 8.13]은 각 일변량잔차시계열에 대한 1차 자기상관관계 검정(Durbin-Watson), 정규성검정(Normality), 이분산검정(ARCH) 결과를 보여 준다. 잔차의 정규성검정에서 $p-value=0.8823,\ 0.4979>\alpha=0.05$ 이므로 잔차는 정규분포를 따른다는 귀무가설을 기각하지 못한다. 벡터오차수정모형에서 랜덤오차 벡터인 $\{\boldsymbol{\varepsilon}_t\}$ 가 다변량정규분포를 갖는다는 가정하에서 공적분검정, 최우추정, 혹은 모형에 대한 유의성검정 등이 가능하다는 점에서 잔차의 정규성검정이 필요하다.

시계열자료 $\{z_{1,t}\}$ 의 경우 이분산검정에서 $p-value=0.5805>\alpha=0.05$로서 잔차는 동분산을 갖는다는 귀무가설을 기각하지 못한다. 그러나 시계열자료 $\{z_{2,t}\}$ 의 경우 $p-value=0.0431\ <\alpha=0.05$ 로서 잔차는 동분산을 갖는다는 귀무가설을 기각한다. 벡터오차수정모형에서 랜덤오차 벡터인 $\{\boldsymbol{\varepsilon}_t\}$ 의 각 원소가 동분산을 갖는다는 가정하에서 출발하므로 각 시계열이 동분산을 갖도록 변환하거나 혹은 이분산 모형을 적합시킬 필요가 있다.

[표 8.14]는 각 일변량잔차시계열이 $AR(p)$, $p=1,2,3,4$, 확률과정을 따르는지에 대한 검정결과를 보여 준다. 벡터오차수정모형에서 랜덤오차 벡터는 자기상관관계 및 교차상관관계가 없다는 가정하에서 출발하므로 일변량잔차시계열 역시 자기상관관계가 없다는 귀무가설이 받아들여져야 한다. 검정결과는 모든 일변량시계열자료에 대하여 $p-value>\alpha=0.05$ 이므로 각 일변량잔차시계열이 $AR(p)$, $p=1,2,3,4$, 확률과정을 따르지 않는다는 귀무가설을 기각하지 못한다.

예측. 추정된 $VECM(1)$ 모형식 (8.13)을 적합시킨 후 얻어지는 잔차시계열에 대해 벡터시계열모형의 진단 단계를 수행한 결과 모든 기준을 완벽하게 통과하지 못하여 더 개선할 필요가 있다. 이제 $VECM(1)$ 모형식 (8.13)을 사용하여 적합기간($t=1\sim 300$)의 1-시차 후 예측치와 예측기간($t=301,302,\ldots,310$)의 다-시차 후 예측치, 그리고 95% 신뢰수준하에서 예측구간을 그린 각 일변량시계열그림이 [그림 8.5] 및 [그림 8.6]에 제시되었다. □

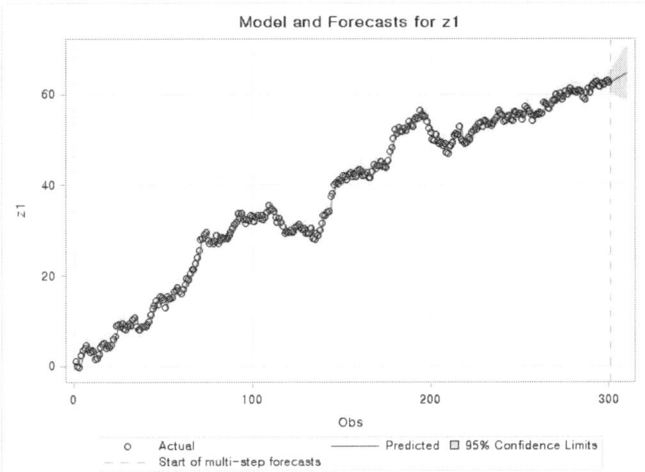

[그림 8.5] $VECM(1)$ 모형에 의한 예측: $\{z_{1,t}\}$ 시계열자료

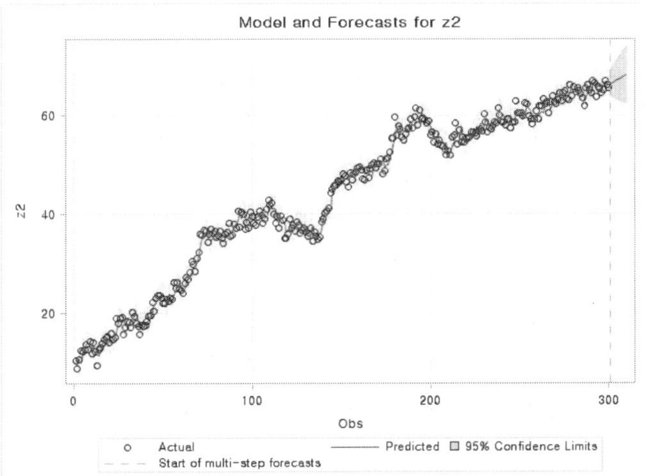

[그림 8.6] $VECM(1)$ 모형에 의한 예측: $\{z_{2,t}\}$ 시계열자료

SAS program 8.6 **예제 8.4 벡터오차수정모형에 의한 예측-[그림 8.3]의 공적분 관계를 갖는 비정상시계열자료**

– 시계열자료: 식 (8.4)로부터 생성된 모의실험 시계열자료

```
/* (1) Simulate random walk time series data from eq. (8.4) */
data rwdata;
  z11=0; n=300;
  do t=1 to n;
     a1=rannor(20160520); z1=0.2+z11+a1;
     a2=rannor(20160521); z2=10.0+0.9*z1+a2;
  output;
     z11=z1;
  end; run;

/* (2) Table 8.7 & Table 8.8 */
proc varmax data=rwdata;
   model z1 z2/ minic=(type=aicc p=3 q=0)
         cointtest=(johansen=(type=max normalize=z1)); run;

/* (3) Table 8.9 ~ Table 8.14, Figure 8.5, Figure 8.6  */
proc varmax data=rwdata plot=forecasts(forecasts);
  model z1 z2/ minic=(type=aicc p=3 q=0)
              ecm=(rank=1 normalize=z1) print=(diagnose) lagmax=5;
  output lead=10 out=outfore; run;
proc print data=outfore; run;
```

예제 8.5 벡터오차수정모형에 의한 예측-통화 시계열자료

[그림 8.7]은 국내 금융통화시장에서 대출금리(loan rate, 단위: %), CD 수익률(91일)(CD yield, 단위: %), 회사채 수익률(3년)(corporate bond yield, 단위: %) 시계열자료(기간: 2009/01~2015/08)의 시계열그림이다. 각 시계열들에 대한 SACF 및 SPACF의 검토, 그리고 단위근검정을 통하여 세 개의 시계열들은 모두 $I(1)$ 비정상시계열이다(연습문제 2.9).

예제 8.5에서는 3개의 시계열자료, 즉 $\{z_{1,t}\}=\{loan_t\}$, $\{z_{2,t}\}=\{CD_t\}$, $\{z_{3,t}\}=\{corporate_t\}$로 구성된 다변량시계열자료 $\{\boldsymbol{z}_t\}=\{(z_{1,t}, z_{2,t}, z_{3,t})'\}$에 대해 벡터오차수정모형을 적합시켜 예측을 수행해 보기로 한다.

모의실험 자료가 아닌 실제의 시계열자료인 경우 각 Case 모형을 선택하기가 쉽지 않다. 그것은 표류항이 있는(없는) 시계열의 경우도 관측기간이 짧을 때는 표류항이 없는(있는) 시계열로 판단될 수 있기 때문이다. 따라서 본 예제에서는 SAS output 해석의 훈련을 위해서 Case 1, 2, 3의 모든 경우를 가정하고 모형 적합을 진행한 후 최종적으로 가장 적절한 Case 모형을 검토해 보기로 한다.

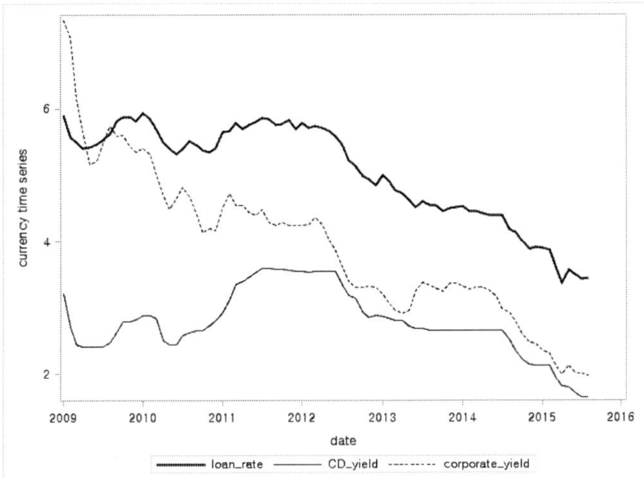

[그림 8.7] 대출금리, CD 수익률, 회사채 수익률 시계열자료

공적분 관계식(Case 1). Drift in ECM=NOINT 및 Drift in Process=Constant로 표시된 [표 8.15]는 Case 1의 공적분검정결과이다. Case 1은 다변량시계열벡터 $\boldsymbol{Z}_t$ 를 구성하는 시계열들이 표류항을 갖지 않는 $I(1)$ 비정상시계열이고 정상시계열인 공적분 관계식 $\boldsymbol{W}_t = \boldsymbol{\beta}' \boldsymbol{Z}_t$ 의 평균은 0 인 경우이다. [표 8.15]에서 가설 (8.10)에 대한 Tace 검정통계치 36.5986은 5% 유의수준에서 기각값 24.08보다 크므로 H_0를 기각하고 다음 단계의 가설 (8.11)에 대한 Tace 검정통계치 17.6377은 5% 유의수준에서 기각값 12.21보다 크므로 H_0를 기각한다. 이제 마지막 가설

H_0 : $m=2$. vs. H_1 : $m>2$, 여기서 $m=rank(\Pi)$ 은 공적분 관계식의 개수,

에 대한 Tace 검정통계치 2.4907은 5% 유의수준에서 기각값 4.14보다 작으므로 H_0를 기각할 수 없다. 즉, $m=rank(\Pi)=2$ 이므로 시계열벡터 $\{\boldsymbol{Z}_t\}=\{(Z_{1,t}, Z_{2,t}, Z_{3,t})'\}$는 2개의 서로 독립인 공적분 관계식이 존재한다.

[표 8.16]의 Variable 1 및 2인 열로부터 공적분 관계식 또는 장기균형 관계식은 다음과 같이 정의된다.

$$\boldsymbol{W}_t = \boldsymbol{\beta}' \boldsymbol{Z}_t = \begin{bmatrix} 1 & -0.36253 & -1.05604 \\ 1 & -0.26842 & -0.64865 \end{bmatrix} \begin{bmatrix} Z_{1,t} \\ Z_{2,t} \\ Z_{3,t} \end{bmatrix} = \begin{bmatrix} Z_{1,t} - 0.36253 Z_{2,t} - 1.05604 Z_{3,t} \\ Z_{1,t} - 0.26842 Z_{2,t} - 0.64865 Z_{3,t} \end{bmatrix} . \tag{8.14}$$

[표 8.15] Case 1의 공적분검정결과: 통화 시계열자료

Cointegration Rank Test Using Trace						
H0: Rank=r	H1: Rank>r	Eigenvalue	Trace	5% Critical Value	Drift in ECM	Drift in Process
0	0	0.2183	36.5986	24.08	NOINT	Constant
1	1	0.1786	17.6377	12.21		
2	2	0.0318	2.4907	4.14		

[표 8.16] Case 1 모형의 장기모수 β 및
오차수정계수 α 의 추정치: 통화 시계열자료

Long-Run Parameter Beta Estimates			
Variable	1	2	3
loan_rate	1.00000	1.00000	1.00000
CD_yield	-0.36253	-0.26842	-1.24283
corporate_yield	-1.05604	-0.64865	-0.40458

Adjustment Coefficient Alpha Estimates			
Variable	1	2	3
loan_rate	-0.06285	-0.01342	0.01858
CD_yield	-0.04128	0.00292	0.03363
corporate_yield	0.04092	-0.01860	0.07366

[표 8.17] MINIC: 통화 시계열자료

Minimum Information Criterion Based on AICC	
Lag	MA 0
AR 0	-0.13497
AR 1	-13.49654
AR 2	-14.59215
AR 3	-14.62193

모형의 식별(Case 1). [표 8.17]의 MINIC 표에서 최소 $AICC=-14.62193$을 주는 모형으로 모형식 (8.6)에서 $p=3$ 인 $VECM(3)$ 인 다음의 모형으로 식별하였다.

$$\nabla Z_t = \alpha\beta' Z_{t-1} + \Phi_1 \nabla Z_{t-1} + \Phi_2 \nabla Z_{t-2} + \varepsilon_t . \tag{8.15}$$

모형의 추정(Case 1). 식별된 $VECM(3)$ 모형식 (8.15)에 대해 추정된 $VECM(3)$ 모형은 [표 8.16]과 [표 8.18]로부터 구할 수 있으며 다음과 같이 정의된다. 여기서 괄호 안의 수치는 모수 유의성검정에 대한 $p-value$ 이다.

$$\nabla \boldsymbol{Z}_t = \begin{bmatrix} -0.06285 & -0.01342 \\ -0.04128 & 0.00292 \\ 0.04092 & -0.01860 \end{bmatrix} \begin{bmatrix} 1 & -0.36253 & -1.05604 \\ 1 & -0.26842 & -0.64865 \end{bmatrix} \begin{bmatrix} Z_{1,t-1} \\ Z_{2,t-1} \\ Z_{3,t-1} \end{bmatrix}$$

$$+ \underbrace{\begin{bmatrix} \underset{(0.0129)}{-0.33919} & \underset{(0.0018)}{0.55827} & \underset{(0.0002)}{0.24079} \\ \underset{(0.3814)}{0.09514} & \underset{(0.0186)}{0.33749} & \underset{(0.0393)}{0.10460} \\ \underset{(0.9551)}{-0.01272} & \underset{(0.6800)}{0.12081} & \underset{(0.0002)}{0.41243} \end{bmatrix}}_{\hat{\Phi}_1} \nabla \boldsymbol{Z}_{t-1} + \underbrace{\begin{bmatrix} \underset{(0.3791)}{-0.11543} & \underset{(0.2268)}{-0.16780} & \underset{(0.9261)}{0.00560} \\ \underset{(0.0946)}{0.17972} & \underset{(0.0434)}{-0.23022} & \underset{(0.4673)}{0.03613} \\ \underset{(0.3730)}{-0.19815} & \underset{(0.7139)}{0.08584} & \underset{(0.3595)}{-0.09506} \end{bmatrix}}_{\hat{\Phi}_2} \nabla \boldsymbol{Z}_{t-2}$$

$$= \begin{bmatrix} -0.07627 & 0.02639 & 0.07508 \\ -0.03836 & 0.01418 & 0.04170 \\ 0.02232 & -0.00984 & -0.03115 \end{bmatrix} \begin{bmatrix} Z_{1,t-1} \\ Z_{2,t-1} \\ Z_{3,t-1} \end{bmatrix} + \hat{\Phi}_1 \nabla \boldsymbol{Z}_{t-1} + \hat{\Phi}_2 \nabla \boldsymbol{Z}_{t-2}, \tag{8.16}$$

여기서 $\hat{\Sigma}_\varepsilon = \begin{bmatrix} 0.00606 & 0.00306 & 0.00380 \\ 0.00306 & 0.00401 & 0.00351 \\ 0.00380 & 0.00351 & 0.01740 \end{bmatrix}$, $AIC=-14.7603$, $SBC=-14.0298$.

[표 8.18] $VECM(3)$ 모수추정결과: 통화 비정상시계열자료

Type of Model	VECM(3)
Estimation Method	Maximum Likelihood Estimation
Cointegrated Rank	2

Model Parameter Estimates						
Equation	Parameter	Estimate	Standard Error	t Value	Pr > |t|	Variable
D_loan_rate	AR1_1_1	-0.07627	0.01940			loan_rate(t-1)
	AR1_1_2	0.02639	0.00690			CD_yield(t-1)
	AR1_1_3	0.07508	0.01995			corporate_yield(t-1)
	AR2_1_1	-0.33919	0.13283	-2.55	0.0129	D_loan_rate(t-1)
	AR2_1_2	0.55827	0.17208	3.24	0.0018	D_CD_yield(t-1)
	AR2_1_3	0.24079	0.06122	3.93	0.0002	D_corporate_yield(t-1)

[표 8.18] $VECM(3)$ 모수추정결과: 통화 비정상시계열자료(이어서 계속)

Model Parameter Estimates						
Equation	Parameter	Estimate	Standard Error	t Value	Pr > |t|	Variable
	AR3_1_1	-0.11543	0.13039	-0.89	0.3791	D_loan_rate(t-2)
	AR3_1_2	-0.16780	0.13757	-1.22	0.2268	D_CD_yield(t-2)
	AR3_1_3	0.00566	0.06079	0.09	0.9261	D_corporate_yield(t-2)
D_CD_yield	AR1_2_1	-0.03836	0.01578			loan_rate(t-1)
	AR1_2_2	0.01418	0.00561			CD_yield(t-1)
	AR1_2_3	0.04170	0.01622			corporate_yield(t-1)
	AR2_2_1	0.09514	0.10800	0.88	0.3814	D_loan_rate(t-1)
	AR2_2_2	0.33749	0.13992	2.41	0.0186	D_CD_yield(t-1)
	AR2_2_3	0.10460	0.04978	2.10	0.0393	D_corporate_yield(t-1)
	AR3_2_1	0.17972	0.10602	1.70	0.0946	D_loan_rate(t-2)
	AR3_2_2	-0.23022	0.11185	-2.06	0.0434	D_CD_yield(t-2)
	AR3_2_3	0.03613	0.04943	0.73	0.4673	D_corporate_yield(t-2)
D_corporate_yield	AR1_3_1	0.02232	0.03288			loan_rate(t-1)
	AR1_3_2	-0.00984	0.01169			CD_yield(t-1)
	AR1_3_3	-0.03115	0.03381			corporate_yield(t-1)
	AR2_3_1	-0.01272	0.22511	-0.06	0.9551	D_loan_rate(t-1)
	AR2_3_2	0.12081	0.29163	0.41	0.6800	D_CD_yield(t-1)
	AR2_3_3	0.41243	0.10375	3.98	0.0002	D_corporate_yield(t-1)
	AR3_3_1	-0.19815	0.22098	-0.90	0.3730	D_loan_rate(t-2)
	AR3_3_2	0.08584	0.23314	0.37	0.7139	D_CD_yield(t-2)
	AR3_3_3	-0.09506	0.10303	-0.92	0.3595	D_corporate_yield(t-2)

Covariances of Innovations			
Variable	loan_rate	CD_yield	corporate_yield
loan_rate	0.00606	0.00306	0.00380
CD_yield	0.00306	0.00401	0.00351
corporate_yield	0.00380	0.00351	0.01740

[표 8.19] 잔차시계열벡터에 대한 CCM의 유의성검정(위) 및 다변량 포트맨토우 검정(아래): 통화 시계열자료

Schematic Representation of Cross Correlations of Residuals											
Variable/Lag	0	1	2	3	4	5	6	7	8	9	10
loan_rate	+++	...	...	...	...	...	...	...	...	--.	...
CD_yield	+++	...	...	...	...	...	..+	...	...	-..	...
corporate_yield	+++	...	...	...	...	...	...	...	-..	...	...
+ is > 2*std error, - is < -2*std error, . is between											

[표 8.19] 잔차시계열벡터에 대한 CCM의 유의성검정(위) 및 다변량 포트맨토우 검정(아래): 통화 시계열자료(이어서 계속)

Portmanteau Test for Cross Correlations of Residuals			
Up To Lag	DF	Chi-Square	Pr > ChiSq
4	9	13.08	0.1589
5	18	18.59	0.4175
6	27	26.02	0.5175
7	36	33.43	0.5916
8	45	52.55	0.2048
9	54	68.59	0.0874
10	63	75.72	0.1306

모형의 진단(Case 1). $VECM(3)$ 모형식 (8.16)을 적합시킨 후 얻어지는 잔차시계열에 대해 벡터오차수정모형의 진단 단계를 수행해 보자. [표 8.19]의 Schematic Representation 표는 $VECM(3)$ 모형을 적합한 후 잔차시계열벡터에 대한 CCM의 유의성검정결과를 나타낸다. 모형이 잘 적합된 경우라면 각 잔차시계열 변수에 대해 시차 1 이상에서 자기상관관계 및 교차상관관계가 전혀 없어야 한다. 즉, Lag 1 이상의 모든 위치에서 "·"의 부호로 표현된 Schematic Representation의 형태가 가장 이상적인 모형 진단 결과이다. 그러나 lag 6, 8, 9에서 "+" 혹은 "-"의 부호가 보인다.

[표 8.19]의 아래쪽 표는 잔차시계열벡터에 대한 다변량 포트맨토우 검정결과를 보여 주고 있다. 예를 들면 가설 (7.11)에 대하여 $K=4\sim10$ 일 때 $p-value > \alpha=0.05$ 이므로 귀무가설 H_0 를 기각하지 못한다. 즉, 잔차시계열벡터는 자기상관관계 및 교차상관관계가 존재하지 않는다고 볼 수 있다.

[표 8.20]은 시계열벡터를 구성하는 각 일변량시계열자료에 대한 모형의 진단 결과를 보여 준다. 일변량모형의 적합도를 보여 주는 [표 8.20]의 위쪽 표로부터 일변량모형의 유의성검정에서 각 일변량모형들은 모두 유의하다. 그러나 R^2 는 25.71%, 39.62%, 45.64%로 낮은 편이다. 잔차의 정규성검정 및 이분산검정결과를 보여 주는 [표 8.20]의 가운데 표로부터 대출금리(loan_rate) 및 CD 수익률(CD_yield)의 잔차시계열은 정규분포를 따른다는 귀무가설을 기각하므로 랜덤오차가 정규분포를 한다는 모형의 가정에 위배된다. 그러나 각 잔차시계열이 동분산을 갖는다는 귀무가설은 모두 기각하지 않으므로서 랜덤오차가 동분산을 갖는다는 모형의 가정에 위배되지 않는다. 마지막으로 각 일변량잔차시계열이 $AR(p)$, $p=1,2,3,4$, 확률과정을 따르는지에 대한 검정결과를 보여 주는 [표 8.20]의 아래 표로부터 모든 일변량시계열자료에 대하여 $p-value > \alpha=0.05$ 이므로 각 일변량잔차시계열이 $AR(p)$, $p=1,2,3,4$, 확률과정을 따르지 않는다는 귀무가설을 기각하지 않으므로 랜덤오차가 독립이라는 모형의 가정에 위배되지 않는다.

[표 8.20] 일변량모형의 적합도(위), 잔차의 1차 자기상관관계검정, 정규성검정, 이분산검정(가운데), 잔차의 자기회귀모형 적합에 대한 검정(아래): 통화 시계열자료

Univariate Model ANOVA Diagnostics				
Variable	R-Square	Standard Deviation	F Value	Pr > F
loan_rate	0.3962	0.07784	5.58	<.0001
CD_yield	0.4564	0.06329	7.14	<.0001
corporate_yield	0.2571	0.13192	2.94	0.0070

Univariate Model White Noise Diagnostics					
	Durbin	Normality		ARCH	
Variable	Watson	Chi-Square	Pr > ChiSq	F Value	Pr > F
loan_rate	2.06242	8.59	0.0136	1.34	0.2500
CD_yield	1.91668	55.14	<.0001	0.89	0.3478
corporate_yield	2.08684	2.04	0.3615	1.34	0.2511

Univariate Model AR Diagnostics								
	AR1		AR2		AR3		AR4	
Variable	F Value	Pr > F	F Value	Pr > F	F Value	Pr > F	F Value	Pr > F
loan_rate	0.10	0.7588	0.13	0.8817	0.11	0.9517	0.13	0.9724
CD_yield	0.11	0.7410	0.09	0.9128	0.12	0.9481	0.27	0.8970
corporate_yield	0.14	0.7077	0.16	0.8519	0.32	0.8106	0.86	0.4918

공적분 관계식(Case 3). Drift in ECM=Constant 및 Drift in Process=Linear로 표시된 [표 8.21]의 위쪽 표는 Case 3의 공적분검정결과이고 Drift in ECM=Constant 및 Drift in Process=Constant로 표시된 [표 8.21]의 아래쪽 표는 Case 2의 공적분검정결과이다. 다변량시계열벡터 $\boldsymbol{Z}_t$ 를 구성하는 시계열들이 표류항을 갖지 않는 $I(1)$ 비정상 시계열인 경우는 Case 2에 해당하고 표류항을 갖는 $I(1)$ 비정상시계열인 경우 Case 3에 해당한다. 두 경우 모두 공적분 관계식인 정상시계열 $\boldsymbol{W}_t = \beta' \boldsymbol{Z}_t$ 의 평균은 non-zero 벡터이어야 한다.

Case 3 및 Case 2 에서는 모두 가설 (8.10)에 대해 H_0 가 기각되고 다음 단계인 가설 (8.11)에 대해 H_0 가 기각되지 못한다. 즉, $m = rank(\Pi) = 1$ 이다. 이제 Case 3 및 Case2 의 선택을 위하여 [표 8.22]의 검정결과를 살펴보기로 한다. 다음과 같은 가설

$$H_0 : \text{Case 2.} \quad \text{vs.} \quad H_1 : \text{Case 3}$$

에 대한 $m = rank(\Pi) = 1$ 의 χ^2 검정에서 $p-value = 0.0279 < 0.05 = \alpha$ 이므로 H_0 :

Case 2가 기각되어 H_1 : Case 3이 채택된다. 이때 $m = rank(\Pi) = 1$ 이므로 [표 8.23]의 Variable 1인 열로부터 공적분 관계식 또는 장기균형 관계식은 다음과 같다.

$$W_t = \beta' Z_t = [1 \quad -0.55791 \quad -0.64965] \begin{bmatrix} Z_{1,t} \\ Z_{2,t} \\ Z_{3,t} \end{bmatrix} = Z_{1,t} - 0.55791 Z_{2,t} - 0.64965 Z_{3,t} \,. \tag{8.17}$$

모형의 식별(CASE 3). [표 8.24]의 MINIC 표에서 최소 $AICC = -14.64255$를 주는 모형으로 모형식 (8.8)에서 $p = 2$ 인 다음과 같은 $VECM(2)$ 모형으로 식별되었다.

$$\nabla Z_t = \delta_0 + \alpha\beta' Z_{t-1} + \Phi_1 \nabla Z_{t-1} + \varepsilon_t \,. \tag{8.18}$$

[표 8.21] Case 3(위) 및 Case 2(아래)의 공적분검정결과: 통화 시계열자료

Cointegration Rank Test Using Trace						
H0: Rank=r	H1: Rank>r	Eigenvalue	Trace	5% Critical Value	Drift in ECM	Drift in Process
0	0	0.4548	56.6283	29.38	Constant	Linear
1	1	0.0888	9.3173	15.34		
2	2	0.0261	2.0612	3.84		

Cointegration Rank Test Using Trace Under Restriction						
H0: Rank=r	H1: Rank>r	Eigenvalue	Trace	5% Critical Value	Drift in ECM	Drift in Process
0	0	0.4565	64.0347	34.80	Constant	Constant
1	1	0.1122	16.4776	19.99		
2	2	0.0881	7.1905	9.13		

[표 8.22] Case 2 및 Case 3의 선택을 위한 χ^2 검정: 통화 시계열자료

Hypothesis of the Restriction		
Hypothesis	Drift in ECM	Drift in Process
H0(Case 2)	Constant	Constant
H1(Case 3)	Constant	Linear

Hypothesis Test of the Restriction					
Rank	Eigenvalue	Restricted Eigenvalue	DF	Chi-Square	Pr > ChiSq
0	0.4548	0.4565	3	7.41	0.0600
1	0.0888	0.1122	2	7.16	0.0279
2	0.0261	0.0881	1	5.13	0.0235

[표 8.23] Case 3 모형의 장기모수 β 및 오차수정계수 α 의 추정치: 통화 시계열자료

Long-Run Parameter Beta Estimates			
Variable	1	2	3
loan_rate	1.00000	1.00000	1.00000
CD_yield	-0.55791	-0.93350	0.97195
corporate_yield	-0.64965	-0.30265	-0.33273

Adjustment Coefficient Alpha Estimates			
Variable	1	2	3
loan_rate	-0.13973	0.05840	-0.01069
CD_yield	-0.04990	0.09251	-0.00023
corporate_yield	0.27671	0.09875	-0.01670

[표 8.24] MINIC: 통화 시계열자료

Minimum Information Criterion Based on AICC	
Lag	MA 0
AR 0	-4.410605
AR 1	-13.71545
AR 2	-14.64255
AR 3	-14.63033

모형의 추정(Case 3). 식별된 $VECM(2)$ 모형식 (8.18)에 대해 추정된 $VECM(2)$ 모형은 [표 8.23] 및 [표 8.25]로부터 구할 수 있으며 다음과 같이 정의된다. 여기서 괄호 안의 수치는 모수유의성검정에 대한 $p-value$ 이다.

$$\nabla Z_t = \begin{bmatrix} \begin{matrix} 0.11991 \\ (0.0013) \end{matrix} \\ \\ \begin{matrix} 0.05030 \\ (0.0962) \end{matrix} \\ \\ \begin{matrix} -0.30236 \\ (0.0001) \end{matrix} \end{bmatrix} + \begin{bmatrix} -0.13973 \\ -0.04990 \\ 0.27671 \end{bmatrix} \begin{bmatrix} 1 & -0.55791 & -0.64965 \end{bmatrix} \begin{bmatrix} Z_{1,t-1} \\ Z_{2,t-1} \\ Z_{3,t-1} \end{bmatrix}$$

$$+ \underbrace{\begin{bmatrix} \begin{matrix} -0.24773 \\ (0.0518) \end{matrix} & \begin{matrix} 0.45441 \\ (0.0009) \end{matrix} & \begin{matrix} 0.18491 \\ (0.0017) \end{matrix} \\ \\ \begin{matrix} 0.09918 \\ (0.3470) \end{matrix} & \begin{matrix} 0.43180 \\ (0.0002) \end{matrix} & \begin{matrix} 0.06490 \\ (0.1755) \end{matrix} \\ \\ \begin{matrix} 0.01653 \\ (0.9385) \end{matrix} & \begin{matrix} 0.30821 \\ (0.1708) \end{matrix} & \begin{matrix} 0.29385 \\ (0.0033) \end{matrix} \end{bmatrix}}_{\hat{\Phi}_1} \nabla Z_{t-1}$$

[표 8.25] $VECM(2)$ 모수추정결과: 통화 비정상시계열자료

Type of Model	VECM(2)
Estimation Method	Maximum Likelihood Estimation
Cointegrated Rank	2

Model Parameter Estimates						
Equation	Parameter	Estimate	Standard Error	t Value	Pr > |t|	Variable
D_loan_rate	CONST1	0.11991	0.03568	3.36	0.0013	1
	AR1_1_1	-0.13973	0.03541			loan_rate(t-1)
	AR1_1_2	0.07796	0.01975			CD_yield(t-1)
	AR1_1_3	0.09078	0.02300			corporate_yield(t-1)
	AR2_1_1	-0.24773	0.12525	-1.98	0.0518	D_loan_rate(t-1)
	AR2_1_2	0.45441	0.13066	3.48	0.0009	D_CD_yield(t-1)
	AR2_1_3	0.18491	0.05670	3.26	0.0017	D_corporate_yield(t-1)
D_CD_yield	CONST2	0.05030	0.02984	1.69	0.0962	1
	AR1_2_1	-0.04990	0.02961			loan_rate(t-1)
	AR1_2_2	0.02784	0.01652			CD_yield(t-1)
	AR1_2_3	0.03242	0.01924			corporate_yield(t-1)
	AR2_2_1	0.09918	0.10475	0.95	0.3470	D_loan_rate(t-1)
	AR2_2_2	0.43180	0.10928	3.95	0.0002	D_CD_yield(t-1)
	AR2_2_3	0.06490	0.04742	1.37	0.1755	D_corporate_yield(t-1)
D_corporate_yield	CONST3	-0.30236	0.06082	-4.97	0.0001	1
	AR1_3_1	0.27671	0.06037			loan_rate(t-1)
	AR1_3_2	-0.15438	0.03368			CD_yield(t-1)
	AR1_3_3	-0.17977	0.03922			corporate_yield(t-1)
	AR2_3_1	0.01653	0.21352	0.08	0.9385	D_loan_rate(t-1)
	AR2_3_2	0.30821	0.22275	1.38	0.1708	D_CD_yield(t-1)
	AR2_3_3	0.29385	0.09666	3.04	0.0033	D_corporate_yield(t-1)

Covariances of Innovations			
Variable	loan_rate	CD_yield	corporate_yield
loan_rate	0.00653	0.00338	0.00489
CD_yield	0.00338	0.00457	0.00366
corporate_yield	0.00489	0.00366	0.01897

$$= \begin{bmatrix} \begin{matrix} 0.11991 \\ (0.0013) \end{matrix} \\ \begin{matrix} 0.05030 \\ (0.0962) \end{matrix} \\ \begin{matrix} -0.30236 \\ (0.0001) \end{matrix} \end{bmatrix} + \begin{bmatrix} -0.13973 & 0.07796 & 0.09078 \\ -0.04990 & 0.02784 & 0.03242 \\ 0.27671 & -0.15438 & -0.17977 \end{bmatrix} \begin{bmatrix} Z_{1,t-1} \\ Z_{2,t-1} \\ Z_{3,t-1} \end{bmatrix} + \hat{\Phi}_1 \nabla Z_{t-1}, \tag{8.19}$$

여기서 $\widehat{\Sigma}_{\varepsilon} = \begin{bmatrix} 0.00653 & 0.00338 & 0.00489 \\ 0.00338 & 0.00457 & 0.00366 \\ 0.00489 & 0.00366 & 0.01897 \end{bmatrix}$, $AIC=-14.73$, $SBC=-14.2768$.

모형의 진단(Case 3). $VECM(2)$ 모형식 (8.19)를 적합시킨 후 얻어지는 잔차시계열에 대해 벡터오차수정모형의 진단 단계를 수행해 보자. [표 8.26]의 Schematic Representation 표는 $VECM(2)$ 모형을 적합한 후 잔차시계열에 대한 CCM의 유의성검정결과를 나타낸다. 모형이 잘 적합된 경우라면 각 잔차시계열 변수에 대해 시차 1 이상에서 자기상관관계 및 교차상관관계가 전혀 없어야 한다. 즉, 주어진 적합모형은 Lag 1 이상의 모든 위치에서 "·"의 부호로 표현된 가장 이상적인 Schematic Representation의 형태를 보여 주어야 한다. 그러나 lag 6 및 9에서 "+" 혹은 "-"의 부호가 보인다.

[표 8.26]의 아래쪽 표는 잔차시계열벡터에 대한 다변량 포트맨토우 검정의 결과를 보여 주고 있다. 예를 들면 가설 (7.11)에 대하여 $K=4\sim10$ 일 때 $p-value > \alpha=0.05$ 이므로 귀무가설 H_0 를 기각하지 않는다. 즉, 잔차시계열벡터는 자기상관관계 및 교차상관관계가 존재하지 않는다고 볼 수 있다. 그러나 $K=3$ 일 때는 $p-value=0.0107 < \alpha=0.05$ 이므로 귀무가설 H_0 를 기각한다.

[표 8.26] 잔차시계열벡터에 대한 CCM의 유의성검정(위) 및 다변량 포트맨토우 검정(아래): 통화 시계열자료

Schematic Representation of Cross Correlations of Residuals											
Variable/Lag	0	1	2	3	4	5	6	7	8	9	10
loan_rate	+++	...	...	...	...	...	...	...	...	-..	...
CD_yield	+++	...	...	...	...	...	..+	...	...	-..	...
corporate_yield	+++	...	...	...	...	...	..+	...	...	...	...
+ is > 2*std error, - is < -2*std error, . is between											

Portmanteau Test for Cross Correlations of Residuals			
Up To Lag	DF	Chi-Square	Pr > ChiSq
3	9	21.47	0.0107
4	18	28.85	0.0502
5	27	32.96	0.1985
6	36	41.89	0.2304
7	45	44.07	0.5115
8	54	56.90	0.3675
9	63	76.42	0.1194
10	72	81.81	0.2009

[표 8.27]은 시계열벡터를 구성하는 각 일변량시계열자료에 대한 모형의 진단 결과를 보여 준다. 일변량모형의 적합도를 나타내는 [표 8.27]의 위쪽 표로부터 일변량 모형의 유의성검정에서 각 일변량모형들은 모두 유의하다. 그러나 R^2 는 34.26%, 42.22%, 42.92%로 낮은 편이다. 잔차의 정규성검정 및 이분산검정결과를 보여 주는 [표 8.27]의 가운데 표로부터 대출금리(loan_rate) 및 CD 수익률(CD_yield)의 잔차시계열은 정규분포를 따른다는 귀무가설을 기각하므로 랜덤오차가 정규분포를 한다는 모형의 가정에 위배된다. 또한 회사채 수익률(corporate_yield)의 잔차시계열이 동분산을 갖는다는 귀무가설이 기각되므로 랜덤오차가 동분산을 갖는다는 모형의 가정에 위배된다. 마지막으로 각 일변량잔차시계열이 $AR(p)$, $p=1,2,3,4$, 확률과정을 따르는지에 대한 검정결과를 보여 주는 [표 8.27]의 아래표로부터 모든 일변량 시계열자료에 대하여 $p-value > \alpha = 0.05$ 이므로 각 일변량잔차시계열이 $AR(p)$, $p=1,2,3,4$, 확률과정을 따르지 않는다는 귀무가설을 기각하지 않으므로 랜덤오차가 독립이라는 모형의 가정에 위배되지 않는다.

[표 8.27] 일변량모형의 적합도(위), 잔차의 1차 자기상관관계 검정, 정규성검정, 이분산검정(가운데), 잔차의 자기회귀모형 적합에 대한 검정(아래): 통화 시계열자료

Univariate Model ANOVA Diagnostics				
Variable	R-Square	Standard Deviation	F Value	Pr > F
loan_rate	0.3426	0.08079	6.17	<.0001
CD_yield	0.4292	0.06757	8.90	<.0001
corporate_yield	0.4222	0.13774	8.65	<.0001

Univariate Model White Noise Diagnostics					
	Durbin	Normality		ARCH	
Variable	Watson	Chi-Square	Pr > ChiSq	F Value	Pr > F
loan_rate	1.90234	11.52	0.0032	1.27	0.2636
CD_yield	2.01270	42.48	<.0001	0.43	0.5154
corporate_yield	1.67736	2.92	0.2324	6.35	0.0139

Univariate Model AR Diagnostics								
	AR1		AR2		AR3		AR4	
Variable	F Value	Pr > F	F Value	Pr > F	F Value	Pr > F	F Value	Pr > F
loan_rate	0.13	0.7242	0.24	0.7878	0.35	0.7869	0.25	0.9070
CD_yield	0.01	0.9236	0.06	0.9451	0.09	0.9671	0.17	0.9542
corporate_yield	1.61	0.2086	1.16	0.3205	2.13	0.1034	2.09	0.0911

[표 8.28] 정보기준값(CASE 1(좌), CASE3(우)): 통화 시계열자료

Information Criteria	
AICC	-14.688
HQC	-14.4681
AIC	-14.7603
SBC	-14.0298
FPEC	3.896E-7

Information Criteria	
AICC	-14.7037
HQC	-14.5486
AIC	-14.73
SBC	-14.2768
FPEC	4.009E-7

CASE 1 및 CASE 3의 가정 검토. 지금까지 CASE 1 및 CASE 3의 가정하에서 공적분검정부터 $VECM$ 모형의 진단까지 수행해 보았다. CASE 1 및 CASE 3는 각각의 공적분관계식 (8.14) 및 (8.17)에서 $\boldsymbol{W}_t = \beta' \boldsymbol{Z}_t$ 의 평균이 각각 **0** 및 non zero라는 가정을 전제한다. 이제 각 CASE의 추정결과로부터 다음과 같은 가설

$$H_0 \ : E(\beta' \boldsymbol{Z}_t) = 0 \ . \qquad \text{vs.} \qquad H_1 : E(\beta' \boldsymbol{Z}_t) \neq 0 \tag{8.20}$$

을 검정해 보기로 한다.

CASE 1의 경우 가설 (8.20)에 대한 Hotelling's T^2 통계치는 5639.13344이며 F 검정에서 $p-value < 0.0001 < \alpha = 0.05$ 이므로 H_0 는 기각이 되어 CASE 1의 가정에 위배된다. CASE 3의 경우 가설 (8.20)에 대한 평균 0에 대한 T 검정에서 $p-value < 0.0001 < \alpha = 0.05$ 이므로 H_0 는 기각이 되어 CASE 3의 가정에 부합한다.

[표 8.28]은 CASE 1 및 CASE 3의 가정하에서 적합한 각 모형에 대한 정보기준값을 보여 준다. AIC 및 FPEC의 기준하에서는 CASE 1 모형이 보다 적합하고 AICC, HQC, SBC의 기준하에서는 CASE 3의 모형이 보다 적합하지만 그 수치의 차는 작은 편이다.

벡터오차수정모형에 의한 예측. CASE 3의 가정하에서 추정된 $VECM(2)$ 모형식 (8.19)를 적합시킨 후 얻어지는 잔차시계열에 대해 벡터시계열모형의 진단단계를 수행한 결과 모든 기준을 완벽하게 통과하지는 못하여 더 개선할 필요가 있다. 이제 $VECM(2)$ 모형식 (8.19)를 사용하여 적합기간(2009/01 ~ 2015/08)의 1-시차 후 예측치와 예측기간(2015/09~2016/08)의 다-시차 후 예측치, 그리고 95% 신뢰수준하에서 예측구간을 그린 각 일변량시계열그림이 [그림 8.8], [그림 8.9], [그림 8.10]에 제시되었다. □

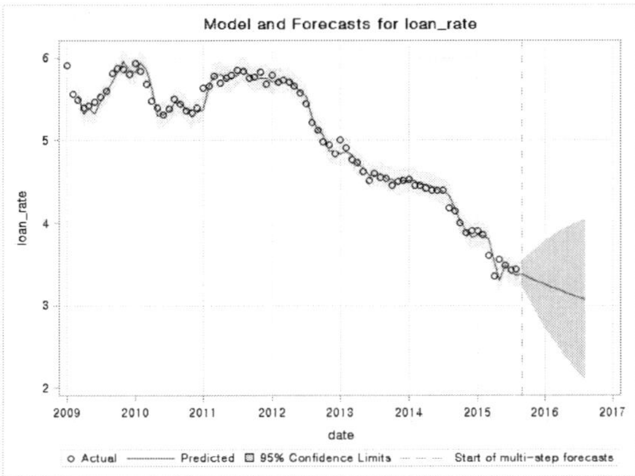

[그림 8.8] $VECM(2)$ 모형에 의한 예측: 대출금리 시계열자료

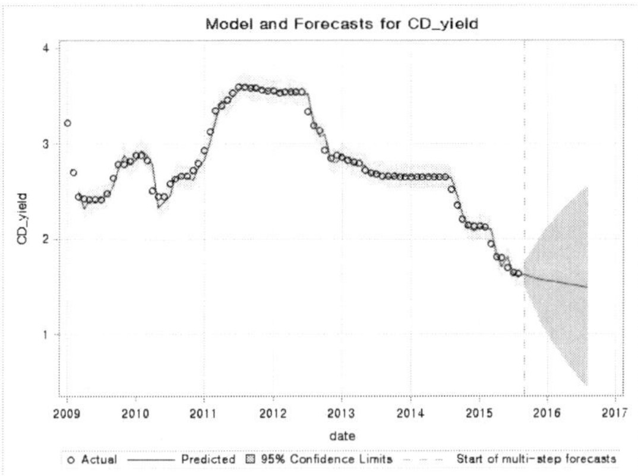

[그림 8.9] $VECM(2)$ 모형에 의한 예측: CD 수익률 시계열자료

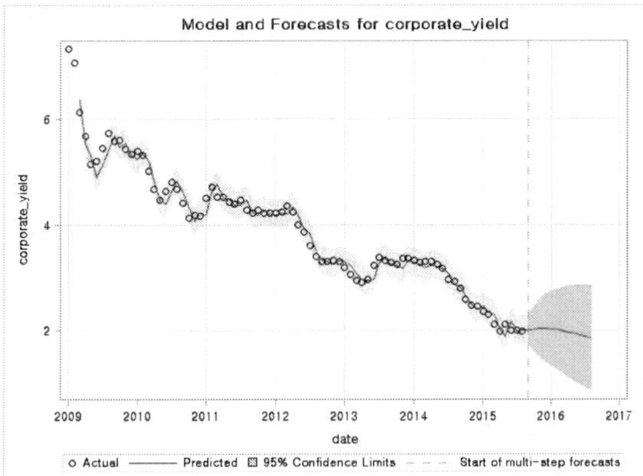

[그림 8.10] $VECM(2)$ 모형에 의한 예측: 회사채 수익률 시계열자료

SAS program 8.7 **예제 8.5 벡터오차수정모형에 의한 예측-통화 시계열자료**

- SAS data set: 국내 금융 통화시장에서의 ① 대출금리 ② CD 수익률 ③ 회사채 수익률 (mcurrency3.sas7bdat)
- 시계열 기간: 2009/01 ~ 2015/08(월별)
- 시계열 변수: ① loan_rate ② CD_yield ③ corporate_yield

```
/* (1) Read currency nonstationary time series data */
data currency; set Tsa2016.mcurrency3;
  date=intnx('month','1JAN09'd,_n_-1);
  format date monyy.;
proc print data=currency; run;

/* (2) Figure 8.7 */
proc sgplot data=currency;
  series x=date y=loan_rate/ legendlabel='loan_rate'
        LINEATTRS=(PATTERN=1 color=black THICKNESS=2);
  series x=date y=CD_yield/ legendlabel='CD_yield'
        LINEATTRS=(PATTERN=1 color=black THICKNESS=1)  ;
  series x=date y=corporate_yield/ legendlabel='corporate_yield'
        LINEATTRS=(PATTERN=3 color=black THICKNESS=1)   ;
  yaxis label='currency time series'; run;

/* (3) Table 8.15, Table 8.16, Table 8.17  */
proc varmax data=currency;
  model loan_rate CD_yield corporate_yield/ noint minic=(type=aicc p=3 q=0)
        cointtest=(johansen=(normalize=loan_rate)); run;

/* (4) Table 8.18, Table 8.19, Table 8.20, Table 8.28  */
proc varmax data=currency;
  model loan_rate CD_yield corporate_yield/ noint minic=(type=aicc p=3 q=0)

        ecm=(rank=2 normalize=loan_rate) print=(diagnose) lagmax=10 ; run;

/* (5) Table 8.21, Table 8.22, Table 8.23, Table 8.24  */
proc varmax data=currency;
  model loan_rate  CD_yield corporate_yield/ minic=(type=aicc p=3 q=0)
        cointtest=(johansen=( normalize=loan_rate)); run;

/* (6) Table 8.25, Table 8.26, Table 8.27, Table 8.28, Figure 8.8~Figure 8.10  */
proc varmax data=currency plot=forecasts(forecasts);
  id date interval=month;
  model loan_rate CD_yield corporate_yield/  minic=(type=aicc p=3 q=0)
        ecm=(rank=1 normalize=loan_rate) print=(diagnose) lagmax=10 ;
  output lead=12 out=outfore; run;
proc print data=outfore; run;
```

SAS program 8.8 **가설 (8.20)에 대한 검정-통화 시계열자료**

- SAS data set: 국내 금융 통화시장에서의 ① 대출금리 ② CD 수익률 ③ 회사채 수익률 (mcurrency3.sas7bdat)
- 시계열 기간: 2009/01 ~ 2015/08(월별)
- 시계열 변수: ① loan_rate ② CD_yield ③ corporate_yield

```
/* (1) cointegration relation equation */
data currency; set Tsa2016.mcurrency3;
  date=intnx('month','1JAN09'd,_n_-1);
  format date monyy.;
  e1=loan_rate-0.36253*CD_yield-1.05604*corporate_yield;
  e2=loan_rate-0.26842*CD_yield-0.64865*corporate_yield;
  e3=loan_rate-0.55791*CD_yield-0.64965*corporate_yield;
  proc print data=currency; run;

/* (2) CASE 1: test of (8.20) */
data case2test; set currency; keep e1 e2; run;
proc iml; use case2test;
          read all var {e1 e2} into evec;
   start sscp;
     n=nrow(x); mean=x[+,]/n; x=x-repeat(mean,n,1); sscp=x`*x;
   finish sscp;
   x=evec;
   p=ncol(evec);
   run sscp;
   print sscp n p;
   xbar=mean; m_0={0 0}; dx=xbar-m_0;  dxt=dx`;
   print m_0; print xbar; print dx;
   sscp_1 =inv(sscp);
   t_sq=n*(n-1)*dx*sscp_1*dxt;
   f=t_sq*(n-p)/((n-1)*p);
   df_num=p; df_den=n-p; f_crit=finv(.95,df_num,df_den);
         p_value=1-cdf('F',f,df_num,df_den);
         print t_sq f df_num df_den  f_crit p_value; quit;


 /* (3) CASE 3: test of (8.20) */
proc univariate data=currency noprint; var  e3;
  output out=mean0_pvalue  probt=pvalue_mean0_e3;  run;
proc print data=mean0_pvalue; run;
```

8.7 SAS 프로그램

PROC VARMAX 사용법. SAS/ETS의 PROC VARMAX는 VARMA모형(7장)에 의한 시계열예측뿐만 아니라 벡터오차수정모형에 의한 시계열예측을 수행할 수 있다. 따라서 벡터오차수정모형에 의한 시계열예측을 위한 PROC VARMAX의 사용법은 이미 소개한 7.8절의 내용과 많은 부분이 중복된다. VARMAX procedure의 기본 형식은 [표 8.29]와 같다. PROC VARMAX에서 사용 가능한 여러 옵션은 [표 7.16], 입출력 데이터세트의 각 관측치를 식별해 주기 위한 ID statement는 [표 7.18], 그리고 예측치에 관한 출력 옵션을 소개하는 OUTPUT statement는 [표 7.20]을 참조한다. MODEL statement는 [표 7.19]와 대부분 중복되며 벡터오차수정모형에 관한 새로운 옵션은 [표 8.30]의 MODEL staement에서 추가한다. 이 절에서는 지면 관계상 본문 및 예제를 이해하는 데 어려움이 없을 정도의 옵션만 선택적으로 소개하였다. 더 자세한 옵션에 대해서는 SAS Institute Inc.(2012)의 SAS/ETS를 참고한다. 벡터오차수정모형에 의한 예측을 위해 PROC VARMA를 사용한 예는 SAS program 8.1~8.7을 참조한다.

[표 8.29] VARMAX procedure 형식

```
PROC VARMAX options ;   /* [표 7.16 ] */
  ID variable INTERVAL=value options ; /* [표 7.18 ] */
  MODEL dependents /options ; /* [표 7.19 ] 및 [표 8.30]  */
  OUTPUT options ; /* [표 7.20 ] */
```

[표 8.30] MODEL statement 형식

형식	MODEL *dependents /options* ;
선택 인수	❖ Cointegration related options ■ COINTTEST 혹은 COINTTEST=(JOHANSEN=(TYPE=*value* IORDER=*number* NORMALIZE=*variable*) SIGLEVEL=*number*) (예1) MODEL Z1 Z2/ P=2 COINTTEST=(JOHANSEN=(TYPE=MAX NORMALIZE=Z1)) (예2) MODEL Z1 Z2/ P=2 COINTTEST=(JOHANSEN=(IORDER=2 NORMALIZE=Z1) SIGLEVEL=0.01) (예2) MODEL Z1 Z2/ P=2 COINTTEST=(JOHANSEN SIGLEVEL=0.1) → 다변량시계열에 대해 Johansen의 공적분검정결과를 프린트한다. 단 종속변수의 수가 11 이하로 제한한다. 다음의 옵션들은 COINTEST=( )의 괄호 안에 사용될 수 있는 옵션들이다.
	■ IORDER=*number* → 적분 차수(*number*)를 명시한다. IORDER=1일 경우 AR 차수는 1 이상이어야 한다. IORDER=2일 경우 AR 차수는 2 이상이어야 한다. default는 IORDER=1이다.

[표 8.30] MODEL statement 형식(이어서 계속)

형식	MODEL d*ependents /options* ;
선택 인수	■ NORMALIZE=*variable* → 공적분벡터를 정규화할 때 기준이 되는 종속변수(*variable*)를 명시한다. ■ TYPE=*value* → 공적분검정의 종류를 명시한다. TYPE=MAX는 Maximum Eigenvalue test를 의미하며 TYPE=TRACE는 Trace test를 의미한다. default는 TYPE=TRACE이다. 만약 NOINT 옵션이 사
형식	MODEL d*ependent variables /options* ;
선택 인수	■ NORMALIZE=*variable* → 공적분벡터를 정규화할 때 기준이 되는 종속변수(*variable*)를 명시한다. ■ TYPE=*value* → 공적분검정의 종류를 명시한다. TYPE=MAX는 Maximum Eigenvalue test를 의미하며 TYPE=TRACE는 Trace test를 의미한다. default는 TYPE=TRACE이다. 만약 NOINT 옵션이 사용되지 않았다면 두 가지 형태의 test 결과를 제공하며 IORDER=2인 경우는 자동적으로 TYPE=TRACE를 수행한다. ■ SIGLEVEL=*value* → 공적분검정의 유의수준을 적는다. default는 SIGLEVEL=0.05이다. ❖ Vector error correction model options ■ ECM=(RANK=number NORMALIZE=variable ECTREND) → 벡터오차수정모형의 CASE를 명시한다. 다음의 옵션들은 ECM=( )의 괄호 안에 사용될 수 있는 옵션들이다 → 아래의 예들은 $VECM(2), m = rank(\Pi) = 1$인 경우이다. (예1) 8.4절의 CASE 1 모형의 적합을 위한 예제 MODEL Z1 Z2 / P=2 ECM=(RANK=1 NORMALIZE=Z1) NOINT; (예2) 8.4절의 CASE 2 모형의 적합을 위한 예제 MODEL Z1 Z2 / P=2 ECM=(RANK=1 NORMALIZE=Z1 ECTREND); (예3) 8.4절의 CASE 3 모형의 적합을 위한 예제 MODEL Z1 Z2 / P=2 ECM=(RANK=1 NORMALIZE=Z1); (예4) 8.4절의 CASE 4 모형의 적합을 위한 예제 MODEL Z1 Z2 / P=2 ECM=(RANK=1 NORMALIZE=Z1 ECTREND) TREND=LINEAR; (예5) 8.4절의 CASE 5 모형의 적합을 위한 예제 MODEL Z1 Z2 / P=2 ECM=(RANK=1 NORMALIZE=Z1) TREND=LINEAR;. ■ NORMALIZE=*variable* → 공적분벡터를 정규화할 때 기준이 되는 종속변수(*variable*)를 명시한다. ■ RANK=*number* → 공적분계수(*number*)를 명시한다. *number*는 0보다 커야 하며 종속변수의 개수 이하여야 한다. ■ ECTREND → $VECM(p)$모형의 표류항에 관한 제한 여부를 명시한다. 만약 NSEASON 옵션이 사용되었다면 NSEASON 옵션은 무시되고, NOINT 옵션이 사용되었다면 ECTREND 옵션이 무시된다.

8장 연습문제

8.1 SAS data file인 exercise8_1.sas7bdat는 이변량시계열자료 $\{\boldsymbol{z}_t\}=\{(z_{1,t}, z_{2,t})'\}$의 모의실험자료이다. 공적분검정을 하여 두 시계열 간에 공적분이 존재한다면 벡터오차수정모형을 적합시켜 미래 10 시점을 예측하여라.

8.2 공적분 관계에 있는 적절한 다변량비정상시계열자료를 찾아서 벡터오차수정모형에 의한 예측을 수행하여라.

8장 참고문헌

- 김명직, 장국현 (2011), 금융시계열분석, 제2판, 경문사.
- 박준용, 장유순, 한상범 (2008), 경제시계열분석, 경문사.
- 박완규, 홍성표 (2009), Gujarati의 계량경제학, ㈜지필미디어.
- 조신섭, 손영숙, 성병찬 (2016), 시계열분석, 제4판, 율곡출판사.
- 조신섭, 이정형 (2014), 경제시계열분석을 위한 SAS/ETS 사용법, 자유아카데미.
- Eagle, R. F. and Granger, C. W. J. (1987), Cointegration and Error Correction: Representation, Estimation and Testing, *Econometrics*, Vol. 55, pp251-276.
- Granger, C. W. J. and Newbold, P. (1974), Spurious Regressions in Econometrics, *Journal of Econometrics*, Vol. 2, pp111-120.
- Johansen, S. (1988), Statistical Analysis of Cointegration Vectors, *Journal of Economic Dynamic and Control*, Vol. 12, pp231-254.
- Johansen, S. and Juselius, K. (1990), Maximum Likelihood Estimation and Inference on Cointegration with Application to the Demand for Money, *Oxford Bulletin of Economic and Statistics*, Vol. 52, pp169-209.
- Ruey S. Tsay (2014). *Multivariate Time Series Analysis*, Wiley
- SAS Institute Inc. (2012). *SAS/ETS 12.1 User's Guide*. Cary, NC, USA.

9장

이분산모형에 의한 예측

9.1 변동성
9.2 이분산모형
9.3 이분산검정
9.4 이분산모형의 적합
9.5 예제
9.6 SAS 프로그램
연습문제
참고문헌

변동성과 이분산모형. 금융시장에서 자산과 관련하여 가장 중요하게 인식되는 측도 중 하나는 위험을 측정하는 측도이다. 널리 사용되는 위험측도(risk measure)는 변동성(volatility)이다. 변동성이란 일정한 기간 동안 주식, 채권 또는 상품 등의 가격이 변동하는 정도로 가격 변동성이라고도 한다. 이러한 변동성이 클 경우 해당 상품과 관련된 리스크가 크다고 판단하게 된다. 따라서 주식, 선물, 옵션, 파생상품, 환율, 인플레이션 등과 같은 금융시계열의 변동성은 주식 및 선물 투자자, 수출 및 수입업자, 혹은 외환시장의 거래자들에게 매우 중요한 요소이다. 예를 들면 주가 혹은 환율의 높은 변동성은 큰 이익 혹은 큰 손실, 극단적으로는 대박 혹은 파산에까지 이르게 할 수 있다. 만약 확률모형을 사용하여 변동성을 예측할 수 있다면 투자 및 거래의 불확실성을 줄일 수 있을 것이다.

일반적으로 변동성은 직접적으로 관측가능하지 않다. 따라서 변동성은 이미 관측된 관련 시계열자료로부터 추정해야 한다. 보통은 시계열자료의 2차 적률, 즉 분산 혹은 표준편차를 모형화하여 변동성의 추론에 사용된다. 이 장에서는 변동성을 예측하는 시계열모형으로 자기회귀조건부이분산(autoregressive conditional heteroskedastic: ARCH)모형과 일반화자기회귀조건부이분산(generalized autoregressive conditional heteroskedastic: GARCH)모형에 의한 변동성 예측절차를 소개한다.

9.1 변동성

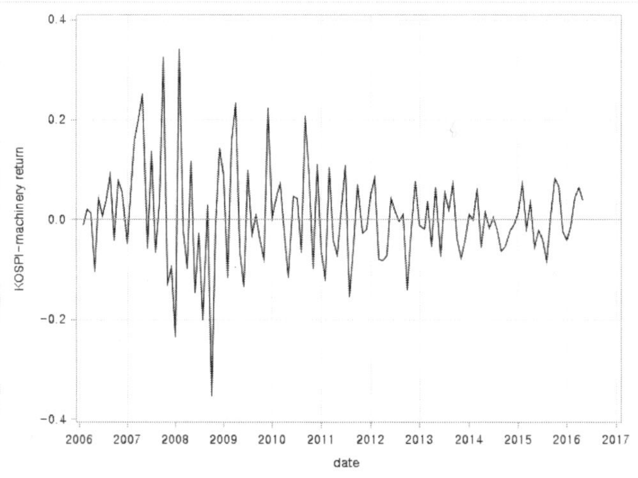

[그림 9.1] KOSPI(기계업종) 수익률 시계열자료

[표 9.1] 포트맨토우 검정결과: KOSPI(기계업종) 수익률 시계열자료

Autocorrelation Check for White Noise									
To Lag	Chi-Square	DF	Pr > ChiSq	Autocorrelations					
6	4.38	6	0.6247	-0.093	-0.091	0.085	0.063	-0.043	-0.064
12	14.78	12	0.2538	0.179	-0.156	0.064	0.092	0.005	-0.090
18	25.11	18	0.1218	-0.043	0.038	-0.038	-0.254	-0.027	0.041
24	26.90	24	0.3090	-0.024	-0.031	0.048	0.043	-0.056	0.053

[그림 9.1]은 KOSPI(기계업종) 시계열자료(기간: 2006/01 –2016/05)의 수익률 시계열그림이다. KOSPI(기계업종) 시계열을 $\{Z_t\}$라고 놓을 때 KOSPI(기계업종) 수익률 시계열 $\{r_t\}$는 다음과 같이 정의된다.

$$r_t = \frac{Z_t}{Z_{t-1}} - 1 . \tag{9.1}$$

KOSPI(기계업종) 수익률 시계열자료에 대한 포트맨토우 검정결과를 보여 주는 [표 9.1]에서 수익률은 자기상관관계가 없음을 보여 준다. 제곱한 수익률은 수익률의 분산을 대신하여 변동성을 나타내는 변수로 자주 사용된다. KOSPI(기계업종) 수익률을 제곱한 시계열, 즉 $\{r_t^2\}$의 시계열그림을 나타내는 [그림 9.2]에서 서브프라임 모기지 사태로 인한 세계금융위기 기간을 전후로 한 2007 ~ 2009년에 상당히 큰 변동성이 밀집되어 있으며 그 이후로도 한동안 지속됨을 볼 수 있다. 이처럼 밀집성과 지속성은 변동성의 특징이다. 수익률 제곱 시계열 $\{r_t^2\}$에 대한 포트맨토우 검정결과를 보여 주는 [표 9.2]에서 수익률 제곱 시계열자료는 자기상관관계가 있음은 명백하다. 따라서 KOSPI (기계업종) 수익률 시계열자료는 자기상관관계는 없지만 종속관계를 갖는다.

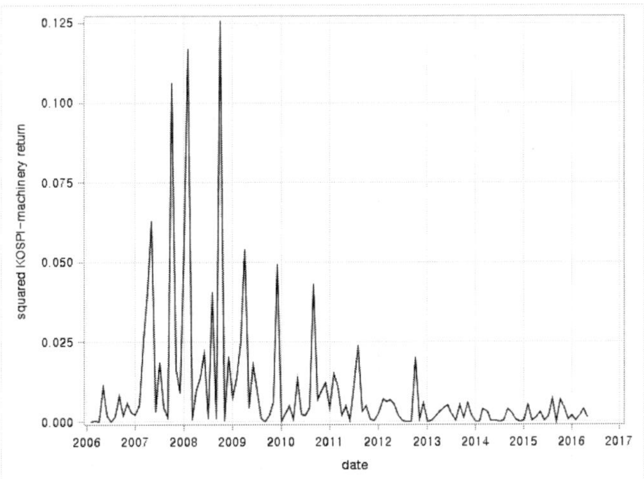

[그림 9.2] KOSPI(기계업종) 수익률 제곱 시계열자료

[표 9.2] 포트맨토우 검정결과: KOSPI(기계업종) 수익률 제곱 시계열자료

Autocorrelation Check for White Noise									
To Lag	Chi-Square	DF	Pr > ChiSq	Autocorrelations					
6	26.58	6	0.0002	0.108	0.154	0.123	0.269	0.108	0.263
12	62.94	12	<.0001	0.049	0.387	0.239	0.149	0.034	0.189
18	75.72	18	<.0001	-0.020	0.193	0.039	0.001	0.202	0.092
24	78.64	24	<.0001	0.000	-0.024	-0.013	0.032	0.120	-0.051

이제 현재 시간 t 이전의 과거 수익률 시계열 $H_{t-1}=\{...,r_{t-3},r_{t-2},r_{t-1}\}$가 주어졌을 때 $\{r_t\}$ 의 조건부평균을

$$\mu_t = E(r_t \mid H_{t-1}) \tag{9.2}$$

으로 놓고, 수익률의 평균 모형식을 다음과 같이 정의한다.

$$r_t = \mu_t + a_t, \quad a_t = \sigma_t u_t, \quad \{u_t\} \sim i.i.d.\ N(0,1), \tag{9.3}$$

여기서 $\{a_t\}$ 는 평균이 0이고 자기상관관계는 없으나 종속관계를 갖는 오차항이다. 때때로 $\{u_t\}$ 의 분포로 표준정규분포보다 더 두터운 꼬리를 갖는 t−분포를 가정하기도 한다.

수익률의 조건부분산 모형식은 다음과 같이 정의한다.

$$\sigma_t^2 = Var(r_t | H_{t-1}) = E[(r_t - \mu_t)^2 | H_{t-1}] = Var(a_t | H_{t-1}). \tag{9.4}$$

일반적으로 수익률 시계열자료는 랜덤하거나 혹은 매우 작은 자기상관관계를 갖는 정상시계열의 특징을 갖는다. 따라서 μ_t 는 상수 혹은 정상시계열, 예를 들면 $ARMA(p,q)$ 로 놓을 수 있다. 앞으로 다루게 될 조건부이분산모형은 변동성을 나타내는 σ_t^2 의 모형으로 정의된다.

9.2 이분산모형

ARCH 모형. 변동성모형으로 가장 널리 사용되는 기본적인 모형은 Engle(1982)의 자기회귀조건부이분산(autoregressive conditional heteroskedastic: ARCH)모형이다. 변동성 모형을 $ARCH(q)$ 모형으로 구성한 수익률모형은 모형식 (9.2)~(9.4)로부터 다음과 같이 정의한다.

$$\begin{cases} \text{mean equation} : r_t = \mu_t + a_t, \quad a_t = \sigma_t u_t, \quad \{u_t\} \sim i.i.d.\ N(0,1), \\ \text{volatility equation} : \sigma_t^2 = \alpha_0 + \alpha_1 a_{t-1}^2 + \alpha_2 a_{t-2}^2 + \cdots + \alpha_q a_{t-q}^2. \end{cases} \tag{9.5}$$

모형식 (9.5)에서 조건부분산에 해당하는 $\{\sigma_t^2\}$ 는 음의 값을 가질 수 없으므로 $\alpha_0 > 0$, $\alpha_i \ge 0 (i=1,2,\dots,q)$ 의 조건이 부과된다.

이제 변동성을 설명한 $ARCH(q)$ 모형의 구성을 살펴보자. 식 (9.3) 및 식 (9.4)로부터 $E(a_t^2) = \sigma_t^2$ 이므로 식 (9.5)의 volatility equation에서 σ_t^2 을 a_t^2 으로 대체하면 수익률에서 평균수준을 뺀 오차항의 제곱, 즉 변동성을 나타내는 $\{a_t^2\}$ 는 $AR(q)$ 과정을 따르는 구성이다. 과거 오차항의 제곱 $\{a_{t-1}^2, a_{t-2}^2, \dots, a_{t-q}^2\}$ 이 크다면 큰 규모의 변동성 σ_t^2 에 이르게 한다. 이것은 9.1절에서 언급하였던 변동성의 특징인 밀집성 및 지속성을 의미한다.

GARCH 모형. 무한 차수의 AR 모형을 작은 차수의 $ARMA$ 모형으로 표현이 가능한 것처럼 $ARCH(q)$ 모형을 Bollerslev(1986)가 제안한 작은 차수의 $GARCH$ 모형으로 표현할 수 있다. 일반화자기회귀조건부이분산모형인 $GARCH(p,q)$ 모형을 변동성 모형으로 갖는 수익률모형은 모형식 (9.2)~(9.4)로부터 다음과 같이 정의한다.

$$\begin{cases} \text{mean equation} \quad : r_t = \mu_t + a_t, \quad a_t = \sigma_t u_t, \quad \{u_t\} \sim i.i.d.\ N(0,1), \\ \text{volatility equation}: \sigma_t^2 = \alpha_0 + \sum_{i=1}^{q} \alpha_i a_{t-i}^2 + \sum_{j=1}^{p} \beta_j \sigma_{t-j}^2 . \end{cases} \tag{9.6}$$

모형식 (9.6)에서 조건부분산에 해당하는 $\{\sigma_t^2\}$ 는 음의 값을 가질 수 없으므로 $\alpha_0 > 0$, $\alpha_i \ge 0 (i=1,2,\dots,q)$, $\beta_j \ge 0 (j=1,2,\dots,p)$ 의 조건이 부과된다. $GARCH(0,q)$ 모형은 $ARCH(q)$ 모형과 동일한 모형이다.

대부분의 응용에서 작은 차수의 $GARCH(p,q)$ 모형이 사용되며 특히 다음과 같은 $GARCH(1,1)$ 모형이 가장 잘 적합된다.

$$\sigma_t^2 = \alpha_0 + \alpha_1 a_{t-1}^2 + \beta_1 \sigma_{t-1}^2 . \tag{9.7}$$

큰 a_{t-1}^2 혹은 큰 σ_{t-1}^2 은 큰 변동성 σ_t^2 을 만든다. 즉, 커다란 과거 오차항의 제곱 a_{t-1}^2, $a_{t-2}^2, \dots$ 이 큰 규모의 변동성 σ_t^2 에 이르게 한다. $GARCH$ 모형 역시 $ARCH$ 모형과 같이 변동성의 밀집성 및 지속성을 표현하는 구조이다.

AR-GARCH모형. 특별히 수익률자료 $\{r_t\}$ 가 아닌 일반적인 시계열자료 $\{z_t\}$ 에 대해 이분산모형을 적합하기 위해서는 3장에서 다루었던 $AR(m)$ 오차를 갖는 자기회귀오차모형

$$\begin{cases} Z_t = \boldsymbol{X}_t' \boldsymbol{\beta} + \varepsilon_t, \\ \varepsilon_t = -\phi_1 \varepsilon_{t-1} - \phi_2 \varepsilon_{t-2} - \cdots - \phi_m \varepsilon_{t-m} + a_t, \end{cases}$$

과 $GARCH(p,q)$ 모형을 결합한 $AR(m)-GARCH(p,q)$ 모형을 다음과 같이 고려할 수 있다.

$$\begin{cases} \text{mean equation} \quad : \begin{cases} Z_t = \mu_t + a_t, \\ \mu_t = \boldsymbol{X}_t'\boldsymbol{\beta} - \phi_1\varepsilon_{t-1} - \phi_2\varepsilon_{t-2} - \cdots - \phi_m\varepsilon_{t-m}, \\ a_t = \sigma_t u_t, \quad \{u_t\} \sim i.i.d.\ N(0,1), \end{cases} \\ \text{volatility equation}: \sigma_t^2 = \alpha_0 + \sum_{i=1}^{q}\alpha_i a_{t-i}^2 + \sum_{j=1}^{p}\beta_j\sigma_{t-j}^2, \end{cases} \tag{9.8}$$

여기서 $\boldsymbol{X}_t'\boldsymbol{\beta}$ 는 모형식 (3.3) 혹은 (3.4)에서와 같은 추세성분 혹은 계절성분을 나타낸다.

그 밖의 이분산모형으로 IGARCH(Integrated GARCH)모형, EGARCH(Exponential GARCH)모형, GARCH-M(GARCH in Mean)모형 등이 있으며 이들 모형에 대해서는 조신섭 외 (2016) 및 SAS Institute Inc. (2012)의 SAS/ETS, Chapter 8을 참조하기 바란다.

9.3 이분산검정

평균 모형식 (9.3)에서 오차는 $a_t = r_t - \mu_t$ 이다. 조건부이분산성이 존재하는지를 검정하기 위하여 오차의 제곱 시계열인 $\{a_t^2\}$ 이 사용된다. 가장 널리 쓰이는 조건부이분산검정에는 McLeod and Li (1983)의 포트맨토우 Q 검정과 Engle (1982)의 Lagrange Multiplier 검정이 있다.

포트맨토우 Q 검정. 그동안 잔차분석에서 사용된 포트맨토우 검정은 잔차 $\{\hat{a}_t\}$에 적용하여 오차들 간에 자기상관관계가 존재하는지를 검정한다. 이분산검정에서는 잔차 대신 잔차의 제곱인 $\{\hat{a}_t^2\}$에 적용하여 제곱오차들 간에 자기상관관계가 존재하는지를 검정하기 위해서 포트맨토우 검정을 사용한다. 이때 설정되는 가설은 다음과 같다.

$$H_0 \ : \ \rho_1(a^2) = \rho_2(a^2) = \cdots = \rho_K(a^2) = 0. \quad \text{vs.} \quad H_1 : \ H_0\text{가 사실이 아니다,}$$

여기서 $\rho_l(a^2)$는 제곱오차 시계열 $\{a_t^2\}$의 l-시차 자기상관계수이다. 만약 제곱오차들 간에 자기상관관계가 존재하지 않는다는 귀무가설 H_0 가 기각이 된다면 이분산 효과, 즉 ARCH 효과가 있다고 판단되어 변동성을 나타내는 이분산모형을 적용해야 할 것이다.

Lagrange Multiplier 검정. Lagrange Multiplier 검정은 선형회귀모형

$$a_t^2 = \alpha_0 + \alpha_1 a_{t-1}^2 + \alpha_2 a_{t-2}^2 + \cdots + \alpha_K a_{t-K}^2 + u_t, \quad \text{여기서 } u_t \text{ 는 랜덤오차,}$$

에서 다음과 같은 가설

$$H_0 \ : \ \alpha_1 = \alpha_2 = \cdots = \alpha_K = 0 \quad \text{vs.} \quad H_1 \ : \ H_0 \text{ 가 사실이 아니다,}$$

에 대하여 통상 수행하는 F-검정과 동일하다. 만약 귀무가설 H_0 가 기각이 된다면 ARCH 효과가 존재하므로 변동성을 나타내는 이분산모형을 적용해야 할 것이다.

9.4 이분산모형의 적합

일반적으로 주어진 시계열자료 $\{z_t\}$ 에 이분산모형을 적합시키기 위해서 다음의 절차를 따른다.

STEP 1. 주어진 시계열에 적절한 평균 모형식 μ_t 를 설정한다. 만약 주어진 시계열자료가 수익률이라면 보통 μ_t 는 0, 상수항, 혹은 $ARMA(p,q)$ 과정으로 놓을 수 있다, 만약 일반적인 시계열이라면 $AR(m)-GARCH(p,q)$ 모형식 (9.8)에서와 같이 μ_t 를 설정할 수 있다.

STEP 2. 주어진 시계열자료 $\{z_t\}$ 로부터 추정된 평균 $\{\hat{\mu}_t\}$ 을 제거한 잔차제곱 시계열 $\{\hat{a}_t^2 \mid \hat{a}_t = z_t - \hat{\mu}_t\}$ 에 대하여 이분산검정을 수행한다.

STEP 3. 이분산검정에서 이분산이 존재한다면 변동성모형으로 $ARCH(q)$ 모형을 식별하기 위하여 MINIC 기준을 사용하여 차수 q 를 정한다. 이후 추정된 $ARCH(q)$ 모형에서 유의하지 않는 모수는 제거하여 최종적으로 $ARCH$ 모형을 식별한다. 또 하나의 경쟁모형으로 $GARCH(1,1)$ 모형도 적합시킨다.

STEP 4. STEP 1에서 설정한 평균모형과 STEP 3에서 설정한 변동성모형을 결합한 모형을 적합시킨 후 수정된 잔차시계열 $\{\hat{u}_t = \hat{a}_t / \hat{\sigma}_t\}$ 가 모형의 가정인 $\{u_t\} \sim i.i.d.\ N(0,1)$ 에 부합하는지를 검토함으로써 모형의 진단이 이루어진다.

9.5 예제

예제 9.1 이분산모형에 의한 변동성 예측 – KOSPI(기계업종) 수익률 시계열자료

[그림 9.2]의 KOSPI(기계업종) 수익률 제곱 시계열자료(기간: 2006/01–2016/05)는 자기상관관계가 존재하였다. 따라서 이분산의 가능성이 있는 수익률 시계열자료에 대한 변동성 예측을 수행해 보기로 한다.

이분산검정. [그림 9.1]의 KOSPI(기계업종) 수익률 시계열자료 $\{r_t\}$ 의 평균이 0인지에 대한 $T-$검정에서 $p-value=0.55606>\alpha=0.05$ 이므로 $\mu_t=0$ 으로 놓으면 평균모형식 (9.3)에서 오차는 $a_t=r_t-\mu_t=r_t$ 이다. 조건부이분산성이 존재하는지를 검정하기 위하여 제곱오차 $\{a_t^2\}=\{r_t^2\}$ 에 대한 포트맨토우 Q 검정과 Lagrange Multiplier 검정의 결과가 [표 9.3]에 제시되어 있다. 초기 시차 3까지는 $p-value>0.05=\alpha$ 이므로 조건부이분산성이 존재한다고 볼 수 없으나 시차 4부터는 조건부이분산성이 존재한다.

ARCH모형 추정. 이분산검정에서 조건부이분산이 존재하므로 변동성모형으로 $ARCH(q)$ 모형을 식별하기 위하여 MINIC 기준을 사용하여 차수 q 를 정하기로 한다. [표 9.4]에서 시차 9일 때 $MINIC=-7.87139$는 최소가 되므로 $ARCH(9)$ 모형으로 식별하였다. 추정된 $ARCH(9)$ 모형에서 유의하지 않는 모수를 제거하여 최종 추정된 변동성모형은 [표 9.5]와 같은 $ARCH(1)$ 모형이다. 다음은 모형식 (9.5)에 적용한 수익률 시계열자료의 추정 모형이다.

$$\begin{cases} \text{mean equation} & : r_t=a_t, \\ \text{volatility equation} & : \sigma_t^2=0.007834+0.2545a_{t-1}^2. \end{cases}$$

GARCH모형 추정. 다음은 모형식 (9.6)에서 $GARCH(1,1)$을 적용한 수익률 시계열자료의 추정 모형이다. 추정결과는 [표 9.6]을 참고한다.

$$\begin{cases} \text{mean equation} & : r_t=a_t, \\ \text{volatility equation} & : \sigma_t^2=0.0000621+0.1354a_{t-1}^2+0.8572\sigma_{t-1}^2. \end{cases} \tag{9.9}$$

[표 9.3] 이분산검정: KOSPI(기계업종) 수익률 시계열자료

Tests for ARCH Disturbances Based on OLS Residuals				
Order	Q	Pr > Q	LM	Pr > LM
1	1.6199	0.2031	1.4968	0.2212
2	4.9214	0.0854	4.1388	0.1263
3	7.0476	0.0704	5.3518	0.1478
4	17.3631	0.0016	12.3015	0.0152
5	19.0279	0.0019	12.5976	0.0275
6	29.0177	<.0001	17.3711	0.0080
7	29.3635	0.0001	17.5033	0.0144
8	51.2977	<.0001	28.5314	0.0004
9	59.7244	<.0001	31.6659	0.0002
10	63.0201	<.0001	31.6821	0.0005
11	63.1898	<.0001	31.9994	0.0008
12	68.5726	<.0001	32.0272	0.0014

[표 9.4] MINIC

Minimum Information Criterion	
Lags	MA 0
AR 0	-7.78237
AR 1	-7.7547
AR 2	-7.73626
AR 3	-7.70631
AR 4	-7.73166
AR 5	-7.71912
AR 6	-7.79904
AR 7	-7.76117
AR 8	-7.85226
AR 9	-7.87139
AR 10	-7.84462

[표 9.5] $ARCH(1)$ 모형 추정결과:
KOSPI(기계업종) 수익률 시계열자료

Parameter Estimates					
Variable	DF	Estimate	Standard Error	t Value	Approx Pr > |t|
ARCH0	1	0.007834	0.000807	9.71	<.0001
ARCH1	1	0.2545	0.1287	1.98	0.0479

[표 9.6] $GARCH(1,1)$ 모형 추정결과:
KOSPI(기계업종) 수익률 시계열자료

Parameter Estimates					
Variable	DF	Estimate	Standard Error	t Value	Approx Pr > |t|
ARCH0	1	0.0000621	0.000158	0.39	0.6948
ARCH1	1	0.1354	0.0529	2.56	0.0105
GARCH1	1	0.8572	0.0512	16.75	<.0001

모형의 진단. 모형의 진단은 모형식 (9.5) 및 (9.6)에서 설정한 가정 $\{u_t\} \sim i.i.d.\ N(0,1)$에 실제 자료가 적합했는지를 검토하는 것이다. $\{u_t\}$ 에 대한 추정치로서 수정된 잔차 $\{\hat{u}_t = \hat{a}_t / \hat{\sigma}_t\}$가 사용된다.

[표 9.7]은 $\{u_t\}$ 의 평균이 0인지에 대한 검정결과 및 분산이 1인지에 대한 검정결과를 보여준다. $\{u_t\}$ 의 평균이 0인지에 관한 $T-$검정에서 두 변동성 모형 모두 $p-value > 0.05 = \alpha$ 이므로 통계적으로 $\{u_t\}$ 의 평균은 0이다. 또한 $\{u_t\}$ 의 분산이 1인지에 관한 5% 유의수준하에서 χ^2 검정에서 하위 2.5% 기각값은 94.1950이고 상위 2.5% 기각값은 155.589이다. 두 변동성 모형의 χ^2 검정통계치는 각각 $\chi^2 = 123.784$ 및 $\chi^2 = 123.568$ 이므로 통계적으로 $\{u_t\}$ 의 분산은 1이다.

[표 9.7]은 $\{u_t\}$ 의 분포가 정규분포인지를 검토하는 4개의 정규성검정결과를 보여준다. $GARCH(1,1)$ 모형을 적합한 경우 4개의 정규성검정에서 $p-value > 0.05 = \alpha$ 이므로 $\{u_t\}$ 의 분포가 정규분포라고 볼 수 있다. 이러한 정규분포의 가정하에서 위에서 언급한 분산 1에 대한 χ^2- 검정의 정당성이 있다. 한편 평균 0에 대한 $T-$검정은 표본의 크기가 $n=124$ 인 대표본이므로 정규모집단의 가정과는 무관하다.

[표 9.8]은 $ARCH(1)$ 모형을 적합한 후 수정된 잔차 및 수정된 잔차제곱의 포트맨토우 검정결과를 보여 준다. 수정된 잔차의 경우 모든 시차에서 $p-value > 0.05 = \alpha$ 이므로 수정된 잔차는 자기상관관계가 없다. 그러나 수정된 잔차의 제곱의 경우 모든 시차에서 $p-value < 0.05 = \alpha$ 이므로 수정된 잔차의 제곱은 자기상관관계가 존재한다. 결국 $\{u_t\}$ 는 독립이라고 볼 수 없다.

[표 9.9]는 $GARCH(1,1)$ 모형을 적합한 후 수정된 잔차 및 수정된 잔차제곱의 포트맨토우 검정결과를 보여 준다. 수정된 잔차뿐만 아니라 수정된 잔차제곱의 경우에도 모든 시차에서 $p-value > 0.05 = \alpha$ 이므로 자기상관관계가 없다. 결국 $\{u_t\}$ 는 독립이라고 받아들인다.

모든 잔차분석 결과를 종합해서 가정 $\{u_t\} \sim i.i.d.\ N(0,1)$ 에 보다 적합한 변동성모형으로 $GARCH(1,1)$ 를 선택하기로 결정한다.

[표 9.7] 수정된 잔차의 평균 0, 분산 1, 그리고 정규성 검정결과: KOSPI(기계업종) 수익률 시계열자료

검정의 종류	통계치 혹은 $p-value$	변동성 모형	
		$ARCH(1)$	$GARCH(1,1)$
평균 0에 대한 T검정	평균	0.04177987	0.05905787
	$p-value$	0.6436	0.5130
분산 1에 대한 χ^2 검정	분산	1.0063704	1.00461389
	χ^2 검정통계치	123.784	123.568
정규성검정	Shapiro-Wilk: $p-value$	0.0053	0.4027
	Kolmogorov-Smirnov: $p-value$	0.1500	0.1500
	Cramer-von Mises: $p-value$	0.0657	0.2500
	Anderson-Darling: $p-value$	0.0329	0.2500

[표 9.8] $ARCH(1)$ 모형 적합 후 수정된 잔차(위) 및 수정된 잔차제곱의 (아래)의 포트맨토우 검정결과: KOSPI(기계업종) 수익률 시계열자료

Autocorrelation Check for White Noise									
To Lag	Chi-Square	DF	Pr > ChiSq	Autocorrelations					
6	4.11	6	0.6622	-0.074	-0.092	0.087	0.068	-0.073	-0.021
12	12.50	12	0.4062	0.186	-0.107	0.043	0.060	-0.041	-0.094
18	21.90	18	0.2366	-0.034	0.017	-0.029	-0.246	-0.038	0.032
24	25.36	24	0.3864	-0.016	-0.048	0.069	0.027	-0.110	0.048

Autocorrelation Check for White Noise									
To Lag	Chi-Square	DF	Pr > ChiSq	Autocorrelations					
6	16.37	6	0.0119	-0.030	0.182	0.111	0.163	0.081	0.215
12	42.33	12	<.0001	0.042	0.238	0.157	0.126	-0.013	0.300
18	51.09	18	<.0001	-0.040	0.175	0.026	-0.013	0.155	0.059
24	55.12	24	0.0003	0.035	-0.007	-0.012	-0.029	0.136	-0.072

[표 9.9] $GARCH(1,1)$ 모형 적합 후 수정된 잔차(위) 및 수정된 잔차제곱의 (아래)의 포트맨토우 검정결과: KOSPI(기계업종) 수익률 시계열자료

Autocorrelation Check for White Noise									
To Lag	Chi-Square	DF	Pr > ChiSq	Autocorrelations					
6	1.33	6	0.9702	0.027	-0.046	0.017	-0.030	0.006	0.078
12	5.50	12	0.9391	0.138	-0.030	0.036	0.063	-0.014	-0.075
18	10.66	18	0.9080	-0.000	0.001	0.003	-0.179	-0.056	0.017
24	11.79	24	0.9822	-0.019	-0.009	0.049	-0.029	-0.056	0.021

Autocorrelation Check for White Noise									
To Lag	Chi-Square	DF	Pr > ChiSq	Autocorrelations					
6	4.67	6	0.5873	0.039	-0.005	-0.055	-0.029	0.045	0.167
12	6.47	12	0.8905	0.007	0.102	0.035	0.029	0.024	-0.014
18	14.96	18	0.6645	-0.126	0.024	-0.082	-0.109	0.154	0.011
24	20.44	24	0.6716	-0.005	-0.062	-0.069	-0.059	0.120	-0.095

GARCH(1,1)모형에 의한 변동성 예측. 추정된 $GARCH(1,1)$ 모형식 (9.9)를 사용하여 적합기간(2006/01 ~ 2016/05)에 변동성의 1-시차 후 예측치와 예측기간(2016/06 ~ 2017/05)에 변동성의 다-시차 후 예측치를 그린 시계열그림이 [그림 9.3]에 나와 있다. □

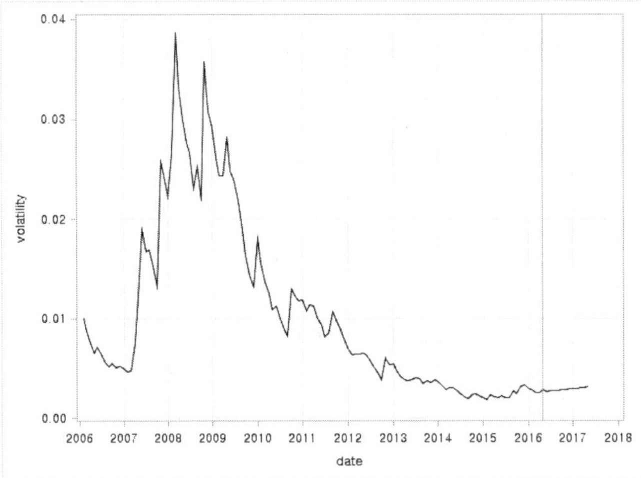

[그림 9.3] $GARCH(1,1)$ 모형에 의한 변동성 예측:
KOSPI(기계업종) 수익률 시계열자료

SAS program 9.1 **예제 9.1 이분산모형에 의한 변동성예측-KOSPI(기계업종) 수익률 시계열자료**

- SAS data set: KOSPI(기계업종) 시계열자료(mkospimachinery.sas7bda)
- 시계열 기간: 2006/01 ~ 2016/05(월별)
- 시계열 변수: machinery

```
/* (1) Read KOSPI-machinery time series data */
data machinerydata; set Tsa2016.mkospimachinery end=last nobs=n;
  date=intnx('month','1JAN06'd,_n_-1);
  format date monyy.;
    t=_n_;
    machinery_return=machinery/lag(machinery)-1;
    squared_machinery_return=machinery_return*machinery_return;
  output;
/* (2) Generating missing values and date values for forecast period */
if last then
  do i=1 to 12;
     machinery=.; machinery_return=.; squared_machinery_return=.; t=n+i;
     date=intnx('month','1JAN06'd,t-1);
     format date monyy.;
  output; end; run;
proc print data=machinerydata; run;

/* (3) Figure 9.1 */
proc sgplot data=machinerydata;
  series x=date y=machinery_return/
```

```
       LINEATTRS=(PATTERN=1 color=black THICKNESS=1);
  yaxis label='KOSPI-machinery return' grid;
  xaxis label='date' grid;
  refline 0/ axis=y; run;

/* (4) Table 9.1 */
proc arima data=machinerydata;
  identify var=machinery_return; run;

/* (5) Figure 9.2 */
proc sgplot data=machinerydata;
  series x=date y=squared_machinery_return/
       LINEATTRS=(PATTERN=1 color=black THICKNESS=1);
  yaxis label='squared KOSPI-machinery return' grid;
  xaxis label='date' grid; run;

/* (6) Table 9.2 */
proc arima data=machinerydata;
  identify var=squared_machinery_return; run;

/* (7) p-value of T-test for zero mean of machinery_return series */
proc univariate data=machinerydata noprint; var  machinery_return;
  output out=mean0_pvalue  probt=pvalue_mean0_machinery_return; run;
proc print data=mean0_pvalue; run;

/* (8) Table 9.3 */
proc autoreg data=machinerydata plots=none;
  model machinery_return=/ noint archtest;
  output out=out1 r=residual; run;

/* (9) Table 9.4 */
data out1; set out1; squared_residual=residual**2;
proc arima data=out1;
  identify var=squared_residual minic p=(0:10) q=0; run;

/* (10)  Fitting of ARCH(9) */
proc autoreg data=machinerydata;
  model machinery_return=/ noint  garch=(q=9); run;

/* (11) Table 9.5 */
proc autoreg data=machinerydata;
  model machinery_return=/ noint  garch=(q=(1));
  output out=out2 r=residual cev=cev; run;

/* (12) Table 9.7 */
data out2; set out2;
  modified_residual=residual/sqrt(cev);
  modified_squared_residual=modified_residual**2;
proc univariate data=out2 normal plot; var modified_residual; run;

/* (13) Table 9.8 */
proc arima data=out2;
  identify var=modified_residual; run;
```

```
  identify var=modified_squared_residual; run;

/* (14) Table 9.6 */
proc autoreg data=machinerydata;
  model machinery_return= / noint garch=(p=1,q=1);
  output  out=out3  r=residual cev=cev; run;
proc print data=out3; run;

/* (15) Table 9.7 */
data out3; set out3;
  modified_residual=residual/sqrt(cev);
  modified_squared_residual=modified_residual**2;
proc univariate data=out3 normal plot; var modified_residual; run;

/* (16) Table 9.9 */
proc arima data=out3;
  identify var=modified_residual; run;
  identify var=modified_squared_residual; run;

/* (17) Figure 9.3 */
proc sgplot data=out3;
  series x=date y=cev/ LINEATTRS=(PATTERN=1 color=black THICKNESS=1);
  xaxis label='date' grid;
  yaxis label='volatility' grid;
  refline '1may16'd/ axis=x; run;

/* (18) Table 9.7: chi square test for variance=1 */
data aaa;
  n=124; sample_variance=1.0063704;
  df=n-1;
  chisq=df*sample_variance;
  rejection_low_level=quantile('CHISQ',0.025,df);
  rejection_upper_level=quantile('CHISQ',0.975,df); run;
proc print; run;

/* (19) Table 9.7: chi square test for variance=1 */
data aaa;
  n=124; sample_variance=1.00461389;
  df=n-1;
  chisq=df*sample_variance;
  rejection_low_level=quantile('CHISQ',0.025,df);
  rejection_upper_level=quantile('CHISQ',0.975,df); run;
proc print; run;
```

9.6 SAS 프로그램

PROC AUTOREG 사용법. SAS/ETS의 PROC AUTOREG는 자기상관오차를 갖는 회귀모형인 자기회귀오차모형(3장)에 의한 시계열예측뿐만 아니라 이분산오차를 갖는 회귀모형에 의한 예측을 수행할 수 있다. 따라서 이분산오차를 갖는 회귀모형에 의한 시계열예측을 위한 PROC AUTOREG의 사용법은 이미 소개한 3.5절의 내용과 상당부분이 중복된다. AUTOREG procedure의 기본 형식은 [표 9.10]과 같다. PROC AUTOREG에서 사용 가능한 여러 옵션에 대한 설명은 [표 3.8]을 참조한다. MODEL statement는 회귀모형에서 종속변수와 설명변수로 사용할 시계열변수를 명시한 [표 3.9]와 대부분 중복되며 이분산모형에 관한 새로운 옵션은 [표 9.11]에서 추가한다. 자기회귀오차모형에 의한 예측 후 생성되는 여러 예측 결과를 저장하기 위한 OUTPUT statement는 [표 3.10] 및 [표 9.12]를 참조한다. 이분산모형에 관한 AUTOREG procedure에는 많은 사용 가능한 옵션이 있으나 이 절에서는 지면 관계상 본문 및 예제를 이해하는 데 어려움이 없을 정도의 옵션만 선택적으로 소개하였다. 더 자세한 옵션에 대해서는 SAS Institute Inc.(2012)의 SAS/ETS를 참고한다. 이분산오차를 갖는 회귀모형에 의한 변동성 예측을 위하여 PROC AUTOREG를 사용한 예는 SAS program 9.1을 참조한다.

[표 9.10] AUTOREG procedure 형식

```
PROC AUTOREG options ; /* [표 3.8] */
  MODEL dependent = regressors options ; /* [표 3.9] 및 [표 9.11] */
  OUTPUT OUT=SAS data set options ; /* [표 3.10] 및 [표 9.12] */
```

[표 9.11] MODEL statement 형식

형식	MODEL *dependent* = *regressors options* ;
선택 인수	❖ GARCH estimation options ▪ DIST=*value* → GARCH-type의 추정에서 오차항의 분포(*value*)를 명시한다. GARCH=이 명시되지 않았다면 이 옵션은 무시된다. 만약 EGARCH이 명시되었다면 오차항의 분포는 항상 정규분포이다. DIST=T이라면 t-분포를 의미하고 DIST=NORMAL은 정규분포를 의미하며 정규분포가 default이다.
선택 인수	▪ GARCH=(*option-list*) (예1) MODEL Z = X1 X2 /GARCH=(Q=1, P=1); (예2) MODEL Z = X1 X2 /GARCH=(Q=(1 3)); (예1) MODEL Z = / GARCH=(Q=2, P=1, TYPE=INTEG, NOINT); → GARCH-type의 조건부이분산모형의 옵션(*option-list*)을 명시한다. 다음은 GARCH=(*option-list*)에서 사용될 수 있는 옵션들이다.

[표 9.11] MODEL statement 형식(이어서 계속)

형식	MODEL *dependent = regressors options* ;
선택 인수	▪ (*option-list*) - Q=*number* 혹은 Q=(*number-list*) → ARCH 항의 차수(*number*) 혹은 차수목록(*number-list*)을 명시한다. - P=*number* 혹은 P=(*number-list*) → GARCH 항의 차수(*number*) 혹은 차수목록(*number-list*)을 명시한다. 만약 P= 만 명시되었다면 Q=1도 명시된 걸로 가정한다. - TYPE=*value* → GARCH모형의 종류(*value*)를 명시한다. default는 TYPE=NELSON이며 *value*는 다음과 같다. EXP: exponential GARCH 혹은 EGARCH 모형 INTEGRATED: integrated GARCH 혹은 IGARCH 모형 NELSON | NELSONCAO: Nelson-Cao inequality constraint를 명시한다. NONNEG: nonnegativity constraints를 갖는 GARCH 모형을 명시한다. STATIONARY: GARCH 계수 합이 1보다 작다는 제약조건을 갖는다. - MEAN=*value* → GARCH-M 모형의 함수 형태(*value*)를 명시한다. *value* 는 다음과 같다. LINEAR: 선형함수 $Z_t = \boldsymbol{X}_t' \beta + \delta h_t + a_t$ LOG: 로그 함수 $Z_t = \boldsymbol{X}_t' \beta + \delta \ln(h_t) + a_t$ SQRT: 제곱근함수 $Z_t = \boldsymbol{X}_t' \beta + \delta \sqrt{h_t} + a_t$ - NOINT → 조건부 분산모형에서 상수항을 사용하지 않는다. 이 옵션은 TYPE=INTEG 옵션과만 함께 사용할 수 있다. ❖ Printing options ▪ ARCHTEST → 이분산성 존재여부에 대한 Q 및 LM 검정에서 검정통계치와 $p-value$의 printout

[표 9.12] OUTPUT statement 형식

형식	▪ OUTPUT *OUT=SAS-data-set options* ;
선택 인수	▪ CEV=*variable* 혹은 HT=*variable* → MODEL statement의 GARCH= 옵션을 사용했을 때 조건부 오차분산 σ_t^2 의 값을 저장할 변수이름(*variable*)을 명시한다. ▪ CPEV=*variable* → 조건부 예측 오차분산을 저장할 변수이름(*variable*)을 명시한다. 만약 어떤 자기회귀 모수도 사용하지 않았을 때는 조건부 예측 오차분산과 조건부 오차분산은 동일하다. exponential GARCH 모형에 대해서 조건부 예측 오차분산은 계산될 수 없다.

9장 연습문제

9.1 SAS data file인 mkospitransportation.sas7bdat는 KOSPI(운수업종) 시계열자료(기간: 2006/01 ~ 2016/05)의 시계열그림이다. KOSPI(운수업종) 수익률 시계열자료 $\{r_t\}$ 에 대하여 이분산검정을 수행하여라. 만약 이분산이 존재한다면 적절한 이분산모형에 의해 변동성 적합 및 예측을 하여라.

9.2 SAS data file인 dexchangeusdjpy2015.sas7bdat는 2015년 1년 동안 외환시장의 일별 환율 시계열자료이다. 이때 변수 USD는 원/달러 환율, JPY는 원/100엔 환율이다. 각 환율의 수익률 시계열자료 $\{r_t\}$ 에 대하여 이분산검정을 수행하여라. 만약 이분산이 존재한다면 적절한 이분산모형에 의해 변동성 적합 및 예측을 하여라.

9.3 SAS data file인 dkospi.sas7bdat는 2015년 1년 동안 증권시장의 KOSPI 일별 시계열자료이다. KOSPI 수익률 시계열자료 $\{r_t\}$ 에 대하여 이분산검정을 수행하여라. 만약 이분산이 존재한다면 적절한 이분산모형에 의해 변동성 적합 및 예측을 하여라.

9.4 SAS data file인 dsamsung.sas7bdat는 2015년 1년 동안 삼성전자 주가의 일별 시계열자료이다. 주가 수익률 시계열자료 $\{r_t\}$ 에 대하여 이분산검정을 수행하여라. 만약 이분산이 존재한다면 적절한 이분산모형에 의해 변동성 적합 및 예측을 하여라.

9장 참고문헌

- 박준용, 장유순, 한상범 (2008), **경제시계열분석**, 경문사.
- 조신섭, 손영숙, 성병찬 (2016), **시계열분석**, 제4판, 율곡출판사.
- 조신섭, 이정형 (2014), **경제시계열분석을 위한 SAS/ETS 사용법**, 자유아카데미.
- Bollerslev, T. (1986), Generalized Autoregressive Conditional Heteroskedasticity, *Journal of Econometrics*, Vol. 31, pp307-327.
- Eagle, R. F. (1982), Autoregressive Conditional Heteroskedasticity with Estimates of the Variance of United Kingdom Inflation, *Econometrica*, Vol. 50, pp987-1007.

• McLeod, A. I. and Li, W. K. (1983), Diagnostic Checking ARMA Time Series Models using Squared_Residual Autocorrelations, *Journal of Time Series Analysis*, Vol. 4, pp269-273.

• Ruey S. Tsay (2013). *An Introduction to Analysis of Financial Data with R*, John Wiley

• SAS Institute Inc. (2012). *SAS/ETS 12.1 User's Guide*. Cary, NC, USA.

:: 찾아보기 ::

국문

(ㄱ)

가법계절지수평활(additive seasonal exponential smoothing) 194
가법평활모형 191
가역성(invertibility) 53
감쇠-추세 지수평활(damped-trend linear exponential smoothing) 194
개입(intervention) 170
개입모형(intervention model) 170
개입분석(intervention analysis) 170
결정적 추세(determinstic trend) 64
계단함수(step function) 170
계절 평활 가중치 192
계절성분(seasonal component) 18
공분산 정상(covariance stationary) 12
공적분 249
공적분 관계식 249
공적분(cointegration) 244, 249
공적분검정 251
공적분계수 검정 251
공적분계수(cointegration rank) 251
공적분벡터(cointegration vector) 251
교차공분산행렬(cross covariance matrix) 213
교차상관계수(cross correlation coefficient) 142
교차상관함수(cross correlation function: CCF) 143
교차상관행렬(cross correlation matrix: CCM) 212

(ㄷ)

다-시차 후 예측치(multistep-ahead forecast) 27
단계적 자기회귀(stepwise autoregression) 121
단순지수평활(simple exponential smoothing) 193
단위근(unit root) 53, 98
단위근시계열(unit root time series) 65
동적(dynamic) 회귀모형 140
듀얼모형(dual model) 55

(ㄹ)

랜덤워크(random walk) 94, 96

(ㅁ)

모형적합단계 21

(ㅂ)

반복 YW추정법 121
백색잡음(white noise) 13
백색잡음검정(white noise test) 13, 14
벡터오차수정모형(vector error correction model: VECM) 244, 250
벡터이동평균(vector moving average: VMA) 216
벡터자기회귀(vector autoregressive: VAR) 215
벡터자기회귀이동평균(vector autoregressive moving average: VARMA) 218
변동성(volatility) 284
부분자기상관계수(partial autocorrelation coefficient) 9
부분자기상관함수(partial autocorrelation function: PACF) 9
부분자기회귀행렬(partial autoregression matrix: PAM) 215
불규칙성분(irregular component) 18

브라운 지수평활(Brown exponential smoothing) 193
비정상시계열(nonstationary time series) 65
비조건부 최소제곱(unconditional least square: ULS)추정법 56, 121, 151

(ㅅ)
사전 백색화(prewhitening) 150
선형지수평활(linear exponential smoothing) 194
수익률 5, 285
수준 평활 가중치 192
순환성분(cyclical component) 18
승법계절(multiplicative seasonal) 자기회귀이동평균과정 81
승법계절지수평활(multiplicative seasonal exponential smoothing) 195
승법평활모형 191
시간차(time lag) 3
시계열 2
시계열그림(time series plot) 2
시계열자료(time series data) 2
시차(lag) 3
식별가능성(identifiability) 218

(ㅇ)
안정성(stability) 142
약 정상(weakly stationary) 12, 212
양의 자기상관관계 24
역자기상관함수(inverse autocorrelation function: IACF) 55
연속형 시계열자료 2
연속형 확률과정 2
예측 26
예측기간(predicted period) 27
예측단계 21
예측시스템 21
예측오차 28
오차수정계수(error correction coefficient) 250
음의 자기상관관계 24
이동평균(moving average: MA) 53
이분산(heteroskedasticity)검정 221
이산형 시계열자료 2
이산형 확률과정 2
이중지수평활(double exponential smoothing) 193
인과관계검정(Granger causality test) 145
인과성(causality) 142
일반화 DW(generalized DW) 검정 120
일반화자기회귀조건부이분산(generalized autoregressive conditional heteroskedastic: GARCH) 287
일반화자기회귀조건부이분산모형 287
임의보행 96
입력시계열(input time series) 140

(ㅈ)
자기공분산(autocovariance) 8
자기상관계수(autocorrelation coefficient) 8
자기상관함수(autocorrelation function: ACF) 8
자기회귀(autoregressive: AR) 52
자기회귀누적이동평균(autogressive integrated moving average: ARIMA) 66
자기회귀오차(autoregressive error)모형 118
자기회귀이동평균(autoregressive moving average: ARMA) 54
자기회귀조건부이분산(autoregressive conditional heteroskedastic: ARCH) 284
잔차분석 23
잔차시계열 23
잔차시계열그림 23
잡음과정(noise process) 140
잡음시계열 150, 173
장기균형 관계식 249
장기균형(long-run equilibrium) 249
장기모수(long-run parameter) 251
적합기간(fitted period) 27

적합치(fitted value) 27
전이함수(transfer function) 140
전이함수모형(transfer function model) 140
정상(stationary) 212
정상성(stationarity) 11
정상시계열 12
정상확률과정(stationary stochastic process) 12
조건부 최소제곱(conditional least square: CLS)추정법 56, 151
조건부이분산검정 288
조건부이분산모형 286
지수평활법 192
지연모수(delay parameter) 140, 170

(ㅊ)

최소정보기준(minimum information criterion: MINIC) 56
최소제곱(least square: LS)추정법 219
최소평균제곱오차(minimum mean square error: MMSE) 26
최소평균제곱오차 예측치 58
최우(maximum likelihood: ML)추정법 56, 121, 151, 219
추세 감쇠 가중치 192
추세 평활 가중치 192
추세성분(trend component) 17
출력시계열(output time series) 140
충격반응 가중치(impulse response weight) 140, 150

(ㅌ)

특성방정식 53, 54

(ㅍ)

퍼센트 적합오차(percentage fitted error: PFE) 173
펄스함수(pulse function) 170
평균수준 193
평활 상태(smoothing state) 192
평활계절성분 192
평활법(smoothing method) 190
평활수준 192
평활추세 192
포트맨토우 Q 검정 288
포트맨토우 검정(Portmanteau test) 14
표류(drift)모수 94
표류항 94
표본교차공분산행렬 214
표본교차상관함수(sample cross correlation function: SCCF) 143
표본교차상관행렬(sample cross correlation matrix: SCCM) 214
표본부분자기상관계수 9
표본부분자기상관함수(sample partial autocorrelation function: SPACF) 9
표본부분자기회귀행렬(sample partial autoregression matrix: SPAM) 216
표본상관계수 5
표본역자기상관함수(sample inverse autocorrelation function: SIACF) 56
표본자기상관계수 9
표본자기상관함수(sample autocorrelation function: SACF) 9
피어슨 상관계수 5

(ㅎ)

허위회귀(spurious regression) 246
홀트 지수평활(Holt exponential smoothing) 194
확률과정 2
확률보행 96
확률적 추세(stochastic trend) 64
후진작용소(backshift operator) 22

영문

(A)

AIC(Akaike information criterion) 22, 218

AICC(AIC corrected) 218

AR잔차검정 221

Augmented Dickey-Fuller(ADF) 단위근검정 99

(B)

BIC(Bayesian information criterion) 22, 218

(D)

Dickey-Fuller(DF) 단위근검정 99

Durbin-Watson(DW) 검정 120

Durbin-Watson(DW) 통계량 221

(F)

FPE(final prediction error) 218

(G)

Granger 인과관계검정 145

(H)

HQC(Hannan-Quinn criterion) 218

(J)

Jarque-Bera 정규성검정 221

(L)

Lagrange Multiplier 검정 288

(M)

MAPE(mean absolute percentage prediction error) 29

Maximum Eigenvalue test 251

MSE(mean squared prediction error) 29

(S)

SBC(Schwarz Bayesian criterion) 22, 218

Schematic Representation 214

(T)

Trace test 251

(W)

Winters 192

(Y)

Yule-Walker(YW)추정법 121

숫자

1-시차 후 예측오차 29

1-시차 후 예측치 26

2차 정상(second-order stationary) 12

| **저자 소개** |

손영숙

전남대학교 자연과학대학 계산통계학과(이학사)
서울대학교 대학원 계산통계학과(통계학석사)
서울대학교 대학원 계산통계학과(통계학박사)
현) 전남대학교 통계학과 교수

시계열예측 및 실습 - SAS/ETS 사용 -

저　　자	손영숙
발 행 인	주정희
발 행 처	자유아카데미
주　　소	경기도 파주시 회동길 37-42 파주출판도시
전　　화	031-955-1321
팩　　스	031-955-1322
홈페이지	www.freeaca.com
전자우편	main@freeaca.com(대표) editor@freeaca.com(편집) crm@freeaca.com(영업)
등　　록	제406-2003-017호, 1980. 7. 12
제1판1쇄	2017년 3월 1일 발행
정　　가	24,000원

ISBN 979-11-5808-129-4 93310